Adolf Noreen

Geschichte der nordischen Sprachen

Besonders in altnordischer Zeit

Literaricon

Adolf Noreen

Geschichte der nordischen Sprachen

Besonders in altnordischer Zeit

ISBN/EAN: 9783965065499

Auflage: 1

Erscheinungsjahr: 2023

Erscheinungsort: Treuchtlingen, Deutschland

www.literaricon.com

Printed in Germany

GESCHICHTE

DER

NORDISCHEN SPRACHEN

BESONDERS IN ALTNORDISCHER ZEIT

VON

ADOLF NOREEN

DRITTE VOLLSTÄNDIG UMGEARBEITETE AUFLAGE

STRASSBURG
VERLAG VON KARL J. TRÜBNER
1913

Druck von M. DuMont Schauberg, Straßburg.

INHALT.

Berichtigungen.

(Die wichtigen durch fette Ziffern gekennzeichnet.)

S. 13, Z. 15 v. u. lies: *faþi*

„ 23, „ 1 „ „ „ L. Larsson

„ 37, „ 13 „ o. „ Hjelmqvist

„ 47, „ 14 „ u. „ *översättning*

„ 53, „ 5 „ o. „ anorw. *drøyma*

„ **63**, „ 1 „ „ „ *ȳ̆*

„ 74, „ 3 „ „ „ Auslaut- [und so öfters]

„ **75**, „ 13 „ u. „ *-ōm)*, aisl. *fáþa*

„ 76, „ 16 „ „ „ aschw. *saghaþer*

„ 87, „ 15 „ „ „ Hesselmans

„ **92**, „ 15 „ „ „ *kǿpunger*

„ 93, „ 10 „ o. „ *tío*

„ 103, „ 1 „ u. „ wn. *eke*

„ 107, „ 5 „ „ „ *biūr*

„ 108, „ 14 „ o. „ *bǿfóra*

„ 114, „ 14 „ u. „ *dǽma*

„ 116, „ 18 „ o. „ *dýr*

„ 117, „ 8 „ u. „ *handskriften*

„ 124, „ 4 „ o. „ *ūwila)*

„ **131**, „ 14 „ u. „ 'Hirt'

„ **133**, „ 17 „ „ „ 'Richter'

„ 134, „ 22 „ „ „ *torsmånad*

„ 152, „ 14 „ „ „ *Vībiønn*

„ 163, „ 9 „ o. „ *hirđir*

„ 163, „ 10 „ u. „ *kuǽđess*

„ 168, „ 5 „ o. „ *staþ, tíþ*

„ 186, „ 7 „ u. „ *hóro)*

„ 199, „ 18 „ o. „ *tuítián*

„ 199, „ 10 „ u. „ d. h.

„ 199, „ 6 „ „ „ *þúshundraþ*

Zu der Bibliographie S. 4 f. ist nachzutragen das eben erschienene fast vollständige Verzeichnis der in der Literatur behandelten älteren germanischen Bestandteile in den ostseefinnischen Sprachen (Finn.-Ugr. Forschungen XIII, 345—475).

I. ALLGEMEINE HISTORISCHE ÜBERSICHT.

§ 1. Unter Nordischen Sprachen (oder 'Nordgermanisch') versteht man die Sprachen der germanischen Bewohner des skandinavischen Nordens (mit Einschluß von Island, Grönland und den Färöern) und der von Norden aus besiedelten Gegenden der jetzigen britischen, russischen und deutschen Reiche.

Das nordische Sprachgebiet umfaßt jetzt:

Schweden mit Ausnahme der nördlichsten Gegenden Lapplands und Norrbottens sowie einiger Parzellen in Värmland, wo Finnisch, und des mittleren Teiles von Lappland sowie einiger Parzellen im westlichen Jämtland, Härjedalen und Dalarna, wo Lappisch (neben Schwedisch und in Lappland auch ein wenig Finnisch) gesprochen wird;

die schwedisch sprechenden Teile von Finnlands westlichen und südlichen Küsten und Inseln (Gegenden in Nyland, eigentlichem Finnland, Satakunda und dem südlichen Österbotten samt Åland);

ein kleines schwedischsprachliches Gebiet auf Esthlands nordwestlicher Küste (Egeland und, jetzt im Aussterben, Wichterpal) und zum Teil die esthländischen Inseln Dagö (hier jetzt im Aussterben), Nargö, Nukkö, Odensholm, Ormsö und die beiden Rågö;

das von Dagö aus bevölkerte Dorf «Galsvenskbi» (d. h. Altschwedendorf, russisch Staroschwedskaja) am Dnjepr im südlichen Rußland (Gouvernement Cherson, östlich von der Stadt Berislav);

die livländische Insel Runö, wo noch schwedische Sprache vorkommt, wie früher auch auf den Inseln Kynö, Mannö, Moon und Ösel;

Norwegen außer gewissen von Lappen («Finnen») und Finnen («Kvænen») bewohnten Gegenden, vornehmlich im nördlichen Teile des Landes (größere Partien von Tromsø Stift, die Gegend von Røràs, «Finskoven» in Solør);

Dänemark mit den Färöern, Island und Grönland (wo jedoch nur ein sehr geringer Teil der Bevölkerung Dänisch spricht);

ferner den nördlichen Teil (bis Flensburg — Fjold — Hoyer) von Schleswig;

endlich verschiedene skandinavische Ansiedlungen in den Vereinigten Staaten Nordamerikas (vorzugsweise in Minnesota und Illinois), Canada (z. B. die isländische Ansiedlung in Winipeg und New-Foundland), sowie einige solche in Südamerika (besonders Argentina) und Australien.

Früher sind außerdem während längerer oder kürzerer Zeit nordische Sprachen in folgenden Gegenden gesprochen worden:

Schwedisch (sporadisch) im eigentlichen Rußland (von der Grundlegung des russischen Staates durch die Schweden im Jahre 862 bis c. 1050 wenigstens in Kiew, in Novgorod sogar bis um 1300 oder noch etwas länger) und bis vor kurzem in etwas größerer Ausdehnung als jetzt in Finnland, Esthland und Livland;

Norwegisch in gewissen Gegenden von Irland (von c. 800 bis c. 1250) und dem nördlichen Schottland (c. 800 bis in das 17. Jahrh.) sowie auf Man (von c. 800 bis in das 15. Jahrh. oder vielleicht noch etwas länger), den Hebriden (c. 800—1400 oder etwas länger), den Orkney-Inseln (c. 800 bis etwas nach 1700) und den Shetland-Inseln (c. 700 bis etwas nach 1750);

Dänisch im südlichen Teil von Schleswig und (von c. 875 bis c. 1175) im östlichen und nördlichen England («Danelag») sowie (vielleicht neben Norwegisch) in Normandie (c. 900—1100; in Bayeux sogar noch im 12. Jahrh.);

Isländisch auf Grönland (986 bis c. 1450).

Vgl. K. B. Wiklund, *Nationaliteterna i Norrland* in Nordisk tidskrift, Stockholm 1895. *Finska språkets nuvarande utbredning i Värmland* in Ymer, Sthlm. 1902 (mit Karte). *Språken i Sverige* in Svenska kalendern, Sthlm. 1907 (mit Karte). S. Lönborg, *Finnmarkerna i mellersta Skandinavien* in Ymer 1902 (mit Karte). A. Noreen, *Vårt språk* I, 88 f. K. B. Wiklund, *Språken i Finland 1880—1900* in Ymer 1905 (mit Karten). Noreen, a. O. I, 89 ff. G. Nikander, *Några ord om Finlands svenskar* in Årsbok 1911 utg. af Riksföreningen för svenskhetens bevarande. R. Saxén, *Finsktalande och svensktalande inbyggare* in Atlas öfver Finland 1910, Text II (mit Karte Nr 46), Hfors 1911.

A. Sohlman, *Om lemningarne af svensk nationalitet uti Estland och Liffland*, Sthlm. 1852. C. Russwurm, *Eibofolke oder die Schweden auf den Küsten Ehstlands und auf Runö*, Reval 1855. G. Danell, *Nukkömålet* I, 6, Sthlm. 1905. *Dagö* und *Estsvenskar* in Nordisk familjebok, Sthlm. 1906, resp. 1907. *Om svenskarna i Östersjöprovinserna* in Nordisk tidskrift 1907. *Baltiska svenskar* in Årsbok 1909. A. Karlgren, *Gammelsvenskby* in Nordisk familjebok, 1908.

H. V. Clausen, *Sprogkårt over Sønderjylland* in Nyare bidrag till kännedom om de svenska landsmålen och svenskt folklif X, 5, 1889.

V. Thomsen, *Ryska rikets grundläggning genom Skandinaverna*,

Sthlm. 1882. S. Bugge in Arkiv f. nord. fil. II, 164. A. Bugge, *Novgorod som varjagisk by* in Nordisk tidskrift 1906.

Worsaae, *Minder om de Danske og Nordmændene i England, Skotland og Irland,* Kjøbenhavn 1851. Laurenson in Annaler for Nordisk Oldkyndighed 1860, 191. K. J. Lyngby ib. 201. Munch, *Samlede afhandlinger* III (Christiania 1875). 1. 51. 79. 181. IV (Chra. 1876). 516. J. C. H. R. Steenstrup, *Normannerne* I—IV. Kph. 1876—82. J. Jakobsen in Tilskueren 1896, S. 721. 771. *Det norrøne sprog på Shetland,* Kph. 1897. *The dialect and place names of Shetland,* Lerwick 1897. *Shetlandsøernes Stednavne* in Aarbøger 1901. *Etymol. ordbog over det norrøne sprog paa Shetland,* Kph. 1908—12. *Nordiske minder, især sproglige, på Orknøerne* i Festskrift til H. F. Feilberg 1911. G. Henderson, *The Norse influence on Celtic Scotland,* Glasgow 1910. E. Björkman, *Scandinavian loanwords,* S. 263 ff., Halle 1902. A. Bugge, *Nordisk Sprog og nordisk Nationalitet i Irland* in Aarbøger 1900.

Es. Tegnér, *Norrmän eller danskar i Normandie* in Nordisk tidskrift 1884, S. 183. 652. J. Vibe, ib. 535 und (Norsk) Historisk tidskrift, 2 Række 5 Bind, S. 51. G. Storm, ib. 2 Række 6 Bind, S. 236. Steenstrup, a. O. I, 128. A. Fabricius, *Danske minder i Normandiet,* Kph. 1897. J. Jakobsen in Danske studier 1911, 59 ff. A. Pedersen ib. 85 ff.

F. Jónsson, *En kort udsigt over den islandsk-grönlandske kolonis historie* in Nordisk tidskrift 1893, S. 533 ff.

§ 2. Altnordisch zum Unterschied vom Neunordisch nennt man die nordischen Sprachen in ihrer Entwicklung bis zur Reformation (um 1530). Seit welcher Zeit die germanische Bevölkerung im Norden wohnhaft gewesen ist, kann noch nicht einmal annäherungsweise exakt angegeben werden. Jedenfalls steht es fest, daß sie schon um Christi Geburt da war, ja wahrscheinlich schon im Anfang des sogen. jüngeren Steinalters (etwa im 5. Jahrtausend vor Chr.). Wenn dem so wäre, hätten also die nordischen Sprachen jetzt ein Alter von 6—7000 Jahren. Indessen kennt man nichts von deren Beschaffenheit in der Zeit v. Chr. Erst aus dem Anfang unserer Zeitrechnung sind einige Aufschlüsse zu gewinnen über die Sprache der alten Skandinavier, welche dann nicht nur über Dänemark (mit Einschluß von fast ganz Schleswig) und große Teile von (dem südlichen und mittleren) Schweden und von Norwegen, sondern wohl auch über mehrere Gebiete in Finnland und Esthland ausgebreitet gewesen zu sein scheint. Trotz dieser ziemlich großen geographischen Ausbreitung ist doch, wie es scheint, die Sprachform überall so ziemlich dieselbe gewesen, weshalb man auch die Sprache jener Zeit als eine einheitliche betrachtet. Sie ist demnach die Mutter der verschiedenen jüngeren nordischen Sprachen und wird daher passend die Urnordische Sprache genannt.

O. Montelius in Nordisk tidskrift 1884, S. 21 und *Sveriges historia* I, 50 ff. (1903). J. C. H. R. Steenstrup in der dänischen Historisk tidskrift, 6 Række VI. 114. B. Salin in Vitterhets historie och antiqvitetsakademiens Månadsblad 1896, S. 42 ff. (Sthlm. 1901). G. Kossinna, Indog. Forsch. VII, 276 ff., besonders S. 293 Note. *Die Herkunft der Germanen* (Mannus-Bibliothek Nr. 6), Würzburg 1911 (mit Karte). K. B. Wiklund, *När kommo svenskarne till Finland?*, Ups. 1901. G. Retzius (und C. M. Fürst), *Anthropologia suecica*, Sthlm. 1902, S. 19 ff. J. Ailio und A. Hackman, *Förhistoriska fynd* in Atlas öfver Finland 1910, Text II, 24, 39, 86.

§ 3. Die vielleicht älteste Quelle des Urnordischen sind die Lehnwörter, welche während der ersten Jahrhunderte nach Chr. (jedenfalls seit wenigstens c. 350) — wenn nicht zum Teil schon früher — die Finnen von ihren germanischen Nachbarn in Finnland und Esthland (vgl. § 2) übernommen haben, und welche im Finnischen sowie durch finnische Vermittlung auch im Lappischen bis zu unserer Zeit bewahrt sind. Solche Wörter, vorzugsweise von kulturgeschichtlichem Gehalt, sind zu einer Anzahl von mehreren Hunderten vorhanden, wobei jedoch zu merken ist, daß von den finnischen Wörtern vielleicht einige von den gotischen Nachbarn in Rußland und den Ostseeprovinzen entlehnt worden sein können. Die Sprachform ist von äußerst altertümlichem, bisweilen gar urgermanischem Gepräge, z. B. finn. *airo* (aisl. *ǫ́r*) 'Ruder', *ansas* (got. *ans*, aisl. *áss*) 'Balken', *kaltio* (aisl. *kelda*) 'Quelle', *kansa* (ahd. *hansa*) 'Volk, Gesellschaft', *napakaira* (ahd. *nabagēr*, aisl. *nafarr*) 'Bohrer', *terva* (aisl. *tiara*; vgl. ags. *tierwe*) 'Teer'; lapp. *sajet* (got. *saian*, aisl. *sá*) 'säen', *garves* (ahd. *garawēr*, aisl. *gǫrr*) 'fertig', *divres* (asächs. *diuri*, aisl. *dýrr*) 'teuer'. Indessen können selbstverständlich diese aus ihrer natürlichen Umgebung herausgerissenen, jetzt isoliert dastehenden Wörter uns von dem Charakter des Urnordischen nicht viel sagen. Dasselbe gilt von den, übrigens oft schlecht überlieferten, nordischen Orts- und Völkernamen bei lateinischen und griechischen Schriftstellern aus den ersten sieben Jahrhunderten unserer Zeitrechnung, wie z. B. Strabo, Mela, Plinius, Tacitus, Ptolemæus, Procopius und vor allem Jordanes (im 6. Jahrh.).

V. Thomsen, *Über den Einfluß der germanischen Sprachen auf die finnisch-lappischen*, Halle 1870. *Berøringer mellem de finske og de baltiske Sprog* (in Videnskabs Selskabets Skrifter, 6. Række, hist. og phil. Afd. I, 1), Kph. 1890, bes. 27 ff., 150 f. K. B. Wiklund, *Lule-Lappisches Wörterbuch*, Helsingfors 1890. *Laut- und Formenlehre der Lule-Lappischen Dialekte* (in Göteborgs Kongl. Vetenskaps och Vitterhets Samhälles Handlingar, Ny tidsföljd XXV), Sthlm. 1891. *Die nordischen Lehn-*

wörter in den russisch-lappischen Dialekten (in Journal de la société finno-ougrienne X. 146), Hfors 1892. *De svenska nomadlapparnas flyttningar,* Ups. 1908. 237 ff. und (besonders wichtig) Le monde oriental V, 217 ff. O. Almgren in Antikvarisk tidskrift för Sverige XX, 1, S. 61 ff. J. K. Qvigstad, *Nordische Lehnwörter im Lappischen* (in Christiania Videnskabs-Selskabs Forhandlinger 1893, nr 1). Setälä im Journal de la Société Finno-ougrienne XXIII, 1, S. 1 ff. T. E. Karsten in den Indogerm. Forschungen XXII, 293 ff.

Müllenhoff, *Deutsche Alterthumskunde,* II. L. F. Läffler in Sv. landsmålen XIII, 9. Th. v. Grienberger in der ZfdA. XLVI. 128 ff. G. Werle, *Die ältesten germanischen Personennamen,* Straßburg 1910. M. Schönfeld, *Wörterbuch der altgerm. Personen- und Völkernamen,* Heidelberg 1911.

Aber unsere Kenntnisse von der urnordischen Sprache haben glücklicherweise eine andere und zwar wichtigere Quelle, die uns zum Teil wirklich zusammenhängende Sprachdenkmäler bietet. Schon in den ersten Jahrhunderten nach Chr. hatten die Skandinavier von den stammverwandten, südlicher wohnenden germanischen Völkern den Gebrauch des ältesten, gemeingermanischen, aus 24 Typen bestehenden Runenalphabets gelernt. Runeninschriften, die sich dieses Alphabets bedienen, sind schon zu einer Anzahl von über 100 entdeckt worden, von denen jedoch nur etwa die Hälfte in sprachlicher Hinsicht von Belang ist, und auch von diesen sind die meisten sehr kurz (oft nur ein paar Worte). Sie sind vorzugsweise auf Steinen (bisweilen Felsenwänden) und sogen. Brakteaten (einseitig geprägten Goldmünzen, die als Schmucke angewandt wurden), aber auch auf Metall-, Bein- und Holzgeräten, Waffen und Kleinodien angebracht worden. Die ältesten schreiben sich wahrscheinlich schon aus dem 3. Jahrhundert her und stammen, wie man erwarten konnte, aus Schleswig und Dänemark. So die Inschriften von Torsbjærg in Schleswig und Vi in Dänemark. Aus der Zeit 300—400 sind wohl die von Nydam und Strårup in Schleswig, Gallehus und Himlingøie in Dänemark, Øvre Stabu, Fløksand, Einang und Vetteland in Norwegen, c. 400 die ebenfalls norwegische von Nordhuglen. Dem 5. Jahrhundert dürften gehören die Inschriften von Stenstad und Tune (verhältnismäßig lang: 99, ursprünglich vielleicht mindestens 107, Runen) in Norwegen, Kragehul in Dänemark und Lindholm in Schweden. Wichtige Inschriften aus dem 6. Jahrhundert sind die von Etelhem (fast die einzige auf Gotland gefundene), Järsberg, Berga, Vånga, Skärkind, Skåäng, Tanum und Möjebro in Schweden; in Norwegen die von Valsfjord, Kjølevig, Tørviken (die ältere

Inschr.), Bø, Opedal, Reistad und Årstad; in Dänemark die von Overhornbæk. Aus dem 7. Jahrhundert möchten sein z. B. die Inschriften von Amle, Strøm, Veblungsnæs, By, Fonnås und Ødemotland in Norwegen, Noleby, Tjurkö, Istaby, Gommor und Stentofta (die längste aller dieser Inschriften: 118 Runen) in Schweden, um 700 die von Valby in Dänemark. Wenn auch vielleicht die Sprachform sämtlicher dieser Inschriften aus der Zeit c. 250—700 von etwas jüngerem Gepräge als die der ältesten finnisch-lappischen Lehnwörter sein dürfte, so ist nichtsdestoweniger diese Sprache in wesentlichen Punkten altertümlicher als die der gleichzeitigen gotischen Denkmäler und ist unter allen germanischen Sprachen ohne Zweifel diejenige, die der postulierten urgermanischen Muttersprache am nächsten steht.

Abbildungen der Inschriften u. a. bei G. Stephens, *Handbook of the old Northern runic Monuments of Scandinavia and England*, Kph. 1884. S. Bugge, *Norges Indskrifter med de ældre Runer* I, Christiania 1891 bis 1903, II, 1904 ff. (nur die norwegischen Inschr.).

Zur Chronologie vgl. besonders Montelius in Svenska fornminnesföreningens tidskrift VI. 236. IX. 272. 274; anders L. F. A. Wimmer, *Die Runenschrift*, S. 300 ff. *Sønderjyllands runemindesmærker*, Kph. 1901, 28 ff.

§ 4. Wie spärlich auch die urnordischen Quellen scheinen mögen, und obwohl von den Inschriften viele noch gar nicht, andere nur zum Teil gedeutet worden sind, reichen sie doch dazu aus, uns mit vollständiger Sicherheit die Verwandtschaftsverhältnisse des Urnordischen bestimmen zu lassen. Innerhalb der germanischen Sprachfamilie steht es dem 'ostgermanischen' (gotisch-wandalisch-burgundischen) Zweige näher als dem (die übrigen germanischen Sprachen umfassenden) westgermanischen. Die wichtigsten Übereinstimmungen sind:

1) Die Vertretung des urgermanischen *ww* durch *ggw*, z. B. aisl. *tryggue*, got. *triggwa* 'der treue'.

2) Die Vertretung des urgerm. *jj* durch *ggi*, resp. *ddj*, z. B. aisl. *tueggia*, got. *twaddjē* 'zweier'.

3) Die Erhaltung der alten Endung *-t* in der 2. sg. prät. ind. (wgerm. auf *-i*), z. B. aisl. und got. *gaft* 'gabst'.

Noch andere Übereinstimmungen zwischen dem nordischen und ostgerm. erwähnt H. Hirt im Journal of germ. philology II, 272.

Indessen fallen schon in urnordischer Zeit die Differenzen zwischen den gotischen und nordischen Sprachen weit mehr in die Augen als die Übereinstimmungen. Nur einige der wichtigsten und ältesten Unterschiede seien hier hervorgehoben;

1) Urnord. Erhaltung der stammschließenden Vokale bei den *a-* und *i*-Stämmen im Nom. Sg. (Einang *Đaʒaʀ*, Gallehus *-ʒastiʀ*, Bø *hlaiwa*) und Acc. Sg. (Tune *staina*, Gallehus *horna*) gegenüber der Synkope im Got. *(dags, gasts, hlaiw; stain, haúrn)*.

2) Urnord. endet Gen. Sg. der *a*-Stämme auf *-as* (Valsfjord *ʒođaʒas*), im Got. auf *-is (dagis)*.

3) Urnord. enden die *an*-Stämme auf *-an* im Gen. Sg. (Tomstad *-an*) und Dat. Sg. (Tune *-halaiban*), im Got. resp. auf *-ins (hanins)* und *-in (hanin)*.

4) Urnord. endet Dat. Sg. der *a*-Stämme auf *-e* (Tjurkö *-kurne*), got. auf *-a (kaúrna)*.

5) Urnord. endet Dat. Sg. der *u*-Stämme auf *-iu* (Tjurkö *Kunimu[n]điu*, got. auf *-au (sunau)*.

6) Urnord. endet Nom. Pl. der *r*-Stämme auf *-iʀ* (Tune *đohtriʀ*), got. auf *-jus (dohtrjus)*.

7) Urnord. endet 1. Sg. Prät. der schwachen Verba auf *-o* (Gallehus *tawiđo*), got. auf *-a (tawida)*.

Über altnordische Eigentümlichkeiten, die erst aus späterer (nicht urnordischer) Zeit belegt sind, s. Th. Möbius, *Über die altnordische Sprache*, Halle 1872, S. 7 f.

Deutungen der Inschriften vorzugsweise bei Bugge, *Norges Indskrifter med de ældre Runer*, Chra. I, 1891—1903, II, 1904 ff.; ferner von demselben in Tidskrift for Philologie og Pædagogik VII. 211. 312. VIII. 166. Aarbøger for nordisk Oldkyndighed 1871, 171. 1872, 192. 1884, 80. 1905, 141. Forhandlinger i Videnskabs Selskabet i Christiania 1872, 310. Arkiv f. nord. fil. VIII, 1. XIII, 317. XV, 142. Noreen, *Altisländische und altnorwegische Grammatik*, 3. Aufl. Halle 1903, S. 334 ff. Wimmer, *Die Runenschrift*, Berlin 1887. *Sønderjyllands runemindesmærker*, Kph. 1901 (vgl. dazu Th. v. Grienberger in Gött. gel. Anzeigen 1903, 705 ff.). F. Burg, *Die älteren nordischen Runeninschriften*, Berlin 1885 (jetzt ziemlich veraltet). E. Brate, Bezzenbergers Beiträge XI, 177. M. Olsen in Aarbøger 1907, 19 ff. Kra. Videnskabs-Selskabs Forhandlinger 1907, Nr 6 und 1908, Nr 13. Foreningens til norske fortidsmindesmærkers bevaring aarsberetning 1907, 167 ff. Bergens Museums Aarbog 1909, Nr 7.

§ 5. Das 8. Jahrh. und besonders die sogen. Vikingerzeit (c. 800—1050) bringt durchgreifende Veränderungen, und dies nicht nur in der alten Schrift, sondern in eben so hohem Maße auch in der alten Sprachform, wie aus den jetzt etwas reichlicher fließenden Quellen zur Genüge hervorgeht. Zwar bestehen auch für diese Periode unsere Quellen fast nur aus Lehnwörtern und Runeninschriften, aber jene treten jetzt in mehreren fremden Sprachen auf (s. unten), und die Inschriften, von denen einige einen nicht unbedeutenden Umfang haben, erreichen eine Anzahl von mehreren Hunderten. Diejenigen des 8. Jahrhunderts bedienen sich noch der alten germanischen Runen. So die von Ågedal, Vatn, Tveito und Flistad in Norwegen, die kurz nach 700 datierende von Björketorp sowie im wesentlichen auch noch die von Rävsal und Sölvesborg in Schweden. Um 800 treten Inschriften auf, welche wie die von Kallerup, Snoldelev, Helnæs und Flemløse in Dänemark, Skee und Örja in Schweden schon fast ganz mit dem — aus dem älteren entwickelten — jüngeren, für das Altnordische eigentümlichen, nur aus 16 Runen bestehenden Alphabete geschrieben sind. Spuren des alten Alphabets sind noch in den Inschriften von Kirkebø auf den Färöern (c. 850) und Frerslev in Dänemark vorhanden, aber seit den etwa gleichzeitigen Denkmälern von Gimsø, Urnes (die älteste Inschrift) und Valby in Norwegen, Voldtofte und Nörre Næra in Dänemark sowie Arrild in Schleswig ist das jüngere Alphabet alleinherrschend. Die ältesten Inschriften dieser Art in Schweden sind wohl die von Ingelstad und Rök, diese letzte überhaupt die längste Runeninschrift der Welt (mit mehr als 750 Runen) und in allen Beziehungen sehr wichtig (beide c. 850—900). Um 900 datieren die Inschriften von Glavendrup (die längste, die aus Dänemark bekannt ist: 206 Runen), Tryggevælde, Rönninge und Hammel in Dänemark, Strand (Åfjorden) und Björneby in Norwegen, Kälvesten und Sparlösa (nur die ältere Zeile) in Schweden; etwas später die von Gursten in Schweden. Aus der Zeit 935—940 ist die Inschrift auf dem kleineren Jællinge-Stein, aus der ersten Hälfte des 10. Jahrhunderts auch die von Skivum und Læborg sowie die auf den größeren Gunderup- und Bække-Steinen, alle in Dänemark. Um 950 datieren die beiden in historischer Beziehung so wichtigen Inschriften von Vedelspang in Schleswig, die von Tågerup und Sæddinge, etwas später die von Store Rygbjærg und die auf dem kleineren Bække-Stein, um 970 die auf den beiden Sönder-Vissing-Steinen und dem kleineren Gunderup-Stein, um 980 die in historischer Beziehung wichtige auf dem größeren Jællinge-Stein, alle in Dänemark. Von den zahlreichen schwedischen Denkmälern des 10. Jahrhunderts seien noch hervorgehoben die von Tjängvide (auf Gottland), Birka, Kärnbo, Högby (die älteste Inschrift), Härene, Täng und das eine (ältere) von Kolunda. Aus dem Ende des Jahrhunderts rühren her u. a. die von Krageholm, Sjörup, die drei von Hällestad (c. 980—985), zwei von Hunnestad, zwei von Gårdstånga und Glemminge in Schweden (alle in Schonen), die von Virring, Sönder Kirkeby, Hobro, Skovlænge, Skærn, Års (980 bis 985) und der kleinere Århus-Stein (995—996) in Dänemark, die von Danevirke und Hedeby (995—996) in Schleswig und wohl auch die von Alstad und Tu in Norwegen. Der Zeit um 1000 gehören die Inschriften von Kolind, Tirsted und auf dem größeren Århus-Stein in Dänemark sowie die wichtige und ausführliche (210 Runen) von Karlevi (auf der schwedischen Insel Öland), in welcher ein norwegischer Skalde in «dróttkuǽtt» einen dort begrabenen dänischen Häuptling verherrlicht. Erst aus der ersten Hälfte des 11. Jahrhunderts stammen die Inschriften von Bro, Grinda, Sälna, die beiden von Bällsta (diese vier c. 1020), Bjälbo (c. 1025), Forsheda (c. 1027) und die (c. 40) Ritzungen — z. B. die beiden von Yttergården (c. 1025) und die von Järsta — des *Asmundr Karasun* (c. 1025—1060), alle in Schweden, sowie die von Sjælle, die beiden von Bjærregrav und die von Kongevej (die älteste der Insel Bornholm) in Dänemark. Endlich gegen 1050 datieren die Inschrift von Brogård auf Bornholm, die von Lundagård und Valleberga in Schonen, die sieben miteinander zusammenhängenden von Ardre auf Gottland, die von Gårdby auf Öland sowie die ebenfalls schwedischen, in der Gegend um den Mälar-See sich befindenden, mehr als 20 Inschriften, welche zum Andenken der Gefährten des nach Osten als Heerführer gegangenen Ingwar (in aisl. Quellen «Ynguarr enn viþfǫrle») verfaßt worden sind und von denen die teilweise metrisch abgefaßten von Gripsholm und Tystberga hier erwähnt werden mögen; schließlich die zum Teil in «dróttkuǽtt» abgefaßte Inschrift der kupfernen Dose von Sigtuna.

Abbildungen der Inschriften bei Bugge, *Norges Indskrifter med de ældre Runes* I, II. *Der Runenstein von Rök*, Sthlm. 1910. Wimmer, *Die Runenschrift* S. 335 ff. und pass. *De danske runemindesmærker* I—IV, Kph. 1895—1908. S. Boije in Bidrag till kännedom om Göteborgs och Bohusläns fornminnen och historia III. 258. Sthlm. 1886. S. Söderberg und E. Brate, *Ölands runinskrifter*, Sthlm. 1900—1906. Brate, *Östergötlands runinskrifter*, Sthlm. 1911—1913. H. Pipping, *Om runininskrifterna på de nyfunna Ardre-stenarna*, Upps. 1901. L. F. Läffler, *Om Sparlösastenen* (in Västergötlands fornminnesförenings tidskrift II), 1906. M. Olsen, *Runeindskrifterne i Urnes kirke* (in Aarsberetning for foreningen til norske fortidsmindesmærkers bevaring, 1907). *De to runestener fra Tu og Klepp* (in Bergens Museums Aarbog, 1909). *En indskrift med ældre runer fra Huglen i Søndhordland* (ib. 1911). O. v. Friesen, *Två småländska runstenar* (in Norra Smålands fornminnesförenings tidskrift 1907). *Upplands runstenar* (in Uppland II), Upps. 1907. *Historiska runinskrifter* (in Fornvännen 1909 und 1911). *Runinskrifterna på en koppardosa funnen i Sigtuna* (ib. 1912).

Die Lehnwörter sind zwar eine minder ausgiebige Quelle, aber doch von großem Interesse. Zunächst ist hervorzuheben, daß die finnisch-lappischen Entlehnungen natürlich auch in dieser Periode ununterbrochen fortgehen. Jetzt aber kommen viele andere dazu, besonders keltische, russische und angelsächsische. In altirischen Handschriften aus der Zeit c. 1100 bis 1150, deren Grundlage etwa hundert Jahre älter sein muß, und deren Sprache, von der Orthographie abgesehen, wesentlich die des 8. Jahrhunderts ist, kommen nicht wenige altnordischen Wörter vor, die also wohl zum Teil schon seit c. 630, zu welcher Zeit (spätestens) nachweislich Berührungen zwischen Kelten und Skandinaviern auf den Shetlandinseln (um 770 auf den Färöern, seit 795 auch auf irischem Boden) stattfanden, entlehnt sein müssen, wie z. B. *garda* (anorw. *gardr*) 'Gehöfte', *mergge* (anorw. *mærki*) 'Banner', *amor* 'Jammer' (vgl. aisl. *amra* 'jammern') u. a. Jünger sind die russischen Lehnwörter, welche hauptsächlich bei der Gründung (862) des russischen Reiches durch die Schweden ins Altrussische kineingekommen sind. Diese Wörter sind fast ausschließlich Personennamen (etwa hundert), welche — zum Teil durch altrussische Lautgesetze umgemodelt — meist in zwei Urkunden von 911 und 944 vorkommen, aber natürlich im allgemeinen die altnordische Sprache des 9. Jahrhunderts repräsentieren. Solche sind z. B. *Igor* (aschw. *Ingwar*), *Rurik* (aschw. *Røriker*), *Olga* (aschw. *Hiælgha*, gleich aisl. *Helga*) u. a., die aber bald fast alle außer Gebrauch gerieten. Seltener sind andere Wörter (als Personennamen), zum Teil noch im Russischen oder andern slavischen Sprachen fortlebend, wie z. B. *chvat* (aisl. *huatr*) 'kecker Kerl'. Noch etwas jünger sind die englischen Lehnwörter, welche seit (dem ersten Auftreten im Jahre 787 und besonders seit) der ersten Niederlassung der Skandinavier in England (in der zweiten Hälfte des 9. Jahrhunderts und während der ganzen dortigen Herrschaft der Norweger und Dänen (bis in das 11. Jahrhundert) in großer Anzahl ins Angelsächsische (mehr als 100 Wörter belegt) und Mittelenglische (mehr als 600 Wörter, unberechnet gegen 600 Personennamen und eine Unmenge von Ortsnamen) eingedrungen sind. Besonders zahlreich und alt sind die, welche zwar erst in der früh mittelenglischen Schrift Orrmulum überliefert sind, die aber doch im allgemeinen die altnordische Sprachform um 900 wiedergeben, wie z. B. *beȝȝsc* (aisl. *beiskr*) 'bitter', *nowwt* (aisl. *naut*) 'Vieh', *sannenn* (adän. *sannæ*) 'beweisen' u. a.

Zimmer, ZfdA. XXXII, 196. 244. 464. XXXV. 15. 63. 148. 170. 252. Gött. gel. Anz. 1891. 193. Sitzungsberichte der K. P. Akademie der Wiss. zu Berlin 1891. XVI. S. Bugge, *Nyere Forskninger om Irlands gamle Aandskultur og Digtning* (in Christiania Vidensk. Selskab. 1891), Chra. 1892. *Bidrag til den ældste Skaldedigtnings Historie*, S. 3ff., Chra. 1894. G. Henderson, *The Norse influence on Celtic Scotland*, Glasgow 1910.

V. Thomsen, *Ryska rikets grundläggning*, S. 114ff. Bugge, Arkiv f. nord. fil. II, 164. N. Höjer, (Svensk) Historisk tidskrift 1883, 323. 1884, Beilage. V. Thomsen ib. 1883, Beilage. F. Tamm, *Slaviska lånord från nordiska språk*, Upsala (universitets årsskrift) 1882.

Brate, *Nordische Lehnwörter im Orrmulum* (in PBB. X, 1. 580). E. Björkman, *Scandinavian loanwords in middle english*, Halle 1900 bis 1902. *Nordische Personennamen in England*, Halle 1910. *Zur dialektischen Provenienz der nordischen Lehnwörter im Englischen* (in Språkvetenskapliga sällskapets i Upsala förhandlingar 1897—1900). *Zur englischen Namenkunde*, Halle 1912. H. Lindkvist, *Middle-english place-names of Scandinavian origin* I, Uppsala 1912. *Some Old Scandinavian deposits in Middle English records* (in Minnesskrift tillägnad A. Erdmann, Uppsala 1913).

Eine den Lehnwörtern nicht unähnliche Quelle sind die altnordischen Wörter (meist Nomina propria), die bei fremden Schriftstellern (z. B. Einhard, † 840, Adam von Bremen, † 1076) oder sonst (wie z. B. die Runennamen im Abecedarium nordmannicum (Cod. Sang. 878) und in Cod. Leiden. lat. 83, 4:0, beide Denkmäler aus dem 10. Jahrhundert, wiewohl Cod. Leiden. eine Abschrift eines etwas älteren Originals ist, oder die zahlreichen Personennamen seit c. 900 in einem gewöhnlich das Reichenauer-Necrologium — besser Confraternitates Augienses — genannten Züricher-Handschrift, sowie seit c. 800 etwa 200 Namen in Durhams «Liber vitæ» und mehr als 50 Namen in einer Yorker-Handschrift aus dem Anfang des 11. Jahrhunderts) zitiert oder in anderer Weise angeführt werden.

Wimmer, *Die Runenschrift*, S. 235f. E. Wadstein, *Kleinere altsächsische Sprachdenkmäler* (1899), S. 20 und 129ff. Th. v. Grienberger in Arkiv f. nord. fil. XIV, 101ff. P. Piper, *Libri confraternitatum* (in Monumenta Germ. hist. 1884), S. 145—352. A. Gebhardt in Aarbøger f. nord. Oldk. 1909, 332ff. J. Stefansson, *The oldest known list of scandinavian names* (in Sagabook of the Viking Club IV, 296ff.). Bugge, *Bidrag* etc., S. 17ff.

Endlich können gewissermaßen als eine zu dieser Zeit gehörige Quelle die alten Gedichte betrachtet werden, welche von norwegischen Skalden seit den Tagen Þióðolfs ór Huini und Þorbiorn Hornklofe's (Ende des 9. Jahrhs.) und Isländern seit dem berühmten Egell Skallagrímsson (um 950), sowie von den uns leider unbekannten Urhebern der ältesten Eddalieder (um 900) verfaßt worden sind. Zwar liegen uns diese Gedichte erst in altisländischen Handschriften aus dem 13. und 14. Jahrhundert vor, aber durch die metrische Abfassung ist manche Altertümlichkeit aufbewahrt worden, und die überlieferten Formen lassen vielfach die Sprache der Vikingerzeit durchschimmern.

§ 6. Die Sprachform dieser Quellen weicht schon in ältester Zeit in so hohem Maße vom Urnordischen ab, daß wir nicht umhin können, deren Sprache als eine wesentlich andere zu betrachten, dies um so mehr, als die ganze Vikingerzeit hindurch die Sprachverhältnisse des Nordens in einer ungemein raschen Entwickelung begriffen waren, wodurch in dieser verhältnismäßig kurzen Zeit der Charakter der Sprache fast ganz verändert wurde. Schon aus der Zeit um 700 — zum Teil sogar früher — sind folgende wichtige Abweichungen vom alten Sprachgebrauch belegt:

1) Übergang von unnasaliertem *ō* zu *a* in Endungen, z. B. Acc. Plur. *runaʀ* (Istaby, Björketorp) gegen *runoʀ* (Järsberg und noch Tjurkö) 'Runen' und Gen. Plur. Björketorp *-runo*, Stentofta *-runono* mit nasaliertem *ō* (aus *-ōm*).

2) Synkope des unbetonten unnasalierten *a* (wenigstens nach langer Wurzelsilbe) und die damit zusammenhängende *a*-Brechung. Z. B. Nom. Sg. *-wulafʀ* (Istaby) 'Wolf' gegen *Heldaʀ* (Tjurkö), wie etwas später Gen. Sg. *-wulfs* (Räfsal) gegen *ȝodaȝas* (Valsfjord). Vgl. dagegen Acc. Sg. *-wulafa* (Istaby) mit nasaliertem *a* (aus *-om*).

3) Synkope des unbetonten *i* nach langer Wurzelsilbe und der damit zusammenhängende *i*-Umlaut. Z. B. 3. Sg. Präs. Konj. *wate* (Strøm) 'benetze' = aisl. *vǽte* aus urnord. **wātiē*, wie etwas später Ind. *bʌrutʀ* (Björketorp) 'bricht' = aisl. *brýtr* aus urnord. **briutiʀ* (vgl. unten 6); Dat. Plur. *ȝestumʀ* (Stentofta) zu **ȝestʀ* 'Gast' aus urnord. *-ȝastiʀ* (Gallehus, Berga).

4) Schwund des anlautenden *j*. Die alte *jāra*-Rune hat in den Inschriften von Maglemose, Overhornbæk (beide c. 600), Fonnås, Gommor, Istaby und Stentofta die Bedeutung *a*, was beweist, daß ihr Name schon *ár* (so in Abecedarium Nordmannicum, 10. Jahrh.) war; vgl. das air. Lehnwort *amor* 'Jammer' (zu aisl. *amra* 'jammern').

Unter den übrigen durch die Denkmäler belegten Veränderungen seien nur folgende hervorgehoben (wobei aber zu merken ist, daß die Vorgänge selbst natürlich oft etwas älter als die ältesten Belege sein können, und daß sie selbstverständlich nicht immer zu ganz derselben Zeit im ganzen Norden aufgetreten sind).

Aus dem 8. Jahrh.:

5) Übergang von *þ* zu *đ* inlautend nach Vokalen, z. B. *đᴀuđe* (Björketorp; vgl. got. *dauþus*) 'Tod', aber noch Istaby, Gommor und Stentofta *Hᴀþu-*. Vgl. die umgekehrte Schreibung *Wᴀþ*[*i*] (Sölvesborg) statt *Wađi* (ags. *Wada*).

6) Verwendung der 2. Sg. statt 3. Sg. Präs., z. B. *ƀᴀrutʀ* (Björketorp) gegen *ƀᴀriutiþ* (Stentofta) 'bricht'.

7) Übergang von *ƀ*, *đ*, *ʒ* im Anlaut (*đ* auch nach *l*) zu resp. *b*, *d*, *g* wird bewiesen durch die Verwendung der *t*- und *k*-Runen als Zeichen für resp. *đ* und *g* sowie der *ƀ*-Rune für *p*, z. B. *Rhoᴀltʀ* (Vatn) = aisl. *Hróaldr* (vgl. urnord. *Heldaʀ* Tjurkö), *kuþi* (Helnæs, Flemløse) = aisl. *goþe* 'Priester', *sƀᴀ* (Björketorp) = aisl. *spǫ́* 'Prophezeiung'.

8) Übergang der velaren Spirans vor *r* (*l*, *n*) in bloßen Hauchlaut, der dann in gewissen Gegenden mit dem folgenden *r* (*l*, *n*) zu einem — *rh* usw. bezeichneten — stimmlosen *r* (*l*, *n*) verschmilzt, z. B. *Rhoᴀltʀ* (Vatn) = ahd. *Chrodoald*, *Rhuulfʀ* (Helnæs) = ahd. *Chrodulf*; vgl. im 9. Jahrh. aruss. *Rurik* = aisl. *Hrǿrekr*, aruss. *Ruar* = aisl. *Hróarr* u. dgl. (vgl. urnord. *Hroʀaʀ* By u. dgl.). Vor Vokalen und zwischen Konsonanten scheint dieser Übergang schon urnord. eingetreten sein und mehrmals sogar bis zum gänzlichen Schwund des *h* geführt zu haben, z. B. Kragehul *wiju* = ahd. *wīhiu* 'weihe', Etelhem *w*[*u*]*rtaa*, Tjurkö *wurte*, By *orte* = got. *waúrhta* (vgl. Tune *worahto*) 'machte', Svarteborg *Ssiʒađuʀ* aus **-hađuʀ* (vgl. ags. *Nīđ-had* u. dgl.); aus dem 8. Jahrh. z. B. Björketorp *-sƀᴀ* aus **spāhu* 'Prophezeiung', air. *elta* 'Knopf oder Schutzvorrichtung am Schwert' aus urnord. **helta* (aisl. *hialt*), c. 800 3. Sg. *fapi* (Helnæs) gegen urnord. 1. Sg. *faihiđo* (Einang) 'schrieb', im 9. Jahrh. aruss. *Askold* (aisl. *Hǫskuldr*).

9) Synkope des unbetonten *u* nach langer stark nebentoniger Silbe sowie zwischen haupttoniger und stark nebentoniger Silbe, z. B. *Rhoᴀltʀ* (Vatn) aus **Hrōþwalduʀ*, *uþᴀrᴀƀᴀsƀᴀ* (Björketorp) aus **-spāhu* 'Unglücksprophezeiung', Acc. Sg. *Asmu*[*n*]*t* (Sölvesborg) = aisl. *Ásmund* (aus **Ansumundu*, vgl. urnord. *A*[*n*]*su-* Kragehul), *Kuþumu*[*n*]*t* (Helnæs, aber daselbst *sunu* 'Sohn' wie *Kuþu-*, weil kurze Wurzelsilbe) = aisl. *Guþmund*. Nach schwach nebentoniger Silbe scheint die Synkope schon um 600 belegt zu sein durch Noleby (und vielleicht Åsum) *fahi* aus **faihiu* 'schreibe'.

10) Assimilation von *nʀ* und wohl auch *rʀ* zu resp. *nn*, *rr*, z. B. *stain* (Kallerup) 'Stein' gegen urnord. *Haraƀanaʀ* (Järsberg), vgl. *burin* (Rök) 'geboren' gegen urnord. *haitinaʀ* (Tanum) 'ver-

heißen'; *Þur* (erst Glavendrup) = aisl. *Þórr*, eine Neubildung (nach dem Dat. *Þóre* aus **Þunre*, s. unten 11) statt des in alten Gedichten noch hie und da erhaltenen Nom. *Þunurr* (ags. *Þunor*).

11) Schwund des *n* im Auslaut und vor *r*, *s*, *w* sowie wohl auch vor *l*, z. B. *ą* (Snoldelev) = urnord. *an* (Tjurkö) 'an', 3. Plur. Prät. *satu* (Flemløse) 'setzten' (vgl. urnord. *dalidun* Tune); *Þur-* (erst Nörre Næra) = aisl. *Þór-* (aus **þunr-*, s. oben 10); *Asmu[n]t* (Sölvesborg) = aruss. *Asmud*, aschw. *Asmunder* (ahd. *Ansemund*); *Ąuair* (Helnæs) = agutn. *Āvair* aus **Anu[ʒ]airar* (vgl. ahd. *Anagêr*). Nach dem air. *Amlaib* (aisl. *Áleifr*, als ags. Lehnwort *Anláf*), *Thomrair* (aisl. *Þórer*) zu urteilen wäre *n* vor *l* und *r* noch um 800 da; aber vielleicht soll hier das *m* (resp. *n*) nur die Nasalität der vorhergehenden Vokale ausdrücken (wie im Lehnwort air. *Imhair*, ags. *Inwær* = wn. on. *Īvar(r)*, *-er* aus **Ịhuharir* und -[ʒ]*eirr* neben **Ịnguharir* = wn. *Ynguarr*, on. *Ingwar*). Auf der andern Seite wäre es möglich, daß der Schwund des *n* vor *s* weit älteren Datums sei, wenn nämlich die Schreibung *Asuʒisalas* (Kragehul, bald nach 400!) nicht auf verkürzter Schreibweise (statt *Ansu-*) beruht. Auch im Auslaut ist vielleicht *-n* verhältnismäßig früh geschwunden (c. 700, wenn Björketorp *ronu* aus **ronun* entstanden ist, s. § 196, 3). Vgl. auch *u-* 'un-' in Björketorp *uþarabasba*.

12) Schwund des anlautenden *w* vor *u*, *o* und deren Umlauten, z. B. *orte* (schon By), *urti* (Sölvesborg, aber *wurte* Tjurkö) 'machte', der Mannsname *Urm* (got. *waúrms*) bei Einhard, Gen. Sg. *ulfs* (Hammel; noch Räfsal *-wulfs* und vgl. Nom. Sg. *-wolafr* Stentofta, *-wulafr* Istaby) 'Wolfes', *urþi* (Rök) 'würde', Orrm. *epeþþ* 'ruft' (aisl. *øper*, got. *wōpeiþ*).

Aus dem 9. Jahrhundert:

13) *A*-Brechung auch vor erhaltenem *a*, z. B. aruss. *Olga* (aus **Jelga* wie russ. *odno* aus asl. *jedĭnŭ* u. d.) = aschwed. *Hiælgha*; Acc. Sg. *rauþumskialta* 'Rotschild' (Rönninge).

14) Synkope des unbetonten *i* nach kurzer Wurzelsilbe, z. B. *Salhaukum* (schon Snoldelev) gegenüber älterem *Hariwulfs* (Räfsal); *-vin* 'Freund' bei Einhard. Archaisierend hat Rök noch (im Verse) *sitir* = got. *sitis*, aisl. *sitr* 'sitzt' neben *niþr* (in der Prosa) = got. *niþjis* 'Verwandter'.

15) Synkope jedes unbetonten (nicht schon nach 9 oben synkopierten) *u*, zunächst nach langer, dann auch nach kurzer Wurzelsilbe, in beiden Fällen früher in geschlossener als in offener Silbe, und die damit zusammenhängenden *u*-Umlaut und *u*-Brechung,

z. B. die Runennamen *aus* (aisl. *ǫ́ss*), *laucr* (aisl. *lǫgr*) im Cod. Leiden. (neben *reidu*, *soulu*, *fiu*, aisl. *reiþ*, *sól*, *fé*), *os*, *sol* im Abeced. Nordm. (neben *feu*, *lagu*, *þuris*, aisl. *fé*, *lǫgr*, *þurs*), Namen auf *-fred*, *-frid* (aus **-friþuR*) bei Einhard, *miuk* (erst Store Rygbjærg) 'viel' = adän. *miok* aus **meku* (gr. μέγα), Nom. Sg. *sunʀ* (Sparlösa), Acc. Sg. *sun* (Tryggevælde, Rönninge, Gursten) 'Sohn' gegenüber älterem *sunu* (Helnæs und noch Kälvesten sowie Rök im Verse, wo auch noch *karuR* = aisl. *gǫrr* 'bereit'); vgl. noch (Nom. Sg.) *Kuþmuntr* (Skivum) gegenüber älterem (Acc. Sg.) *Kuþumu*[*n*]*t* (Helnæs) = aisl. *Guþmund*(*r*). Vgl. anderseits das ags. Lehnwort *laȝu* (adän. *logh*) 'Gesetz', der Runenname *lagor* (aisl. *lǫgr*) im air., noch ohne Synkope und Umlaut.

16) Assimilation von *nþ* (und wohl auch *lþ*) zu *nn* (und *ll*), z. B. aruss. *Gunar*, ags. (nach 900) *Gunner* (aisl. *Gunnarr*, ahd. *Gundachar*), Confrat. Aug. *Arnur* (aisl. *Arnórr* aus *Arnþórr*), Orrm. *sannenn* (vgl. ags. *sóð*) 'beweisen'; Acc. Sg. M. *ą̨nąn* (Glavendrup) 'ander'. Nach Ausweis des lapp. *skidnē* (aus urlapp. **skinnā*, s. Wiklund in Finn.-Ugr. Forsch. XII, 34 f.) neben früher entlehntem *skiδδê* (aus **skinþa*) wäre die Assimilation, wenigstens in gewissen Gegenden, schon vor dem Schwunde des auslautenden *æ* (s. oben 2), also um 700 durchgeführt, aber andererseits spricht die um 700 datierende Inschrift von Valby durch ihren *ᴀfunþ* 'Neid' gegen ein so frühes Ansetzen der Assimilation.

Aus dem 10. Jahrhundert:

17) *I*-Umlaut auch vor erhaltenem *i*, z. B. Store Rygbjærg *li*[*n*]*ki* (aisl. *lenge*; schon bei dem Norweger Þióðolfr assoniert *længi* mit *drængr* 'junger Mann') 'lange'; Högby *eftiʀ*, Täng, Hällestad *iftiʀ* (aisl. *epter*) 'nach'; Härene *iftiʀ*, *Rifni*[*n*]*kʀ* (aisl. *Hrefnengr* zu *Hrafn*); Kolunda *iftiʀ*, *Þurkitils*, *tri*[*n*]*kila* 'mannhaft' (aisl. *Þorkels*, *drengela*).

18) Assimilation von *lʀ*, *sʀ* zu resp. *ll*, *ss*, z. B. Nom. Sg. *Þurkil* (Högby) = aisl. *Þorkell*; 3. Sg. Prät. Pass. *ai*[*n*]*taþis* (aschwed. *ændaþis*) 'starb' (Högby) aus **ai*[*n*]*taþi* + *sʀ* (= *seʀ* 'sich', s. unten 22) gegenüber noch unassimiliertem *-ʟᴀusʀ* 'los' (Björketorp).

19) Assimilation von *ht* zu *tt*, z. B. Acc. Sg. *trutin* (schon Glavendrup) = aisl. *drótten* (finn. *ruhtina*) 'Fürst', Nom. Sg. *tutiR* (Sönder Vissing) = aisl. *dótter* (vgl. urnord. Nom. Plur. *ᴅohtriʀ* Tune); unassimiliert noch Orrm. *ambohht* = aisl. *ambótt* u. a.

20) Übergang des *ʀ* nach dentalen Konsonanten in *r*, z. B. *Raknhiltr* (schon Glavendrup und Tryggevælde) = aisl. *Ragnhildr*,

batri (Tryggevælde) = got. *batiza* 'besser', *Kuþmu*[*n*]*tr* (Virring) = aisl. *Guþmundr*; vgl. aus dem 9. Jahrh. *Þurmu*[*n*]*tʀ* (Nörre Næra) = aisl. *Þormundr*, *niþʀ* 'Verwandter' und *histʀ* 'Pferd' (Rök).

21) Übergang des *f* nach Vokalen, *l* und *r* in *ƀ* (außer vor stimmlosen Lauten). Wird bewiesen durch die Verwendung der *b*-Rune als Zeichen für altes *f* im Acc. Sg. *Asulb* (Gunderup II, c. 970) = got. *Ansiulf*. In Inschriften der Zeit bis c. 950 sind aber die beiden Laute noch verschieden, z. B. Acc. Sg. *Kunulf* (aisl. *Gunnolf*) neben Gen. Sg. *Nairbis* (vgl. ahd. *Nerbo*) ein Mannsname (Tryggevælde), *tualf* 'zwölf' neben Nom. Plur. *ualraubaʀ* (vgl. ahd. *roub*) 'Beute' (Rök), Acc. Sg. *-ulf* neben Nom. Sg. *sialbʀ* 'selber' (Kärnbo), *aft* (got. *afta*) 'nach' neben *Hribną* (vgl. ahd. *hraban*) = aisl. *Hrefna* ein Frauenname (klein. Denkmal von Bække).

22) Das neue Medio-Passiv, entstanden durch Suffigierung des Pron. refl. entweder im Dat. (*seʀ*, woraus *-sʀ*, *-ss*, s. oben 18) oder Acc. (*sik*, woraus *-sk*), z. B. 3. Sg. Prät. *ai*[*n*]*taþis* (aschw. *ændaþis*) 'starb' (Högby), 3. Plur. Prät. *barþusk* (anorw. *barđusk*) 'schlugen sich' (größ. Denkmal von Århus).

Deutungen der Inschriften außer in den oben S. 9f. genannten Schriften vorzugsweise bei Bugge, Tidskr. f. Phil. VIII, 163. *Norges Indskrifter med de yngre Runer*, Chra. 1902, 1906. *Bidrag til den ældste Skaldedigtnings Historie*, s. 11ff. K. Vitterhets Historie och Antiqvitets Akademiens Handlingar XXXI, 3. Ant. tidskr. f. Sv. V, 1. 211. Aarbøger for nordisk Oldkyndighed 1900, S. 1ff. Brate (und Bugge) ib. X. pass. Wimmer, Aarb. f. nord. Oldk. 1875. 188. Opuscula philologica ad J. N. Madvigium. Kph. 1876, S. 193ff. Kort Udsigt over det philologisk-historiske Samfunds Virksomhed 1876—1878, Kph. 1878, S. 12ff. *Om undersøgelsen og tolkningen af vore runemindesmærker* (Indbydelseskrift til Kjøbenhavns universitets aarsfest), Kph. 1895, pass. *Les monuments runiques du Slesvig*, Kph. 1906. Gering, ZfdPh. XXXVIII, 142. E. Olson, *Yngvars saga*, Kph. 1912, S. 51ff.

§ 7. Die Vikingerzeit ist aber eine Übergangszeit nicht nur zwischen dem Urnordischen und dem jüngeren Altnordisch, sondern auch in der Weise, daß schon dialektische Unterschiede in den Quellen sichtbar werden, und dies bald in solcher Fülle, daß wir streng genommen nicht mehr von einer einheitlichen altnordischen Sprache reden dürfen. So zeigt sich schon um 800 (oder etwas später) in Dänemark der Übergang von *hr* zu bloßem *r*, z. B. Acc. Sg. *Ruulf* (Flemløse; vgl. Nom. Sg. noch *Rhuulfʀ* Helnæs, aber *Ruulfʀ* Voldtofte) = aisl. *Hrólf* 'Rudolf'. Im 10. Jahrhundert tritt ebenfalls in Dänemark die Kontraktion der Diphthonge auf, z. B. Nom. Acc. Pl. N. *þusi* (klein. Denkmal von Jællinge, Skærn), gesprochen *þōsi*, 'diese', vgl. aisl. *þau*, agutn. *þaun* 'sie'; *risþi stin* (Skærn), gespr. *rēsþi stēn* 'errichtete Stein' = aisl. *reiste stein*, agutn. *raistį stain*. Gegen 1000 zeigt sich sowohl in Dänemark als im südlichen Schweden der Übergang von *ē* zu *ǣ* vor Konsonanten, z. B. Dat. Sg. *sąʀ* (größ. Denkmal von Jællinge), *saʀ* (Hällestad), gespr. *sǣʀ*, 'sich' = aisl., anorw. *sér*; um 1000 auch der aschw.-adän. Einschub von *d* zwischen *nn* und *r*, z. B. Nom. Sg. *-ma[n]tr* (Hedeby), Acc. Pl. *-mi[n]tr* (Lundagård), gespr. *mandr*, resp. *mændr*, 'Mann, Männer'. Indessen sind diese Unterschiede noch nicht so bedeutend, daß nicht die Skandinavier der Vikingerzeit ihre Sprache über den ganzen Norden als ein- und dieselbe betrachten und demgemäß mit ein- und demselben Namen, *dǫnsk tunga* 'dänische Sprache', bezeichnen konnten. Nachdem Island um 900, hauptsächlich aus dem westlichen Norwegen, bevölkert worden ist, entwickelt sich zwar hier allmählich ein besonderer westnorwegischer Dialekt, aber auch dieser weicht anfänglich nur höchst unbedeutend von der Muttersprache ab.

Erst nach der vollständigen Einführung des Christentums im 11. Jahrhundert ist die sprachliche Zersplitterung des Nordens so weit fortgeschritten, daß man in den Runeninschriften und in der dann entstehenden Literatur vier verschiedene Hauptdialekte unterscheiden kann, die Grundlage der seitherigen vier Literatursprachen: Isländisch, Norwegisch, Schwedisch und Dänisch. Von diesen stehen indessen je zwei und zwei einander sehr nahe, weshalb man auch oft die zwei letzteren als Ostnordisch (On.) zusammenfaßt, die zwei ersteren aber als Westnordisch (Wn.) oder, wie die alten Skandinavier selbst sich ausdrückten, *norrǿnt mál*, d. h. nordische Sprache. Von den Hauptunterschieden dieser beiden Gruppen, wie sie in deren ältesten zu unserer Zeit bewahrten Quellen hervortreten, mögen die folgenden angeführt werden:

1) Unterbleiben, resp. Aufhebung (durch analogische Ausgleichung) der *i-* (*ʀ-*) und *u*-Umlaute im Ostnordischen in vielen Fällen, wo das Westnordische Umlaut hat, z. B. 2. 3. Sg. Präs. on. *halder* : wn. *hældr* (*heldr*) 'hält'; Sg. Prät. Konj. on. *vāre* : wn. *vǽra*, *-er*, *-e* 'wäre'; on. *i gār* : wn. *i gǽr* 'gestern'; Nom. Acc. Pl. on. *land* : wn. *lǫnd* 'Länder'.

2) On. silbenauslautendes *ō* gegenüber wn. *ú* in vielen Wörtern, z. B. Acc. Sg. on. *kō* : wn. *kú* 'Kuh', Acc. Sg. on. *sō* : wn. *sú* 'Sau', on. *trōa* : wn. *trúa* 'glauben'.

3) On. fast durchgehende Erhaltung von *ē*, *ī*, *ȳ* bei Hiatus, wo diese Vokale im Wn. (vor *a*, *o*, *u*) in ein konsonantisches *i* übergehen, z. B. on. *sēa* : wn. *siá* 'sehen', on. *fīande* : wn. *fiande* 'Feind', Gen. Sg. on. *bȳar* : wn. *biár* 'Dorfes'.

4) On. Erhaltung von *mp*, *nk*, *nt* in vielen Fällen, wo wn. Assimilation zu resp. *pp*, *kk*, *tt* stattfindet, z. B. on. *krumpin* : wn. *kroppenn* 'krüppelig', on. *ænkia* : wn. *ækkia* (*ekkia*) 'Wittwe', on. *stynta* : wn. *stytta* 'kürzen'.

5) Nom. und Acc. Pl. auf *-iar*, *-ia* im On. bei vielen Maskulinen (*i*- und *-ja*-Stämmen), wo das Wn. resp. *-ir*, *-i* hat, z. B. on. *drængiar*, *-a* : wn. *drængir*, *-i* (*drenger*, *-e*) 'Bursche'.

6) On. Bildung des Dat. Pl. mit suffigiertem Artikel normal auf *-umin*, im Wn. dagegen auf *-unum*, z. B. on. *fōtumin* (*-omen*) : wn. *fótunum* (*-onom*) 'den Füßen'.

7) On. Pronominalformen wie *iak* (selten *æk*) 'ich', *vi*(*r*) 'wir', *ī*(*r*) 'ihr', *sum* 'welcher, -e, -es' u. a. gegen resp. wn. *ek*, *vér* (*mér*), *ér* (*þér*), *sem* usw.

8) On. Ersetzung des *R*-Präteritums durch das gewöhnliche *d*-Präteritum, z. B. 3. Sg. on. *sāþe* : wn. *sere* 'säete'.

9) Sieg der Medio-Passiv-Form auf *-s*(*s*) über die auf *-sk* (vgl. oben § 6, 22) im On. gegenüber dem umgekehrten Verhältnis im Wn., z. B. on. *kallas*(*s*) : wn. *kallask* 'genannt werden'.

In einigen von diesen Punkten stimmen jedoch gewisse Ostnordische Mundarten unserer Zeit mit dem Westnordischen überein (und wohl auch umgekehrt). Denn für die nordischen Mundarten in ihrer Gesamtheit gilt eine ganz andere Einteilung als diejenige, zu der man bei einer ausschließlichen Bezugnahme auf die durch eine Literatur vertretenen Dialekte kommt. Im folgenden nehmen wir jedoch nur auf diese letzteren Rücksicht.

Über die Gliederung der neunordischen Mundarten s. besonders Lundell in Antropologiska sektionens tidskrift, B. I Nr. 5. Sthlm. 1880. Noreen, *Vårt språk* I, 129 ff. B. Hesselman, *Sveamålen*, Upps. 1905. M. Kristensen, *Nydansk*, Kph. 1906. Vgl. auch die zu § 14 und § 22 angeführte Literatur.

§ 8. Die Hauptunterschiede der beiden alten westnordischen Literatursprachen, des Altisländischen und des Altnorwegischen, wie sie in den ältesten Literarischen Quellen hervortreten, sind folgende:

1) Aisl. *u*-Umlaut auch vor erhaltenem *u* (*o*), in welcher Stellung dieser Umlaut im Anorw. (mit Ausnahme der westlichen, dem Aisl. zugrunde liegenden Mundarten) außer in gewissen Stellungen unterbleibt, z. B. Dat. Pl. aisl. *sǫkom* : a(ost)norw. *sakum* 'Sachen'.

Vgl. auch das analoge Verhältnis in 1. Pl. Prät. aisl. *kǫlloþom* : a(ost)norw. *kalladum* 'wir nannten'.

2) Aisl. regelmäßig *e*, *o* statt *i*, resp. *u* in allen Endungen und Ableitungssilben, während dagegen das Altnorwegische (mit Ausnahme der südwestlichen Mundarten, wo teils *e*, *o*, teils *i*, *u* in allen Stellungen) durch eine Art von Vokalharmonie *e* und *o* fast nur dann hat, wenn in der vorhergehenden Silbe *e*, *é*, *o*, *ó*, *ø*, *ǿ*, gewöhnlich auch *á* (seltener *a*), *ǽ* (seltener *æ*) stehen, z. B. 3. Sg. Prät. Ind. aisl. *spurþe* : anorw. *spurði* 'fragte', Nom. Pl. aisl. *syner* : anorw. *synir* 'Söhne'; 1. Pl. Prät. Ind. aisl. *gripom* : anorw. *gripum* 'griffen', Dat. Pl. aisl. *húsom* : anorw. *húsum* 'Häusern'. Vgl. aber sowohl aisl. wie anorw. Dat. Sg. *kononge* 'Könige', 3. Pl. Prät. Ind. *tóko* 'nahmen'.

3) Aisl. Erhaltung von anlautendem *hl*, *hn*, *hr* gegenüber anorw. (mit Ausnahme der Mundarten von Orknö und Shetland) nur *l*, *n*, *r*, z. B. aisl. *hlaupa* : anorw. *loupa* 'laufen', aisl. *hníga* : anorw. *níga* 'sich neigen', aisl. *hringr* : anorw. *ringr* 'Ring'.

4) Aisl. Erhaltung, wenigstens der Regel nach, der Verbindung *fn*, welche im Anorw. weniger häufig vorkommt als das daraus entwickelte *mn*, z. B. aisl. *suefn* : anorw. *suemn* 'Schlaf'.

5) Aisl. treten die Formen *mit* statt *vit* 'wir zwei' und *mér* statt *vér* 'wir' nur sehr selten, anorw. dagegen häufig auf.

6) Aisl. ist gleichzeitige Verwendung von präpositivem und postpositivem Artikel selten, anorw. dagegen häufig, z. B. aisl. *þat skip* : anorw. auch *þat skipit* 'dieses Schiff'.

M. Hægstad, *Gamalt trøndermaal*, Kra. 1899. *Upphavet til det norske folkemaal*, Kra. 1899. *Maalet i dei gamle norske kongebrev*, Kra. 1902. *Vestnorske maalføre fyre 1350: Innleiding*, Kra. 1906, *Nordvestlandsk*, Kra. 1908. *Norsk maalsoga*, 2. Aufl., Oslo 1907. *Det norske maalet fyre 1350* (in Hægstad und Torp, *Gamalnorsk ordbok*, Kra. 1909). M. Nygaard, *Norrøn syntax*, Kra. 1906, S. 4 Note. J. L. Jones, *The phonology of the Elis saga*, Chicago 1897. H. Celander, *Om övergången av ð > d i forníslándskan och fornnorskan*, Lund 1908. Sievers, *Tübinger Bruchstücke der älteren Frostuthingslög*, Tübingen 1886, S. 7 ff. E. Wadstein, *Fornnorska homiliebokens ljudlära*, Upsala (universitets årsskrift) 1890. Vigfusson, *Eyrbyggja Saga*, Leipz. 1864, S. XXXIV ff. Keyser und Unger, *Olafs saga hins helga*, Chra. 1849, S. VIII f. *Barlaams ok Josaphats saga*, Chra. 1851, S. XVIII. Unger, *Saga þidriks konungs af Bern*, Chra. 1853, S. XVI. P. Groth, *Det AM. haandskrift 310 quarto*, Chra. 1895 (Einleitung). A. Kock, Arkiv f. nord. fil. XII, 128. Möbius, *Über die altnordische Sprache*, S. 15 ff. Petersen, *Det danske, norske og svenske sprogs historie*, II. Kph. 1830, S. 57 ff. (wesentlich veraltet). F. Jónsson in *Hauksbók*, Kph. 1896, S. XX ff.

§ 9. Das Altisländische ist unbedingt die wichtigste der altnordischen Sprachen sowohl in betreff der sprachlichen Form als auch des Inhalts der Literatur. Das Sprachgebiet umfaßte nicht nur Island, sondern auch Grönland, wo während längerer Zeit (986 bis c. 1450) isländische Kolonisten wohnten (vgl. § 1).

Die Quellen unserer Kenntnisse von der altisländischen Sprache bestehen fast ausschließlich aus einer höchst umfangreichen Literatur, die seit dem im Jahre 1118 verfaßten Gesetzbuche *Hafliþaskrǫ́* mit lateinischem Alphabete, unter angelsächsischem Einfluß den speziellen Bedürfnissen des Isländischen angepaßt, niedergeschrieben worden ist. Wenn es — was kaum glaublich ist — eine Runenliteratur gegeben hat, so ist jedenfalls davon nichts bis auf unsere Zeit erhalten. Überhaupt hat das Altisländische nur äußerst wenige (etwa 45) Runendenkmäler aufzuweisen, und von diesen, welche sämtlich in sprachlicher Hinsicht ziemlich wertlos sind, stammen die beiden ältesten (die Inschriften auf dem Kirchentor von Valþjófstađur und auf dem Grabsteine von Hjarđarholt) erst aus der Zeit um 1200 (oder etwas später), resp. aus dem Ende des 13. Jahrhunderts und sind also schon beträchtlich jünger als die ältesten noch erhaltenen Handschriften mit lateinischem Alphabet, welche — wie auch andere altnordischen Handschriften — vorzugsweise in den großen Sammlungen der Arnamagnæanischen (AM.) und königlichen (Reg.) Bibliotheken zu Kopenhagen, der Universitätsbibliothek zu Upsala (Ups.) und der königlichen Bibliothek zu Stockholm (Holm.) aufbewahrt sind. Von diesen Handschriften sind nämlich einige schon der späteren Hälfte des 12. Jahrhunderts zuzuschreiben. Als die ältesten unter allen gelten ein kleines Fragment eines Homilienbuches (Cod. AM. 237 a, fol.) und zwei Bruchstücke des Gesetzbuches *Grǫ́gǫ́s* (Codd. AM. 315 d und c, fol.). Vor 1200 geschrieben sind auch das älteste Stück von *Reykjaholts máldagi* (Inventarienverzeichnis), eine als *Rímbeygla* bekannte komputistische Abhandlung nebst einer von demselben Schreiber herrührenden Glossensammlung (Cod. Reg. g. s. 1812, ältester Teil, und Cod. AM. 249 l, fol.), die *Plácitúsdrápa* (Cod. AM. 673 b, 4:o) und ein Fragment des *Elucidarius* (Cod. AM. 674 a, 4:o). Wenigstens dem Anfang des 13. Jahrhunderts gehören das in sprachlicher, besonders orthographischer, Hinsicht überaus wichtige, von sieben verschiedenen Händen geschriebene *Stockholmer Homilienbuch* (Cod. Holm. 15, 4:o), zwei Bruchstücke des *Physiologus* nebst einer Allegorie vom *Schiff und Regenbogen* (Cod. AM. 673 a,

4:0) und die sechs Bruchstücke der ältesten Redaktion der *legendarischen Olafssage* (im Reichsarchiv zu Kristiania). Gegen 1250 datiert z. B. ein großes Bruchstück einer Legendensammlung (Cod. AM. 645, 4:0, älterer Teil), etwas später die Haupthandschrift der *Grǫgǫs* (Cod. Reg. g. s. 1157) und die Haupthandschrift der sogenannten *Eddalieder* (Cod. Reg. g. s. 2365), um 1300 die Upsalaerhandschrift der *Snorra Edda* (Cod. Ups. Delag. 11). Von späteren Handschriften seien nur noch erwähnt die orthographisch wichtigen *Annales Islandorum regii* bis 1306 (Cod. Reg. g. s. 2087) und der größte Teil der sehr reichhaltigen Miszellanhandschrift (verschiedenen Inhalts) *Hauksbók* (Codd. AM. 371 und teilweise 544, 4:0), beide aus dem Anfang des 14. Jahrhunderts, sowie die große Sagenkollektion *Möđruvallabók* (Cod. AM. 132, fol.) aus der ersten Hälfte desselben Jahrhunderts. Noch spätere Handschriften sind in sprachlicher Hinsicht weniger bedeutend. Hier sei nur erwähnt die sehr große Miszellanhandschrift (historischen Inhalts) *Flateyjarbók* (Cod. Reg. g. s. 1005) aus den Jahren 1387—94.

Die ältesten Sprachformen sind aber oft nicht in den ältesten Handschriften zu finden, sondern in Skaldengedichten, die zwar erst in Handschriften des 13. Jahrhunderts erhalten sind, die aber infolge der metrischen Abfassung manches Altertümliche aufbewahrt haben.

Bibliographie: Th. Möbius, *Catalogus librorum islandicorum et norvegicorum ætatis mediæ*, Leipz. 1856. *Verzeichnis der ... altisländischen und altnorwegischen ... von 1855 bis 1879 erschienenen Schriften*, Leipz. 1880. H. Hermannsson, *Islandica* I—IV, Cornell university, Ithaca, New York, 1908—1911. Die Bibliographien im Arkiv f. nord. fil. seit 1881.

Björn Magnússon Ólsen, *Runerne i den oldislandske literatur*, Kph. 1883. G. Storm, Arkiv f. nord. fil. II, 172. V. Dahlerup und F. Jónsson, *Den første og anden grammatiske afhandling i Snorres Edda*, S. VI ff. F. Jónsson, *Den oldislandske og oldnorske litteraturs historie* II, 246 ff., *Runerne i den norsk-islandske digtning og litteratur* (in Aarbøger f. nord. Oldkyndighed 1910). Die Inschriften behandeln Kålund, Aarb. f. nord. Oldk. 1882, S. 57. B. M. Ólsen, Árbók hins íslenzka fornleifafélags 1899, S. 19 ff. F. Jónsson, Aarbøger f. nord. Oldk. 1910, S. 295 ff.

(Kålund,) *Katalog over den Arnam. håndskriftsamling*, Kph. 1888—94, *Katalog over de oldnorsk-islandske håndskrifter i det store k. bibliotek*, Kph. 1900. V. Gödel, *Katalog öfver Upsala universitets biblioteks fornisländska och fornnorska handskrifter* (Skrifter utg. af Humanistiska vetenskapssamfundet i Upsala II, 1), Ups. 1892, *Katalog öfver kongl. bibliotekets fornisländska och fornnorska handskrifter* (in Kongl. bibliotekets handlingar nr 19—22), Sthlm. 1897—1900.

Ausgaben: AM. 237 von Bjarnarson, *Leifar fornra kristinna fræđa islenzkra*, Kph. 1878, S. 162 ff. (vgl. Dahlerup, Nordisk tidskrift for Filologi, IV, 153); die Gragas-Bruchstücke von Finsen, *Grágás* I, Kph. 1852, S. 219 ff., 231 ff. und III, Kph. 1883, S. 490 ff.; Reykj. Máld. phototypisch (von Kålund) in *Palæografisk atlas, oldno.-isl. afdeling*, Kph. 1905, Nr. 44—5; Reg. 1812 von L. Larsson, Kph. 1883, und G. Þorláksson in *Småstykker* udg. af Samfund til udg. af gammel nordisk litteratur. Kph. 1884, S. 78; Placitus-drapa von F. Jónsson in *Mindre afhandlinger* udg. af det Philol.-Hist. Samfund, Kph. 1887, S. 210; das Elucidarius-Bruchstück photolithographisch von Gislason, Kph. 1869; das Stockholmer Homilienbuch von Wisén, Lund, 1872 (vgl. L. Larsson: *Studier över den Stockholmska homilieboken*, I—II, Lund, 1887. *Svar på prof. Wiséns 'Textkritiska anmärkningar'*, Lund, 1888. Wisén, Arkiv f. nord. fil. IV, 193. *Några ord om den Stockholmska homilieboken*, Lund, 1888); Physiologus photolithographisch von V. Dahlerup in Aarb. f. nord. Oldk. 1889, S. 199, und «Schiff und Regenbogen» von L. Larsson in ZfdA. XXXV, 244; die Bruchstücke der Olafssage phototypisch von G. Storm, *Otte brudstykker af den ældste saga om Olav den hellige*, Chra. 1893; AM. 645 von L. Larsson, Lund, 1885; die Haupthandschrift der Gragas von Finsen, *Grágás* I, II, Kph. 1852; die Eddalieder photolithographisch von L. F. A. Wimmer und F. Jónsson, *Håndskriftet Nr. 2365, 4. to gl. kgl. Samling*, Kph. 1891; die Uppsalaer Edda (von J. Sigurðsson) in *Edda Snorra Sturlusonar* II. 250, Kph. 1852, und III. 259, Kph. 1880, sowie (der kleine Rest) in *Diplomatarium islandicum* I, 500, 504 Kph. 1857—1876; die Annalen diplomatarisch von H. Buergel Goodwin, *Konungs annáll*, Upps. (universitets årsskrift) 1906 (vgl. E. Olson in Arkiv f. nord. fil. XXVI, 87 ff.); Hauksbok (durch F. und E. Jónsson) von Det kong. nordiske Oldskrift-selskab, *Hauksbók*, Kph. 1892—96; aus der Möðruvallabok ist fast alles hrsgg. von F. Jónsson, *Egils saga Skallagrímssonar*, Kph. 1886—8, Gering, *Finnboga saga hins ramma*, Halle 1879, und in *Beiträge zur deutschen Philologie*, Halle 1880, S. 1 ff., Möbius, *Kormaks saga*, Halle 1886, Kålund, *Laxdæla saga*, Kph. 1889—91, Gislason in *Fire og fyrretyve prøver*, S. 6 ff., Kph. 1860, und *Fóstbræðra saga*, Kph. 1852, sowie *Sagan af Droplaugarsonum*, Kph. 1847, G. Þorláksson in *Íslenzkar fornsögur* I, 1, Kph. 1880, H. Fridriksson, *Bandamanna saga*, Kph. 1850; die Flateyjarbok von G. Vigfusson und C. R. Unger, *Flateyjarbok* I—III, Chra. 1860—68 (ein kleiner Teil photolithographisch, Kph. 1893). — Vollständiges Verzeichnis aller außerhalb des Pal. atlas publizierten aisl.-anorw. Faksimilia bietet *Palæografisk atlas, Ny serie, Oldno.-isl. skriftprøver c. 1300—1700*, Kph. 1907, S. XI ff.

Zur Datierung der Handschriften vgl. vor allem Kålund in Pal. atlas, Kph. 1905, bes. S. IX ff.

Die Skaldengedichte werden jetzt hrsgg. von F. Jónsson, *Den norsk-islandske skjaldedigtning*, A, *Tekst efter håndskrifterne* (und B, *Rettet tekst med tolkning*), Kph. 1908 ff.

§ 10. Die Sprachform des Altisländischen c. 1150—1200 ist durch das oben § 8 angeführte einigermaßen charakterisiert worden. Bald aber zeigen sich wichtige Veränderungen, von denen die meisten den anfangs nicht sehr bedeutenden Unterschied des klassischen Altisländisch (c. 1150—1350) vom Altnorwegischen scharf hervortreten lassen. Schon in der ersten Hälfte des 13. Jahrhunderts geht *ǿ* in *ǽ* über, z. B. *dǽma* 'richten' statt *dǿma* wie noch im Altnorwegischen; *a, o, u* werden vor *lf, lg, lk, lm, lp* (selten *ln, ls*) gedehnt, z. B. *hálfr* 'halb', *úlfr* 'Wolf', *dólgr* 'Feind', *fólk* 'Volk', *hálmr* 'Stroh', *hiálpa* 'helfen' (*ǫ́ln* 'Elle', *háls* 'Hals') statt *halfr, ulfr* usw. wie noch im Altnorwegischen. Bald nach 1250 endet schon das Medio-passiv auf *-z* statt *-sk*, z. B. *kallaz*, älter *kallask* oder *-azk* 'genannt werden'; und jetzt treten in Endungen und Ableitungssilben *i* (so schon vor 1250) statt *e* und *u* (vor 1250 in geschlossener, gegen 1300 in offener Silbe) statt *o* auf, z. B. *hani* 'Hahn', *ketill* 'Kessel', *konungr* 'König' (*skulu* 'sollen') statt *hane, ketell, konongr (skolo)*, was der Schriftsprache ein wesentlich verändertes Aussehen verleiht. Gegen 1300 zeigen sich mehrere neue Erscheinungen: zwischen auslautendem *-r* und einem vorhergehenden Konsonanten entwickelt sich der Svarabhaktivokal *u*, z. B. *ríkur* statt *ríkr* 'mächtig'; *ǫ* geht (zum Teil schon früher) in *ö* (dies Zeichen wird jedoch erst im 16. Jahrh. eingeführt) über, außer vor *ng* und *nk*, wo es zu *au* wird, z. B. *lǫng bǫnd*, jetzt zu sprechen *laung bönd* 'lange Bänder'; *e* wird ebenso vor *ng* (und *nk*) zu *ei* diphthongiert (vgl. jedoch § 11), z. B. *geingu* statt *gengu* 'sie gingen'; *é* geht dagegen, zum Teil schon um 1200, jetzt aber allgemein in *ié* über, z. B. *fié* statt *fé* 'Vieh'. Seit 1300 endet das Medio-passiv auf *-zt* (oder *-zst*) neben *z* (bis c. 1450), z. B. *kallazt* 'genannt werden'.

Um 1350 darf die klassische Periode der altisländischen Sprache und Literatur als abgeschlossen betrachtet werden. Die folgende, 'mitteländische', Zeit bis zur Reformation zeigt mehrfach sprachliche Züge, die sonst als fürs Neuisländische charakteristisch angesehen werden. So trifft man schon um 1350 *ó* statt *á* nach *v* und *w*, z. B. *vódi* statt *váþe* 'Gefahr'; im 15. Jahrhundert (wiewohl ohne Änderung der Orthographie) *ddl* statt *ll* oder *rl*, sowie *ddn* statt *nn* oder *rn*, z. B. *falla* > *faddla* (nisl. *fadtla* gesprochen) 'fallen', *horn* > *hoddn* (nisl. *hodtn*) 'Horn'; ferner anlautendes *hn-* statt *kn* (vgl. jedoch § 11); seit 1450 zeigen sich die (seit 1550 alleinherrschenden) Medio-Passiv-Formen auf *-st*, z. B. *kallast* 'genannt werden'.

Noreen, *Altisländische und altnorwegische Grammatik*, 3. Aufl. Halle 1903. *Abriß der altnordischen (altisländischen) Grammatik*, 3. Aufl. Halle 1913. M. Nygaard, *Norrøn syntax*, Kra. 1906. I. Larsson, *Ordförrådet i de älsta isländska handskrifterna*, Lund, 1891. J. Þorkelsson, *Breytingar á myndum viðtengingarháttar*, Reykjavík, 1887. *Beyging sterkra sagnorða*, Reykj. 1888—94. *Íslensk sagnorð með þálegri mynd í nútíð*, Reykj. 1895. Bugge bei Fritzner, *Ordbog*, 2, Aufl., III. 1101 ff.

Als das erste neuisländische Sprachdenkmal darf das erste isländisch gedruckte Buch, die Übersetzung des neuen Testaments von 1540, angesehen werden (wiewohl sprachlich die Übersetzung G. Þorlakssons aus dem Jahre 1584 noch bedeutender ist). Seit dieser Zeit ist in Wirklichkeit die Sprache fortwährend in einer ziemlich raschen Entwicklung begriffen gewesen, und besonders in betreff der Laute sind die alten Verhältnisse ganz bedeutend verändert worden, wiewohl die neue Aussprache (trotz den Bestrebungen der Zeitschrift *Fjölnir* 1835—47) fast nie — und erst in unseren Tagen in beschränktem Maße — zu einem orthographischen Ausdruck gelangt ist. Als wichtigere Unterschiede des Neuisländischen von der alten Sprache mögen hier folgende (aus der Lautlehre) hervorgehoben werden: *y*, *ý*, *ey* sind, schon bald nach 1600, mit resp. *i*, *í*, *ei* zusammengefallen; *u* zu einem *ü*-artigen Laute geworden; *á*, *æ*, *ó* sind in mehr oder weniger ausgeprägte Diphthonge, resp. *au* (so wenigstens schon um 1650), *ai* (um 1700), *ou* übergegangen; altes *au* zu *öi* geworden; *g* ist anlautend vor *n* verstummt, inlautend zwischen Vokal und *i* in *j* übergegangen, nach labialisierten Vokalen oft zu *w* (konsonantischem *u*) geworden; aus *ps* und *pt* sind resp. *fs* und *ft* entstanden, und *fn* ist zu *bpn* sowie *bb*, *dd*, *gg* zu resp. *bp*, *dt*, *gk* geworden. Im Wortschatz und Syntax wird früh, z. B. in der 1578—80 gedruckten *Jónsbók*, ein starker, durch die politischen Verhältnisse unvermeidlich hervorgerufener Einfluß des Dänischen bemerkbar. Aber schon im 18. Jahrhundert zeigen sich (am frühesten bei dem Dichter Eggert Ólafsson, † 1768) puristische Bestrebungen, bald sogar archaisierende Tendenzen, die eine Annäherung der Sprache an das klassische Altisländisch zum Ziel haben. Als maßgebende Schriftsteller des 19. Jahrhunderts seien erwähnt Bjarne Þórarensen († 1841), vielleicht der größte Lyriker Islands, und Jónas Hallgrímsson († 1845), wohl der erste Prosaverfasser der Insel in neueren Zeiten.

J. Storm, *Englische Philologie*, 2. Aufl. I. 235. B. Magnússon Ólsen, Germ. XXVII. 257. R. Arpi in Språkvetenskapliga sällskapets förhandlingar 1882—85, Upsala 1886, S. 41 ff., und in Nordiska studier tillegnade Adolf Noreen, Upps. 1904, S. 70 ff. H. Buergel Goodwin in Sv. landsmål 1905, S. 99 ff. (wo vollständige Bibliographie der das Neuisländische betreffenden Literatur), und 1908, S. 77 ff. R. Nordenstreng in

Nordisk familjebok, Ny uppl. XII, 975 ff. F. Jónsson, *Island* in Salmonsens Konversationslexikon. Möbius, *Über die altn. Sprache*, S. 34.

§ 11. Dialektische Differenzen innerhalb des Altisländischen sind nur in sehr geringem Maß bemerkbar, wenn sie auch natürlich nicht ganz fehlen. So z. B. ist in gewissen Handschriften die ursprüngliche Verbindung *ft* (woraus etwas später regelmäßig *pt*) durch *fst* ersetzt worden, wie in *ofst* = *oft* (*opt*) 'oft'. In Handschriften, die aus den westlichen Gegenden der Insel stammen, zeigt sich im 13. und 14. Jahrhundert ein Übergang von *lf*, *rf* (d. h. *lƀ*, *rƀ*) in *lb*, *rb*, z. B. *tolb* = *tolf* 'zwölf', *þǫrb* = *þǫrf* 'Bedürfnis'. Andererseits unterbleiben im Westen die sonst allgemein vor *ng* und *nk* auftretenden Erscheinungen: Diphthongierung des *e* zu *ei* (seit c. 1300, s. § 10) und Dehnung des *a* zu *á* (spätestens um 1350), z. B. *langur* 'lang', *krankur* 'krank' (aisl. *langr, krankr*) statt des sonstigen *lángur, kránkur*. Im Norden wird anlautendes *kn* nicht wie sonst (im 15. Jahrh.) zu *hn*. In einigen Fällen, wo die Schrift keine Verschiedenheit aufzuweisen hat, darf eine solche auf Grund der jetzigen Mundarten vorausgesetzt werden. So z. B. ist wohl der Unterschied ziemlich alten Datums, daß die Verbindung *hw* zwar im Süden und Osten oft wie in alter Zeit als *ch* + *w* (konsonantisches *u*), im allgemeinen aber und besonders im Norden und Westen als *kv*, endlich in einem Teile des südöstlichen Islands als bloßes *ch* ausgesprochen wird.

Die zu § 10 (besonders Note 2) zitierte Literatur.

Inwieweit die Sprache Grönlands ein von derjenigen des Mutterlandes abweichendes Gepräge gehabt hat, läßt sich auf Grund des einzigen (Runen-)Denkmals (des Steines von Kingittorsuaq in der Nähe von Upernavik) nicht mit irgend welcher Sicherheit feststellen.

Über die grönländische Inschrift s. W. Thalbitzer, *The eskimo language*, Kph. 1904, S. 25, und die daselbst zitierte Literatur, sowie betreffs der sprachlichen Eigentümlichkeiten L. F. Läffler in Stockholms dagblad 14. März 1906.

§ 12. Das Altnorwegische war nicht wie jetzt auf Norwegen und die Färöer beschränkt, sondern dessen Sprachgebiet umfaßte, wie schon (§ 1) gesagt, wenigstens eine Zeitlang auch Teile von Irland und dem nördlichen Schottland, Man, die Hebriden, die Shetland- und die Orkney-Inseln; außerdem noch gewisse Teile des jetzigen (westlichen) Schweden (Bohuslän, Särna und Idre in Dalarna, Jämtland und Härjedalen).

Die Quellen des Altnorwegischen bestehen nur in geringem Maß aus Runeninschriften. Diese sind nämlich verhältnismäßig wenige (etwa anderhalb Hundert) und geben in sprachlicher Hinsicht nicht viele Aufschlüsse, zumal da — wenn wir von den etwa 20 Inschriften der Vikingerzeit (§ 5) absehen — fast alle entweder gleichzeitig mit oder doch wenig älter als die ältesten norwegischen Literaturdenkmäler sind. Hier mögen nur erwähnt werden aus der Zeit um 1050 die Inschrift von Frösö in Jämtland, aus der Zeit um 1150 die von Flatdal in Telemarken und aus dem 13. Jahrhundert die zum Teil metrischen Inschriften von Årdal in Sogn.

Über die Runeninschriften s. besonders Nicolaysen, *Norske fornlevninger*, Chra. 1862—66. Undset, *Inskrifter fra middelalderen i Throndhjems domkirke* (Christiania Videnskabs-Selskabs Forhandlinger 1888, Nr. 4). S. Boije in Bidrag till kännedom om Göteborgs och Bohusläns fornminnen och historia, III, Sthlm. 1886, S. 266 ff. G. Brusewitz und Montelius ib. I, Sthlm. 1874—9, S. 425 ff. S. Bugge, *Norges Indskrifter med de yngre Runer*, Chra. 1902, 1906. Über die Inschrift von Frösö s. Noreen, Arkiv f. nord. fil. III, 31, die von Flatdal s. Wimmer, *Døbefonten i Åkirkeby kirke*, Kph. 1887, S. 53 f., die von Årdal s. Bugge in Foreningens til norske fortidsmindesmærkers bevaring aarsberetning for 1868, Chra. 1869, S. 30 ff.

Eine weit wichtigere Quelle sind die altnorwegischen Handschriften, welche sämtlich mit lateinischem Alphabet geschrieben sind. In ihrer Gesamtheit steht die — mit dem schon vor 1047 verfaßten Drontheimer Gesetzbuche und dem wohl noch älteren Kirchenrechte ihren Anfang nehmende — alte Literatur Norwegens sowohl nach Inhalt wie Umfang hinter derjenigen Islands bei weitem zurück. Aber in der Altertümlichkeit der Denkmäler kommt jene dieser gleich. Als die ältesten gelten drei Legendenbruchstücke (Cod. AM. 655, 4:0, Fragm. IX) und ein Steuerverzeichnis aus dem Kloster Munkaliv (Cod. Reg. g. s. 1347), die sicher vor 1200 niedergeschrieben sind, wie wohl auch verschiedene Bruchstücke des älteren Gulathings-Gesetzes (Cod. AM. 315 F, a, b, c, fol. und Fragm. I B im Reichsarchiv zu Christiania). Aus dem Anfang des 13. Jahrhunderts datieren z. B. das sehr wichtige *altnorwegische Homilienbuch* (Cod. AM. 619, 4:0). Der ersten Hälfte desselben Jahrhunderts gehören u. a. ein Bruchstück eines für das Eidsivathing und das Borgarthing gemeinsamen Gesetzes (Fragm. I A im Reichsarchiv zu Christiania). Um 1250 entstanden sind z. B. die einzige vollständige Handschrift der *legendarischen Olafssage* (Cod. Ups. Delag. 8, zweiter Teil) und die Haupthandschrift der *älteren Olafs saga Tryggua sonar* (Cod. AM. 310, 4:0). Etwas später sind die einzige vollständige Handschrift («Rantzovianus») des *älteren Gulathings-Gesetzes* (Cod. 137, 4:0 e donatione variorum in der Universitätsbibliothek zu Kopenhagen), die Haupthandschrift der *Barlaamssage*, eine Miszellanhandschrift (Cod. Ups. Delag. 4—7 und Cod. AM. 666 b, 4:0) von überwiegend romantischem Inhalt und die Haupthandschrift der *Konungs-skuggsiá* (Cod. AM. 243 b α, fol.). Um 1260—70 datieren ebenfalls die drei Tübinger Bruchstücke (Cod. Me. II, 2) des älteren Frostuthings-Gesetzes. Aus dem Ende des 13. Jahrhunderts haben wir die drei ersten Hände der Haupthandschrift der *Dietrichssage* (Cod. Holm. 4, fol.) und das überaus interessante, aus Wachstafeln zusammengesetzte *Notizbuch von Hoprekstad* in Sogn. Von späteren Handschriften seien hier nur erwähnt die große Gesetzsammlung *Codex Tunsbergensis* (Cod. Reg. n. s. 1642), deren ältester und größter Teil zwischen 1320 und 1330 niedergeschrieben ist, und die c. 1325 datierenden sieben Bruchstücke (Cod. Holm. 9, fol., II, Cod. AM. 325, VIII 3 d, 4:0 und 55 a, b im Reichsarchiv zu Christiania) der einstigen großen Handschrift (historischen Inhalts) *Jöfraskinna* sowie die etwa gleichzeitige politische '*Oratio contra clerum Norvegiæ*' (in Cod. AM. 114 a, 4:0). Als in sprachlicher Hinsicht besonders wichtig mag auch hervorgehoben werden die große Menge von Diplomen, die seit dem Anfang des 13. Jahrhunderts das ganze Mittelalter hindurch auftreten, nach 1400 fast die einzigen Literaturdenkmäler ausmachen und vorzugsweise für die Erforschung der dialektischen Differenzen der Sprache von Belang sind.

Über die Handschriften und deren Ausgaben s. die § 9 Note 1, 3 und 5 angeführten Schriften.

AM. 655 hrsgg. von Unger in *Heilagra manna sögur*, Chra. 1877, I, 269—71, II, 207—9, und *Postola sögur*, Chra. 1874, S. 823—5; das Steuerverzeichnis in Palæografisk atlas, Nr 11; AM 315 F von A. Karlgren in Upsala universitets årsskrift 1905; Fragm. I B, photolithographisch von G. Storm in *Norges gamle Love*, IV, Chra. 1885, Facsimil. XIII—XV (vgl. S. 795 f.); das Homilienbuch von Unger, *Gammel norsk homiliebok*, Chra. 1864 (dazu E. Wadstein, *Fornnorska homiliebokens ljudlära*, S. 4 ff); das Bruchstück des Eidsiva-Borgarthings-Gesetzes photolithographisch in *Norges gamle Love* IV, Facsim. XVII (vgl. S. 797); die leg. Olafssage von Keyser und Unger, *Olafs saga hins helga*, Chra. 1849; AM. 310 von P. Groth, *Det AM. haandskrift 310 qvarto*, Chra. 1895; Rantzovianus von Keyser und Munch in *Norges gamle Love* I, Chra. 1846, S. 3—110; Barlaam von Keyser und Unger, *Barlaams ok Josaphats saga*, Chra. 1851; die Miszellanhandschrift von Munch in *Saga Olafs konungs Tryggvasunar*, Chra. 1853, S. 64, 71, Keyser und Unger, *Strengleikar*, Chra. 1850. Kölbing, *Elis saga ok Rosamundu*, Heilbronn 1881, und Germ. XXIII, 129 sowie Unger, *Heilagra manna sögur* I, 452 Note; AM. 243 b α von O. Brenner, *Speculum regale*, München 1881; die Tübinger Bruchstücke von Sievers, Tübingen 1886, und photolithographisch von G.

Storm in *Norges gamle Love* V, 1, Chra 1890; die Dietrichssage von H. Bertelsen, *Þiðriks saga af Bern*, Kph. 1905—11, sowie photolithographisch (in 10 Exemplaren), Chra. 1869; das Hoprekstader Buch photolithographisch von H. J. Huitfeldt-Kaas, *En notitsbog paa Voxtavler* (Chra. Vidensk.-Selsk. Forhandl. 1886, Nr. 10); aus Cod. Tunsbergensis photolithographisch hrsgg. *Borgarthings ældre kristenret*, Chra. 1886, sonst *Tunsberg bylog* von G. T. Flom in The journal of english and germanic philology X, 214 ff. und noch anderes von Keyser und Munch in *Norges gamle Love* III, 17 f., 32 f., 44—55, 63—7, 70—3, 86—90, 93—7, 114 f., 118—20, 125—34; die Bruchstücke der Jöfraskinna hrsgg. photolithographisch von F. Jónsson in *De bevarede brudstykker af skindbøgerne Kringla og Jöfraskinna*, Kph. 1895; Oratio contra clerum von G. Storm, *En tale mod Biskoperne*, Chra. 1885; die Diplome von Lange, Unger und Huitfeldt-Kaas, *Diplomatarium Norvegicum*, I—XIX, Chra. 1847 ff., und von A. Taranger in *Norges gamle Love, II Række* (1388—1604), Chra. 1904 ff.

§ 13. Die Sprachform des Altnorwegischen c. 1150—1200 ist in ihrem Gegensatze zum Altisländischen oben (§ 8) schon hinlänglich charakterisiert worden. Das 13. Jahrhundert scheint keine größeren Veränderungen durchgeführt zu haben. Sobald aber Norwegen (1319) mit Schweden in Personalunion vereint worden ist, fangen Suecismen in ziemlicher Menge sich in der norwegischen Schriftsprache zu zeigen an. Auch sonst hat das 14. Jahrhundert mehrfache Abweichungen des 'mittelnorwegischen' (c. 1350 bis zur Reformation) vom älteren, 'klassischen' altnorwegischen Sprachgebrauche aufzuweisen. So treten statt der alten Verbindungen *rl*, *rn*, *rs* ziemlich allgemein und zum Teil schon im 13. Jahrhundert resp. *ll*, *nn*, *ss* auf, z. B. *kall (karl)* 'Kerl', *konn (korn)* 'Korn', *prestanner (prestarner)* 'die Priester', *foss (fors)* 'Stromschnelle'; *i* wird oft zu *y* vor *r* + Kons., z. B. *hyrdir (hirdir)* 'Hirt'; zwischen auslautendem *r* und einem vorhergehenden Konsonanten entwickelt sich ein Svarabhakti-Vokal *e* oder *æ* (dialektisch auch *a*, *o* oder *u*, s. unten § 14, b und β), nach welchem bisweilen das *r* schwindet, z. B. *hester (hestr)* 'Pferd', *bøker (bøkr)* 'Bücher', *Þolleifær (Þorleifr)*, *Guðlæifæ (Guðlæifr)*; *á* wird nunmehr als *å* ausgesprochen. Beim Übertritt ins 15. Jahrhundert zeigt sich anlautendes *kw* statt älteres *hw*, z. B. im Ortsnamen *Kuiteseið* (zu *huítr* 'weiß'), und *þ* wird zu *t*, z. B. *ting (þing)* 'Gerichtsversammlung'. Dies Jahrhundert, während welchem Norwegen in Union mit Dänemark, zu Zeiten auch mit Schweden vereint ist, führt dem Norwegischen sehr viele Danismen und außerdem auch einige Suecismen zu. Als Beispiele dieser letzteren — die wohl zum großen Teil den oft in Schweden ausgebildeten Birgittinermönchen zuzuschreiben sind — seien anführt die 2. Plur. auf *-in* (statt *-ir*), z. B. *vilin* 'wollet', und einzelne Wörter wie *biugg* statt *bygg* 'Gerste', *høgh* statt *hár* 'hoch', *høra* statt *høyra* 'hören', *mēr* statt *mæir* 'mehr' u. a. Unter den Danismen sind die wichtigsten: das Auftreten von *b*, *d*, *g* statt resp. *p*, *t*, *k* nach Vokalen, z. B. die Ortsnamen *Nabø (Napa)* und *Tvēdæ sogn (Þueita sókn)* 'Th. Kirchspiel'; die Ersetzung eines Endungs-*a* durch *e* (vgl. aber § 14, a), z. B. *høre (høyra)* 'hören', *søghe (sǿkia)* 'suchen'; einzelne dänische Wortformen wie *iek (ek)* 'ich', *sē (siá)* 'sehen', *spørge (spyria)* 'fragen' u. a. Gegen das Ende des Mittelalters wächst dieser Einfluß des Dänischen riesenhaft, so daß die norwegische Literatur ins Absterben gerät und das Norwegische als Schriftsprache endlich vollständig durch das Dänische ersetzt wird. Während des 15. Jahrhunderts hat Norwegen, wie schon gesagt, kaum eine andere Literatur als Diplome aufzuweisen, und von diesen sind schon seit 1450 alle aus Kopenhagen stammenden königlichen Briefe und seit 1510 auch alle erzbischöflichen rein dänisch abgefaßt. Im 16. Jahrhundert finden sich norwegisch geschriebene Diplome nur als ganz vereinzelte Ausnahmen, und seit der Reformation, zu welcher Zeit die Bibel und die Gesetze ins Dänische übersetzt werden, ist entschieden diese Sprache diejenige der Literatur, der Stadtbevölkerung und überhaupt der Lesekundigen, ein Verhältnis, das wie bekannt bis in unser Jahrhundert fortgedauert hat. Über die neunorwegische Schriftsprache s. § 23.

Noreen, *Altisländische und altnorwegische Grammatik*, 3. Aufl., Halle 1903, und die oben zu § 8 angeführte Literatur. Für das Mittelnorwegische kommen hinzu A. Taranger, *Vort retsmaals historie 1388—1604*, Kra. 1900. Mitteilungen des Herrn Prof. J. Storm. A. B. Larsen, Arkiv f. nord. fil. XIII, 244 ff. Hægstad, ib. XV, 100 ff. H. Falk und A. Torp, *Dansk-norskens syntax*, Kra. 1900, s. XI—XV. Petersen, *Det danske, norske og svenske sprogs historie*, II, Kbh. 1830, S. 69 ff.

§ 14. Dialektische Differenzen sind schon im ältesten Altnorwegisch in großer Anzahl vorhanden (z. B. besonders betreffs der Durchführung des *u*-Umlautes) und zeigen sich immer mehr das ganze Mittelalter hindurch. Besonders hervortretend ist der Gegensatz zwischen der Sprache des westlichen Norwegens, welche zum Teil dieselbe Entwicklung wie ihre Tochtersprache auf Island durchläuft, und derjenigen des östlichen Norwegens, welche noch mehr in die Augen fallende Übereinstimmungen mit dem gleichzeitigen Altschwedisch aufzuweisen hat.

Die Hauptunterschiede des Ostnorwegischen von dem (das Küstengebiet zwischen Langesund und Molde, sowie das nördlichste Norwegen, d. h. Tromsö Stift umfassenden) Westnorwegisch um 1300 dürften sein:

1) Onorw., aber nicht wnorw. (wenigstens von Molde südwärts), bewirkt erhaltenes *u* in der Regel keinen Umlaut, s. oben § 8, 1.

2) Onorw. steht (oft schon in der ältesten Literatur) *æ* im Pronomen Acc. Sg. M. *þænn* 'den', Nom., Acc. Sg. Ntr. *þæt* 'das' und im Adverb *þær* 'dort' gegen Wnorw. *a* in *þann, þat, þar*. Vorzugsweise ostnorwegisch ist auch der bald nach 1200 auftretende progressive Umlaut *ia* > *iæ*, z. B. *hiærta* 'Herz'.

3) Onorw., aber im allgemeinen nicht wnorw., geht altes oder aus *e* entstandenes *æ* (wenigstens zwischen *v* oder konsonantischem *u* und *r*) in oft schwachtonigen Wörtern vielfach in *a* über, z. B. *huarr* statt *huærr* (so im Drontheimischen noch bis in das 14. Jahrh.) 'jeder', *varda* statt *verda* 'werden', *vara* statt *vera* 'sein'.

4) Ostnorw. (vielleicht mit Ausnahme des Drontheimischen), aber nicht westnorw., wird *y* vor *r* oder *l* + Kons. bisweilen (seit dem 14. Jahrh.) in *iu* gebrochen, z. B. *hiurdir* 'Hirt', *lykiull* 'Schlüssel' aus *hyrdir, lykyll* (noch älter *hirdir, lykill*, s. oben § 13 und unten 5).

5) Ostnorwegisch zeigen sich nicht nur durchgehends die alte, schon vorliterarisch entstandene Vokalharmonie (s. oben § 8, 2), sondern auch (schon im 13. Jahrh.) Spuren der jüngeren, sowohl regressiven als progressiven, Vokalharmonie («Tiljævning»), welche den neunorwegischen Mundarten in so hohem Maße charakteristisch ist, z. B. *á madal* statt *á medal* 'zwischen', Nom., Acc. Sg. Ntr. *mykyt* statt *mykit* 'groß'.

6) Ostnorwegisch werden *ld* und *nd* (im 14. Jahrh.) zu resp. *ll, nn* assimiliert, z. B. der Ortsname *Vestfoll (Vestfold), bann (band)* 'Band'.

7) Ostnorwegisch gehen *rd, rt* und (wenn sie sekundär entstanden sind, denn vgl. § 13) *rn, rs* in resp. kakuminales *l, t, n, s* über, gleichwie auch die Gruppen kakum. *l* + *d, n, s, t* zu resp. kakum. *d, n, s, t* werden (was die Verwechselung der Schreibungen *ld : rd, ls : rs* und dgl. erklärt), z. B. Gen. Sg.-*Bærdóls (Bergþórs), Vardiúfs (Valdiúfs, Valþiófs)* Mannsnamen.

Das Ostnorwegische zerfällt schon zu dieser Zeit in zwei deutlich geschiedene Dialektgruppen: einerseits eine nördliche, das sog. Drontheimische, unter den den oben § 12 genannten Denkmälern durch Cod. AM. 655, 4:0, die legendarische Olafssage, die Tübinger Bruchstücke, die erste Hand der Dietrichssage sowie die Oratio contra clerum vertreten und um 1300 zu einer, zwar etwas westnorwegisch gefärbten, Reichssprache entwickelt, die in königlichen Briefen zur Anwendung kommt; andererseits eine südliche, das sog. Ostländische, durch das Bruchstück des Eidsiva-Borgarthings-Gesetzes, die Barlaamssage und Cod. Tunsbergensis vertreten. Die Hauptunterschiede sind zu dieser Zeit:

a) Im Ostländischen, aber nicht im Drontheimischen, geht (schon etwas vor 1300) *a* in Endungen nach langer Wurzelsilbe in *æ* (noch später *e*) über, z. B. *sændæ* 'senden', *høyræ* 'hören' (aber *gera* 'tun', *vita* 'wissen', weil kurze Wurzelsilbe).

b) Der Svarabhaktivokal zwischen auslautendem *-r* und einem vorhergehenden Konsonanten (s. oben § 13) erscheint im südlicheren Ostländisch als *a* (nach welchem dann bisweilen das *r* schwindet), sonst aber als *e*, z. B. *prestar* 'Priester', *vetar* 'Winter', *aftar* 'zurück', *brøđa(r)* 'Brüder' neben *prester*, *veter*, *after*, *brøđer*.

c) Das negierende Prefix erscheint im Ostl. als *ú-*, im Dronth. aber gewöhnlich als *ó-*.

d) Das Ostländische behält gewöhnlich die Verbindung *fn*, während das Drontheimische das daraus entstandene *mn* bevorzugt, z. B. *iæfn : iæmn* 'eben'.

e) Im Ostländischen geht *tl* (über *tsl*, wie im Altschwedischen) in *sl* über, im Drontheimischen aber wird es ebenso wie ursprüngliches *sl* zu *hl* (wie im nördlichen Westnorwegisch), z. B. ostl. *li(t)sli* statt *litli* 'der Kleine', *A(t)sle* statt *Atle* ein Mannsname.

Das Westnorwegische wiederum zerfällt seinerseits in drei hauptsächliche Dialektgruppen, von denen die nördlichste (das jetzige Tromsö Stift umfassend) durch keine so altertümlichen Denkmäler vertreten ist, daß sie hier charakterisiert werden kann. Von den beiden übrigen ist die eine, das sog. Nordwestnorwegische (von Molde bis gegen Bergen), unter den oben § 12 genannten Denkmälern durch das Munkaliver Steuerverzeichnis, die Bruchstücke (AM. 315 F und Ra I B) des älteren Gulathingsgesetzes, die zwei ersten Hände des Homilienbuches und Cod. Rantzovianus vertreten; die andere, das sog. Südwestnorwegische (von Sogn bis gegen Langesund), dagegen durch die dritte Hand des Homilienbuches, die Haupthandschriften der älteren Olafs saga Tryggua sonar und der Konungs-skuggsiá, sowie durch die Delagardiesche Miszellanhandschrift und die dritte Hand der Dietrichssage. Die Hauptunterschiede dieser beiden Gruppen sind:

α) Nordwestnorw. werden die Endungsvokale *i*, *e* und *u*, *o* durch die oben § 8, 2 erwähnte Vokalharmonie geregelt (wie im Ostnorwegischen), während südwestnorw. in allen Stellungen teils *i* und *u*, 'teils (besonders an der Küste nördlich und südlich von Stavanger) *e* und *o*, wie im ältesten Altisländisch, verwendet werden.

β) Der Svarabhaktivokal vor *r* (vgl. oben b) tritt nordwestnorw. als *e* auf, südwestnorw. aber teils als *u* (nördlich, also in der Gegend von Bergen), teils als *e* (südlich, in der Gegend von Stavanger), teils endlich als *a* (östlich, vgl. das südlichere Ostländisch oben unter b).

γ) Das negierende Prefix erscheint nordwestnorw. in gewissen Gegenden als *ó-* (wie im Drontheimischen), in anderen als *ú-*, während es südwestnorw. gewöhnlich die Form *ú-* (wie im Ostländischen) zeigt.

δ) Die Verbindungen *sl* und *tl* gehen nordwestnorw. beide in *hl* (wie im Drontheimischen) über, südwestnorw. aber fallen sie in *tl* zusammen, z. B. nordwestnorw. *gøymhla* statt *gøymsla* 'Verwahrung', südwestnorw. *sýtla* statt *sýsla* 'Beschäftigung'.

Die zu § 8 zitierten Schriften von Hægstad und Mitteilungen des Herrn Prof. J. Storm.

Die dialektische Differenzierung scheint immer mehr um sich gegriffen zu haben und wahrscheinlich noch rascher entwickelt zu sein, nachdem eine norwegische Literatursprache nicht mehr da war (s. oben § 13). Schon bald nach 1500 (wenn nicht früher) ist das Westnorwegische südlich von Molde in zwei Dialektgruppen gespalten, von denen die eine, südliche (von Tvedestrand bis Haugesund), *k*, *p*, *t* inlautend nach Vokalen zu resp. *g*, *b*, *d* (wie im Dänischen) werden läßt, z. B. *weghe* 'Woche' (1529), *heida* 'heißen' (1543); während die andere, nördliche (von Haugesund bis Molde), *k*, *p*, *t* erhalten. Überhaupt dürfte man annehmen können, daß um 1600 die jetzige Verteilung der Dialekte schon in allem Wesentlichen ausgebildet worden war. Wenigstens geht es aus den ältesten Arbeiten der norwegischen Dialektforschung, dem «Norsk dictionarium eller glosebog» (1646) des Priesters Chr. Jensen und zwei anonymen, erst 1911 herausgegebenen grammatisch-lexikalischen Schriften aus der 1., resp. 2. Hälfte des 17. Jahrhunderts, hervor, daß die Søndfjord-Mundart (im westlichen Norwegen) und die Dialekte von Agder, resp. Sætersdal zu dieser Zeit schon wesentlich ihr jetziges Aussehen hatten, und dasselbe scheint für die Mundart von Valders (im südlichen Norwegen) durch ein kleines, auf einem Holzstabe eingeritztes Kalendarium aus dem Jahre 1644 bezeugt zu werden.

T. Hannaas, *Aeldre norske sprogminder* (udgivne af den norske historiske Kildeskriftkommission), I, II, Kra. 1911.

Über das Verhältnis der neunorwegischen Dialekte zu einander und zu der alten Sprache s. A. B. Larsen, *Oversigt over de norske bygdemål*, Kra. 1898 (dazu Hægstad in Arkiv f. nord. fil. XV, 100 ff.), und *Norske Bygdemaal* in Salmonsens Konversationslexikon XIII. H. Ross, *Norske bygdemaal* in Skrifter udg. af Videnskabs-Selskabet i Christiania 1905—1909. J. Storm, *Englische Philologie*, 2. Aufl., S. 246 ff. H. S. Falk, *Oldnorsk læsebog*, Chra. 1889, S. XXXV ff.

Inwieweit die altnorwegischen Dialekte Irlands, Schottlands und der dortigen Inseln von der Sprache Norwegens abwichen, ist weit schwieriger zu bestimmen wegen des — wenn wir von noch fortlebenden Ortsnamen absehen — gänzlichen oder fast gänzlichen Mangels an hingehörigen Denkmälern, indem, außer einigen wenigen, aus der Zeit 1329—1426, resp. 1299—1509 stammenden, Orkneyischen und Shetländischen Diplomen mit wenig hervortretenden Eigentümlichkeiten, unsere Quellen nur aus 30 Orkneyischen (sämtlich zu Maeshowe) und 26 Manischen Runeninschriften, wahrscheinlich aus der Zeit c. 1050, resp. 1000—1200 bestehen, und diese infolge ihrer mangelhaften Orthographie natürlich nur wenige Aufschlüsse in betreff der Sprache geben. Jedoch wissen wir von der Orkney-Mundart wenigstens, daß sie anlautendes *h* vor *l*, *n*, *r* noch im 13. Jahrhundert (wenn nicht länger) bewahrte, so daß es also mindestens 200 Jahre später als in Norwegen verstummte; ebenso daß sie in einigen Wörtern *u*, *ú* vor *o*, *ó* bevorzugte, z. B. *brut (brot)* 'Bruch', *landbúle (-bóle)* 'Pächter'. In der Shetland-Mundart — jetzt «Norn» genannt (wie auch oft das alte Orkneyisch) und durch etwa 10000 in das heutige Englisch (Schottisch) hineingekommene Lehnwörter repräsentiert — kommt *ey*, *ay* oder *ø* statt des anorw. *øy* vor; bisweilen *é* und *ú* statt *æi (ei)*, resp. *ou (au)*; *e*, *o* stehen in offenen, *i*, *u* in geschlossenen Endungen; *iak* neben *ek* 'ich'; *h* vor konsonantischem *i* wie 'ich'-Laut auszusprechen (vgl. *Shetland* aus *Hialtland*) und wenigstens vor *r* noch im Jahre 1360 bezeugt, z. B. *Hrólfs* 'Rudolfs'; *ia* wird mit der Zeit zu *iæ* (wie im Ostnorwegischen); *l* schwindet vor *t*, z. B. *Hiatland* (1226).

Über das Orkneyische, Shetländische und Manische s. *Diplom. Norv.* passim. Munch, Samlede Afhandlinger IV, 516 und III, 181. *Chronica regum Manniæ*, Chra. 1860, S. XX ff. Bugge, Aarb. f. nord. Oldk. 1875, 240 und 1899, 229. Hægstad, Arkiv f. nord. fil. XXVI, 214 f. *Hildinakvadet* (in Skrifter udg. af Vidensk.-Selsk. i Chra. 1900, Nr. 2). J. Jakobsen, *Det norrøne sprog på Shetland*, Kph. 1897. *Etymologisk ordbog over det norrøne sprog på Shetland*, Kph. 1908 ff. *Shetlandsøernes stednavne* (in Aarb. f. nord. Oldk. 1901). M. Olsen, *Tre orknøske runeindskrifter* (Chra. Vid.-Selsk. Forhandlinger 1903, Nr. 10). *Om sproget i de manske runeindskrifter* (ib. 1909, Nr. 1). *A newly-discovered inscription .. from .. Orkney* (in Saga-Book of the Viking Club 1908). Brate, *Runinskrifterna på ön Man* (in Fornvännen 1907, S. 20 ff. und 77 ff.). P. M. C. Kermode, *Manks crosses*, 1907. Wadstein, *Fornnorska homiliebokens ljudlära*, S. 67 Note.

Etwas reicher sind unsere Kenntnisse des dem Südwestnorwegischen nahe verwandten Färöischen Dialektes im Mittelalter, weil uns hier nicht ganz unbedeutende handschriftliche Quellen zu Gebote stehen, unter denen die wichtigste eine große, von einem Färöischen Schreiber zwischen 1320 und 1350 abgeschriebene Sammlung altnorwegischer Gesetze (Cod. Hist. Lit. 12, fol. in der Universitäts-Bibliothek zu Lund) sein dürfte. Von darin bemerkbaren Dialekteigentümlichkeiten notieren wir beispielsweise: *æ*, *ǽ* statt *ø*, *ǿ*, z. B. *æx* (*øx*) 'Axt', *dǽma* (*dǿma*) 'richten'; der Svarabhaktivokal *u*, z. B. *fingur* (*fingr*) 'Finger'; die Form *nea* statt *né* ('weder) noch'; die Präposition *međ* statt *viđ*.

Über die färöischen Denkmäler und deren Sprache s. J. Jakobsen, *Diplomatarium Færoense* I, Kph. 1907 (dazu Hægstad in Arkiv f. nord. fil. XXVI, 212 ff.). *Diplom. Norv.* passim. G. Storm in *Norges gamle love*, IV, 665. 698. Aus Cod. Hist. Lit. 12 sind einige Stücke hrsgg. von Keyser und Munch, *Norges gamle Love*, III, Chra. 1849, S. 12. 41. 68. 90. 108. 121. 134. Über das jetzige Färöisch, s. V. U. Hammershaimb (und J. Jakobsen), *Færøsk anthologie* I, LIV ff. und 439 ff., II (Wörterbuch), Kph. 1891. J. Storm, *Engl. Philologie*, 2. Aufl., S. 240. J. Jakobsen, *Færøske folkesagn og æventyr*, S. XLI und 443 ff. (Supplement zum Wörterbuch), Kph. 1901. Nord. tidsskr. f. fil., 3 række XVII, 64 ff. A. C. Evensen, *Føroysk ordabók*, Torshavn 1905 ff.

§ 15. Die Unterschiede der alten ostnordischen Literatursprachen, des Altschwedischen (mit Einschluß des Altgutnischen) und des Altdänischen, sind anfangs sehr unbedeutend, so daß man als schon vorliterarisch durchgeführt nur folgende hauptsächliche Differenzpunkte anzuführen hat:

1) Die Nominativendung der Substantiva im Sg. *-r* ist im Altschwedischen noch erhalten, fehlt aber (wenigstens seit 1300) im Altdänischen, z. B. *kalver* : adän. *kalf* 'Kalb'.

2) Der Konjunktiv ist im Altdänischen indeklinabel geworden, z. B. von *køpa*, *-æ* 'kaufen' Präs. Konj. aschw. Sg. *køpe*, Plur. 1. *køpom* (oder selten *køpin*), 2. *køpin*, 3. *køpe* (oder häufiger *køpin*) : adän. Sg. und Plur. 1—3. *køpæ* (oder *køpe*, *køpi*).

3) Die 2. Plur. Ind. (und Konj., vgl. oben 2) endet altschwedisch auf *-in*, ist aber im Altdänisehen — vielleicht mit Ausnahme

des Schonischen — mit der 3. Plur. zusammengefallen, z. B. aschw. *vitin* : adän. *vitæ* (oder *vita*) 'wisset'.

Von den etwas später, im allgemeinen erst um 1300, hervortretenden Unterschieden mögen nur als am meisten in die Augen fallend hervorgehoben werden:

4) Altdänisch — mit Ausnahme des eigentlichen Blekinge-Dialektes — geht (anfangs nur im Inlaut) nachvokalisches *k*, *p*, *t* in resp. *g*, *b*, *d* über, z. B. aschw. *aka* : adän. *agæ* 'fahren', aschw. *løpa* : adän. *løbæ* 'laufen', aschw. *æta* : adän. *ædæ* 'essen'.

5) Altdänisch geht in- oder auslautendes ȝ in vielen Fällen in *w* (konsonantisches *u*) über, z. B. aschw. *lagh* : adän. *lau* 'Gilde'.

§ 16. Das Altschwedische ist die in sprachlicher Hinsicht weitaus wichtigste der altostnordischen Sprachen.

Das Sprachgebiet umfaßte zunächst Schweden mit Ausnahme der zu den altnorwegischen (s. § 12) und altdänischen (s. § 20) Sprachgebieten gehörigen westlichen und südlichen Teile; dann auch große Küstengebiete in Finnland, Esthland und Livland mit deren Inseln (über das Altschwedische im inneren Rußland s. oben § 1 und 5).

Unter den Quellen des Altschwedischen ist die älteste und dazu — im Gegensatz zu dem Verhältnis in den altwestnordischen Sprachen — eine sehr wichtige die Runeninschriften, welche in überaus großer Menge (nahezu 2000, wenn man die altgutnischen — s. § 19 — mitrechnet) fast über das ganze damalige Schweden (nördlich bis nach Ångermanland) zerstreut sind, aber weitaus häufigst in der Landschaft Uppland (fast die Hälfte der ganzen Anzahl), dann in Södermanland (gegen 300), Östergötland (mehr als 220), Västergötland (etwa 150) und Småland (mehr als 100) auftreten. Dem Inhalt nach sind sie meistens zum Andenken verstorbener Verwandter abgefaßt worden, nicht selten (etwa 100 Inschriften, alle aus der Zeit vor 1200) metrisch, wenigstens zum Teil. Ihr Alter ist höchst verschieden, indem sie aus allen Jahrhunderten des Altschwedischen herrühren, wenn auch die meisten (von den gutnischen abgesehen) dem 11. und 12. Jahrhundert gehören. Diejenigen, welche jünger als die ältesten handschriftlichen Quellen sind, können natürlich in sprachlicher Hinsicht nicht sehr von Belang sein. Wenn wir von diesen sowie von den schon oben (§ 5) in Betracht gezogenen Inschriften der Vikingerzeit und von denjenigen Gottlands (s. § 19) absehen, mögen von den übrigen doch hier einige als besonders interessant erwähnt werden. Etwas nach 1050 datieren die uppländischen Inschriften der Meister *Viseti* (gegen 20) und *Fot* (etwa 50, unter denen besonders die zu Ehren des mächtigen Jarlabanke's bei Frestad, Danderyd und Vallentuna angebrachten hervorgehoben seien), sowie die wesentlich aus derselben Gegend stammenden (etwa 30) Ritzungen «Bali's» (d. h. *Balle's*). Etwa gleichzeitig sind die von einem König Hakon veranstaltete Inschrift von Hovgården und zwei Inschriften (Nr. 17, 18) in Sigtuna, alle ebenfalls uppländisch. Der Zeit um 1075 gehören die gegen 80 Inschriften, welche von *Ofaigr* «UbiR» (d. h. *Ø̄piʀ*), dem produktivsten aller uns bekannten altschwedischen Ritzer, herrühren und sich überwiegend in Uppland (z. B. die Inschrift von Sjustad), zum Teil auch in Södermanland befinden. Der späteren Hälfte des 11. Jahrhunderts gehören auch die Inschriften von Rösås in Småland und die beiden von Sandby auf Öland. Wichtiger jedoch als die schon erwähnten Inschriften, welche ja fast alle sich in der Gegend um den Mälar-See befinden, ist die vielleicht schon um 1050 datierende aus Forsa in Hälsingland, das älteste noch im Original erhaltene skandinavische Rechtsdenkmal und zudem von nicht unbedeutendem Umfang (245 Runen). In derselben Gegend kommt die noch umfangreichere (ca. 340 Runen) etwa gleichzeitige mit sog. stablosen Runen geschriebene Inschrift zu Malstad vor. Um 1100 datieren die beiden Inschriften von Tjuvstigen in Södermanland und die von Turinge in derselben Landschaft; etwas später die von Nöbbele in Småland. Von noch späteren Inschriften sei hier nur die selbstdatierende Glockeninschrift von Saleby in Västergötland aus dem Jahre 1228 erwähnt.

Vollständige runologische Bibliographie für die Zeit 1801—1874 bei Montelius, *Bibliographie de l'archéologie préhistorique de la Suède*, Sthlm. 1875; fortgesetzt von demselben für die Zeit 1875—1881 in Svenska fornminnesföreningens tidskrift, III, 187, 299. IV, 181. V. 102; für die spätere Zeit s. die Bibliographien im Arkiv f. nord. fil. I bis jetzt.

Abbildungen der Inschriften vorzugsweise in folgenden Werken: J. Göransson, *Bautil*, Sthlm. 1750. R. Dybeck, *Svenska run-urkunder* I, II, Sthlm. 1855—9. *Sverikes runurkunder* I, II, Sthlm. 1860—76. K. Torin. *Westergötlands runinskrifter*, I—IV, Lund. 1871, 1877, Sthlm. 1888, 1893. C. Säve (und G. Stephens), *Some runic stones in northern Sweden*, Ups. 1878, alle nicht mehr zeitgemäß, während neu revidierte Lesungen bieten u. a. S. Söderberg und E. Brate, *Ölands runinskrifter*, Sthlm. 1900, 1906. E. Brate, *Östergötlands runinskrifter*, Sthlm. 1911 ff. *Skansens runstenar* (in Meddelanden från Nordiska museet 1877). O. v. Friesen, *Svenska runurkunder* (unvollendet), Upps. 1905. *Upplands runstenar* (in Uppland II, Upps. 1907). *Historiska runinskrifter* (in Fornvännen

1909, 1911). *Två småländska runstenar* (in Norra Smålands fornminnesförenings tidskrift 1907). *Ur Sigtunas äldsta historia* und O. Juel, *Sigtunas Runstenar* (in Upplands fornminnesförenings tidskrift 1909). Nur Transskription bieten u. a. J. G. Liljegren, *Run-urkunder*, Sthlm. 1833 (vollständigste, aber vielfach fehlerhafte Sammlung) und S. Boije in Svenska fornminnesföreningens tidskrift V, 137.

Deutungen der Inschriften vorzugsweise in den eben genannten Schriften von Brate und v. Friesen sowie bei Brate (und Bugge), Ant. tidskr. f. Sv. X. Bugge, *Runeindskriften paa ringen i Forsa kirke*, Chra. 1877. K. Vitt. Hist. och Ant. Akademiens Månadsblad 1877, S. 530 f. Aarb. f. nord. Oldk. 1899, S. 243 f. (dazu Brate in Fornvännen 1907, S. 84 f.). H. Hjärne, Nord. tidskr. f. Fil. V, 177. E. Wadstein, *Runinskriften på Forsaringen*, Upps. 1898. Th. Hjelmquist, Arkiv. f. nord. fil. XXIV, 232 ff. Fr. Läffler, Västergötlands fornminnesförenings tidskrift 1908 und 1910.

Über die etwaigen Runenhandschriften s. Läffler, Nord. tidskr. utg. af Lett. fören. 1879, S. 603 f. Sv. landsmålen, VI, CII.

Die zweite und selbstverständlich wichtigere Quelle des Altschwedischen sind Handschriften, von welchen die bis zu unserer Zeit erhaltenen sämtlich mit lateinischem Alphabet geschrieben sind, indem von einer einstigen — jedenfalls nicht sehr bedeutenden — Runenliteratur jetzt wohl nichts bewahrt ist (vgl. jedoch § 19). Die altschwedischen Handschriften, welche vorzugsweise in der königlichen Bibliothek zu Stockholm (Holm.), der Universitätsbibliothek zu Uppsala (Ups.), der Skoklostersammlung (Skokl.) im Reichsarchiv zu Stockholm und der Gymnasialbibliothek zu Linköping (Linc.) aufbewahrt sind, stehen in betreff des Alters hinter den altwestnordischen nicht wenig zurück, weil eine heimische Literatur in schwedischer Sprache erst im 13. Jahrhundert entstand. Die ältesten literarischen Erzeugnisse Schwedens (königliche und bischöfliche Briefe, von denen die ältesten noch erhaltenen c. 1167 datieren) bedienen sich nämlich der lateinischen Sprache und teilen daher nur ausnahmsweise eine vereinzelte altschwedische Glosse (am häufigsten Orts- oder Personennamen) mit. Von noch erhaltenen, in altschwedischer Sprache abgefaßten Handschriften ist die weitaus älteste ein in der königl. Bibliothek zu Stockholm befindliches *Bruchstück der ältesten Redaktion des Västgöta-Gesetzes*, das wahrscheinlich spätestens um 1250 niedergeschrieben worden ist. Sonst gehört — von zwei Knittelversen in einem Kölner Breviarium c. 1270 abgesehen — mit Sicherheit dem 13. Jahrhundert nur eine einzige Handschrift (Cod. Holm. B. 59, älteste Hand), die etwas nach 1281 geschrieben ist und das *ältere Västgöta-Gesetz* nebst einigen juridischen und geographischen Zusätzen enthält. Der Zeit um 1300 gehören die von

Lydekinus niedergeschriebenen, aber von einem Geistlichen, Laurentius, verfertigten Auszüge aus und Zusätze zu dem jüngeren Västgöta-Gesetz (Cod. Holm. B 59, zweite Hand). Um 1325 niedergeschrieben sind die wenigstens zu einem, wenn auch kleinen Teil von Laurentius diakn (d. h. Diakon) aus Vidhem (jetzt Vedum), zum Teil nach älteren Quellen aus der Zeit um 1250 gemachten, die Landschaft Västergötland betreffenden *Aufzeichnungen geographischen, historischen und juridischen Inhalts*, sowie einige Glossen (Cod. Holm. B 59, dritte Hand). Im Jahre 1325 oder 1326 verfertigt ist die den Entwurf des *Södermanna-Gesetzes* enthaltende Handschrift (Cod. Holm. B 53, erster Teil). Der ersten Hälfte desselben Jahrhunderts gehört auch die Haupthandschrift des *Västmanna-Gesetzes* (Cod. Holm. B 57, älterer Teil). Um 1350 datieren z. B. die einzige Handschrift des *Dala-Gesetzes* (Cod. Holm. B 54, älterer Teil) und die Haupthandschriften sowohl des *Östgöta-Gesetzes* (Cod. Holm. B 50) wie des *Landrechtes des Königs Magnus Eriksson* (Cod. AM. 51, 4:o, erste Hand). Vielleicht etwas später sind die Haupthandschrift des *Upplands-Gesetzes* (Cod. Ups. B 12), die mit königlicher Bestätigung (vom Jahre 1327) versehene Handschrift des *Södermanna-Gesetzes* (Cod. Reg. Havn. n. s. 2237) und das *Codex Bureanus* genannte große Bruchstück (Cod. Holm. A 34) der größten altschwedischen Legendensammlung. Wahrscheinlich aus den Jahren 1360 und 1367 stammen die zwei kleinen Fragmente (der Königl. Bibliothek zu Stockholm) von *St. Birgittas autographischen Aufzeichnungen* ihrer Revelationes. Zwischen 1385 und etwa 1400 geschrieben ist die wichtige Miszellanhandschrift, geistlichen Inhalts, *Codex Oxenstiernianus* (der Königl. Bibliothek zu Stockholm), im ersten Viertel des 15. Jahrhs. die Haupthandschrift von *St. Birgittas Revelationes* (Cod. Holm. A 5 a), im zweiten Viertel desselben Jahrhunderts sowohl die einzige vollständige Handschrift, *Codex Bildstenianus* (in der Universitätsbibliothek zu Upsala), der genannten großen Legendensammlung wie die ältere Handschrift (Cod. Reg. Thott. 4, 4:o) des *Kommentars zu dem Pentateuch* und eine sehr große Miszellanhandschrift (Cod. Holm. D 4) von überwiegend romantischem Inhalt. Von noch jüngeren Handschriften seien hier nur erwähnt das im Jahre 1452 oder möglicherweise ein wenig später geschriebene Originalmanuskript der *Karls-Chronik* (Cod. Holm. D 6) und die Miszellanhandschrift (geistlichen Inhalts) des Mönches *Jöns Budde* (oder Ræk), welche in den Jahren 1487—1491 zu Nådendal in Finnland niedergeschrieben worden ist. Sprachlich besonders wichtig sind natürlich auch die Originaldiplome, welche in großer Menge seit 1343 das ganze Mittelalter hindurch vorkommen, wenn auch erst gegen 1370 das Schwedische als Urkundensprache gewöhnlicher als das Latein wird.

Das älteste Bruchstück des Västgöta-Gesetzes hrsgg. photolithographisch von O. v. Friesen, *Vår älsta handskrift på fornsvänska*, Upps. 1904; die Haupthandschrift photolithographisch von A. Börtzell und H. Wieselgren in *Væsgøta laghbok*, Sthlm. 1889; Lydekinus von Klemming in *Småstycken på forn svenska*, Sthlm. 1868—81, S. 179 ff. (vgl. dazu E. Lidblom in Ant. tidskr. f. Sv. XVI, 1); die geogr. usw. Aufzeichnungen (über welche vgl. K. G. Westman, *Svenska Rådets Historia*, S. 205, und N. Beckman, Arkiv f. nord. fil. XXVIII, 76 ff.) hrsgg. zum größten Teil photolithogr. (von A. Börtzell und H. Wieselgren) in *Væsgøta laghbok*, Sthlm. 1889, das übrige von Collin und Schlyter in *Corpus juris sueogotorum antiqui* I, Sthlm. 1827, S. 316, und von Lorenzen in *Småstykker*, Kbh. 1884, S. 60 ff.; der Entwurf des Södermanna-Gesetzes von Schlyter als *Corpus* usw. IV, Lund 1838 (zur Datierung s. K. G. Westman in Nordiska studier till. A. Noreen, S. 89 ff.); die Västmanna- und Dala-Gesetze von Schlyter in *Corpus* usw. V, p. II, resp. I, Lund 1841; das Östgöta-Gesetz, photolithogr. von A. Börtzell in *Østgøta Laghbok*, Sthlm. 1898; das Landrecht von Schlyter als *Corpus* usw. X, Lund. 1862; das Upplands-Gesetz von Schlyter als *Corpus* usw. III, Sthlm. 1834 (dazu A. Schagerström, *Upplandslagens ordskatt*, Upps. 1911; zur Datierung s. O. v. Friesen in Uppland II, 498); das bestätigte Södermanna-Gesetz von K. H. Karlsson, *Södermannalagen efter Cod. Havn.*, Sthlm. 1904 (zur Datierung s. C. M. Kjellberg in Historisk tidskrift 1898, S. 295 ff.); Cod. Bur. von Stephens, *Ett forn-svenskt legendarium*, I, 3. 17. 49. 54. 70. 99. 128. 165. 395. 401. 402. 415. 489, Sthlm. 1847 (vgl. dazu O. Ottelin, *Studier öfver Cod. Bureanus* I, 25 ff., II, 158 f., Upps. 1900, 1905); die autogr. Aufzeichnungen Birgittas von Klemming in *Heliga Birgittas uppenbarelser*, IV, 182. 177, Sthlm. 1862 (zur Textkritik s. B. Sjöros in Sv. litteratursällskapets i Finland skrifter LXXXVIII, Hfors 1909); Cod. Ox. (nicht ganz vollständig) von Klemming, *Klosterläsning*, Sthlm. 1877—8. *H. Birgittas uppenb.* IV, 215; R. Geete, *Nio kapitel ur h. Birgittas uppenbarelser*, Sthlm. 1901; die Haupthandschrift der Revelationes (nicht vollständig) von Klemming, *H. Birgittas uppenb.* II und III, Sthlm. 1860 und 1861; Cod. Bildsten. (nicht vollständig) von Stephens in *Ett forn-sv. legend.* I und II (pass.), Sthlm. 1847 und 1858; *S. Patriks-sagan*, Sthlm. 1844, S. 1—23; der Pentateuch-Kommentar von Klemming in *Svenska medeltidens bibelarbeten*, I, Sthlm. 1848; Cod. Holm. D 4 (nicht ganz vollständig) von Klemming, *Flores och Blanzaflor*, Sthlm. 1844. *Konung Alexander*, Sthlm. 1862. *Svenska Medeltids Dikter*, Sthlm. 1881—2, S. 92. 177. 185. *Prosadikter från medeltiden*, Sthlm. 1887—9, S. 113. 249. J. W. Liffman und G. Stephens, *Herr Ivan Lejonriddaren*, Sthlm. 1845—9. J. A. Ahlstrand, *Hertig Fredrik af Normandie*, Sthlm. 1853. R. Geete in *Svenska kyrkobruk*, S. 3—85, 95—120, Sthlm. 1900. Stephens, *Ett forn-sv. legendarium* I, 31. 89. N. J.

Ekdahl in Handlingar rörande Skandinaviens historia XVII, 19, Sthlm. 1832; die Karls-Chronik von Klemming, *Svenska medeltidens rimkrönikor*, II, Sthlm. 1866; das Buch Buddes von O. F. Hultman, *Jöns Buddes bok*, Helsingfors 1895; die Diplome von J. G. Liljegren, B. E. und E. Hildebrand, *Diplomatarium suecanum* I—VI, 1 (bis 1350), Sthlm. 1829—1878 (Indices zu I, II von K. H. Karlsson, 1910); C. Silfverstolpe und K. H. Karlsson, *Svenskt diplomatarium, från och med 1401* I—IV, 2 (bis 1407), Sthlm. 1875—1904. C. G. Styffe, *Bidrag till Skandinaviens historia* I—V, Sthlm. 1859—84. A. J. Arwidsson, *Handlingar till upplysning af Finlands häfder*, I—IX, Sthlm. 1846—57. O. S. Rydberg, *Sveriges traktater* I—IV, 1, Sthlm. 1877—95. R. Hausen, *Finlands medeltidsurkunder* I (bis 1400), Hfors 1910 u. a. m.

Vollständige Bibliographie bis 1901 bietet R. Geete, *Fornsvensk bibliografi*, Sthlm. 1903. Für die spätere Zeit s. die jährlichen Bibliographien im Arkiv f. nord. fil. XIX ff.

Ein palæographischer Atlas ist E. Hildebrand, A. Börtzell und H. Wieselgren, *Svenska skriftprof* I, Sthlm. 1894.

§ 17. Die Sprachform des Altschwedischen ist in ihrem Gegensatze einerseits zum Altwestnordischen, anderseits zum Altdänischen durch das schon (§ 7 und § 15) angeführte hinlänglich charakterisiert worden. Gegen das älteste Altschwedisch, wie es in den vorliterarischen Runeninschriften auftritt, das sog. Runenschwedisch (rschw.), zeigt aber das durch die älteste Literatur vertrętene klassische Altschwedisch (kaschw.) schon bedeutende Differenzen, von denen hier nur folgende hervorgehoben werden mögen: *sþ* ist (nach Ausweis der Inschriften schon etwas vor 1050) zu *st* geworden, z. B. 3. Sg. Prät. *raisti*, älter *raisþi* 'errichtete'; anlautendes *h* ist (im allgemeinen erst nach 1050) vor *l*, *n*, *r* (wie im Altnorwegischen) verstummt, z. B. *loter* (aisl. *hlutr*) 'Los', *nakki* (aisl. *hnakke*) 'Nacken', *ringer* (aisl. *hringr*) 'Ring'; starktoniges *ia* ist (zum Teil wenigstens schon im 12. Jahrh.) in *iæ* (wie im Altostnorwegischen) übergegangen, z. B. *hiærta*, älter *hiarta* 'Herz'; die Nasalvokale haben allmählich (im allgemeinen schon im 13. Jahrh.) ihren Nasalklang aufgegeben; die Diphthonge *æi*, *ǫu*, *øy* sind (im allgemeinen vor 1200) zu resp. *ē*, *ø̄*, *ø̄* kontrahiert worden, z. B. *hēta* 'heißen', *ø̄gha* 'Auge', *ø̄* 'Aue, Insel'; *ʀ* ist (zu sehr verschiedener Zeit in verschiedenen Stellungen und Gegenden, aber jedenfalls wohl vorliterarisch) in *r* übergegangen, z. B. *ulver* aus rschw. *ulfr*, älter *ulfʀ* 'Wolf'; *b* und *d* sind (etwa im 12. Jahrh.) in gewisse Konsonantgruppen eingeschoben worden, z. B. *hiælmber*, rschw. *hialmʀ* 'Helm', Gen. Plur. *aldra*, älter *allra* 'aller'; die 1. Sg. ist (wenigstens zum Teil schon vorliterarisch) der 3. Sg. gleich geworden, z. B. *kallar* (aisl. *kalla*) 'rufe', *kallaþi* (aisl. *kallaþa*) 'rief'; zwischen Konsonanten und auslautendem oder antekonsonantischem *r* ist (im allgemeinen schon vorliterarisch) ein Svarabhaktivokal entstanden, z. B. *alder* (aisl. *aldr*) 'Alter'; der suffigierte Artikel wird (zum Teil schon vorliterarisch) ausgebildet usw. Der Wortschatz hat nur erst wenige Lehnwörter aufgenommen, hauptsächlich geistliche, durch das Christentum eingeführte Ausdrücke lateinischen und griechischen Ursprungs, wie *krussa* 'Kreuz', *brēf (brǣf)* 'Brief', *skōli* 'Schule', *prǣster* (*prēster*) 'Priester', *almōsa* 'Almosen' u. dgl. Das 14. Jahrh. bringt viele wichtige Veränderungen mit. Schon um 1300 sind die alten Pronominalformen *sā* 'der', *sū* 'die' durch die Neubildungen *þæn*, *þē* ersetzt worden, und der Diphthong *iū* wird nach *r* oder kakuminalem *l* allmählich zu *ȳ*, z. B. *riūka*, *rȳka* 'rauchen', *fliūgha*, *flȳgha* 'fliegen'. In der ersten Hälfte des Jahrhunderts werden die Dative *mǣr* 'mir', *þǣr* 'dir', *sǣr* 'sich' durch die Accusative *mik*, *þik*, *sik* ersetzt. Seit c. 1350 erfährt die Schriftsprache, in Zusammenhang mit deren allmählicher Ausbildung zu einer für das ganze damalige Schweden gültigen «Reichs(schrift)sprache», eine durchgreifende Umbildung, die sich nicht nur in der Orthographie zeigt — indem z. B. der alte Buchstabe *þ* durch (die seit c. 1370 alleinherrschenden) *th* und *dh*, je nach der Aussprache, ersetzt wird — sondern noch mehr in den Lauten und Formen, was ohne Zweifel von dem überhandnehmenden Einfluß der maßgebenden Dialekte in vor allem Östergötland, dann auch Södermanland und zum Teil Uppland abhängt. So wird starktoniges *io* (außer vor gewissen Konsonanten) zu *iø*, z. B. *miølk*, älter *miolk* 'Milch', *miøþer* (*mioþer*) 'Meth' (aber *þiokker* 'dick'); *y* wird in vielen Stellungen (am frühesten vor *r* und kakuminalem *l*) zu *ø*, z. B. *børia* (*byria*) 'anfangen', *føl* (*fyl*) 'Füllen', *køn* (*kyn*) 'Geschlecht'; *u* wird in den meisten Gegenden vor *rþ*, *rl*, *rn*, *rt* zu *o*, z. B. *sporþe* (*spurþi*) 'fragte'; die Endungs- und Ableitungsvokale *u* und (wenigstens in offener Silbe) *i* gehen (außer nach kurzer, haupttoniger Silbe) in den maßgebenden Dialekten in resp. *o* und *e* über, z. B. Gen. Sg. *kyrkio* 'Kirche', Dat. Sg. *garþe* 'Dorfe' (aber Gen. Sg. *salu* 'Verkaufs', Dat. Sg. *guþi* 'Gotte'); *g*, *k*, *sk* vor starktonigen palatalen Vokalen erhalten wenigstens in gewissen Gegenden schon jetzt (ja in einigen sogar um 1300) die Aussprache von resp. *dj*, *tj*, *stj* (mit dorsalem *d*, resp. *t*), was aber nur sehr ausnahmsweise in der Schrift einen Ausdruck erhält, z. B. *g(i)øma* 'verwahren', *k(i)ænna* 'kennen',

Tyælsta statt *K(i)ælsta* ein Ortsname, *sk(i)øta* 'anstücken'; *k* wird in unbetonter Silbe zu *g*, dann *gh*, z. B. *fātogher* statt *fātøker* 'arm', *Swērighe* statt *Swērīke* 'Schweden'; die präpositiven Artikel *þæn* oder *hin* 'der' und (etwas später) *ēn* 'ein' kommen in Gebrauch; die Relativpartikel *ær* (aisl. *er*) wird durch *sum* (aisl. *sem*) ersetzt; die indeklinable Partizipialform auf *-andis* (z. B. *farandis* neben *farande* 'fahrend'), welche anfangs nur adverbiell und prädikativ vorkommt, wird jetzt bisweilen auch in attributiver Anwendung gebraucht.

Durch diese und andere Neuerungen ist die mittelschwedische (mschw.) Periode (seit c. 1375) in ihrem Gegensatze zum kaschw. konstituiert. Auch in der mschw. Periode hat die Sprachentwickelung einen sehr raschen Verlauf. Schon vor 1400 geht das lange *a* (z. B. in *sār*, aisl. *sár* 'Wunde') in *å* (d. h. offenes *o*) über, obwohl dies Zeichen sich erst weit später, im Druck sogar erst im Jahre 1526 zeigt. Gleichzeitig wird in geschlossener starktoniger Silbe die alte Verbindung von kurzem Vokal mit (nur einem) folgenden kurzen Konsonanten dadurch aufgegeben, daß in haupttoniger Silbe entweder wie in den Dialekten südlich vom Mälarsee der Vokal, oder wie in den nördlichen Dialekten die Konsonanten *k*, *p*, *r*, *s*, *t* (außer nach *a* und *æ*), sonst aber auch hier der Vokal gedehnt wird, z. B. *ool* (aisl. *ǫl*) 'Zeche', *broot* : *brott* (aisl. *brot*) 'Bruch'. Diese Zerstörung der alten Quantitätsverhältnisse geht im 15. Jahrhundert noch weiter, indem dieselben Dehnungen dann auch bei offener Silbe auftreten, z. B. *klaase* 'Traube', *droope* : *droppe* 'Tropfen'. Gleichzeitig wird (kurzes) *i* in großer Ausdehnung — am größten in den südlicheren Dialekten — zu *ē* oder *e*, z. B. *lēva*, älter *liva* 'leben', *vēta*, *vetta*, älter *vita* 'wissen', *sēghla*, älter *sighla* 'segeln'. Dem 15. Jahrhundert gehören auch u. a. folgende wichtige Veränderungen: *th* wird schon um 1400 zu *t*, z. B. *tiggia* statt *thiggia* 'empfangen, betteln'; *h* verstummt in einigen zentralen Dialekten vor konsonantischem *i* und *u*, was wohl in Verbindung mit deren Übergang in spirantisches *j* und *v* steht, z. B. *jærta* statt *hiærta* 'Herz', *var* statt *hwar* 'jeder'; alle Genitive nehmen allmählich die Endung *-s* an, z. B. Gen. Sg. *iōrdhs* statt *iōrdhar* 'Erde', *kyrkios* statt *kyrkio* 'Kirche', Gen. Plur. *thēras* statt *thēra* 'ihrer'; Verba pura nehmen im Präteritum *-dd-* statt *-dh-* an, z. B. Sg. Prät. Ind. *trodde* statt *trōdhe* 'glaubte', Part. Prät. *trodder* statt *trōdher* 'geglaubt'; bei neutralen Substantiven auf *-e*, *-i* tritt bisweilen die Pluralendung *-r* oder seltener *-n* auf,

z. B. *stykker*, *-en* statt des älteren *stykke* 'Stücke'; die 1. und 2. Plur. werden bisweilen der 3. Plur. gleich gemacht, z. B. *kalla* statt *kallom*, *-in* 'rufen, -et'. Während den 14. und 15. Jahrhunderten ist übrigens der Wortschatz infolge der politischen (mehrere deutsche Fürsten seit 1364) und merkantilen (hanseatische Kaufleute) Verhältnisse des Landes mit niederdeutschen Lehnwörtern, meistens sozialen und industriellen Ausdrücken, überfüllt worden; solche sind u. a. die vielen Verben auf *-ēra* (z. B. *hantēra* 'hantieren'), die Substantiva auf *-erī* (z. B. *roverī* 'Räuberei'), auf *-inna* (z. B. *forstinna* 'Fürstin'), auf *-hēt* (z. B. *frōmhēt* 'Frömmigkeit'), die mit *be-*, *bī-*, *unt-*, zum großen Teil auch die mit *for-* präfigierten Wörter (z. B. *betala* 'Bezahlen', *bīstānda* 'beistehen', *untfānga* 'empfangen', *forsūma* 'versäumen') und eine große Menge anderer wie z. B. *klēn* 'klein, spärlich', *smaka* 'kosten', *grōver* 'grob', *punger* 'Beutel', *tukt* 'Zucht', *brūka* 'gebrauchen', *støvel* 'Stiefel', *arbēta* 'arbeiten', *frōkoster* 'Frühstück'. Auf niederdeutschem Einfluß — erst c. 1500 — beruht auch die Entstehung der Verbalsubstantiva auf *-ande*, *-ende*, z. B. *sittiende* 'Sitzen' und der Adverbialendung *-ligen* (aus mndd. *-liken*) neben *-liga*, z. B. *skæligen* 'billigerweise'. Gegen das Ende des Mittelalters macht sich ein, durch die politischen Verhältnisse — Personalunion mit Dänemark seit 1389 — hervorgerufener, dänischer Einfluß auf die Sprache (wenn nicht eben die gesprochene, so doch die geschriebene) in hohem Maße geltend, und dies nicht nur in betreff des Wortschatzes, sondern auch, wiewohl in geringerer Ausdehnung, der Laut- und Formenlehre, so daß z. B. in gewissen (besonders offiziellen) Schriften alle Endungsvokale im Begriff sind durch das einförmige dänische *-e* verdrängt zu werden, die harten Konsonanten *p*, *t*, *k* in nachvokalischer Stellung durch *b*, *d* (*dh*), *g* (*gh*) wie im Dänischen ersetzt zu werden, und die 2. Plur. Prät. Imperat. die Endung *-r* statt *-n* (z. B. *tagher* statt *takin* 'nehmet') anzunehmen.

J. E. Rydqvist, *Svenska språkets lagar*, I—VI, Sthlm. 1850—83. K. F. Söderwall, *Hufvudepokerna af svenska språkets utbildning*, Lund 1870. A. Kock, *Studier öfver fornsvensk ljudlära*, Lund 1882—6. *Undersökningar i svensk språkhistoria*, Lund 1887. *Svensk ljudhistoria*, Lund 1906 ff. Arkiv f. nord. fil. pass. E. Brate, *Äldre Vestmannalagens ljudlära*, Upsala (universitets årsskrift) 1887. K. Siljestrand, *Ordböjningen i Västmannalagen* I—III, Linköping 1890—1, Ups. 1893. R. Larsson, Ant. tidskr. f. Sv. XII, 2. Noreen, *Altschwedische grammatik*, Halle 1897—1904. *Grunddragen av den fornsvenska grammatiken*, Sthlm. 1910. J. E. Olson, *Östgötalagens ljudlära*, Lund 1904. *Utdrag ur Magnus Erikssons landslag* (Einleitung), Lund 1909. O. Ottelin,

Studier öfver codex Bureanus, Upps. 1900, 1905. O. F. Hultman, *Hälsingelagen* I, Hfors 1905—8.

Das erste wirklich hochbedeutende Sprachdenkmal des Neuschwedischen (nschw.; seit der Reformation c. 1527) ist die erste vollständige Bibelübersetzung Schwedens, welche im Jahre 1541 durch (vor allem) die beiden Brüder Olaus — der durch seine in die weitesten Kreise dringenden Schriften auch sprachlich maßgebende Reformator — und Laurentius Petri (als Redakteur des ganzen) herausgegeben wurde, aber gewöhnlich als die *Bibel Gustavs I.* erwähnt wird. Während dieser und der nächst folgenden Zeit ist die schwedische Literatur infolge religiöser und politischer Verhältnisse von einem überwiegend geistlichen und historisch-politischen Inhalt und hat durch den Einfluß des Humanismus ein gelehrtes Gepräge bekommen. Sie ist daher für sprachliche Zwecke als Quelle nicht ganz ausreichend. Erst seit der Mitte des 17. Jahrhunderts, zu welcher Zeit eine im eigentlichen Sinne schönwissenschaftliche Literatur entsteht, deren hervorragendste Vertreter wie Stiernhielm, Columbus und Spegel sich speziell für die Pflege und die Bereicherung der Sprache interessieren, gibt die Literatur der Sprache eine allseitige Beleuchtung. Was nun die Sprachform betrifft, scheiden sich schon die ältesten neuschwedischen Schriften, z. B. das Neue Testament (1526) und noch mehr die eben erwähnte Bibel Gustavs I., nicht unbedeutend von den jüngsten altschwedischen (ganz abgesehen von rein orthographischen Äußerlichkeiten, wie die neu eingeführten Buchstaben *å*, *ä*, *ö*, von denen übrigens die beiden letzten zwar nicht in der ältesten schwedisch abgefaßten Druckschrift — einem etwa aus dem Jahre 1489 stammenden Ablaßbriefe: *Articuli abbreviati* — aber schon in dem ältesten schwedisch gedruckten Buch, J. Gersons *Aff dyäffwlsens frästilse* 'Von der Versuchung des Teufels', übersetzt von Ericus Nicolai 1495, vorkommen). Man merkt nämlich eine ganz bestimmte Tendenz, die Danismen auszurotten, dagegen heimische und zum Teil altertümliche Formen und Wörter wieder aufzunehmen. Trotz dieser in gewissem Maße archaisierenden Tendenz vieler Schriftsteller fehlen natürlich nicht mehrere Züge jüngerer Sprachentwicklung, und in Wirklichkeit ändert sich die Sprache während des 16. und 17. Jahrhunderts ziemlich rasch, wenn auch nunmehr die Orthographie durch ihre Starrheit oft dies Verhältnis verdeckt.

Als wichtigere Unterschiede zwischen der Sprache dieser Zeit und der älteren mögen hier erwähnt werden: der Übergang der Verbindungen *sj* und *stj* (jedoch nur des unursprünglichen, aus *sk* vor palatalem Vokal entstandenen und dorsales *t* enthaltenden, s. oben S. 41) in einen einheitlichen — aber trotzdem etymologisierend durch *sj*, *sk*, *skj* bezeichneten — *sch*-Laut, z. B. *sju* statt *siū* 'sieben', *skära* statt *sk(i)æra* 'schneiden', *skjorta* statt *skiorta* 'Hemd'; die Verstummung des unursprünglichen, aus *g* vor palatalem Vokal entstandenen (dorsalen, s. oben S. 41) *d* vor *j*, z. B. *gäst* (gesprochen *jäst*) statt *g(i)æster* 'Gast'; der Schwund der in gewissen Stellungen eingeschobenen *b* und *p*, z. B. Plur. *himlar* statt *himblar* 'Himmel', *samt* statt *sampt* 'samt'; die Entstehung einheitlicher, apiko-alveolarer *d*-, *l*-, *n*-, *s*- und *t*-Laute aus den Verbindungen *rd* (aus älterem *rdh*), *rl*, *rn*, *rs* und *rt*, z. B. *herde* 'Hirt', *sorl* 'Gesumse', *barn* 'Kind', *kors* 'Kreuz', *svart* 'schwarz', von welcher Erscheinung Spuren vielleicht schon früher zu finden sein dürften; das Aufkommen der Form *Ni* neben *I* (aschw. *īr*) 'Ihr'; der Verlust jeder Kasusverschiedenheit bei dem Adjektiv und der Zusammenfall des Nominativs, des Dativs und des Accusativs bei dem Substantiv; die Zugrundelegung der Nominativform bei der Bildung des Genitivs, z. B. Gen. Sg. *kyrkias* neben *kyrkios* (aschw. *kyrkio*) zu *kyrkia* 'Kirche', Gen. Plur. *grannars* neben *grannas* (aschw. *granna*) zu *grannar* 'Nachbarn', ein Prinzip, das doch nur sehr allmählich, am spätesten im Sg. der schwachen Substantive, durchdringt; die Annahme der Pluralendung *-n* bei den meisten vokalisch auslautenden Neutren, z. B. Plur. *knä-n* statt *knæ* 'Knie'; das neue Prinzip, daß bei der substantivischen Flexion mit suffigiertem Artikel Numerus nur beim Substantiv, Kasus nur beim Artikel ausgedrückt wird, nicht wie früher beides bei beiden, z. B. Plur. *synder-na* statt *syndi(r)-nar* 'die Sünden', Gen. Sg. *orm-ens* statt *orms-ins* 'der Schlange'; die allmähliche gänzliche Verdrängung der Adverbialendung *-liga* durch *-ligen* (vgl. oben S. 43).

Überhaupt dürfte man sagen können, daß das altschwedische Flexionssystem schon um 1700 so gut wie ganz aufgegeben ist, wenn auch eine in sprachlicher Hinsicht so wichtige Arbeit wie die in den Jahren 1702 und 1703 herausgegebene *Bibel Karls XII.* — das letzte hervorragende Denkmal des älteren Neuschwedisch — durch absichtliche Archaisierung der Sprache viel Altes bewahrt hat. Demselben bewußten Bestreben nach Altertümlichkeit der Sprachform verdanken wir die vielen Lehnwörter aus dem Altschwedischen und dem Altisländischen, mit welchen gewisse Schriftsteller seit der

Mitte bis in die erste Hälfte des 18. Jahrhunderts (wie z. B. Stiernhielm, Ol. Rudbeck, Spegel und Swedberg) die Sprache bereichern, z. B. *fager* 'schön, lieblich', *härja* 'verheeren', *later* 'Gebärden', *snille* 'Genie', *tärna* 'Dirne', *tima* 'sich ereignen' u. a. Außerdem werden während des ganzen 16. und 17. Jahrhunderts aus dem Latein, durch den Humanismus, gelehrte Ausdrücke und aus dem Deutschen (jetzt auch dem Hochdeutschen), meist infolge der Reformation (die Schriften Luthers) und des 30-jährigen Krieges, ganze Massen von Wörtern verschiedener Art, z. B. *tapper* 'tapfer', *prakt* 'Pracht', *hurtig* 'hurtig' usw., besonders eine Menge mit *an-* (z. B. *antal* 'Anzahl'), *er-* (z. B. *eröfra* 'erobern'), *för-* (z. B. *förlora* 'verlieren'), *ge-* (z. B. *gestalt* 'Gestalt'), aufgenommen. Im 17. Jahrhundert, auf Grund der immer mehr wachsenden politischen und literarischen Bedeutung Frankreichs, beginnen französische Wörter — zwar oft durch deutsche Vermittelung — in reichlichem Maße mit der Sprache einverleibt zu werden, und diese Entlehnungen nehmen während des 18. Jahrhunderts eher zu als ab; solche sind aus dem 17. Jahrhundert *affaire* 'Geschäft', *respect*, *serviette*, *trafique*, *visite*, aus dem 18. *interessant*, *talent* u. a. m. Erst im 19. Jahrhundert finden wir (besonders um 1850 bei Schriftstellern wie z. B. C. Säve, H. Hildebrand und vor allem V. Rydberg) wiederum mächtige und bewußte Bestrebungen puristischer Art in Verbindung mit neuen Versuchen zu reicher Neubildung, sowie zur Aufnahme von Wörtern teils aus der alten Sprache, teils aus den lebenden Mundarten; so daß der jetzige Wortschatz schon in ungewöhnlich hohem Maße von demjenigen abweicht, welcher in der Literatur des 17. und der ersten Hälfte des 18. Jahrhunderts zum Vorschein kommt.

Was dagegen die Laute und Formen betrifft, haben die beiden letzten Jahrhunderte nur verhältnismäßig wenige Neuerungen von größerer Bedeutung mitgebracht. Hier sei nur erwähnt, wie schon um 1700 auch das ursprüngliche *dj-* (mit apikalem *d*, vgl. oben S. 45) in vielen Gegenden zu bloßem *j* wurde, z. B. *jup* statt *djup* 'tief' (vgl. umgekehrte Schreibungen wie *diemn* statt *jemn* 'eben' schon 1666—68, *diufwer* statt *jufwer* 'Euter' 1697, 1698); wie wenigstens schon vor 1750 auch *l* vor *j* zu verstummen anfängt, z. B. *juster* (1749) neben *ljuster* 'Fischgabel'; wie um 1800 auch ursprüngliches *stj* (mit apikalem *t*, vgl. oben S. 45) zu einem einheitlichen — aber fortwährend durch *stj* bezeichneten — *sch*-Laut verschmilzt, z. B. *stjerna* (aschw. *stiærna*) 'Stern'; wie etwas nach 1700 die

Spiranten *dh* und *gh* in den wenigen Stellungen, wo sie sich noch vorfanden, durch resp. *d* und *g* ersetzt wurden, z. B. *bröd* statt *brödh* (aschw. *brødh*, *brøþ*) 'Brot', *lag* statt *lagh* 'Gesetz', eine Neuerung, die schon in dem von G. Cronhielm, K. Lundius u. a. ausgearbeiteten, sprachlich mustergültigen *Reichsgesetze vom Jahr 1734* (hrsgg. 1736) ihren orthographischen Ausdruck bekommen hat (gleichwie ebendaselbst die früher nicht ganz seltene Doppelschreibung der langen Vokale abgeschafft worden ist). Überhaupt darf schon die Sprache dieses hochbedeutenden Denkmals sowie diejenige des Schriftstellers Ol. von Dalin, welcher seit dem Erscheinen seiner epochemachenden Zeitung *Then swänska Argus* (1732—34) geraume Zeit in der schwedischen Literatur maßgebend war, in lautlicher und morphologischer Hinsicht als hervorragende Repräsentanten für das jüngere Neuschwedisch gelten. Im 19. Jahrhundert haben wohl Wallin (Gesangbuch 1819) und Tegnér (Frithiofssage 1825) wegen der enormen Verbreitung ihrer zahlreichen Schriften den größten Einfluß ausgeübt und sind für den höheren Sprachgebrauch bis c. 1850 typisch.

Rydqvist, a. O. Söderwall a. O. Noreen, *En svensk ordeskötsel af Samuel Columbus* (Einleitung), Ups. 1881. *Vårt språk* I, 132 ff., III, 76 ff. F. Tamm, *Om tyska prefix,* Ups. 1876. *Om tyska ändelser,* Ups. (univ. årsskr.) 1880. *Fonetiska kännetecken på lånord i nysvenska riksspråket,* Ups. (univ. årsskr.) 1887. Kock, *Språkhistoriska undersökningar om svensk akcent,* II, Lund. 1884—5. E. Tegnér, *Om genus i svenskan,* Sthlm. 1892. Arkiv f. nord. fil. V, 155. 303. F. V. Norelius, ib. I, 218, II, 254. E. Hellquist, ib. IV, 289. *Studier i 1600-talets svenska,* Upps. 1902. N. Beckman, Arkiv f. nord. fil. XI, 154. 213. A. Andersson, *Om Johan Salbergs Grammatica,* Ups. 1884. H. Vendell, *Språket i Peder Swarts krönika,* Hfors 1905. B. Hesselman in Språk och stil XI, 82 ff. J. Wide, *Verbalböjningen i 1526 års översittning av Nya testamentet,* Landskrona 1911.

Das jetzige Neuschwedisch behandelt ausführlich Noreen, *Vårt språk* I, Lund 1903—7, II, 1907—10, V, 1904—12, VII, 1906 ff.; in aller Kürze Beckman, *Svensk språklära,* 2 Aufl., Sthlm. 1905.

§ 18. Dialektunterschiede sind sowohl in den altschwedischen Runeninschriften wie in der Literatur unleugbar, wiewohl in jenen dies Verhältnis zum größten Teil verdeckt wird infolge der höchst mangelhaften Lautbezeichnung, die ja sehr verschiedene Laute durch dasselbe Zeichen ausdrückt (wie z. B. *o*, *u*, *y*, *ø* und *w* durch die *u*-Rune). Nichtsdestoweniger kann man wirklich einiges Hierhergehörige ermitteln, indem z. B. die 'Ingwar'-Inschriften (s. oben S. 9) zeigen, daß etwas vor 1050 die Sprache wenigstens eines Teiles der Landschaft Uppland den nasalierten *a*-Laut schon aufgegeben hatte, aber die altertümlichen Formen *es* 'welcher', *was* 'war' noch besaß und für den Acc. Sg. M. 'diesen' die Formen *þinsa*, *þina* gebrauchte; während die Sprache wenigstens eines Teiles von Södermanland zur selben Zeit das nasalierte *a* noch kannte und die Formen *eʀ*, resp. *waʀ* und *þąnsi* gebrauchte. Übrigens geht aus den Runeninschriften hervor, daß schon damals wie heute anlautendes *h* vor Vokal im östlichen Uppland nicht mehr ausgesprochen wurde. In der Literatur wiederum werden die in der mündlichen Rede ohne Zweifel vorhandenen Unterschiede sehr vermindert durch die bald wach gerufene Tendenz, eine allgemeine Reichs(schrift)sprache zu schaffen sowie durch die so sehr überwiegenden Beiträge gewisser Provinzen (vor allem Östergötlands) zur Literatur und den daraus mit Notwendigkeit herfließenden Einfluß dieser Landschaften auf die höhere Sprache. Nur ein Dialekt tritt in der Schrift scharf hervor, derjenige der sowohl geographisch wie politisch etwas abseits gelegenen Insel Gottland, welcher sogar so wesentlich von dem Altschwedischen des Festlandes abweicht, daß man mit vollem Recht ihn durch die Bezeichnung Altgutnisch als eine gewissermaßen besondere Sprache anerkannt hat (s. weiter § 19).

Von den Mundarten des Festlandes ist in der ältesten Literatur diejenige ziemlich deutlich ausgeprägt, welche vorzugsweise durch den Cod. Holm. B. 59 (s. oben § 16) vertreten ist und die Sprache eines nordwestlichen Teiles der Provinz Västergötland repräsentiert. Dieser Dialekt nimmt gewissermaßen eine Mittelstellung zwischen dem Altschwedischen und dem Alt(ost)norwegischen ein, wenn er auch jenem näher steht. Fast alle Punkte, worin er von dem sonstigen Altschwedisch abweicht, sind nämlich ebenso viele Übereinstimmungen mit dem Alt(ost)norwegischen. Solche sind z. B. *e* statt *i* und *o* statt *u* in Endungen und Ableitungssilben nur nach einem *e*, *ē*, *o*, *ō* oder *ø*, *ø̄*, zum Teil auch *ā* (seltener *a*), in der vorhergehenden Silbe, z. B. 3. Sg. Präs. Ind. *hēter* 'wird genannt', Part. *boren* 'geboren', Dat. Sg. Ntr. *gōþo* 'gutem', 3. Sg. Präs. Konj. *bøte* 'büße', 3. Plur. Prät. Ind. *vāro* 'waren', aber Dat. Sg. *guþi* 'Gott', 3. Plur. Prät. Ind. *gripu* 'griffen' usw. (vgl. § 8, 2); oft *o* gegen sonstiges aschw. *u* in der Wurzelsilbe, z. B. *odder* (aschw. *udder*, anorw. *oddr*) 'Spitze', *roten* (aschw. *rutin*, anorw. *rotenn*) 'faul'; *i*-umgelautete Formen häufiger als sonst, z. B. Ntr. *bǣþi* (aschw. gewöhnlich *bāþe*, anorw. *bǽðe*) 'beide', Dat. Sg. *dæghi* (aschw. *daghi*, anorw. *dægi*) 'Tage'; Assimilation von *mp*, *nk*, *nt* zu *pp*, *kk*, *tt* häufiger als im sonstigen Altschwedisch, z. B. *roppa* (aschw. *rumpa*) 'Schwanz', *brækka* 'Brink', *vætter*, *vitter* (aschw. *vinter*, anorw. *vetr*) 'Winter'; Dat. Plur. des mit suffigiertem Artikel flektierten Substantivs endet auf *-unum* (*-onom*), nicht wie im sonstigen Altschwedisch auf *-umin* (*-omen*), z. B. *arvunum* 'den Erben', *bondonom* 'den Bauern'; 3. Plur. Konj. hat nur selten (im Cod. Holm. B 59 nie) die sonst weit überwiegend gebrauchte Endung *-in* (*-en*), sondern statt dessen gewöhnlich (resp. immer) *-i* (*-e*), z. B. *mǣli* 'sprechen'; einzelne, dem sonstigen Altschwedisch fremde, aber im Altnorwegisch-Altisländischen übliche Wörter und Formen, z. B. bisweilen *apter* (aschw. *ater*, anorw. *aftr*) 'zurück', Prät. Ind. *hælt* (aschw. weit überwiegend *hiolt*, anorw. *helt*) 'hielt', Inf. *bræsta* (aschw. *brista*, anorw. *bresta*) 'bersten' u. a. m.

Von sonstigen Mundarten sind in den ältesten Handschriften bisher nur ziemlich spärliche Züge angetroffen worden. Einiges mag hier angeführt werden. Dem Dialekte eines Teiles der Provinz Västmanland charakteristisch war, dem (älteren Teil des) Cod. Holm. B 57 (s. § 16) nach zu urteilen, u. a.: in Endungs- und Ableitungssilben ging *i* in offener Silbe in *e*, dagegen *u* auch in geschlossener Silbe in *o* über, z. B. *skaþe* 'Schaden', *æro* 'sind', Acc. Sg. *faþor* zu Nom. *faþir* 'Vater'; *wr-* wurde zu *rw-* (oder *rwr*)-, z. B. *rw(r)anger* (engl. *wrong*) 'verkehrt'; die Zahlwörter *fiōre* 'vier', *fiorþe* 'vierte' statt sonstigen *fiūre*, *fiærþe*; die Pronominalformen Nom. Sg. Fem. und Nom., Acc. Plur. Ntr. *þæsson*, *-om* 'diese', *ængon* 'keine', *hwarion* 'jede' statt *þæssin* usw. Die beiden letzerwähnten Eigentümlichkeiten kommen auch der verwandten Mundart in Dalarna zu, welche durch den (älteren Teil des) Cod. Holm B 54 (s. § 16) vertreten ist.

Einer Gegend der Landschaft Uppland eigentümlich war, wie aus Cod. Ups. L 12 (s. § 16) u. a. Denkmälern erhellt: Übergang eines kurzen *a* in *æ* in allen schwachtonigen Endungs- oder Ableitungssilben (s. § 138, a, γ), z. B. *faræ* 'fahren', *havændi* 'habend'; Übergang eines (alten oder sekundären) *iō* in *iø*, z. B. *hiøn* statt *hiōn* 'Hausgenosse', *iørþ* statt *iōrþ* 'Erde'; Affrizierung eines *k* oder *g* vor einem aus *ǫu* entstandenen *ø*, während zur selben Zeit Mundarten in Västmanland und Södermanland, nach Ausweis der Codd. Holm. B 57 und B 53, noch keine Affrikaten in dieser Stellung hatten, z. B. *kiøp* (sonst *køp*, aisl. *kaup*) 'Kauf', *giøtær* (aisl. *gautar*) 'Einwohner von Götaland'; *iæk* 'ich' und *hun* 'sie' statt sonst vorwiegend gebräuchlichen *iak* und *hōn*.

Die Sprache der Provinz Hälsingland wich wenigstens insofern vom sonstigen Altschwedisch ab, als anlautendes *w* wie (meistens) im Altnorwegischen vor *r* geschwunden war, z. B. *ræka* (aschw. *vræka*) 'treiben', und auch der Wortschatz mehrfache Übereinstimmungen mit dem Altnorwegischen zeigte.

Am wenigsten bemerkbar sind Dialekteigentümlichkeiten in denjenigen Denkmälern, die aus den Provinzen Södermanland und Östergötland stammen, zum Teil ohne Zweifel darauf beruhend, daß — wie schon oben (§ 17) angedeutet — eben die Mundarten dieser Landschaften bei der Bildung und Entwicklung der werdenden Reichs(schrift)sprache einen sehr maßgebenden Einfluß ausübten. Doch dürfte man wenigstens einen nordöstlichen östgötischen Dialekt als in der Literatur einigermaßen deutlich hervortretend ansehen können und zwar den besonders durch die Handschriften des Östgöta-Gesetzes, den Cod. Bureanus, die autographischen Aufzeichnungen St. Birgittas u. a. m. repräsentierten, wo u. a. *iu* vor velarem Nasal zu *io* wird, z. B. *sionga* 'singen', *sionka* 'sinken', sonst *siunga, siunka*; umgelautete Formen wie *lǣter* 'läßt', *hæri* 'Hase' statt *lāter*, *ẖari* verhältnismäßig häufig vorkommen; sowie öfter gebrochene Formen wie *biæra* 'tragen', *miæta* 'messen' statt *bæra*, *mæta*; der lautgesetzliche Wechsel von *o* mit *u* in Fällen wie *kona* 'Weib': gen. *kunu*, *lof* 'Lob': dat. *luvi*, *koma* 'kommen': part. *kumin* u. dgl. oft erhalten ist, aber vor *ll*, *ld*, *lt* immer *u* steht, z. B. *trul* 'Unhold', *hult* 'Hain'; altes *ʀ* auslautend nach Vokal in den meisten Fällen geschwunden ist, z. B. Pl. *hæsta* (aisl. *hestar*) 'Pferde'.

Als ein für das nordostliche Södermanland charakteristischer Dialektzug darf wohl gelten, wenn in Cod. Holm. B 53 (s. § 16) kurzes *a* in Endungen und Ableitungssilben zu *æ* wird nach palatalen Vokalen in der vorhergehenden Silbe, z. B. *fyllæ* 'füllen', *skæræ* 'schneiden', *dømæ* 'richten' (aber *gamal* 'alt', *ūtan* 'außer').

Die mittelschwedische Literatur kann im allgemeinen als in der, wie oben angedeutet, allmählich aufkeimenden (schriftlichen) Reichssprache abgefaßt angesehen werden, was auch zum Teil schon für einige klassischaltschwedische Denkmäler gilt. So z. B. Cod. AM. 51, 4:0 (erste Hand, s. § 16), wenn auch hier noch sehr viele von den oben erwähnten östgötisehen Dialektzügen bemerkbar sind; aber daneben findet sich u. a. diejenige Eigentümlichkeit, welche als das Hauptcharakteristikum der im Werden stehenden Reichssprache gegenüber dem älteren Sprachgebrauch betrachtet werden darf, nämlich die Regelung der Endungs- und Ableitungsvokale in der Weise, daß, außer nach kurzer, haupttoniger Silbe, *o* statt *u* und — in offener, nicht aber (wie im Cod. Bureanus und einigen anderen östgötischen Denkmälern) auch in geschlossener Silbe — *e* statt *i* steht, z. B. Dat. Sg. *kirkio* 'Kirche' gegen *salu* 'Verkauf', *folke* 'Volke' gegen *guþi* 'Gotte', aber *mōþir* (Cod. Bur. *mōþer*) 'Mutter' wie *faþir* 'Vater'.

Inwieweit die ohne Zweifel eigentümlich entwickelten altschwedischen Dialekte in Finnland, Esthland und Livland von der Muttersprache abweichend gestaltet waren, ist infolge mangelnder oder unzureichender Quellen nicht wohl möglich zu bestimmen. Jedoch ist aus vielen finnländischen Diplomen der mittelschwedischen Zeit, mit denen die Handschrift Buddes (s. § 16) im wesentlichen stimmt, zu ersehen, daß in der Zeit 1420—1490 wenigstens einem Teile von Finnland charakteristisch war, daß *ia* auch in schwachtoniger Silbe zu *iæ* wurde, z. B. *viliæ* (sonst *vilia*) 'wollen', und daß wie im nordostlichen Södermanländisch (s. oben) ein Endungs- oder Ableitungs-*a* außerdem zu *æ* wurde, wenn in der vorhergehenden Silbe *y* (doch nicht ein aus kaschw. *i* entstandenes), *ȳ*, *æ*, *ǣ* oder *ø*, *ø̄* standen, z. B. *fyllæ* 'füllen', *væghæ* 'wiegen', *gømære* 'Verhehler'.

Eine gesprochene — vorzugsweise auf den Dialekten der Mälargegend gebaute — Reichssprache hat man überhaupt erst gegen das Ende des 17. Jahrhunderts ausgebildet, aber diejenige Finnlands weicht noch in vielen Punkten von der sonst üblichen ab.

Kock, *Studier i fornsvensk ljudlära*, S. 125. 310. 489 (und die daselbst S. 490 Note zitierte Literatur). Leffler, *Om v-omljudet*, Upsala (univers. årsskr.) 1877, S. 37. 55. 76. K. H. Karlsson, Arkiv f. nord. fil. V, 166. N. Beckman, ib. IX. 92. Hultman, *Jöns Buddes bok*, S. VI f. Ottelin, *Studier öfver cod. Bureanus* II, 15 f. B. Hesselman, *De korta vokalerna i och y i svenskan* (Upps. 1909—10), S. 246 f. E. Olson, *Östgötalagens 1300-tals-fragment* (Sthlm. 1911), S. CII ff.

Über die nschw. Dialekte s. § 7 Note; über deren Verhältnis zur gesprochenen Reichssprache besonders Hesselman, *Kritiskt bidrag till läran om nysvenska riksspråket* (in Nordiska studier tillegnade A. Noreen, Upps. 1904, S. 375 ff.) und *Uppländskan som skriftspråk* (in Uppland II, 505 ff., Upps. 1907).

Über die Abweichungen der finnländischen Reichssprache von der «hochschwedischen» (in Schweden) s. Noreen, *Vårt språk* I, 94 ff., 312 f., 554 f., II, 479, V, 689 und die daselbst zitierte Literatur.

§ 19. Das Sprachgebiet des Altgutnischen umfaßt nur die Insel Gottland. Dessen Quellen sind ziemlich reichhaltig, sowohl aus Inschriften wie Literatur bestehend.

Die Runeninschriften der Insel sind mehr als 200, von denen die ältesten (z. B. die schon oben § 5 erwähnte Inschriften von Tjängvide und Ardre) der Vikingerzeit, die meisten aber erst der mittelschwedischen Zeit (die spätesten sogar der 2. Hälfte des 16. Jahrhunderts, also dem Neuschwedischen) angehören. Besonders ausführlich (mehr als 300 Runen) ist die Inschrift von Hauggrän, gegen 1100 hergestellt. Gleichzeitig sind die zwei mit einander zusammenhängenden Inschriften von Stainkumbla und aus der Zeit um 1100 stammend auch die drei, ebenfalls verwandten, von Sjonhem. Noch viel umfangreicher und nächst der Röker-Inschrift die längste, die es überhaupt gibt, ist eine, welche zwar aus Gottland stammt, aber sich in Dänemark befindet, nämlich die (431 Runen enthaltende) Inschrift auf dem Taufsteine zu Åkirkeby (auf Bornholm), vielleicht schon um 1150 (nach Wimmer erst um 1280!) verfaßt und das Leben Jesu behandelnd. Die älteste datierte Inschrift ist die von Vallstaina (1326). Von noch späteren seien hier nur die beiden von Lye (1449; mit mehr als 200, resp. 250 Runen) erwähnt.

Deutungen der Inschriften bei Noreen, *Altschwedische grammatik*, S. 486 f., 495 f., 497. Wimmer, *Døbefonten i Åkirkeby kirke*, Kph. 1887 (vgl. *De danske runemindesmærker* I, CLXVI ff. Ambrosiani, *Åkirkebyfuntens tillverkningstid* in Festskrift till O. Montelius 1903). Brate (und Bugge), Ant. tidskr. f. Sv. X, 287. 296. 298. 354. 356; vgl. C. Säve, *Gutniska urkunder*, Sthlm. 1859, S. 39 ff. S. Söderberg in *Öfversigt af filologiska sällskapets i Lund förhandlingar 1881—1888*, Lund(s univers. årsskrift) 1890, S. 9 ff.

Von den agutn. Handschriften ist zunächst zu erwähnen ein jetzt verlorenes *Kalendarium* aus dem Jahre 1328, mit Runen geschrieben und zwar die einzige schwedische Runenhandschrift, die wir mit Sicherheit kennen. Sonst ist fast nur eine einzige, um 1350 und mit lateinischen Buchstaben geschriebene Handschrift (Cod. Holm. B 64) anzuführen, welche das *Guta-Gesetz* und ein sagengeschichtliches Stück enthält.

Das Kalendarium hrsgg. von O. Worm in *Fasti danici*, Kph. 1626, S. 100 ff.; vgl. Wimmer, *Døbefonten* etc., S. 62 ff.; die übrigen Denkmäler von Pipping, *Guta lag och Guta saga*, Kph. 1905—07, *Gotländska studier*, Upps. 1901. Klemming, *Småstycken på forn svenska*, Sthlm. 1868—81, S. 149 ff.

Nach diesen Quellen zu urteilen ist für die agutn. Sprachform (welche von derjenigen der beiden übrigen altostnordischen Sprachen weit mehr abweicht, als diese unter einander verschieden sind) in ihrem Gegensatze zum eigentlichen Altschwedisch folgendes vorzugsweise kennzeichnend:

1) Die alten Diphthonge sind nicht wie im sonstigen Altschwedisch (und Altdänisch) kontrahiert worden, z. B. *auga* (aschw. *øgha*, aisl. *auga*) 'Auge', *droyma* (aschw. *drøma*, anorw. *drøyma*) 'träumen', *stain* (aschw. *stēn*, aisl. *steinn*) 'Stein'; nur vor einem geminierten Konsonanten sind *ai* und *au* zu *a* vereinfacht, z. B. *ann* (aschw. *ēn*, aisl. *einn*) 'ein', *datt* (aschw. *døt*, aisl. *dautt*) zu *dauþr* 'tot'.

2) Der alte Triphthong *iǫu* — welcher im sonstigen Aschw. (wie im Adän.) zu *iū*, das dann nach *r* oder einem *l*, welchem Guttural oder Labial vorangeht, zu *ȳ* kontrahiert worden ist, ist als *iau* erhalten, z. B. *fliauga* (aschw. *flȳgha*) 'fliegen', *biauþa* (aschw. *biūþa*) 'bieten'.

3) Aus *æ*, *ǣ* und *ø*, *ø̄* sind resp. *e*, *ē* und *y*, *ȳ* geworden, z. B. *lengr* (aschw. *længer*) 'länger', *mēla* (aschw., aisl. *mǣla*) 'reden', *yx* (aschw., aisl. *øx*) 'Axt', *dȳma* (aschw., aisl. *dǿma*) 'richten'.

4) Kurzes *u* ist außer vor antekonsonantischem *r* nicht zu *o* *a*-umgelautet worden, z. B. *fulc* (aschw., aisl. *folk*) 'Volk', aber *borþ* 'Tisch'.

5) Unumgelautete Formen stehen gewöhnlich gegenüber *u*- oder *w*-umgelauteten im sonstigen Aschw., z. B. *hagguin* (aschw. *huggin*, *hoggin*, aisl. *hǫgguenn*) 'hauen', *stinqua* (aisl. *støkkua*) 'springen'.

6) Anlautendes *w* schwindet vor *r*, z. B. *raiþi* (aschw. *vrēþe*) 'Zorn'.

7) Gen. Sg. der schwachen Femininen auf *-a* endet auf *-ur*, z. B. *kirkiur* (aschw., aisl. *kirkio*) 'Kirche'.

8) Einzelne Pronominalformen wie *hān* (aschw. *hōn*, *hun*) 'sie', *menn*, *þenn*, *senn* (neben *minn*, *þinn*, *sinn*) 'mein, dein, sein', *þissi* (aschw. *þænne*, aisl. *þesse*) 'dieser' und Verbalformen wie *ir* oder *ier* (aschw. *ær*) 'ist', *al* (neben *scal*) 'soll'.

Über die Sprachform des Altgutnischen s. Söderberg, *Forngutnisk ljudlära*, Lund(s universitetets årsskrift), 1879, und die oben S. 52 erwähnten Schriften Pippings.

§ 20. Das Altdänische ist seiner ganzen Anlage nach die unursprünglichste der altnordischen Sprachen. Sein Sprachgebiet umfaßte nicht nur das jetzige Dänemark, sondern auch die südschwedischen Landschaften Halland (wenigstens den südlichen — und größeren — Teil), Schonen und (vgl. aber § 22, S. 62) Blekinge, ferner fast das ganze Schleswig und, wie schon oben (§ 1) gesagt, während der Vikingerzeit große Landstriche in dem östlichen und nördlichen England sowie in der Normandie.

Die ältesten Sprachdenkmäler bestehen aus etwas mehr als 250 Runeninschriften, von denen die weitaus meisten und wichtigsten der Vikingerzeit gehören und daher schon oben (§ 5) erwähnt worden sind. Von den späteren dürfte verdienen hier hervorgehoben zu werden die auf Bornholm sich befindende, um 1050 entstandene historisch interessante Inschrift von Ny-Larsker. Die meisten übrigen Inschriften dieser Insel sind späteren Datums; aber im sonstigen Dänemark sind Inschriften aus der Zeit nach 1050 überhaupt sehr selten, wie z. B. die von Tillise (um 1075) auf Lolland und die zum Andenken des Erzbischofs Absalon verfaßte von Åsum (c. 1210) in Schonen.

Abbildungen und Deutungen der Inschriften bei Wimmer, *De danske runemindesmærker* I—IV, Kph. 1895—1908. S. Bugge, Aarbøger f. nord. Oldk. 1899, S. 263 ff. Gering, ZfdPh. XXXVIII, 129 ff.

Die ältesten literarischen Erzeugnisse Dänemarks sind lateinisch abgefaßte Diplome (seit 1135 noch vorhanden), welche — wie auch allerlei Nekrologien, Annalen und dgl. — nur ausnahmsweise vereinzelte altdänische Glossen bieten. Von besonderer Wichtigkeit ist unter diesen Quellen der *Liber daticus Lundensis vetustior* (Cod. Lund. H. L. a, fol. 10, um 1140 geschrieben) wegen der vielen eingestreuten Orts- und Personennamen. Noch wichtiger für die Ortsnamen ist das in einer um 1270 von Johannes Jutæ verfertigten Abschrift bewahrte *Grundbuch Waldemars II.* (Cod. Holm. A 41), wo auch einige zusammenhängende Stückchen in altdänischer Sprache vorkommen. Eine dänische Literatur in dänischer Sprache entstand erst im 13. Jahrhundert und bediente sich anfangs sowohl des runischen als des lateinischen Alphabets, obwohl dieses bald alleinherrschend wurde.

Liber daticus hrsgg. von C. Weeke, *Lunde Domcapitels Gavebøger*, Kph. 1884—9; das Grundbuch Waldemars II. von O. Nielsen, *Liber census Daniæ*, Kph. 1873.

Von den bis zu unseren Tagen erhaltenen adän. Handschriften ist die älteste vielleicht der aus dem Ende des 13. Jahrhunderts stammende, ältere Teil des mit Runen geschriebenen *Codex runicus* (Cod. AM. 28, 8:0), welcher die schonischen Land- und Kirchenrechte enthält. Wohl etwas vor 1300 niedergeschrieben ist auch ein Bruchstück (Cod. AM. 24, 4:0) des älteren (oder «König Waldemars») seeländischen Landrechts und eine Handschrift (Cod. AM. 37, 4:0) des schonischen Kirchenrechtes (Bischof Eskils). Spätestens um 1300 entstanden sind mehrere wichtige Handschriften: eine (Cod. Holm. K 48), welche das sog. Arzneibuch

Henrik Harpæstrængs († 1244), eine Legende und eine Beichte enthält; die des oben genannten «frater *Iohannes Iutæ*» (Cod. AM. 455, 12:0), welche sowohl das ältere als das jüngere (oder «König Eriks») seeländische Landrecht wie auch das seeländische Kirchenrecht (Bischof Absalons) aufnimmt; ferner die Flensburger Handschriften des *jütischen Landrechts* (von Waldemar II. im Jahre 1241 gegeben) und des *flensburgischen Stadtrechts*. Um 1310 geschrieben ist die Handschrift des «frater *Kanutus Yuul*» (Cod. Reg. n. s. 66, älterer Teil), naturwissenschaftlichen und medizinischen Inhalts. Ebenso aus dem Anfang des 14. Jahrhunderts stammen sowohl die sog. *Hadorphische Handschrift* (Cod. Holm. B 76) der schonischen Land- und Kirchenrechte als der jüngere Teil des Codex runicus, historischen Inhalts. Der 2. Hälfte des Jahrhunderts gehören ein Arzneibuch (Cod. AM. 187, 8:0) und eine große Sammlung (Cod. Ledreborg 12) schonischer Gesetze, worin u. a. das schonische Stadtrecht und das sog. Vitherlags-Gesetz (d. h. Hofrecht). Um 1425 entstanden ist eine Handschrift (Cod. Ups. H 122) des sog. Erik Klippings *allgemeinen Stadtrechts*. In das Jahr 1430 gehört eine große, von *Jepp Swale* niedergeschriebene Sammlung (Cod. Rantzovianus = e donatione variorum 136, 4:0 in der Universitätsbibliothek zu Kopenhagen) schonischer Gesetze, worin u. a. das Vitherlags-Gesetz und das sog. schonische Erbbuch, ein für Schonen gemachter Auszug aus dem älteren seeländischen Landrecht. Der ersten Hälfte des 15. Jahrhunderts gehört auch die älteste Handschrift (Cod. Holm. B 77) einer prosaischen Chronik («Gesta Danorum») an, der Zeit um 1450 teils eine interessante Miszellanhandschrift (Cod. Holm. K 46), teils die sog. *Grinderslever-Handschrift* (Cod. AM. 783, 4:0), geistlichen Inhalts, dem Jahre 1459 der von *Olavus Iacobi* niedergeschriebene Teil (Cod. Holm. K 31, älterer und größter Teil) von Mandevilles Reise. Aus der zweiten Hälfte des Jahrhunderts stammen auch die Miszellan-Handschriften (geistlichen Inhalts) *Per Reff Lylle's* (Cod. AM. 76, 8:0), die im Jahre 1480 niedergeschriebene und die Karl-Magnus-Saga enthaltende *Börglumer-Handschrift* (Cod. Holm. 12 b), die etwa gleichzeitige Handschrift (Cod. Reg. Thott 8 fol.), welche die älteste dänische *Bibelübersetzung* (die 12 ersten historischen Bücher des alten Testaments) enthält, sowie die im Jahre 1488 von *Nicolaus Magni* geschriebene Mariagerer-Handschrift (Cod. Reg. g. s. 1586), geistlichen Inhalts. Endlich seien nur noch aus dem Ende des Jahrhunderts (c. 1485—90) angeführt eine wichtige Sammlung (Cod.

Holm. K 47) romantischer Gedichte und die einzige vollständige Handschrift (Cod. Holm. K 41) der *dänischen Reimchronik*. Erwähnt seien auch die vielen seit 1371 bewahrten, in dänischer Sprache abgefaßten Diplome.

Über Runenhandschriften s. P. G. Thorsen, *Om runernes brug til skrift udenfor det monumentale*, Kph. 1877. Läffler, Sv. landsmålen VI, CII.

Cod. runicus älterer teil hrsgg. photolithographisch von P. G. Thorsen und S. Thorsteinson, Kph. 1877; AM. 24 photolithographisch von P. G. Thorsen, Kph. 1869. AM. 37 von P. G. Thorsen in *Skånske Lov og Eskils skånske Kirkelov*, S. 77 ff., Kph. 1853; Holm. K 48 von M. Kristensen in *Harpestræng*, Kph. 1908 f. C. J. Brandt in *Gammeldansk læsebog*, Kph. 1857, S. 56 ff. und (phototypisch) zwei neuentdeckte Blätter von E. Magnusson in Transactions of The Cambridge Philol. Society V, 3 (London 1902); AM. 455 hrsgg. von P. G. Thorsen, *Valdemars sællandske lov*, Kph. 1852, S. 18—76, 90—3, 110—16. *Eriks sællandske lov*, Kph. 1852, S. 3—133; die flensburgische Handschrift des jütischen Landrechtes hrsgg. von P. G. Thorsen, *Valdemar den andens jydske lov*, Kph. 1853, und diejenige des flensburgischen Stadtrechtes von P. G. Thorsen in *De med jydske lov beslægtede stadsretter*, Kph. 1855, S. 56—114; die Handschrift des «frater K. Yuul» hrsgg. von C. Molbech, *H. Harpestrengs danske lægebog*, Kph. 1826; die Hadorphische Handschr. von Schlyter als *Corpus* etc. IX. p. I und III, Lund 1859; AM. 187 von V. Såby, *Det Arnamagnæanske håndskrift Nr. 187*, Kph. 1886; das schonische Stadtrecht nach Cod. Ledreborg 12 von Schlyter als *Corpus* etc. IX. p. IV; das allgemeine Stadtrecht nach Cod. Ups. von V. A. Secher (und C. Annerstedt) in *Blandinger* udgivne af Universitets-Jubilæets danske samfund, I, Kph. 1881—7, S. 147 ff.; das Vitherlags-Gesetz nach Cod. Rantzovianus von J. L. A. Kolderup-Rosenvinge in *Gamle danske love*, V, Kph. 1827, S. 2 ff., und das schonische Erbbuch nach demselben Cod. von P. G. Thorsen in *Skånske lov*, Kph. 1853, S. 207 ff.; Gesta Danorum nach Cod. Holm. B. 77 von M. Lorenzen in *Gammeldanske krøniker*, Kph. 1887; Holm. K. 46 teilweise von J. Brøndum-Nielsen, *De gamle danske dyrerim*, Kph. 1908, und Brandt, *Gammeld. læseb.*, S. 71—74; die «Grinderslever»-Handschr. teilweise von Brandt, *H. Susos gudelig visdoms bog* (in *Dansk Klosterlæsning* I), Kph. 1858. *Gammeld. læsebog*, S. 149 ff. F. Rønning, *Thomas a Kempis*, Kph. 1885; Holm. K. 31 älterer Teil von Lorenzen, *Mandevilles rejse*, S. 8—204, Kph. 1882; AM. 76 teilweise von Brandt, *Lucidarius*, Kph. 1849. Brandt und Helweg, *Dansk Psalmedigtning*, I, x. II, II. *Kirkehistoriske Samlinger* I, 142. 420. 442; die Börglumer-Hdschr. von Brandt, *Romantisk digtning*, III, Kph. 1877; zwei Drittel der Bibelübersetzung nach Cod. Thott hrsgg. von C. Molbech, *Den ældste danske Bibel-Oversættelse*, Kph. 1828; aus der Mariager-Handschr. einiges hrsgg. von D. K. Dodge in *Publications of the Modern Language Association* N.S. I, 381, Baltimore 1893. Brandt, *Gammeld. læseb.*, S. 228; Holm. K. 47 hrsgg. von Brandt, *Romantisk digtning*, I, Kph. 1869. II, Kph. 1870, S. 3—128; die Handschr. der Reimchronik von H. Nielsen, *Den danske Rimkrønike*, Kph. 1895—1911.

Die Diplome sind vorzugsweise hrsgg. in folgenden Sammlungen: C. Molbech und N. M. Petersen, *Udvalg af danske Diplomer*, Kph. 1842—58. C. F. Wegener (und H. Knudsen), *Diplomatarium Christierni Primi*, Kph. 1856. O. Nielsen, *Københavns Diplomatarium*, I—VIII, Kph. 1872—87. *Gamle jydske tingsvidner*, Kph. 1882. *Harsyssels Diplomatarium*, Kph. 1893. *Dueholms Diplomatarium*, Kph. 1872. *Codex Esromensis*, Kph. 1880—81. C. Nyrop, *Danmarks Gilde- og Lavsskraaer fra Middelalderen*, I, Kph. 1895—1904. K. Erslev, *Testamenter fra Danmarks Middelalder*, Kph. 1901. L. Weibull, *Monumenta Scaniæ historica* I—IV, Malmö 1901—1904. A. Heise, *Diplomatarium Vibergense*, Kph. 1879.

§ 21. Die Sprachform des Altdänischen weicht in vorliterarischer Zeit fast gar nicht von dem Altschwedischen ab. Erst in der ältesten klassischen Literatur (bis c. 1350) kann man einige deutliche, wenn auch nicht sehr bedeutende Unterschiede wahrnehmen, welche schon oben (§ 15) angegeben sind. Zu dem dort Gesagten kann hier passend nachgetragen werden, daß von allen den Eigentümlichkeiten, welche oben (§ 19) als für das Altgutnische charakteristisch angeführt sind, das Altdänische kaum eine einzige mit dem Altgutnischen gemeinsam hat, wie man vielleicht in Betracht der historischen und geographischen Verhältnisse erwarten könnte, sondern in allem genau mit dem eigentlichen Altschwedisch übereinstimmt. Auch später — im Mitteldänischen (c. 1350 bis gegen 1550) — werden die Differenzen nicht besonders groß, zumal da sie gewöhnlich nur dadurch entstehen, daß das Altdänische früher diejenigen Veränderungen durchmacht, welche später auch im Altschwedischen auftreten. So z. B. tritt der Übergang von langem *a* in *å* schon im Anfang des 14. Jahrhunderts auf, wie in *bōthæ* (aisl. *báþer*) 'beide', und demselben Jahrhundert gehören schon auch die in Schweden erst später sich zeigenden Entwicklungen an, wodurch *þ* zu *t* wurde, z. B. *tiūf* statt älteren *þiūf* 'Dieb', *h* vor konsonantischem *i* oder *u* verstummte (außer in dem nördlichen — und größeren — Teile Jütlands), z. B. *vat* statt *hwat* 'was', *iorth* statt *hiorth* 'Herde' (vgl. Schreibungen wie *hiern* statt *iærn* 'Eisen'), und vokalisch auslautende Neutra die Pluralendung *-r* annahmen, z. B. *bīr* statt *bī* 'Bienen'.

Mehrere Spuren einer speziell dänischen Sprachentwicklung kommen jedoch in diesem Jahrhundert vor, wie vor allem der durchgreifende Übergang eines nachvokalischen *k*, *t*, *p* in resp. *g*, *d*, *b*, z. B. *strȳge* statt älteren *strȳkæ* 'streichen', *mad* statt *mat* 'Speise', *grībe* statt *grīpæ* 'greifen', wovon dialektische Spuren schon weit früher anzutreffen sind. Ebenso schon weit früher dialektisch bezeugt, aber erst jetzt allgemein durchgeführt ist der Übergang eines *gh* nach *a*, *ā*, *o*, *ō* (*u*, *ū*), *ȳ* (aus *iū*) in (konsonantisches) *u*, dagegen nach *æ*, *ǣ* (*i*, *ī*) in (konsonantisches) *i* und — infolge dieser Übergänge — seine Verstummung nach *u*, *ū* und *i*, *ī*, z. B. *lau* statt *lagh* 'Gilde', *skōu* statt *skōgh* 'Wald', *flȳwe* st. *flȳghæ* 'fliegen', *væi* st. *vægh* 'Weg', *dūe* st. *dughæ* 'taugen', *sīe* st. *sighiæ* 'sagen'. Ferner mögen erwähnt werden der Übergang von *va* zu *vo* vor einem Guttural, z. B. *voxæ* 'wachsen', *voghæn* 'Wagen', die Verstummung eines auslautenden *đ* nach *r*, z. B. *gār* st. *garth* 'Dorf', *iōr* st. *iorth* 'Erde', und die Assimilation eines (aus nachvokalischem *t* entstandenen) *d* mit folgendem *l* oder *n*, z. B. *nælle* st. *nætlæ* 'Nessel', *van* st. *vatn* 'Wasser'.

Von den Neuerungen des 15. Jahrhunderts ist hervorzuheben, daß *d*, *nd* zu resp. *ll*, *nn* assimiliert werden, z. B. *holle* st. *haldæ* 'halten', *sænne* st. *sændæ* 'senden' (vgl. Schreibungen wie *mand* st. *man* 'Mann'); daß der Dativ *hwem* 'wem' jetzt auch als Nominativ gebraucht wird; und daß die aktive Singularform der Verben häufig, am frühesten im Präsens, die Pluralform vertritt (so bisweilen schon um 1300, besonders im Jütischen, ausnahmslos erst seit gegen 1700; in der Schrift wird die Pluralform sogar noch länger aufbewahrt), während dagegen die passive Pluralform oft, besonders im Präsens, die Singularform ersetzt. Der Wortschatz wird jetzt in überaus hohem Maße von dem Niederdeutschen beeinflußt. Schon früher waren Wörter auf *be-* (z. B. *bedrøve* 'betrüben'), *for-* (z. B. *fordærvæ* 'verderben'), *hēd* (z. B. *kyskhēd* 'Keuschheit'), *-inne* (z. B. *grevinne* 'Gräfin') in die Sprache aufgenommen worden; jetzt treten hinzu die vielen auf *an-* (verhältnismäßig selten), *bī-*, *und-*, *-aktig*, *-bar*, *-else*, *-ēre*, *-erī*, *-ī*, *-isk*, *-ken*, *-ske*, z. B. *anfall* 'Anfall', *bīstændig* 'Beistand leistend', *swigaktig* 'betrügerisch', *tyverī* 'Dieberei', *hysken* 'Häuschen', *krōgherske* 'Krügerfrau' und eine unübersehbare Menge anderer wie z. B. *blīve* 'werden' (eigtl. «bleiben»), *frī* 'frei', *krīg* 'Krieg', *buxer* 'Hosen', *jō* 'ja', *gantze (ganske)* 'ganz'. Auch schwedische Wörter und Formen kommen jetzt ziemlich oft vor, besonders in Schriften, die (wie z. B. die Börglumer-Handschrift) aus den Birgittinerklöstern stammen, wo allmählich eine schwedisch-dänische Mischsprache (die sog. Birgittinersprache) sich ausgebildet hatte.

Der Übergang zum 16. Jahrhundert bringt nicht eben viele lautliche und flexivische Veränderungen mit, wie wenn der Diphthong *iū* in allen Stellungen (außer vor *l*), wo er noch erhalten war, in *ȳ* übergeht (wenn auch in der Schrift *iu* noch gegen 1700 nicht selten auftritt), z. B. *tȳf* st. *thiūf* 'Dieb', *lȳd* st. *liūdh* 'Laut'; oder wenn die 2. Sg. Prät. Ind. der starken Verba sowohl auf *-st* wie *-t* endet, z. B. *laast* neben *laat* 'lagst'. Aber doch ist diese Zeit in der dänischen Sprachentwicklung von durchgreifendem Einfluß, indem jetzt eine allgemeine Literatursprache, eine Reichs-(schrift)sprache allmählich herausgebildet wird und durch den Sieg eines der früheren Dialekte (s. § 22) zu immer allgemeinerer Anwendung kommt. Nachdem das Jütische eine Zeitlang mit dem Seeländischen gekämpft hatte, siegte dieses oder vielmehr eine darauf gebaute, aber sehr archaisierende, offizielle Kanzleisprache gegen die Zeit der Reformation in der Literatur fast vollständig, wozu wohl der Umstand beigetragen haben möchte, daß einige von den ältesten dänischen Druckwerken, die Reimchronik (1495, das älteste von allen und das einzige aus dem 15. Jahrhundert stammende) und die Gedichte des Priesters Michael Nicolai (1496 ff. verfaßt, gedruckt aber erst 1514 und 1515), welche die Sprache in ausgezeichneter Weise behandelten, seeländisch abgefaßt waren. Eine gesprochene Reichssprache — weit überwiegend auf dem Dialekt der Hauptstadt basiert — ist aber erst gegen 1700 zu konstatieren.

Als das erste bedeutende Denkmal des Neudänischen (ndän.) darf mit vollem Recht angesehen werden die von Christiern Pedersen, Peter Palladius u. a. verfertigte Bibelübersetzung, die sog. Christians III. Bibel (1550), welche sich durch eine ungewöhnlich saubere und schöne Sprache auszeichnet und der folgenden Sprachentwicklung im höchsten Grade maßgebend wurde. Das erste profane Werk, welches denselben Ruhm verdient, ist die Vedelsche Übersetzung von Saxo (1575). Die folgende Zeit bis um 1750 hat nur wenige Arbeiten (wie diejenigen K. Lyschanders, † 1623, und Birgitte Thotts Übersetzung von Seneca 1658) aufzuweisen, die ein wirklich gutes Dänisch bieten. Doch muß als geradezu klassisch das sog. Christians V. dänische Gesetz (1683) hervorgehoben werden. Sonst hat die Literatur infolge des Humanismus im allgemeinen ein lateinisch-deutsch-französisches Gepräge. Fast alle Gelehrten des 16. und 17. Jahrhunderts schreiben ihre Werke in lateinischer Abfassung, was natürlich eine Menge lateinischer Wörter in die höhere Sprache hineinführt. Ebenso nimmt die Aufnahme deutscher Wörter eher zu als ab, besonders weil schon seit der Reformation die allgemeine Schriftsprache

Schleswigs deutsch geworden ist. Und jetzt sind diese deutschen Lehnwörter nicht nur nieder-, sondern auch hochdeutsch, was um so erklärlicher ist, als in der zweiten Hälfte des 17. Jahrhunderts Hochdeutsch die offizielle und Hofsprache war; daher auch die hochdeutschen Lehnwörter vorzugsweise dem 17. Jahrhundert gehören, wie die meisten auf *er-* und *ge-*, z. B. *erfare* 'erfahren', *gesvindig* 'geschwind'. Erst später kam das Französische dazu, eine ähnliche Rolle zu spielen. Auch bei dem (von einigen Norvagismen abgesehen) größten Sprachkünstler dieser Zeit, Holberg, der die ältere neudänische Sprachperiode abschließt, tritt dies ausländische Gepräge scharf hervor.

Indessen beginnt um 1750 eine neue Zeit, die gegen den Sprachgebrauch jener reagiert und puristischen Tendenzen huldigt oder wenigstens bemüht ist, die Sprache mit — oft nach deutschem Muster — neugeschaffenen Wörtern zu bereichern, wie z. B. *omkreds* 'Umkreis', *selvstændighed* 'Selbständigkeit', *digter* 'Dichter', *val(g)sprog* 'Wahlspruch'. Die hervorragendsten Vertreter dieser Richtung waren Eilschow (De scientiis vernacula lingva docendis 1747) und noch mehr — an der Spitze der 'Soraner' (Gelehrten der Sorøer-Akademie) — Sneedorff mit seiner Zeitschrift 'Den patriotiske Tilskuer' 1761 bis 1763. Seit deren Zeit, darf man wohl sagen, hat das Dänische im wesentlichen sein jetziges Aussehen. Als wichtigere Punkte, in denen dies jüngere Neudänisch sich von der Sprachform des Reformationszeitalters scheidet, mögen aus der Flexionslehre, wo die Neuerungen am bemerkbarsten sind, angeführt werden: die (schon im 16. Jahrh. auftauchende) Kürzung der Substantiva auf *-ere*, z. B. *dommer* st. *dommere* 'Richter'; die Aufnahme (besonders seit 1700) der Pluralendung *-e* bei vielen Neutren, z. B. *huse* st. *hus* 'Häuser'; die (schon vor 1700 abgeschlossene) Durchführung desselben Prinzips für die Flexion der Substantiva mit suffigiertem Artikel wie im Neuschwedischen (s. oben § 17, S. 45), z. B. Gen. Sg. *barnets* st. *barnsens* 'des Kindes'; die Entstehung eines Genus reale (sporadisch schon im 16. Jahrh. vorkommend, allgemein seit ca. 1650), diejenigen alten Maskuline und Feminine umfassend, welche nicht persönliche Wesen bezeichnen; die Einführung des maskulinen und femininen *n* vor *t* im Neutrum der Adjektiva auf *-en*, z. B. *uldent* st. *uldet* 'wollenes' (sporadisch so schon im 17. Jahrh.); die Annahme der Präsensendung *-er* auch bei Verben, deren Stamm auf *l*, *n*, *r*, *s* endet, z. B. *skiller*, *skinner*, *bærer*, *blæser* st. *skil* 'scheidet', *skin* 'leuchtet', *bær* 'trägt', *blæs* 'weht'; das Aufgeben der Endung *-t*, *-st* in der 2. Sg. Prät. Ind. der starken Verba, z. B. *kan* st. *kant* 'kannst', *gav* st. *gafst* 'gabst'; der Schwund des auslautenden *-e* in der 2. Sg. Imperat. der ersten schwachen Konjugation, z. B. *kald* st. *kalde* 'nenne'; die Ersetzung des Prät. Konj. durch den Indikativ, z. B. *var* st. *vaare* 'wäre'; die Verschleppung eines präsentischen *j* durch das ganze Thema eines starken Verbs, z. B. Prät. *stjal*, Part. Prät. *stjaalen* st. *stal, staalen* zu *stjæle* 'stehlen'; der Zusatz eines präteritalen *-de* zu dem Präteritum derjenigen schwachen Verba, deren Stamm auf *-t* auslautet, z. B. *mistede* st. *miste* 'verlor'; der Austausch der präteritalen *d* gegen *t* in denjenigen Verben, deren Stamm auf *d, l, n, r* auslautet, z. B. *fødte, brændte, sol(g)te, spur(g)te* st. *fødde* 'gebar', *brænde* 'brannte', *solde* 'verkaufte', *spurde* 'fragte'. Der Wortschatz ist in dieser Periode auch dadurch vielfach bereichert worden, daß man Wörter aufgenommen hat teils (besonders früher) aus den altnordischen Sprachen (so z. B. Ewald, † 1781, und Oehlenschläger), teils und vorzugsweise (besonders in unseren Tagen) aus den jetzigen dänischen Dialekten (so z. B. N. F. S. Grundtvig, Blicher, Schandorph, Drachmann, H. Pontoppidan, J. V. Jensen u. a.). Endlich mögen als stilistisch einflußreiche Schriftsteller des 19. Jahrhunderts besonders hervorgehoben werden H. C. Andersen, S. Kierkegaard und J. P. Jacobsen.

V. Dahlerup, *Det danske Sprogs Historie*, Kph. 1896. *Flensborghåndskriftet af jyske lov* (Nord. tidskr. f. fil. III R. 17 B., S. 37 ff.). Wimmer in Germania, N. R. XIX, 357 ff. (sehr kurze Übersicht). *Navneordenes böjning i ældre dansk*, Kph. 1868. P. K. Thorsen in Kort udsigt over det phil.-hist. samfund etc., 1885—7, S. 127 ff., ib. 1910, S. 144. *Mindre avhandlinger* udg. af det phil. hist. samfund, Kph. 1887, S. 99 ff. L. Jacobsen, *Studier til det danske Rigssprogs Historie*, Kph. 1910. *Grundlaget for det danske Rigssprog* (in Danske Studier 1910, S. 208 ff.). H. Falk und A. Torp, *Dansk-norskens lydhistorie*, Kra. 1898. *Dansk-norskens syntax*, Kra. 1900. H. Bertelsen, *Dansk sproghistorisk Læsebog* I, Kph. 1905, S. 85 ff., 158 ff. Molbech, *Sprogskildring af de danske Bibeloversættelser fra 16. Aarhundrede*, Kph. 1840. Jessen, Tidskr. f. Phil. V, 197 ff. Aarb. f. nord. Oldk. 1866, S. 133 ff. 1867, S. 371 ff. Såby, Aarb. f. nord. Oldk. 1872, S. 197 ff. Blandinger I, 1 ff. *Det arnamagnæanske håndskrift nr. 187 i oktav*, Kph. 1886, S. XI ff. K. J. Lyngby, *Udsagnsordenes böjning i jyske lov*, Kph. 1863. Tidskr. f. Phil. V, 77 ff. O. Nielsen, *Gamle jydske tingsvidner*, Kph. 1882 (Einleitung). Blandinger I, 70. 168. 227. 326. II, 17. Machule, *Die lautlichen Verhältnisse und die verbale Flexion des schonischen Land- und Kirchenrechtes*, Halle 1885. L. Boysen, *Der Vokalismus des Jydske Lov*, Flensburg 1906. M. Kristensen, Arkiv f. nord. fil. XXV, 119 ff., *Fremmedordene i det ældste danske skriftsprog*, Kph. 1906. C. Holst, *Studier over middel-*

nedertyske laaneord i dansk, Kra. 1903. J. Brøndum-Nielsen, *De gamle danske dyrerim*, Kph. 1908, S. IV ff. G. Lund, *Bidrag til dansk sproghistorie* I. (in Aalborg Skoles Program 1865). Kock, *Studier öfver fornsvensk ljudlära* II, Lund 1886, S. 464 ff. Arkiv f. nord. fil. IV, 181 ff. V, 66 ff. Kock und Petersens, *Östnordiska och latinska medeltidsordspråk* I, 7, Kph. 1889—94. Petersen, *Det danske, norske og svenske Sprogs Historie*, I, Kph. 1829 (wesentlich veraltet). J. H. Bredsdorff in Blandinger fra Sorøe, I, 77 ff. J. Høysgaard, *Accentueret og raisonneret grammatica*, Kph. 1747.

Über das jetzige Neudänisch s. besonders K. Mikkelsen, *Dansk Sproglære*, Kph. 1894 (dazu vgl. F. Dyrlund in Arkiv f. nord. fil. XI, 180). *Dansk ordföjningslære*, Kph. 1911.

§ 22. Die Dialektunterschiede sind in der altdänischen Literatur auffallend deutlich ausgeprägt, um so mehr, je älter die Denkmäler sind. Man unterscheidet leicht drei Hauptdialekte: das Schonische in Schonen, (dem südlichen) Halland, Blekinge (das doch eine Mittelstellung zwischen dem Dänischen und Schwedischen einnimmt) und auf der Insel Bornholm, vertreten z. B. durch Cod. Runicus, die Hadorphische Handschrift, Cod. Ledreborg 12 und Jepp Swales Cod. Rantzovianus (s. § 20); das Seeländische auf den Inseln (mit Ausnahme von Bornholm, Læsö, Anholt, Samsö, Als und den Inseln an der westlichen Küste Jütlands), vertreten z. B. durch das in Johannes Jutæs Handschr. enthaltene Kirchen- und (jüngere) Landrecht, Kanutus Yuuls und Per Reff Lylles Handschriften sowie Cod. Holm. K 46 und die Reimchronik (s. § 20); und das Jütische in Jütland (mit den Inseln Læsø, Anholt und Samsö) und Schleswig (mit Als), vertreten z. B. durch Cod. Holm. K 48, die Flensburger Handschriften des jütischen Landrechtes und des flensburgischen Stadtrechtes, die Grinderslever-Handschr. und die altdänische Bibelübersetzung (s. § 20). In dem schärfsten Gegensatze zu einander stehen, wie man nach den geographischen und ethnographischen Verhältnissen erwarten könnte, das Schonische und das Jütische, während das Seeländische in fast allen Punkten entweder ganz mit jenem oder diesem übereinstimmt, oder auch zwischen beiden vermittelnd dasteht. Die wichtigsten Unterschiede sind die folgenden:

1) Schonisch sind die unbetonten Endungs- und Ableitungsvokale *a*, *i*, *u* im allgemeinen noch aus einander gehalten, aber werden — wenigstens in einigen Denkmälern — durch eine gewisse Vokalharmonie (vgl. das Altnorwegische und das västgötische Altschwedisch) in der Art verändert, daß (z. B. in der Hadorphischen Handschrift) *a* zu *æ* wird, wenn die vorhergehende Silbe

y̌, *æ* (aber nicht *iæ*, weil aus *ia*) oder *ǿ* enthält, ebenso (z. B. in Cod. Runicus, AM. 37 und der Hadorphischen Handschrift) *i* zu *e* nach *ǎ*, *ě*, *ǒ*, *ǽ* (jedoch nicht wenn = aisl. *é*), *ø̌*, und *u* (außer vor *m*) zu *o* nach *ǎ*, *ǒ*, *ǒ*. Dagegen im Seeländischen und Jütischen sind alle drei Vokale (außer *u* vor *m* und bisweilen *i* nach *k* und *g*) in *æ* zusammengefallen, wiewohl bei Johannes Jutæ noch die einstige Vokalharmonie betreffs *i* : *e* und *u* : *o* viele Spuren hinterlassen hat. Hiezu kommt, daß im Jütischen (besonders im flensburgischen Stadtrecht) und zum Teil im Seeländischen der Ultimavokal synkopiert wird in drei- und mehrsilbigen Wörtern wie auch in solchen zweisilbigen, die besonders oft ohne Satzakzent vorkommen. Z. B. schon. *kalla* 'nennen', *ællær* 'entweder', *uppi* 'oben', *faþer* 'Vater', Acc. Sg. *faþur* 'Vater', *mōþor* 'Mutter', *livande* 'lebend', *kallaþe* 'nannte', *hānum* 'ihm': jüt. *kallæ*, *uppæ*, *fathær*, *mōthær*, *livænd*, *kallæth*, *ham*, *æth* (aisl. *eþa*) 'oder'.

2) Schon. (und gewöhnlich Seel.) Brechung in einigen Wörtern, die im Jütischen ungebrochenen Vokal zeigen, z. B. schon. *stiælæ* 'stehlen', *iæk* 'ich', *siǽtte* 'sechste' : jüt. *stælæ*, *æk*, *sǽtæ*.

3) Schon. *u* in der Wurzelsilbe vieler Wörter, die im Jüt. *o* aufweisen, z. B. schon. *buþ* 'Gebot', *muld* 'Erde', *flughin* 'geflogen' : jüt. *both*, *mold*, *floghæn*. Das Seeländische schwankt.

4) Schon. *ē* wird jüt. (außer im Süden) und überwiegend seel. zu *ie*, z. B. schon. *bēn* 'Bein' : jüt. *bien*.

5) *k*, *t*, *p* nach Vokalen gehen zwar auch im Schon. bald wie im sonstigen Altdänisch in resp. *g*, *d*, *b* über, aber diese Laute bleiben dann und werden nicht wie in den übrigen Dialekten zu resp. *ʒ*, *đ*, *ƀ*. Z. B. schon. *mikit* (*meget*) 'viel', *loter* (*lødder*) 'Teile', *dræpæ* (*dræbæ*) 'töten' : seel. *meghæt*, *lothæ*, *drævæ*.

6) Altes *gh* nach *ø* geht im Schon. und zum Teil Seel. in konsonantisches *i*, im Jüt. (außer im Süden) dagegen in konsonantisches *u* über, z. B. schon. *høi* 'hoch', *øie* 'Auge', *høiræ* 'recht' (dexter) : jüt. *høu*, *øue*, *høuræ*.

7) Schon. und Seel. geht konsonantisches *u*, außer nach anlautenden Konsonanten und anlautend vor *r* (später mit wenigen Ausnahmen auch in diesen Stellungen), in *v* über, im Jüt. aber bleibt es (außer im Süden) wahrscheinlich zunächst (am zähesten im nördlichen Jütland) in allen Stellungen, z. B. seel. zwar *swā* 'so', *twā* 'zwei', *wrīthæ* 'drehen' (wie im Jüt.), aber *vatn* 'Wasser', *vī* 'wir', *muldvarp* 'Maulwurf'.

8) Schon. sehr oft (und bisweilen seel.) wird in die Gruppen

ml, *mr* ein *b*, in die Gruppen *llr*, *nnr* ein *d* eingeschoben, was im Jüt. nicht der Fall ist, z. B. schon. *gamble* 'der Alte', *kumbær* 'kommt', *faldær* 'fällt', *brændær* 'brennt': jüt. *gamlæ*, *kumær*, *fællær*, *brænnær*.

9) Der Dativ ist im Schon. noch ein lebendiger Kasus, im Seel. selten, im Jüt. nur als ein überaus seltener Archaismus bewahrt.

10) Nom. Acc. Sg. Ntr. der starken Part. Prät. haben im Schon. immer, im Seel. gewöhnlich die Endung *-t*, die im Jüt. oft fehlt, z. B. seel. *skrivæt*: jüt. *skrivæn* 'geschrieben'. Wenn aber das Jüt. bei Verben, deren Wurzelsilbe auf Dental endet, die mit dem *-t* versehene Form hat, so ist diese durch Synkopierung des Ultimavokals einsilbig geworden, z. B. *æt* 'gegessen', *brot* 'gebrochen' gegen schon. *ætit*, *brutit*.

11) Konsonantisches *i* einer Ableitungssilbe bleibt im Schon., schwankt im Seel., schwindet gewöhnlich im Jüt. (wenn nicht es infolge der Synkope des Ultimavokales, s. oben 1, sonantisch geworden ist), z. B. schon. *sitia* 'sitzen', *kirkia* 'Kirche' : jüt. *sitæ*, *kirkæ* (*kirki*).

12) Im Sg. Präs. Ind. der starken Verba ist der alte *i*-Umlaut der Wurzelsilbe im Schon. fast ganz geschwunden, im Seel. schwankend, im Jüt. sehr häufig erhalten (besonders im Süden), z. B. schon. *far* 'fährt', *får* 'empfängt', *draghær* 'zieht', *haldær* 'hält' : jüt. *fær*, *fǣr*, *dræghær*, *hældær*.

13) Viele Unterschiede in betreff einzelner Wörter wie Acc. Sg. schon. (gewöhnlich) *hana*, seel. (gewöhnlich) und jüt. *hænnæ* 'sie'; Pron. relat. schon. *ær* : seel. *ær* oder *thær* : jüt. *thær* 'welcher'; Konjunktion schon. und seel. *sum* : jüt. *sum* oder *ænzæ* 'wie'; Prät. Ind. schon. *fik* : seel. *fik* oder *fæk* : jüt. *fæk* 'empfing'; schon. *ātær* (selten *aftær*) : seel. *ātær* oder *aftær* : jüt. *aftær* 'zurück'; schon. *um* (selten *æf*) : seel. *um* oder *of* (*af*) : jüt. *of* (*af*) 'wenn'; schon. *uæl* : seel. *wæl* und *wal* : jüt. gewöhnlich *wal* 'wohl'; schon. oft *vara* : seel. *væræ* und *varæ* : jüt. *væræ* 'sein'; schon. *sighia* : seel. *sighiæ* und *sæghiæ* : jüt. gewöhnlich *sæghæ* 'sagen'.

Von kleineren Mundarten innerhalb dieser Hauptdialekte sei hier nur erwähnt die Inselmundart (von Møn, Ærø, Lolland oder dem südlichen Seeland), welche durch Olavus Jacobi (s. § 20) vertreten ist und sich z. B. durch folgende Eigentümlichkeiten auszeichnet: aus Vokal + *n* wird vor *d* und *g* Nasalvokal, z. B. *kudæ* 'konnte', *magæ* 'viele'; *væ* geht in *vo* über, z. B. *vovæ* 'weben';

zwischen *r* und *k* tritt ein svarabhaktisches *a* ein, z. B. *marak* 'Boden'; *s*, *sk*, *st* + konsonantisches *i* sowie *sk* vor einem palatalen Vokal verschmelzen zu einem *sch*-Laute, z. B. *siælden* (auch *skelden, skielden* geschrieben) 'selten'; *hwilken* 'welcher' wird zu *hwikken* u. a. m.

Vgl. die zu § 21 zitierte Literatur sowie Lorenzen, *Mandevilles rejse*, Kph. 1882, S. LII ff.

Über die neudän. Dialekte s. die kurze Übersicht bei Dahlerup, *Det danske sprogs Historie*, S. 140 ff., und ausführlich V. Bennike und M. Kristensen, *Kort over de danske folkemål med forklaringer*, Kph. 1898—1912. Kristensen, *Nydansk*, Kph. 1906. Nord. tidsskr. f. fil. 3. række, XVII, 98 ff. Bennike, *Oversigt over de danske landskabsmål* in Festskrift til H. F. Feilberg 1911, S. 128 ff.

§ 23. Gewissermaßen als ein neudänischer Dialekt ist die neunorwegische Reichssprache zu betrachten. Schon oben (§ 13) ist erwähnt worden, daß um die Zeit der Reformation — besonders seit der Einverleibung Norwegens in die dänische Monarchie (1537) — das Dänische auch in Norwegen die Sprache der Literatur und die Umgangssprache der Gebildeten wurde. Zwar ist es unleugbar, daß viele Verfasser der folgenden Zeit eine ziemlich stark norwegisch gefärbte Sprache schrieben, wie z. B. Absalon Pedersen († 1574), der tüchtige Prosaist Peder Claussøn Friis († 1614) und der volkstümliche Dichter Peter Dass († 1708). Auch bei mehreren Dichtern des 18. Jahrhs. wie Holberg und noch mehr Wessel u. a. kommen zahlreiche Norvagismen vor, und solche werden von L. Hallager in seinem Wörterbuche *Norsk Ordsamling* 1802 ausdrücklich empfohlen. Aber erst seit Norwegen im Jahre 1814 wieder zu politischer Selbständigkeit gekommen ist, tritt das sog. Dänisch-Norwegische deutlich hervor als eine sich immer selbständiger entwickelnde Abzweigung der dänischen Reichssprache. Die ersten Träger dieser neuen Sprache sind der Volkslebensschilderer M. Hansen († 1842), die Dichter Wergeland († 1845) und Welhaven († 1873), vor allem aber die Märchenerzähler P. C. Asbjørnsen († 1885) und J. Moe († 1882). In unseren Tagen ist sie weiter ausgebildet worden, besonders durch die großen Dichter Ibsen († 1906) und Björnson († 1910), den Novellisten J. Lie († 1908) sowie den Grammatiker K. Knudsen († 1895), und es ist mit vollem Recht gesagt worden, daß sie in den Arbeiten Ibsens ihre Klassizität erreicht hat. Diese Sprache weicht vom Dänischen zunächst durch ihren Wortschatz ab, indem sie aus den norwegischen Mundarten etwa 7000 (oder mehr) Wörter aufgenommen hat. Überaus groß ist auch der Unterschied betreffs der Aussprache, indem z. B. altes *k*, *p*, *t* im allgemeinen erhalten ist (norw. *bak* 'hinten', *løpe* 'laufen', *liten* 'klein' gegen dän. *bag*, *løbe*, *liden*), *g* und *k* vor palatalen Vokalen spirantisch geworden sind (*give* 'geben', *kær* 'lieb' mit *j*-, resp. 'ich-Laut' gesprochen), das apikal (nicht wie im Dän. faukal) gebildete *r* mit folgenden Dentalen zu alveolaren oder kakuminalen Lauten zusammenschmilzt, die beiden uralten Arten des musikalischen Wortakzentes erhalten sind u. a. m.; wiewohl diese Unterschiede meistens durch die den beiden Sprachen bis vor wenigen Jahren — vor der im J. 1907 vorgenommenen, aber unzureichenden, orthographischen Reform — gemeinsame Orthographie dem Leser verborgen bleiben. Weit weniger abweichend gestalten sich die Flexion und die Syntax, wenn auch hier ebenfalls große Verschiedenheit herrscht, z. B. Pluralbildungen wie norw. *hester* (dän. *heste*) 'Pferde', Präteritiformen wie *elsket* 'liebte', *lofte* 'versprach', *trodde* 'glaubte' (: *elskede*, *lovede*, *troede*) oder Konstruktionen wie *den store manden* (: *den store Mand*) mit sowohl post- wie präpositivem Artikel.

Dahlerup, *Det danske Sprogs Historie*, S. 71 f., 80 ff. H. Falk und A. Torp, *Dansk-norskens syntax*, S. XVI ff., *Dansk-norskens lydhistorie*, Kra. 1898. M. Hægstad, *Norsk maalsoga*, 2. Aufl., Oslo 1907, S. 32 ff. I. Alnæs, *Norsk uttale-ordbok*, Kra. 1910, S. V—XLVII. Listov, *Ordsamling fra den norske æstetiske literatur*, Kph. 1866. R. Geete in Ny svensk tidskrift 1881, S. 162. 199. Lundell in Nordisk tidskrift 1882, S. 469. J. Storm ib. 1878, S. 526. *Ibsen og det norske Sprog* in Henrik Ibsen, Festskrift, Bergen 1898, S. 147 ff. J. C. Poestion, *Lehrbuch der Norwegischen Sprache*, 2. Aufl., Wien 1900. P. Groth, *A danish and dano-norwegian grammar*, Boston 1894. A. B. Larsen, *Kristiania bymål*, Kra. 1907. Larsen und G. Stoltz, *Bergens bymål*, Kra. 1911 f.

Mittlerweile machten sich um die Mitte des 19. Jahrh:s noch weit länger gehende Ansprüche auf eine selbständige norwegische Sprache bei den Norwegern geltend. Durch das Studium der neunorwegischen Dialekte und deren Muttersprache, des Altnorwegischen, wurde der hervorragende Sprachforscher I. Aasen († 1896) auf den kühnen Gedanken gebracht mit Benutzung beider dieser Quellen und auf der Grundlage seiner Heimatsmundart, des Søndmører-Dialektes (im westlichen Norwegen), eine 'norwegisch-norwegische' — wie die Gegner sich ausdrückten — Sprache zu schaffen. Dieses ist das vom Urheber sog. Landsmål, d. h. Landessprache. Proben dieser neuen Sprache publizierte er im Jahre 1853, und seit dieser Zeit ist eine zum Teil sehr wertvolle, wenn auch nicht sehr umfangreiche Literatur in dem nirgends autochthonen Landsmål entstanden, dank einiger ausgezeichneter Schriftsteller — wie Aasen, die Dichter A. O. Vinje († 1870) und K. Janson, die Romanverfasser A. Garborg, J. Tvedt u. a. — der Zeitung Fedraheimen (seit 1877) und der eifrigen Propaganda des im J. 1868 gestifteten Vereins 'Det norske Samlag'. Jedoch ist es schon früh in mehrere Varietäten, die sich den lebenden Mundarten mehr oder weniger nähern, gespalten worden. Besonders stark weicht von der Aasenschen Form die nach der Drontheimer Mundart umgemodelte der Gebrüder Høyem ab. Inzwischen ist im J. 1885 das Aasensche Landsmål für kirchliche und unterrichtliche Zwecke mit dem Dänisch-Norwegischen offiziell gleichgestellt worden, und im J. 1901 ist ihm eine offiziell geregelte feste Orthographie, die der pädagogischen Literatur obligatorisch ist, zuteil geworden.

Über das Landsmål s. besonders J. Storm, Nordisk tidskrift 1878, S. 407. 526. *Det nynorske landsmaal*, Kph. 1888. Lundell in Nordisk Familjebok, Ny uppl. XV, 1040 ff. H. Koht, *Det norske maalstrævs historie*, Kra. 1898. I. Aasen, *Norsk Grammatik*, Chra. 1864.

Auch auf den Färöern hat man in der letzten Zeit, durch V. U. Hammershaimb, J. Jakobsen u. a. angeregt, angefangen die heimatliche Mundart als Literatursprache, die sich einer im J. 1895 durch eine Kommission festgestellten Orthographie bedient, zu verwenden, so daß schon einige Zeitschriften u. a. in dieser Sprache erscheinen.

Über die jetzige färöische Schriftsprache s. J. Jakobsen, *Færøske folkesagn og æventyr*, Kph. 1898—1901, S. XLI ff.

Nachdem wir also im Vorhergehenden einen Überblick über die gesamte Sprachentwickelung des Nordens gewonnen haben, gehen wir jetzt dazu über, die Geschichte der Laute und Flexionsformen mehr ins einzelne zu verfolgen.

II. GESCHICHTE DER LAUTE.

1. URNORDISCHE UND GEMEINNORDISCHE LAUTENTWICKLUNG BIS ZUM ENDE DER VIKINGERZEIT.

A. DIE SONANTEN.

§ 24. Das Urnordische übernahm aus urgermanischer Zeit folgende Sonanten. Kurze: *a*, *e*, *i*, *o*, *u*. Lange: *ā*, *ǣ*, *ē*, *ī*, *ō*, *ū*. Diphthonge: (fallende) *ai*, *au*, *eu*; (steigende) *wǎ*, *wǣ*, *wě*, *wǐ*. Diese Vokale konnten nach Umständen sowohl nasaliert als rein oral gesprochen werden. Jenes war der Fall, wenn ein nasaler

Konsonant dem Vokal unmittelbar nachfolgte oder doch in urgermanischer Zeit nachgefolgt war; *ā* scheint immer nasaliert gewesen zu sein und zwar aus letztgenanntem Grunde. In betreff des expiratorischen Akzents konnten die Vokale entweder haupttonig, stark nebentonig, schwach nebentonig oder unbetont sein. Im folgenden fassen wir die haupttonigen und stark nebentonigen Vokale als starktonig, die andern als schwachtonig zusammen.

Über die nasalierten Vokale s. Noreen, Arkiv f. nord. fil. III, 1 ff., 36 ff. Kock, ib. XVII, 179 f., 185 ff.

1. Qualitative Veränderungen.

§ 25. *a* wird in haupt- und nebentonigen Silben im allgemeinen als *a* erhalten, z. B. urnord. *Ðaȝaʀ* (got. *dags*), aisl., anorw., agutn. *dagr*, aschw. *dagher*, adän. *dagh* 'Tag'. Schon vor der Vikingerzeit beginnt es jedoch in starktoniger Silbe umgelautet zu werden, durch *i*- und *j*-Umlaut zu *æ*, z. B. urnord. -*ȝastiʀ*, gegen 700 *ȝæstʀ* (Dat. Plur. *ȝestumʀ* Stentofta), aisl., agutn. *gestr*, anorw. *gæstr*, aschw. *gæster*, adän. *gæst* 'Gast'; aisl., agutn. *temia*, aschw., adän. *tæmia* (got. *tamjan*) 'zähmen' (s. weiter § 6, 3, 14, 17); etwas später durch *u*- und *w*-Umlaut zu *ǫ* — im On. aber im allgemeinen nicht (außer vielleicht vor Velaren und dentalem *l*) wenn *u* (*w*) erhalten ist — z. B. Acc. Sg. urnord. *maȝu*, aisl., anorw. *mǫg* 'Sohn'; wn. *hǫgg*, on. *hog* (*hug* s. § 142, b) aus **haggwa* 'Hieb, Schlag' (s. weiter § 6, 15); wn. *sǫþoll*, aber on. *saþul* 'Sattel'. Über die Weiterentwicklung dieser *æ* und *ǫ* s. § 26 und § 27.

§ 26. *æ* (s. § 25) wird im allgemeinen erhalten, aber durch *u*- und *w*-Umlaut zu *ø*, z. B. wn., on. *øx* aus **ækusi*, **akwisi* (got. *aqizi*) 'Axt', wn. *sløkkua* (on. *sløkkia* neben *slækkia*) 'löschen' aus **slakwian*. — Schwachtonig wird *æ* zu *e* und ferner zu *i* (vgl. § 93, d), z. B. wn. *gørseme*, -*sime* (aschw. -*sæme*, -*sam*) 'Kleinod', wn. *heilende*, -*inde* (ags. *hálwende*) 'Gesundheit', *aþile* 'Hauptmann einer Rechtssache' zu *aþal* 'Wesen', *Erlendr*, -*indr* (aschw. *Ærlander*) ein Mannsname, mnorw. *Askill* und aschw. *Æskil* aus -*kell* < -*kætill* ein Mannsname; on., anorw. *unningi*, wn. *væringe*, *foringe* s. § 85, 10, a).

Bugge, Arkiv f. nord. fil. II, 224. Falk, PBB. XIV, 50, Hultman, *Hälsingelagen* I, 174.

§ 27. *ǫ* (s. § 25) wird in starktoniger Silbe erhalten, außer wo es durch *i*-Umlaut zu *ø* wird, z. B. aisl. *øþle* (aus **ǫdli*, **adulia*) 'Beschaffenheit', anorw., aschw. *ørtogh* (aus **ǫrti-togh*, **aruti*-, ahd. *aruzzi* 'erz') '$^1/_{24}$ Mark'. Wenn aber eine starktonige Silbe vor dem *ǫ* ein postkonsonantisches *w* hat und in der folgenden Silbe ein erhaltenes *u* oder *w* steht, oder wenn die Silbe im Lauf der Sprachentwicklung schwachtonig wird, geht *ǫ* in *u* (*o*) über, z. B. wn. *horuetna*, agutn. *hurvitna* neben dem nach *huar* 'wo' aufgefrischtem *huar-*, *huǫrvetna* 'wo auch immer'; wn., on. *forþom* aus **for þǫm* (got. *faúr þamma*) 'ehedem'; aisl. *Niþoþr* (ags. *Nidhad*) zu *hǫþr* 'Krieg'; Nom. Sg. Fem. und Nom., Acc. Plur. Ntr. wn. *nǫkkor*, aschw. *nākor* aus **ne-wait-*[*e*]*k-hwarju* 'irgend welche' (ursprünglich 'nicht weiß ich welche'). Wo die Betonung schwankt, enstehen Doppelformen, z. B. aisl. *verǫld*, aber on. *væruld* aus **wer-aldu* 'Welt'.

§ 28. *e* wird in starktoniger Silbe ziemlich selten als *e* erhalten, z. B. wn. *vefa*, on. *væva* (aus **weban*) 'weben', weil es sowohl durch ein *i* (*j*) wie (außer nach *w*, *r*, *l* — s. weiter unten S. 70 — zum Teil auch *n* und vor intersonantischem *h*, welches mit Ersatzdehnung schwindet) durch ein *a* oder *u* (*w*) der folgenden Silbe umgelautet oder, wie es in den beiden letzten Fällen gewöhnlich heißt, «gebrochen» wird. Es wird also folgendermaßen verändert:

a) Durch *i*-Umlaut zu *i* schon gegen 600 vor geschwundenem *i* einer Endsilbe (aber nicht einer Binnensilbe), z. B. 2. Sg. Imper. *birȝ* (Opedal) 'birg', Vok. Sg. *Alawin* (Brakteat von Skodborg) ein Mannsname, zusammengesetzt mit aisl. *vinr*, aschw. *vin* (lat. *Venus*) 'Freund' (aber noch nicht vor erhaltenem *i*, z. B. Järsberg *Erilaʀ* ein Mannsname, vgl. air. *erell* 'Jarl'); später auch vor erhaltenem *i* (*j*), z. B. wn. *huirfell*, on. *hwirvil* 'Wirbel' zu *huerfa*, *hwærva* 'sich wenden', wn., on. *vilia* (lat. *velle*) 'wollen'. — Durch *u*- (*w*-)Umlaut wird dies *i* nach § 29, c zu *y*, z. B. wn. *fyrþar* (aus **firhwiđōʀ* zu got. *fairlvus*) 'Menschen'.

Bugge, Arkiv f. nord. fil. VIII, 9. Kock, PBB. XXVII, 166 ff.

b) Durch *a*-Umlaut — im Westnordischen jedoch nicht in kurzer Silbe vor synkopiertem *a* — zu *ea*, woraus später *ia*, z. B. urnord. *Helđaʀ*, aisl. *Hialdr* ein Mannsname (*hialdr* 'Kampf'); urnord. *eka*, on. *iak*, aber wn. *ek* 'ich'; wn., on. *hialpa* 'helfen'; wn. *iaþarr*, aber Dat. *eþre* noch bei þióþolfr (später analogisch *iaþre*), 'Rand'. Durch Ausgleichung kann *ia* von *e* verdrängt werden und umgekehrt, z. B. wn. *berg*, on. *bærgh* neben *biarg*, resp. *biargh* wegen Dat. *berge*, *bærghe* neben anal. *biarge*, *biarghe* 'Berg'.

Hesselman, *Västnordiska studier* I, Upps. 1912.

c) Durch *u*- und *w*-Umlaut zunächst zu *ea*, woraus später *ia*, das dann — im On. und (Ost)norw. aber vor erhaltenem sonantischen *u* nur wenn dem *ia* ein *g*, *k* oder ʒ unmittelbar folgt — sich weiter zu *iǫ* (das jedoch auffallenderweise auch wn. *io* geschrieben wird) und zuletzt wenigstens on. und (ost)norw. zu *io* entwickelt, um schließlich on. und (ost)norw. vor *g*, *k*, ʒ + *u* (und wohl auch vor einem *i* der folgenden Silbe) zu *iu* werden.

Diese Brechung ist vielleicht schon aus dem 7. Jahrh. belegt durch Istaby *HAeru*-, wenn dies für *HeAru*- (aisl. *hior*-, got. *hairu*- 'Schwert') verschrieben ist; sonst erst aus dem 9. Jahrh. durch Rök *fiaru* (? wn., on. *fior* 'Leben' zu got. *fairlvus*) und *fiakur*-, (wn. *fiogor*, aschw. *fiughur*, adän. *fiughær*) aus **feđur*- (got. *fidur*-) 'vier'. Spätere Beispiele: wn. *ioforr* 'Fürst' (urspr. 'Eber'), aschw. *Iavur* als Mannsname; wn., aschw. *miolk* aus **meluk* (got. *miluks*) 'Milch'; anorw. *þiokkr* neben *þiukkr* (nach *þiukkum* u. a.), aschw. *þiokker* (*þiukker*) aus **þekkw*- 'dick'. — Durch *i*-Umlaut werden *ia*, *io*, *iu* zu resp. *æ*, *ø*, *y*, z. B. aisl. *Erlengr*, anorw. *Ærlingr* zu *iarl* 'Jarl' aus **iarull* < **erull* (Pl. latinisiert *Eruli* als Völkername), statt urspr. **erill* (urnord. *Erilaʀ*), nach den synkopierenden Kasus; 3. Sg. Prät. Konj. wn. *hogge*, *hyggi* zu 1. Plur. Ind. *hioggom*, *hiuggum* 'hieben'.

Hultman in Finländska bidrag, S. 96 Note. *Hälsingelagen* I, 344 ff. Torp-Falk, *Dansk-norskens lydhistorie*, S. 121 ff. Wadstein in Språkvetenskapliga sällskapets i Upsala förhandlingar 1894—97, S. 1. Kahle, Arkiv f. nord. fil. XII, 374. Pipping in Neuphilologische Mitteilungen 15/11—15/12 1902, S. 7 ff. Mémoires de la Société neophilologique à Helsingfors IV, 260 ff. *Guta lag*, S. LXXIX ff. R. Nordenstreng in Nordiska studier tillegnade A. Noreen, S. 62 ff. F. Jónsson, Arkiv f. nord. fil. XXI, 244 ff. Kock, ib. XXII, 347 Note. Noreen, Idg. Forsch. XIV, 396 ff.

Nach *w*, *r*, *l* und zum Teil *n* sowie vor erhaltenem *w* und in schwach nebentoniger Silbe tritt statt *u*-Brechung *u*-(*w*-)Umlaut zu *ø* ein, z. B. wn. *kuøkua* 'anzünden' (zu ahd. *quec* 'lebendig'); wn. *røkkr* aus **rek*(*k*)*waʀ* (vgl. got. *riqis*, gr. ἔρεβος) 'Finsternis'; anorw. Dat. *smørue* zu *smior* 'Butter'; wn. *sextøgr* '60 Jahre alt' aus *-*teʒuʀ* (vgl. die haupttonigen Formen aschw. *tiugher* — statt **tiogher*, nschw. *tjog*, nach *tiughum*, -*u* — 'Anzahl von 10', später '20', *tiughu* 'zwanzig'); on. (runisch) *Þorburn* (*u* als Zeichen für *ø*; vgl. aschw. *Ābørn*, *Guþbørn* u. a.) neben *Þorbiorn* (oder, durch Ausgleichung nach dem Genitiv, -*biarn*) mit stark nebentoniger und *Þorbern* mit unbetonter Ultima.

§ 29. *i* wird in haupt- und nebentonigen Silben im allgemeinen als *i* erhalten, z. B. an. *finna* (got. *finþan*) 'finden'. Jedoch wird es in starktoniger Silbe verändert:

a) Zu *e*:

α) Durch *a*-Umlaut, wenigstens in kurzer Silbe (außer nach *g* und *k* oder wenn die folgende Silbe *j* enthält), z. B. wn. *verr* (lat. *vir* 'Mann') aus **wiraʀ* (vgl. Pl. *virþar* 'Männer' aus **wiridōʀ*, aschw. *virþar* 'Einwohner der Landschaft *Værand*'); wn. *vega* 'erschlagen', aschw. *væghande* 'totschläger' neben wn. *víg*, on. *vīgh* 'totschlag' (vgl. dagegen *skipa* 'anordnen'). Nach urnord. *Wiwaʀ* ein Mannsname und *wita*[*n*]*dahalaiban* 'brot-erteiler' (Tune) zu urteilen, hat der Übergang noch im 5. Jahrh. nicht stattgefunden.

β) Vor einem durch Assimilation geschwundenen Nasal (außer wenn zur Zeit der Assimilation ein *ĭ* oder *ŭ* in der folgenden Silbe stand) und vor heterosyllabischem *ʀ* (außer im Agutn.), z. B. wn. *kleppr* (on. *klimper*) 'Klumpen'; wn. *brekka*, on. *brækka* (neben *brink*) 'Brink'; wn. *vetr*, aschw. *vætter* (neben *vinter* 'Winter'; wn. *ero*, on. *æru* (**izunþ*, agutn. *iru*) 'sind'. Dies *e* wird nicht wie das alte (s. § 28, b, c) gebrochen, wohl aber *u*-(*w*-) umgelautet, z. B. wn. *søkkua* 'sinken'.

Vgl. die zu b) unten zitierte Literatur.

b) Zu *ē* vor einem mit Ersatzdehnung geschwundenen Nasal oder *h* (außer wenn zur Zeit des Konsonantenschwundes ein *ĭ* oder *ŭ* in der folgenden Silbe stand) sowie vor tautosyllabischem *ʀ* (außer im Agutn.; aber in Übereinstimmung mit dem Ags.), z. B. wn. *mél* (neben on. *mīl* durch Ausgleichung einer Flexion **minnil*, Dat. *mēle*; vgl. ags. *mídl*, ahd. *mindil* aus **minþila-*) 'Mundstück des Gebisses'; anorw., aschw. Acc. Fem. *þrē-ar* (woraus wn. *þriár*) mit analogisch zugefügter Endung (got. *þrins*) 'drei'; wn. *véttr*, on. *vǽtter* 'Wicht'; wn. *mér*, aschw. *mǽr*, schon urnord. im 6. Jahrh. *meʀ* (Opedal) 'mir' (got. *mis*, ahd. *mir*; agutn. *mīr*).

Kock, PBB. XXIII, 544 ff. Pipping, *Guta lag*, S. LXV ff. Lindgren, Sv. landsmålen XII, 1, S. 154. Lidén in Uppsalastudier, S. 80.

c) Zu *y* — auch wenn das *i* nach § 28, a entstanden ist — durch *u*-(*w*-)Umlaut, z. B. wn. *tryggr*, on. *trygger* (got. *triggws*) 'treu'; wn., on. *tyswar* (ahd. *zwirō*) 'zweimal'; vor erhaltenem *u* nur wenn ein labialer Konsonant dem *i* vorhergeht oder früher vorherging, z. B. Acc. Sg. *systor* aus **swistur* (wo *i* aus dem Dat. und Nom., Acc. Pl. entlehnt ist) 'Schwester', Dat. Pl. *myklum*, *-om* zu *mikill*, *-ell* (analogisch *mykill*) 'groß'.

§ 30. *o* wird in starktoniger Silbe (wo es überhaupt erst nach § 31, a entstanden ist) im allgemeinen als *o* erhalten, z. B. urnord. *horna*, wn., on. *horn* 'Horn'; doch wird es, wenn es ausnahmsweise durch Übertragung aus verwandten Formen vor einem *i* der folgenden Silbe zu stehen kommt, durch *i*-Umlaut zu *ø*, z. B. Nom. Plur. wn. *søner*, on. *sønir* zu *son(r)* 'Sohn'. In schwachtoniger Silbe (wo es wenigstens vor *m* und vor einem *ŭ* oder *ō* der folgenden Silbe uralt ist) geht es früh in *u* über, z. B. Dat. Plur. Stentofta (gegen 700) *ʒestumʀ* (aus *-omʀ*) 'Gästen', Acc. Sg. Helnæs *Kuþumu[n]t* (d. h. *Guđumund*, aus **ʒuđo-mundu*); Nom. Sg. Fem. aisl. *ǫnnur*, *-or*, aschw. *annur*, *-or* aus **anþorō* 'andere'; in übrigen Stellungen haben schon die ältesten urnord. Inschriften (wahrscheinlich schon urgermanisches) *a* statt indogerm. *o*.

Brate, *Äldre Vestmannalagens ljudlära*, S. 36 ff.

§ 31. *u* wird in haupt- und nebentonigen Silben verhältnismäßig selten als *u* erhalten, z. B. wn., on. *gutu* (got. *gutun*) 'sie gossen'. Es erleidet nämlich in starktoniger Silbe folgende Veränderungen:

a) Zu *o*:

α) Durch *a*-Umlaut (bewirkt auch durch offenes, später als *a* auftretendes *ō*, s. § 38, b), aber in sehr verschiedenem Umfang in verschiedenen Gegenden. Während es im Wn. nur vor *gg*, nasale Geminata, Nasal + Kons. und einem *j*, *w* der folgenden Silbe unterbleibt, ist dies im On. der Fall auch vor mehreren anderen Kons. und Konsonantenverbindungen, je mehr je weiter nach Südosten, so daß im Agutn. der Umlaut fast nur vor *r* + Kons. eintritt, z. B. schon vor 400 Gallehus *horna* 'Horn', vor 500 Tune 1. Sg. *worahto* (aisl. *orta*) gegen Tjurkö 3. Sg. *wurte* 'würkte'; aisl. Gen. *sonar* zu *sunr* (got. *sunus*), analogisch *sonr* 'Sohn'; aschw. *kona*, aber Gen. *kunu* 'Weib', Pl. *komnir* (aus **kumanēʀ*) zu *kumin* 'gekommen'.

Kock, PBB. XXXIII, 511 ff., Arkiv f. nord. fil. XI, 315 ff., XXVI, 97 ff. Olson, ib. XXVIII, 291 ff. Hultman, *Hälsingelagen* I, 182 ff. J. Sandström, *Studier över utvecklingen av fsv. ŏ ock ŭ*, S. 80 ff.

β) Vor einem durch Assimilation geschwundenen Nasal (außer wenn zur Zeit der Assimilation ein *ī* oder *ū* in der folgenden Silbe stand, z. B. wn. *kropna* (on. *krumpna*) 'verkrüppeln'; wn. *okkarr* (got. *ugkar*), on. *okkar* (aber Fem. *ukkur*) 'uns beiden zugehörig'; aisl. *Hrotte* (vgl. ags. *Hruntinʒ*) ein Schwertname.

b) Zu *ō* vor einem mit Ersatzdehnung geschwundenen Nasal oder *h* (außer wenn zur Zeit des Konsonantenschwundes ein *ī* oder *ŭ* in der folgenden Silbe stand) sowie vor tautosyll. *ʀ* (wie im Ags.), z. B. wn. *ósk* (nach dem Gen. *óskar*, Pl. *-a*), aschw. *ōsk* (neben *ūsk* aus **wunsku*) 'Wunsch'; Dat. *Þóre* zu Nom. *Þunurr* (in alten Gedichten; ags. *Þunor*), anal. *Þórr;* Pl. wn., agutn. *ōrir* aus **un(z)rēʀ* 'unsere'; wn. *sótt*, on. *sōt* 'Sucht'; wn., on. *ōr* neben urspr. schwachtonigem *ūr* (resp. *ør*, *ǫr* durch ʀ-Umlaut) 'aus' (got. *us*, ahd. *ur-*); aschw. *snōr* (nnorw. *snør*) 'Nasenschleim'.

c) Zu *y* durch *i-(j-)*Umlaut, z. B. Nom. Plur. wn., on. *synir* (got. *sunjus*) 'Söhne'. Über die Weiterentwicklung dieses *y* s. § 32.

§ 32. *y* (s. § 29, c und § 31, c) wird im allgemeinen als *y* erhalten, geht aber in schwachtoniger Silbe in *i* über, wenn die folgende Silbe ein *i* enthält, z. B. die proklitischen Formen wn., on. *ivir* 'über', *firir* 'vor, für', *þikkia* 'dünken' neben den haupttonigen *yvir*, *fyrir*, *þykkia*.

Kock, Arkiv f. nord. fil. IV, 163.

§ 33. *ā* (sowohl altes als nach § 34 aus *ǣ* und nach § 40, b aus *ai* entstandenes) bleibt zwar im allgemeinen als solches erhalten, z. B. wn., on. *fā* (got. *fāhan*) 'empfangen'; wn. *þátta* (got. *þāhta*) 'wurde gewahr'. Es wird aber in starktoniger Silbe durch *i*-Umlaut zu *ǣ*, z. B. urnord. *mariʀ*, wn. *mǽrr*, aschw. *mǣr* 'berühmt, namhaft', und dies durch *u*-Umlaut zu *ø̄* nach *w* (das dann schwindet), z. B. wn. Dat. *sø̄nskom* zu *sūǣnskr* (anal. *sø̄nskr*) 'schwedisch'; durch *u-(w-)*Umlaut zu *ǭ*, z. B. wn. *sǫ́l*, rschw. *saul* (d. h. *sǭl*) aus **sālu* 'Seele'. Über die Weiterentwicklung des *ǭ* s. § 35, des schwachtonig gewordenen *ǣ* s. § 34 (Schluß).

§ 34. *ǣ* (das aus urgermanischer Zeit ererbte) ist in starktoniger Silbe zwar noch in einigen finn. und lapp. Lehnwörtern (mit *ie* aus *ē* aus *ǣ*) belegt, z. B. finn. *liego* (wn. *lǫ́g*) 'liegender Baumstamm', lapp. *viekko* '36 Pfund' (wn. *vǫ́g* 'Gewicht'), aber schon in den allerältesten urnordischen Inschriften ist es zu *ā* geworden, z. B. vor 300 Torsbjærg *mariʀ* (got. *mērs*) 'berühmt'; vgl. weiter z. B. on., wn. *gráta* (got. *grētan*) 'weinen', *máne* (got. *mēna*) 'Mond'. Über die Weiterentwicklung dieses *ā* s. § 33.

Lidén, Finn.-ugr. Forsch. XI, 124 f. Wiklund, *Entwurf einer urlappischen Lautlehre*, S. 164 ff., Le monde oriental V, 219 ff. Setälä, Journal de la Société finn.-ougr. XXIII, 1, S. 17 f. T. Karsten, Idg. Forsch. XXII, 292.

Dagegen in schwachtoniger Silbe wird altes *ǣ* — urnord. durch *a* wiedergegeben — schon vor 700 wenn unnasaliert, sonst vor 800 zu *ē*, woraus später *i*, z. B. 3. Sg. Prät. urnord. *wurte* (Tjurkö, aber noch Etelhem *w[u]rta*; got. *waúrhta*), in der Vikingerzeit *urti* (Sölvesborg) 'machte'; Björketorp *-daude* 'Tod' (aber noch

Veblungsnæs *Wiwila* = aisl. *Víle* ein Mannsname); wn., on. *systir* (Opedal *swestar*) 'Schwester'.

Bugge, Arkiv f. nord. fil. VIII, 17 ff. Walde, *Die germ. Auslautsgesetze*, S. 62 ff., 102 ff.

Schwachtonig wird nach § 33 entstandenes *ǽ* zu *e* und ferner — außer vor *r* — zu *i* (vgl. § 93, d), z. B. wn. *dómere* 'Richter' (vgl. ahd. *-āri*), *missere* 'Halbjahr' zu *ár* 'Jahr', aisl. *Heiþsefar* und anorw. *Æidsivar* 'Einwohner der Gegend um den See *Heiþsǽfe*', aisl. *Eindriþe* ein Mannsname aus **æiniđ-* (on. *ēniþ*, *ēnde*) 'einzig' und **-rǽđi* 'Herrscher' (vgl. adän. run. *Ainraþi*, d. h. *æin-rǽđi*), *Hlóriþe* ein Name Thors zu (*hlóa* 'heiß sein' und) nnorw. *lōe* 'Wärme'.

§ 35. *ǭ* (s. § 33) wird im allgemeinen erhalten, aber

a) zu *ō* in starktoniger Silbe zwischen (später geschwundenem) *w* und einem erhaltenen *u* der folgenden Silbe sowie in der unmittelbaren Nachbarschaft eines (einst oder noch vorhandenen) Nasals, z. B. aisl. *þóþóro* 'nichtsdestoweniger' aus **þō-ađ-hwą̄ru*; Pl. wn. *sófo*, on. *sōvo* zu Sg. *suaf* 'schlief'; wn., on. *hōnom* 'ihm' zu *hann* (aus **hānʀ*) 'er'; wn., on. *ōl* 'Riemen' aus **ą̄hulu* < **anhulō* (gr. ἀγκύλη);

b) zu *o*, *u* bei Kürzung in schwachtoniger Silbe, z. B. aisl. Pl. *afroþ* zu *afráþ*, *-raþ* 'Abgabe'; Nom. Sg. Fem. aisl. *vesol* (neben *vesǫl* mit stark nebentoniger Ultima) und aschw. *ūsul*, *-ol* zu wn. *vesall* (aus **vesáll* zu *sǽll* 'glücklich'), resp. on. *ūsal* 'elend'.

§ 36. *ē* (altes oder nach § 29, b, § 37, a und § 41, a entstandenes) wird als solches erhalten, z. B. wn. *hér* (got. *hēr*), on. *hǽr* (noch runisch *hēr*) 'hier'.

§ 37. *ī* wird im allgemeinen erhalten, z. B. Acc. Sg. Masc urnord. (Strand) *minino* (got. *meinana*) 'meinen'; on., wn. *bíta* (got. *beitan*) 'beißen'. Jedoch wird es:

a) Zu *ē* vor geschwundenem Nasal oder *h* (außer wenn zur Zeit des Konsonantenschwundes *ĭ* oder *ŭ* in der folgenden Silbe stand), z. B. agutn., aisl. *lérept*, aschw. *lǽrægt* 'Leinwand' zu *lín* 'Lein'; wn. *léttr* (got. *leihts*), on. *lǽtter* (aus **lēttr*) 'leicht'; on. *lēa* (got. *leihvan*), wn. *liá* (aus **lēa*) 'leihen'.

Lindgren, Sv. landsmålen XII, 1, S. 154. Lidén in Uppsalastudier, S. 80.

b) Zu *ȳ* durch *u-(w-)*Umlaut, z. B. aisl. *strýkua* 'streichen', *ýkua* (**wīkwan*, aschwed. *ȳkiæ ǣt* 'herantreten') 'weichen'; on., wn. *blý* aus **blīwa* (ahd. *blīo*, Gen. *blīwes*) 'Blei', *hý-býle* 'Wohnsitz' (vgl. got. *heiwa-frauja* 'Hausherr'); aisl. *Týr* (lat. *dīvus*) ein Göttername. Von erhaltenem *u* wird derselbe Übergang bewirkt, nur wenn dem *ī* ein labialer Konsonant vorhergeht oder früher vorherging, z. B. aschw. *ȳmumaþer* 'toller Mann' zu nisl. *víma* 'Schwindel', anorw. Dat. Pl. *sýum* zu *suíar* 'Schweden'.

§ 38. *ō* (altes oder nach § 39, a und 43, a entstandenes) wird in starktoniger Silbe im allgemeinen erhalten, z. B. on., wn. *bók* (got. *bōka*) 'Buch'; aber durch *i*-Umlaut zu *ø̄*, z. B. on., wn. *sø̇kia* (got. *sōkjan*) 'suchen', das später vor unmittelbar folgendem kons. *i* zu *ý* wird, z. B. wn. *frýia* (got. *frawrōhjan*) 'absprechen', *týia* (vgl. got. *ubiltōjis* 'missetäter') 'helfen', *glýiaþr* (vgl. as. *glōian* 'glühen') 'froh' neben *glóa* 'glühen', Gen. *býiar* zu *bø̇r* 'Gehöft', *hlýia* 'wärmen, schirmen' mit Prät. *hlø̇þa* (vgl. *hlóa* 'heiß sein'), aschw. Ortsnamen *Lý-hundare* (aus **Lýia-*) neben *Lō-hæraþ*. — Dagegen in schwachtonigen Silben wird es während der urnordischen Zeit verändert:

a) Zu *u* vor *m*, in unnasaliertem Auslaut proklitischer Wörter, und wenn in der folgenden Silbe ein *u* (*o*) steht oder doch in urnordischer Zeit gestanden hat, z. B. in der Vikingerzeit Dat. Plur. Hällestad *runum* (got. *rūnōm*) 'Runen', Nom. Sg. wn., on. *sú* (starktonig sekundär gedehnt aus *su*; got. *sō*) 'die', 3. Plur. Prät. Ind. anorw. *kalluđu* (aus **kallōđun*) 'riefen'. Vielleicht ist dieselbe Entwicklung auch vor *r* zu statuieren, z. B. Nom. Sg. aschw. (dial.), adän. (schon.) *brōþur*, *-or* (gr. dor. φράτωρ, ags. *bróđor*) 'Bruder', aschw. Seename *Vætur* zu gr. ὕδωρ 'Wasser'.

b) Zu *a* in allen übrigen Stellungen, am frühesten in unbetonter Silbe, z. B. Einang Acc. Plur. Fem. *þaʀ* (got. *þōs*) 'die'; dann in unnasalierter nebentoniger Silbe, z. B. Acc. Plur. urnord. (Järsberg, Tjurkö) *runoʀ* (got. *rūnōs*), aber Istaby *runaʀ* 'Runen'; am spätesten in nasalierter nebentoniger Silbe, z. B. 1. Sg. Prät. Ind. urnord. (Einang) *faihiđo* (mit nasaliertem *-ō*, weil aus *-ōm*), Flemløse *faaþą* 'ritzte', und noch Björketorp Gen. Pl. *runo*, wn., on. *rūna* 'Runen'.

O. v. Friesen, *Till den nordiska språkhistorien* II, 38. Noreen in *Språkvetenskapliga sällskapets i Upsala förhandlingar 1882—5*, Upsala (universitets årsskrift) 1886, S. 124. A. Walde, *Die germanischen Auslautsgesetze*, S. 101.

§ 39. *ū* wird im allgemeinen erhalten, z. B. Acc. Plur. urnord. *rūnōʀ* (got. *rūnōs*), gegen 700 *rūnaʀ* (s. § 38, b), on., wn. *rúnar* 'Runen'. Jedoch wird es:

a) Zu *ō* vor *h*, z. B. on., wn. *ótta* (got. *ūhtwō*) 'früheste Morgenzeit', 3. Sg. Prät. Ind. on., wn. *þótte* (got. *þūhta*) 'deuchte'.

b) Zu *ȳ* durch *i*-Umlaut, z. B. 3. Sg. Präs. Ind. wn. *hýser*, on. *hȳsir* 'beherbergt' zu *hús* 'Haus'.

§ 40. *ai* hat dreifache Entwicklung. Daraus wird nämlich:

a) *æi* in haupttoniger Silbe (außer vor *h* und urspr. *r*, s. unten b, α), z. B. urnord. Acc. Sg. *staina* (Tune), aisl. *stein*, anorw. *stæin*, agutn. *stain* (aus **stæin*), aschw., adän. *stēn* (aus **stæin*) 'Stein'. Über die Weiterentwicklung dieses *æi* s. § 41.

b) *ā* und zwar

α) in haupttoniger Silbe vor *h* und urspr. *r* (nicht *ʀ*), z. B. 1. Sg. Prät. Ind. urnord. (Einang, Vetteland) *faihido* 'schrieb', später (Åsum, Noleby) *fahi* 'schreibe', dann 3. Sg. Prät. Flemløse *faaþi*, Gursten *faþi*, aisl. *fáþe* 'schrieb'; *ᴀih* (Maglemose und wohl noch *aih* Fonnås im 7. Jahrh.), wn., on. *ā* 'besitze, -t'; lapp. Lehnw. *sairas* 'verwundet' (vgl. got. *sair* 'Wunde'), wn. *sárr*, on. *sār*; wn. *ár* (got. *air*), on. *ār-la* 'früh';

β) in stark nebentoniger Silbe, z. B. wn. *Óláfr*, on. *Ōlāver* (vgl. mit einst haupttoniger Ultima aisl. *Áleifr*; air. Lehnw. *Amlaib*); wn. *Þorlákr*, on. *Þorlāker* (aber mit einst haupttoniger Ultima wn. *Þorleikr*, on. *Þorlēker*; vgl. urnord. *HađulaikaR* neben *HAþuwulafR*); aisl. *ávalt* (got. *aiw allata*) 'immer', aschw. Mannsname *Swanalder* (aus **-walder*) zu anorw. *Suæinn*;

O. v. Friesen, *Till den nordiska språkhistorien* I, 14 f.

γ) in schwach nebentoniger Silbe (und daher später zu *a* verkürzt) vor kurzer unbetonter und daher später synkopierter Endsilbe — welche Stellung wohl den Nebenton ein wenig verstärkt hat — z. B. aisl. *vitaþr* (aus **witađaʀ*, got. *witaiþs*) 'angewiesen', aschw. *vitadher* 'gewußt' u. dgl. (wie aisl. *sagaþr*, aschw. *sagaþer* 'gesagt', aisl. *lifat*, aschw. *livat* 'gelebt' usw.).

Neckel, ZfdA. XLIX, 315. 319.

c) *ē* (woraus später *i*, s. § 34) in schwachtonigen Silben (mit der oben b, γ erwähnten Ausnahme), z. B. 1. Sg. Präs. Pass. schon urnord. (Kragehul) *haite*, (Brakteat aus Seeland) *haiti*, aisl. *heite*, anorw. *hæiti*, aschw. *hētir* 'heiße'; 2. Sg. Präs. Ind. wn. *hefer*, *-ir*, aschw. *havir* (got. *habais*) 'hast'; wn., on. *bāþir* 'beide' aus **bā* + *þēr* (neben haupttonigem aisl. *þeir*, got. *þai* 'die').

§ 41. *æi* (s. § 40, a) wird im allgemeinen erhalten, aber:

a) Zu *ē* kontrahiert vor einem schon in urnord. Auslaut aus *ʒ* entstandenen — später geschwundenen — *h* (s. § 85, 10, b), z. B. 1., 3. Sg. Prät. Ind. wn. *sté* (aschw. *stǣgh* mit analogischem *gh* statt **stǣ* und dies aus **stē*) aus **stæiʒ* (got. *staig*) 'stieg'; aschw. *ǣ* aus **ē* (got. *aig*) neben *ā* (got. *aih*, s. § 40, b, α) 'besitzt'.

b) Zu *æ* bei Kürzung nach § 47, a, z. B. wn., agutn. *helgi*, aschw. *hælghe* 'der heilige' zu wn. *heilagr* (agutn. *hailigr*, aschw. *hēlagher*) 'heilig'; wn. *mestr*, aschw. *mæster* 'meist'; wn. *flesk*, on. *flæsk* 'Schweinefleisch'. Wo in verwandten Wörtern lautgesetzliche Formen mit *e* und *æi* nebeneinander standen, ist überaus oft Ausgleichung eingetreten, z. B. aisl. neben *enge* (aschw. *ængin*) auch ein jüngeres *eingi* (aschw. *ēngin*) nach Formen wie Dat. Sg. Ntr. *einoge* (woneben auch ein gleichfalls analogisches *enoge*) 'kein'; aschw. neben seltenem *ēleþer* (ags. *ǽled*) auch *ælder* nach Dat. Sg. *ælde*, woneben umgekehrt *ēlde* (das dann wiederum zu dem Nom. *ēlder* Anlaß gab) 'Feuer'; aschw. *bæsker* (**bæskr*) : *bēsker* (nach Acc. **bæiskan* u. a.), aisl. *beiskr* 'bitter'.

c) Zu *øy* (woraus später aisl. *ey*, agutn. *oy*, aschw., adän. *ø̄*) durch *u* (*w*-)Umlaut, z. B. aisl. *keykua* neben *kueikia* 'beleben'; wn. *øy*, *ey* neben *ǽ* nach Dat. **ǽwe* (s. unten d), *á* nach § 40, b, β und urspr. schwachton. *æi*, *ei*, on. *ē* (got. *aiw*) 'immer'; nschw. Diall. *frøy*, ngutn. *froy*, aschw. *frø̄* (got. *fraiw*) 'Same'; aschw. *Sø̄-* aus (runenschw. *Sau-*, d. h.) **Søy-* (got. *saiws* 'See') in Orts- und Personennamen.

d) Zu *ǣ* kontrahiert unmittelbar vor erhaltenem *w*, z. B. wn. Dat. Sg. *fráve* (got. *fraiwa*) 'Same', *hrǽve* (got. *hraiwa*) 'Leichnam', *sǽwe* (got. *saiwa*) 'See', wonach Nom. *frǽ* (on. Diall. *frǣ*), *hrǽ*, *sǽr* (aschw. *Sǣ-* in Namen) statt *frøy* usw. (s. oben c); wenn später — im 10. Jahrh. — nicht nur dies *ǣ*, sondern die ganze Verbindung *ǣw* durch Ausgleichung aus der urspr. nur antesonantischen Stellung in eine antekonsonantische oder auch in den Auslaut verschleppt wird, geht sie vor 1150 durch **eo* in *iō* (mit einem offeneren *ō* als dem in anders entstandenem *iō* auftretenden) über, z. B. wn. *frió*, *siór* (on. *siō*).

O. v. Friesen, *Till den nordiska språkhistorien* I, II. O. Hultman in Finländska bidrag, S. 121 Note.

§ 42. *au* hat eine dreifache Entwicklung gehabt:

a) Zu *ǫu* in starktoniger Silbe, z. B. urnord. *laukaʀ*, anorw. *loukr* (aus **lǫukr*), aisl., agutn. *laukr* (aus **lǫukr*), aschw., adän. *lø̄ker* (aus **lǫukr*) 'Lauch'. Über die Weiterentwicklung dieses *ǫu* s. § 43.

b) Zu (*ō*, woraus nach § 38, a) *u* in schwachtoniger Silbe vor *m*, z. B. 1. Sg. Präs. Konj. Pass. wn. *gefomk* aus **gebu-m(i)k* 'werde gegeben' neben Akt. *gefa* (got. *gibau*) 'gebe'.

c) Zu *a* in allen übrigen schwachtonigen Silben, z. B. Gen. Sg. wn. *fiár* (aus *fēaʀ*), on. (schon in der Gunderuper-Inschrift) *fiaʀ* (d. h. *fēaʀ*), aschw. *fēar* (got. *faihaus*) 'Viehs'; on., wn. *átta* (got. *ahtau*) 'acht'; wn. *enda* 'und doch, nichtsdestoweniger' aus *enn* + *đa* (neben haupttonigem *þō* — s. § 43, a — im gleichwertigen wn. *enn þó*, on. *æn þō*).

§ 43. *ǫu* (s. § 42, a) wird im allgemeinen erhalten, aber:

a) Zu *ō* kontrahiert (außer im Agutn.) vor einem ursprünglichen oder schon in urnord. Auslaut aus *ʒ* entstandenen — später geschwundenen — *h* (s. § 85, 10, b), z. B. wn., on. *ló* (agutn. *Lau* als Ortsname, lat. *lūcus*) 'Hain'; wn. *hór* (agutn. *haur*, got. *hauhs*) 'hoch'; on., wn. *þó* (got. *þauh*) 'jedoch'; wn. *fló*, on. (schon Hällestad) *flu* (d. h. *flō*) 'floh' (got. *þlauh*); wn. *ló* aus *lǫuʒ* (got. *laug*) 'log'.

Leffler, Arkiv f. nord. fil. I, 269 ff. Pipping, *Gotländska studier*, S. 130 ff.

b) Zu *o* (woraus später dialektisch *u*) verkürzt, wenn die Silbe, die das *ǫu* enthält, von Stark- zu Schwachtonigkeit niedersinkt, z. B. wn., on. *ok* 'und' neben haupttonigem wn. *auk* 'auch'. In mehreren Fällen wie anorw. *ortog*, *ærtug*, aschw. *ørtogh*, adän. *ørtugh* '1/24 Mark' neben agutn. *ertaug*, aschw. *ørtøgh* (aus *-*tǫuʒ*) mit starktoniger Ultima, wn. *valrof*, on. *valruf* 'Beute' (ags. *wælréaf*), wn. *Hálogaland* 'Land der *Háløyger*' (aus *-*lǫuʒiʀ*) kann auch alter Ablaut vorliegen (vgl. wn. *tog*, aschw. *togh* Ntr. neben wn. *taug* Fem. 'seil', aschw. *tøgh* 'Zug'; wn. *rof*, aschw. *ruf* 'Reissen'; wn. *loge* neben *leygr* 'Lohe').

c) Zu *øy* durch *i*-Umlaut, z. B. 2. Sg. Präs. Ind. anorw. *løysir*, aisl. *leyser*, agutn. *loysir* (aus **løysir*), aschw., adän. *løsir* (aus **løysir*) aus **lǫusiʀ* (got. *lauseis*) 'lösest'.

d) Zu *ǫƀ*, wenn es durch Schwund eines folgenden *ƀ* (s. § 85, 8) vor *u* zu stehen kommt, z. B. wn. *hǫfoþ*, on. *hovuþ* (aber Dat. *høfþe* aus **hauƀđē*, wonach einigemal wn. *haufoþ*, aschw. *høvodh* mit wieder eingeführtem *ƀ*) 'Haupt' (ags. *héafod*; vgl. got. *haubiþ*); wn. *tǫfr* neben *taufr* und *taur* durch Ausgleichung einer Flexion **tǫuur* (später **tǫƀur*), Dat. **tǫuƀrē* (anal. **tǫurē*) 'Zauber' (ags. *téafor*).

§ 44. *eu* ist in dem ältesten Urnordisch allgemein erhalten, z. B. finn. Lehnw. *keula* (ags. *céol*, ahd. *keol*) 'Schiff', bei Jordanes Pl. *Theustes* 'Einwohner der schwed. Landschaft *Þiust*' und noch im 6. Jahrhundert der Mannsname *Leuʒaʀ* (Skåång). Dann wird es:

a) Zu *iu* vor einem *i* oder *u* der folgenden Silbe sowie unmittelbar vor *ʀ* und in schwachtoniger Silbe, z. B. schon im 6. Jahrhundert (Reistad) der Mannsname *Iuþinʒaʀ* (ahd. *Eodunc*; vgl. den dän. Ortsnamen *Ȳdinge*), Stentofta *ƀᴀriutiþ* 'bricht', Opedal Nom. Sg. F.

liubu 'lieb', on., (selt.) anorw. *diúr* (got. *dius*; wn. *dýr* durch *R*-Umlaut) 'Tier'. Tjurkö Dat. Sg. M. *Kunimu[n]đíu*. Über die weitere Entwicklung dieses *iu* s. S. 45.

b) Zu *i̜u* in übrigen Fällen, spätestens im 9. Jahrhundert, z. B. finn. Lehnw. — aus **i̜ulu* statt **iulu* nach dem Gen. umgebildet — *joulu* (woraus lapp. *juovla-k;* vgl. got. *jiuleis*) 'Weihnachten', Nörre Næra Imperat. *ni̜ut* 'genieß', Rök *þiaurikR* Theodorik, Tirsted Dat. Sg. *Suq̜þiauþu-* = aisl. *Suíþióþo* 'Schweden'.

Bugge, Arkiv f. nord. fil. VIII, 22. Vitterhetsakademiens Handlingar XXXI, 3, S. 17. Pipping, *Guta lag*, S. LXII ff. *Grammatiska studier*, S. 26. Hultman, *Hälsingelagen* I, 87 Note 3, 89.

§ 45. *iu* (s. § 44, a) wird:

a) Durch *i*-Umlaut zu *ў*, z. B. wn. *brýtr*, on. *brўter* (Björketorp *bArutR* geschrieben) aus **briutiR* (vgl. Stentofta *bAriutiþ*, got. *briutiþ*) 'bricht'.

b) Sonst in starktoniger Silbe erhalten, um bald in *iū* (mit konsonantischem *i*) überzugehen, z. B. Nom. Sg. Fem. *liūf* (urnord. *liubu* Opedal).

c) In schwachtoniger Silbe zu *i*, z. B. anorw. *øyrir*, aisl. *eyrer*, on. *øri(r)* '1/8 Mark' aus dem lat. *aureus* entlehnt; Dat. Sg. wn., on. *syni* (ahd. *suniu*) 'Sohne'; wn. *mege* (Stentofta *mAȝiu*) 'Sohne'.

2. Quantitative Veränderungen.

§ 46. **Dehnung** eines kurzen Vokals tritt ein in starktoniger Silbe:

a) Im Auslaut (hier aber vielleicht schon in urgermanischer Zeit), z. B. on., wn. *sá* (got. *sa*, gr. ὁ) 'der', *þú* (got. *þu*, lat. *tu*) 'du'.

b) Wenn nach dem Vokal ein Konsonant schwindet, ohne sich einem folgenden Konsonanten zu assimilieren (d. h. den Konsonanten zu dehnen), z. B. on., wn. *ó-* 'un-', wn. *gǿs*, on. *gās* 'Gans', wn. *fé*, aschw., adän. *fǽ* (got. *faihu*) 'Vieh', on., wn. *má* (got. *mag*) 'mag, kann, darf', on., wn. *mál* (got. *maþl*) 'Rede'.

c) Vor (später zu *tt* assimiliertem, s. § 74) *ht*, z. B. on., wn. *átta* 'acht', *dótter* 'Tochter'.

d) Vor tautosyllabischem *R*, z. B. wn. Dat. *árne* zu *arenn* (By *aRina?*) 'Esse, Feuerstätte', Nom. Acc. Pl. F. *þǽr* (Einang *þaR*, s. § 38, b) 'die'. Andere Beispiele s. § 29, b und § 31, b.

e) Sporadisch vor *lh*, *rh*, z. B. wn. *fóle* neben agutn. *fuli* (vgl. got. *fulhans*) 'Diebsgut', *Áll* als Ortsname neben aschw. Pl. *Alir* (got. *alhs*), wn. Pl. *váler*, *valer* (ahd. *walh*) 'Kelten', nnorw. *Maal-* in Ortsnamen neben wn. *malr* (ahd. *malaha*) 'Sack', anorw. *ǫ́r*, *ǫr* (ags. *earh*) 'Pfeil', wn. *suíre* (**swerhian-*, vgl. ags. *swéora* aus

**swerhan-*) 'Nacken', *fúra*, *fura* (ahd. *foraha*) 'Föhre' und *fýre*, *fyre* 'Föhrenwald', nschw. *Mår-* in Ortsnamen neben wn. *marr* (ahd. *marh*) 'Pferd', nschw. *snår* neben *snar* 'Gestrüpp' (vgl. ahd. *snaraha* 'Schlinge').

Bugge, *Studier over de nord. Gude- og Heltesagns Oprindelse*, S. 208 Note 2. Gislason, *Om Helrim*, S. 46. M. Olsen, Arkiv f. nord. fil. XXII, 105. Noreen, *Vårt språk* III, 138 f.

§ 47. Kürzung eines langen Vokals (sowie des Diphthonges *æi*, s. § 41, b) tritt ein:

a) Vor tautosyllabischer oder durch Synkope entstandener Konsonantengruppe oder Geminata, z. B. on., wn. *hann* 'er' mit Gen. *hans* und Dat. Sg. F. *hænne*, *henne* 'ihr' neben Dat. *hánom*, *hónom* 'ihm'; on., wn. *vaþmál* 'Kleiderstoff' zu aisl. *vǫ́þ*, aschw. *vāþ* 'Zeug'; on., wn. Nom. Sg. Masc. *minn*, Ntr. *mitt* neben Fem. *min* 'mein'; on., wn. *litle* 'der kleine' neben *lítell* 'klein'; on., wn. Nom., Acc. Sg. Ntr. *gott* neben Fem. *góþ* 'gut'; aisl. *Þorsteinn* neben *Þóroddr* Mannsnamen; wn. *brullaup*, on. *brulløp*, *bryllop* 'Hochzeit' neben wn. *brúþr*, on. *brūþ* 'Braut'; on., wn. *dyrka* 'verehren' neben *dýrare* 'teurer'; on., wn. Plur. *ymser* zu Sg. *ýmiss* 'wechselnd'; wn. *oss* (aus **ōsiʀ*, analogisch statt **ūsiʀ* — s. § 31, b — got. *unsis*) neben *ós* (got. *uns*) und durch Kontamination *oss* 'uns'. Indessen ist überaus oft Ausgleichung eingetreten und zwar gewöhnlich zugunsten der langen Vokale, z. B. aisl. *váþmál*, *mínn*, *mítt*, *lítle*, *gótt*, *dýrka* neben den eben angeführten lautgesetzlichen Formen; umgekehrt z. B. aisl. *ymiss* neben *ýmiss*. Vgl. noch § 41, b.

b) In schwachtoniger Silbe, sei es, daß sie dies schon ursprünglich oder erst durch Schwächung einer starktonigen Silbe geworden ist, z. B. wn., on. *gæstir* (got. *gasteis*) 'Gäste'; on. *hirþe*, wn. *hirþer* (got. *hairdeis*) 'Hirt'; wn. *máttegr* (got. *mahteigs*) 'mächtig', *gullenn* (got. *gulþeins*) 'golden'; on., wn. Gen., Dat., Acc. Sg. *tungu*, *-o* (ahd. *zungūn*) 'Zunge'; Dat. Sg., Plur. aisl. *þeima* (got. **þaimūh*), aschw. *þæmma* (vgl. got. *þammūh*) 'diesem, -en'; on., wn. *Ólafr* aus *Óláfr*; *Ingemarr* aus *Ingemārr* (nnorw. *Ingemår*, Tacitus *Inguiomērus*); *nafarr* 'Bohrer' aus **naf-*[ʒ]*ą̄rr* und dies (nach § 40, b, β) aus **naƀa-ʒaiʀaʀ* (finn. Lehnw. *napakaira*, ahd. *nabagēr*); *Ífarr* aus **-ārr* < *-aiRaR* (air. Lehnw. *Imhair*); Acc. Masc. *báþa* aus **bā þā* (got. *bans þans*) 'beide'; Acc. Sg. Fem. *hana* aus (noch aisl., wiewohl selten) *hána* 'sie'; *afraþ* (aisl. noch bisweilen *afráþ*) 'Abgabe'; aisl. *ǫk(k)la* (ahd. *anchlāo*) 'Fußknöchel'; aisl. *Hamþer* aus *Hamþér* (urnord. *þewaR* 'Diener' gibt *-þér*); adän. *Þyri* (aus *Þyrwi* < **-wī*, runisch *Þurui*) neben aisl. *Þórvé*; aisl. *Hrǿrekr*, aschw. *Røriker* (ags. *Hrédric*) 'Rodrich'. Weitere Beispiele s. § 34 und § 38; vgl. auch § 40, c, § 42, c, § 43, b, § 45, c.

3. Übrige Veränderungen.

§ 48. Svarabhakti zeigt sich schon im Urnordischen seit 500 sporadisch in Verbindungen von *l* und *r* (sehr selten *n*) mit einem vorhergehenden oder folgenden Konsonanten. Der Hilfsvokal ist dann immer *a*, z. B. Tune Dat. Sg. *wita[n]đa-halaiƀan* (vgl. got. *hlaibs* 'Brot') 'Broterteiler', 1. Sg. Prät. *worahto* (vgl. got. *waúrhta*) 'machte', Järsberg 1. Plur. Dual. *waritu* st. **writu* 'schrieben', *Haraƀanaʀ* (aisl. *Hrafn*) st. **Hraƀnaʀ*; ebenso noch in den spätesten urnordischen Inschriften, z. B. Istaby *warʌit* 'schrieb', *-wulafʀ* (aisl. *ulfr*), Stentofta *ƀʌriutiþ* (got. *briutiþ*), Björketorp *ƀʌrutʀ* (aisl. *brýtr*) 'bricht'. Aber in noch späteren Inschriften zeigen sich Svarabhaktivokale von jeder Qualität, welche gewöhnlich von dem folgenden — oder, wenn es keinen solchen gibt, von dem vorhergehenden — Vokale abhängt, z. B. *buruþur* oder *boroþur* (aisl. *bróþor* Acc. Sg.) 'Bruder', *buru* (aisl. *brú*) 'Brücke', *Kiristr* (aisl. *Kristr*) 'Christus', *Faraukiʀ* (aisl. *Freygeirr*), Acc. Sg. *Krimuluf* (*Grimulf*), 3. Sg. Präs. Konj. *hialibi* (*hialpi*) 'helfe'. Diese Vokale, die übrigens in keiner Weise konsequent auftreten, sind später wieder geschwunden, im allgemeinen schon in vorliterarischer Zeit.

§ 49. Kontraktion bei Hiatus (welcher nur da vorliegt, wo nicht nach § 50 Synkope stattfinden sollte) tritt in vielen Fällen ein, scheint aber dann im allgemeinen erst nach dem Ende der Vikingerzeit durchgeführt zu sein, denn die altnorwegische und altisländische Poesie zeigt bis gegen 1200 fast durchgängig unkontrahierte Formen. In betreff des Kontraktionsresultats ist zu merken, daß *ě* als mit *ĭ* gleichwertig anzusehen ist und ebenso *ŏ* mit *ŭ*. Die Fälle, die in Betracht kommen, sind demnach folgende:

a) Wo zwei gleiche oder gleichwertige Vokale zusammentreffen, werden sie zu einem von der Qualität und Quantität des stärker betonten kontrahiert, z. B. wn., on *vitorþ* neben aschw. *vitu orþ* 'Beweisungsrecht', agutn. *gutnalþing* aus *gutna alþing* 'allgemeine Rechtsversammlung der Guten'; on., wn. *fá* (got. *fāhan*) 'empfangen', Acc. Sg. Masc. *blán* aus älterem *bláan* 'blauen', 3. Sg. Präs. Konj. *sé* aus *séi* 'sehe', Dat. Sg. aisl. *kné*, aschw. *knǣ* (aus **knē*) aus *knéi* 'Knie'; Dat. Plur. on., wn. *skóm* aus *skóum* (**skōhum*)

'Schuhen', *húsfrúm* aus *-frúum* 'Hausfrauen'; on., wn. *bónde* aus noch aschw. runisch (Hulterstad) belegtem *bōunde* (neben *búande*; vgl. ags., afries. *fīund* neben got. *fijands*, ahd. *fīant*, aisl. *fiande*, *fíande* 'Feind' und dgl.) 'Bauer'; aisl. *Hrólfr*, aschw. *Rōlver* aus *Hróolfr* (**Hrōđwolfr*) 'Rudolf'. Später werden durch analogischen Einfluß Hiatusformen wie *bláan* und dgl. häufig wieder hervorgerufen.

b) *a* + *u* wird zum Diphthong *ǫu*, z. B. wn. *haukr*, on. *høker* (aus **hǫukr*) aus **ha(ƀ)ukaʀ* 'Habicht'; wn. *haust(r)*, on. *høster* aus **ha(rƀ)ustaʀ* (s. § 85, 4, b) 'Herbst'. Dagegen wird (das nach § 33 aus *ā* entstandene) *ǭ* mit folgendem *u* zu *ǭ* kontrahiert, z. B. 1. Plur. Präs. Ind. wn. *fǫ́m* aus **fāhum* 'empfangen', Dat. Plur. wn. *ǫ́m* aus **ahwum* 'Wassern'; auch hier treten später oft analogische Formen wie *fáum*, *-om* hervor. — *ā* + *i* wird regelmäßig erhalten, z. B. 3. Sg. Präs. Konj. on., wn. *fáe*, *-i* 'empfange', aisl. *dáenn* 'tot'.

c) *ĕ*, *ĭ* vor starktonigem *ă*, *ŏ*, *ŭ* werden konsonantisch (vor schwachtonigem aber als Sonanten erhalten), und ebenso werden *ŏ*, *ŭ* vor *ă*, *ĕ*, *ĭ* behandelt. Z. B. aisl. *midialdre* 'von mittleren Jahren'; on., wn. *Heriulfr* aus urnord. *Hariwulfaʀ*; wn. *frials*, aschw. *friæls* (gewöhnlich *fræls* — wie auch im Anorw. selten — nach *frælsa*, aisl. *frelsa* 'befreien' aus **frē(h)elsa*, **frīhalsian* nach § 37, a und § 49, a) 'frei' aus *fréals* (wie noch im Anorw. selten) < **frī-halsaʀ* (got. *freihals*); aisl. *Bǫþuarr* aus **Bađu-hariʀ*, *Bǫþuildr* ans **Bađu-hildiʀ*; aber dagegen z. B. wn., on. *sēa* (wn. später *siá*) 'sehen', *tīo* 'zehn', *nīo* 'neun'; wn. *búa*, on. *bōa* 'wohnen', wn. *búenn*, on. *bōin* 'fertig' u. dgl.

§ 50. Synkope trifft während der Zeit etwa 600—900 allmählich jeden unbetonten kurzen oder im Auslaut schon in urnord. Zeit gekürzten Vokal sowie in Mittelsilben *ī* und (nach § 40, c aus *ai* entstandenes) *ē*, wenn diese langen Vokale in unbetonter offener Pænultima vor urspr. langer (und daher später nicht synkopierter) Ultima stehen, was wohl zunächst zu deren Kürzung geführt hat. Wenn wir von vielleicht schon urgerm. — d. h. in vorchristlicher Zeit — durchgeführter Synkope auslautender Kürzen, z. B. Etelhem *m[e]k* (gr. ἐμέγε) 'mich', Järsberg *wit* (lit. *vèdu*) 'wir zwei', Opedal *ƀirʒ* (**ƀerʒe*, vielleicht, wie es für das Deutsche angenommen wird, mit *i* aus dem Präs. Sg.) 'birg', absehen, so sind die ältesten Belege Åsum und Noleby 1. Sg. Präs. Ind. *fahi* aus **faihiu* 'schreibe', Strøm 3. Sg. Präs. Konj. *wate* (d. h. *wǣte*, aisl. *vǽte*) aus **wą̄tiē* 'netze'. Die einzelnen Fälle sind übrigens:

a) Unbetonte Vorsilbe, z. B. wn., on. *granne* (got. *garazna*)

'Nachbar'; wn. *frýia* (got. *frawrōhjan*, s. § 38) 'absprechen'; aisl. *teygia* (got. *ataugjan*) 'zeigen'; aisl. *breiþa* (**biraiđian*, vgl. *greiþa* = got. *garaidjan*) 'bereiten', aschw. *brēþa* 'entrichten'; on. *lōt* (got. *lailōt*) 'ließ', *fal(l)* (got. *faifall*) 'fiel', *slīker* (got. *swaleiks*) 'solcher'.

b) Unbetonte Ultima, z. B. urnord. *dazaʀ* Einang 'Tag' wird wn. *dagr*, on. *dagher* (aus **dazr*); urnord. *haitinaʀ* Tanum 'verheißen', aisl. *heitenn*, aschw. *hētin*; Acc. Sg. urnord. *staina* Tune 'Stein', aisl. *stein*, on. *stēn*; Acc. Sg. Masc. wn., on. *blindan* (got. *blindana*) 'blinden'; 3. Plur. Präs. Konj. aschw. *bærin* (got. *bairaina*); urnord. *-zastiʀ* Gallehus 'Gast', aisl. *gestr*, on. *gæster*; on., wn. Imper. *sǿk* (got. *sōkei*) 'suche'; wn. *fé*, on. *fǣ* (got. *faihu*) 'Vieh'; Acc. Sg. urnord. *mazu* Kjølevig 'Sohn', aisl. *mǫg*; Acc. Sg. Masc. aisl. *einn*, on. *ēn(n)* 'ein' (got. *ainnō-hun*); Nom. Sg. Fem. aisl. *ǫnnor*, anorw., aschw. *annor* 'andere' aus **annuru* > **anþorō* (got. *anþara*). Vgl. dagegen mit ursprünglich langem Vokal Nom. Plur. aisl. *gester*, on. *gæstir* (got. *gasteis*) 'Gäste'; Gen. Plur. wn., on. *rūna* 'Runen' aus **rūnō* (got. *rūnō*) mit nasaliertem *ō* (aus *-ōm*). Vgl. ferner mit kurzem, aber schwach nebentonigem Vokal Acc. Plur. wn. *daga*, on. *dagha* (got. *dagans*) 'Tage'; 3. Plur. Prät. Ind. wn., on. *bundo* (got. *bundun*; vgl. skr. *bubudhús*, wn., on. *buþu*) 'banden'; 3. Sg. Präs. Konj. wn. *bynde*, on. *bunde* (got. *bundi*) 'bände'; Dat. (eigtl. Instr.) Sg. Ntr. wn., on. *blindo* (ahd. *blintu*) 'blindem'; wohl auch — um so mehr, als vielleicht ursprünglich langer Vokal vorliegt — aschw. *væþur* 'Widder' (aisl. *veþr*, got. *wiþrus* ist nach *wiþrum*, *-uns* und dgl. gebildet wie *fōtus* nach *fōtuns*), Rök *uintur* 'Winter' (wn. *vetr*, aschw. *vinter* aus **wintr*, got. *wintrus* ist wie *wiþrus* gebildet), aschw. *Vætur* ein Seename (vielleicht aus **wetōr*, vgl. gr. ὕδωρ), *brōþor* u. a. m. (s. § 38, a). Dat. Sg. wn. *laug*, on. *løgh* neben *laugo*, resp. *løgho* 'Bad' und Dat. Sg. wn. *heim*, on. *hēm* 'Heim' neben *heime*, *hēme* und dgl. setzen wohl verschiedene ieur. und urnord. Endungen voraus.

c) Unbetonte Pænultima, z. B. Nom. Plur. Masc. wn., on. *bornir* (got. *baúranai*) 'geborne'; Gen. Plur. wn. *gumna* (got. *gumanē*) 'Männer'; aisl. *ellre*, aschw. *ældre* (got. *alþiza*) 'älter'; wn., on. *fagna* (got. *faginōn*) 'sich freuen'; urnord. *faihido* Einang, aisl. *fáþa*, aschw. *fāþe* 'schrieb'; Gen. Plur. wn. *augna*, on. *øghna* (ags. *éazena*, *éazna*) 'Augen'; Prät. wn. *munþe* (got. *munaida*) 'erinnerte sich', *vitte* (got. *witaida*) 'beobachtete'; Gen. Sg. Fem., Gen. Plur. wn., on. *blindrar*, *-ra* aus **blindēʀōʀ*, *-ēʀō* (got. *blindaizōs*,

-aizō) 'blind', *mikillar, -illa* aus **mikilēʀōʀ, -ērō* 'groß'; Nom. Plur. Masc. wn. *gullner* (got. *gulþeinai*) 'goldene', *mátker* (got. *mahteigai*) 'mächtige'; Nom. Plur. wn., on. *alnar* (got. *aleinōs*) 'Ellen', wn. *lausner* (vgl. got. *lauseinōs*) 'Lösungen'. Vgl. mit ursprünglich langem oder nebentonigem Vokal die oben (b) und unten (d) angeführten Beispiele, wo in mehrsilbigen Wörtern die Ultima synkopiert ist; außerdem Fälle, wo gar keine Synkope stattfinden kann, wie on., wn. *armare* (got. *armōza*) 'ärmer', *losnaþe* (got. *lusnōda*) 'wurde los', wn. *skapere*, aschw. *skapǣre* (vgl. ahd. *-āri*) 'Schöpfer'.

d) Unbetonte Antepænultima und Ultima, z. B. Dat. Sg. Masc. on., wn. *bundnom* (got. *bundanamma*) 'gebundenem'; Acc. Sg. Masc. aschw. *bundnan* (got. *bundanana*) neben wn., on. *bundenn, -in* (aus **bundinnō*, vgl. got. *ainnō-hun*); on. *valdan*, wn. *valþan* (got. *walidana*) 'gewählt'.

e) Enklitische einsilbige Wörter, z. B. run. *falk* aus **falh-ek* 'ich verbarg', *barþusk* aus *-sik* 'schlugen sich', on., wn. *þótt* aus **þauh-at* 'wiewohl'.

Wo innerhalb eines Paradigmas synkopierte und unsynkopierte Formen, resp. Formen mit Synkope bald in der Ultima, bald in der Pænultima miteinander wechselten, ist oft Ausgleichung (gewöhnlich zugunsten der synkopierten Formen) eingetreten oder Doppelformen entstanden, z. B. wn. *danskr*, on. *dansker*, *dænsker* 'dänisch' st. **dæniskr* nach Acc. Sg. Masc. *danskan* (aus **daniskan*) u. a.; aisl. *valþr*, on. *valder* aus **walđr* 'gewählt' neben aisl. *valiþr* (st. **væliþr*, got. *waliþs*) nach *valþan* u. a.; on. *ælder*, wn. *eldr* (aschw. noch selten *ēleþer*) 'Feuer' nach Dat. Sg. *elde*; aisl. *Hǫrþr* aus **Haruþr* (Rök noch Gen. *Haruþs*) ein Mannsname nach Plur. *Hǫrþar* 'Einwohner von *Hǫrþaland*'; on. *bæzter*, wn. *beztr*, *baztr* 'best' st. **bætister* (got. *batists*) nach Acc. *baztan* u. a.

Neckel, ZfdA. XLIX, 315 f. Wadstein, Arkiv f. nord. fil. XVIII, 180 f. Kock, ib. XXIV, 184. Sv. landsmålen X, 3, S. 4 f.

§ 51. Das chronologische Verhältnis der Synkope und des Umlauts geht aus folgenden Erwägungen hervor:

1) Synkope tritt früher nach langer als kurzer Wurzelsilbe ein (weil nach jener nicht wie nach dieser ursprünglich ein Nebenton folgte, der erst schwinden mußte), wie aus folgenden Gegensätzen zur Genüge hervorgeht: Acc. Sg. der *u*-Stämme Sölvesborg *Asmu*[*n*]*t* (aisl. *Ásmund*), aber noch *sunu* (aisl. *sun*) 'Sohn'; Helnæs *Kuþumu*[*n*]*t* (aisl. *Guþmund*) aus **-mundu*, aber *sunu*; der Vokal in der Kompositionsfuge Sölvesborg *Asmu*[*n*]*t* (aus *ą̄su-*, im urnord. *Asu-ʒisalas* Kragehul, und vgl. aisl. *ǫ́ss* 'Gott'), aber noch Helnæs

Kuþumu[*n*]*t* (d. h. *Gudu-*, vgl. aisl. *goþ*, *guþ* 'Gott'); Nom. Sg. in den Runennamen des Abecedarium nordmannicum *sol* (aus **sōlu*) 'Sonne', *os* (**ą̄suʀ*) 'Gott', aber *feu* (d. h. *fehu,* aisl. *fé*) 'Vieh', *lagu* (Acc. von **laȝuʀ*, aisl. *lǫgr*) 'Flüssigkeit'; 3. Sg. Präs. Ind. Björketorp *bʌrutʀ* (d. h. *brytʀ*, aisl. *brýtr*, aus **briutiʀ*) 'bricht', aber noch Rök (in der Poesie) *sitiʀ* (aisl. *sitr*) 'sitzt' (vgl. Abced. nordm. noch *thuris* — das jedoch vielleicht eine deutsche Form ist — aisl. *þurs* als Runenname); Kälvesten *ku*[*m*]*bl* aus **kumblu* 'Denkmäler', aber Acc. *sunu* 'Sohn'. Für den *i*-Umlaut von *ă*, *ŭ* usw. (aber nicht *e*, s. § 28, a) ergibt sich aus Gegensätzen wie den genannten aisl. *brýtr* : *þurs* oder Prät. *dǿmþa* (got. *dōmida*) 'richtete' : *valþa* (got. *walida*) 'wählte', daß das in der urnord. Zeit c. 700 (vgl. Strøm *wate* = aisl. *vǽte*, s. § 50) nach langer Silbe synkopierende *i* Umlaut bewirkt, während das im Anfang der Vikingerzeit (c. 800, s. Snoldelev *Salhaukum*, 2 unten) nach kurzer Silbe synkopierende diesen Einfluß nicht mehr ausübt. Ebenso beweist der Gegensatz aisl. *Ásmundr* (Sölvesborg vor 800 Acc. *Asmu*[*n*]*t*): *Mǫgþraser* (vgl. Helnæs c. 800 *Kuþumu*[*n*]*t*, aber Skivum c. 900 *Kuþmuntr*) und dgl., daß ein vor 800 synkopiertes *u* noch keinen Umlaut bewirkt, wohl aber ein vor 900 synkopiertes. Also wäre der Anfang des älteren, durch Synkope hervorgerufenen, vielleicht ursprünglich epenthetischen *u*-Umlautes etwa zu der Zeit (c. 800 oder etwas später) anzusetzen, wo der ältere, ebenfalls nur durch Synkope hervorgerufene, vielleicht epenthetische *i*-Umlaut endet.

2) Synkope tritt früher in Binnensilben als in der Ultima ein, wie wohl bewiesen wird durch einen Gegensatz wie bald nach 600 Strøm *wate* 'nässe' aus **wātiē* : *hali* (d. h. *halli*, aschw. *hæl*) 'Stein', Rök *fatlaþʀ* (**fatil-* zu aisl. *fetell*) 'gefesselt' (vgl. schon Snoldelev bald nach 800 *Salhaukum* ein Ortsname aus **Sali-*) : *sitiʀ* 'sitzt'. Dementsprechend fehlt der in langsilbigen Wörtern wie aisl. *ǽtt* 'Geschlecht' c. 700 (s. Björketorp *bʌrutʀ*, 1 oben) entstandene *i*-Umlaut in den früher und zwar vor der (älteren) Umlautszeit synkopierten Kompositis wie *áttrunnr* 'Sprößling'. Ebenso fehlt (nach 1 oben) der *u*-Umlaut in aisl. *Ásmundr* und dgl., findet sich aber im Simplex *ǫ́ss* (Cod. Leid. *aus,* Abced. nordm. *os* geschrieben). Da die Synkope nach kurzer Silbe weit später ist (noch Räfsal c. 775 *Hariwulfs*, erst Snoldelev bald nach 800 *Salhaukum*), so fehlt in Kompositis wie aisl. *Haraldr* (**Hariwald-*) der *i*-Umlaut, weil die Synkope erst nach der Umlautszeit (s. 1 oben) stattge-

funden hat wie in dem eben erwähnten Rök *fatlaþʀ* (in Fällen wie adän. *Hæriold* — schon bei Rimbert im 9. Jahrh. *Herioldus* — oder aisl. *Heriulfr* ist der Umlaut später durch das noch bewahrte *i* bewirkt worden). Umgekehrt ist im Typus aisl. *Mǫgþraser*, aschw. *Skøþve* (**Skađuwī*) die Synkope während der (älteren) *u*-Umlautszeit vollzogen worden.

3) Synkope tritt früher nach schwachtoniger als nach starktoniger, und früher nach nebentoniger als nach haupttoniger Silbe ein, z. B. *ek* Gallehus (neben *-ka* Lindholm) 'ich', *an* Tjurkö (got. *ana*) 'an', *sƀi*[*n*]*đul* Fonnås 'Nadel', *uilalđ* Strøm 'Kunststück', aber noch *horna* Strøm 'Horn'; Dat. Pl. *ƀorumʀ* 'Söhnen', *ȝestumʀ* 'Gästen' aus *-miʀ* Stentofta, *Aovin* (**Auđwiniʀ*) bei Einhard, aber noch *sitiʀ* 'sitzt' Rök; *fahi* 'ich schreibe' Åsum (und Noleby) aus **faihiu*, aber etwa gleichzeitig *tᴀuiu* 'ich stelle her' Overhornbæk. Damit stimmt, daß der *i*-Umlaut fehlt in ursprünglich langsilbigen und daher vor der Umlautszeit synkopierten, mit der Zeit schwachtonig gewordenen späteren Kompositionsgliedern und proklitischen Wörtern wie aisl. *Ingemarr* (anorw. auch noch *-márr*), *vesall* 'elend' gegenüber später synkop. *mǽrr* (urnord. *mariʀ*) 'berühmt', resp. *sǽll* 'glücklich' oder *varúþ* 'Warnung' neben der Neubildung *varhygþ* aus **huȝđi* (got. *ga-hugds*), proklit. *um(b)* aus **umbi* (ags. *ymb*, aschw. selten *ym*, *øm-*). Ebenso fehlt der *u*-Umlaut in ursprünglich langer Silbe bei aisl. *ǫk(k)la* aus **-klāwu* (ahd. *anchlāo*) 'Fußknöchel', im proklit. *án* neben haupttonigem *ón* (nach § 35, a aus **ǭn* < **ą̄nu*, ahd. *āno*) 'ohne' u. a. m. Der Chronologie gemäß steht wiederum in kurzer Silbe (nach welcher ja die Synkope weit später eintritt) *i*-Umlaut in Fällen wie aschw. *ēternætla* (**-natilōn*) 'Brenn-nessel', nicht aber in dem erst nach der Umlautszeit synkopierten Pl. *katlar* 'Kessel' u. dgl.

4) Synkope tritt früher vor starktoniger als vor schwachtoniger, früher vor haupttoniger als vor nebentoniger Silbe ein. Daraus erklären sich Gegensätze betreffs des Umlauts wie z. B. aisl. *brullaup* (**ƀrūđi-hlaupa*) 'Hochzeit': *dǿmþa* (**đōmiđō*) 'richtete', aschw. *brulø̄p* : *bry'llop* 'Hochzeit' und aisl. *Ásmundr* (**Ą̄sumunduʀ*): Dat. Sg. *ǫngle* (**angulē*) 'Angelhaken', je nachdem die Synkope nach langer Silbe vor oder während der Umlautszeit eintrat. Wiederum betreffs der später eintretenden Synkope nach kurzer Silbe stehen einander gegenüber einerseits z. B. agutn. *ertau'g* (**arit-*, vgl. ahd. *arizzi*) : aschw. *a'rtogh* '$^1/_{24}$ Mark', je nachdem die Synkope während oder nach der Umlautszeit eintrat;

andererseits z. B. aisl. *Harþa'ngr* (**Haruđa-*) : Pl. *Hǫrþar* 'Einwohner von Hordaland', *Áleifr* (**Anu-*) : *Óláfr*, je nachdem die Synkope vor oder während der (bei *u* ja später eintretenden) Umlautszeit stattfand.

5) Synkope tritt früher bei unnasaliertem als bei nasaliertem Vokal ein, z. B. Istaby schon Nom. *-wulafʀ* (aus **wulfaʀ*) 'Wolf', aber noch Acc. *-wulafa* (aus **-wulfą*), auch Gommor *-wolᴀfᴀ* (erst Helnæs *-ulf*); schon Opedal Imperat. *ƀirʒ* (aus **ƀerʒi*) 'hilf', aber noch Strøm Acc. Sg. *hali* 'Stein'; Sparlösa Nom. *sunʀ* 'Sohn', aber noch Rök und Kälfvesten Acc. *sunu* (*sun* zum erstenmal in der Gursten-Inschrift, aber vielleicht nur nebentonig; vgl. oben 3). Ebenso beweist ein Gegensatz wie aisl. 1. 3. Sg. Prät. *batt* (aus **ƀanda, -i*, vgl. gr. οἶδα, -ε) 'band' : Acc. Sg. *band* (aus **ƀandam*, vgl. lat. *bellum*), daß jene Form weit früher synkopiert worden ist (vgl. Imperat. wie aisl. *statt* zu *standa* 'stehen' und das eben erwähnte urnord. *ƀirʒ*) als diese (vgl. z. B. noch Strøm Acc. *horna*), indem nur urnord. *-d* (nicht aber *-dą*) zu *-t* verschärft wird.

6) Synkope scheint früher vor Konsonanten als im absoluten Auslaut eingetreten zu sein, wenigstens nach den Runennamen des Cod. Leid. *aus* (aisl. *ǫ́ss*), *laucr* (aisl. *lǫgr*), aber *reidu* (aisl. *reiþ*), *soulu* (aisl. *sól*), *fiu* (aisl. *fé*) zu urteilen.

7) Daß, wie oft angenommen wird, die Synkope unter sonst gleichen Verhältnissen früher bei *a* als bei *i* und noch später bei *u* eingetreten sei, ist aus dem dürftigen Material nicht mit irgendwelcher Sicherheit zu schließen. Höchst wahrscheinlich scheint es aber nach Hesselmanns Untersuchungen zu sein, daß — wie im ags. — wo auf lange Antepænultima eine kurze Pænultima mit *i* und dann eine auf *u* auslautende Ultima folgte, das *i* früher als das *u* synkopiert wurde (vgl. 1 und 2 oben), z. B. urnord. **hauhiþō* (got. *hauhiþa*) > **hōhiþu* > **hœ̄hþu* (ags. *hiehđu*) > wn. *hœþ* 'Höhe', urnord. **deupiþō* (got. *diupiþa*) > **điupiþu* > **đȳpþu* > wn. *dýpþ* 'Tiefe' u. dgl. So erklärt es sich das Partizipien wie **dœmeþr* F. *dœmþ* (< **dœ̄mdu*), Ntr. **dœmet*, welche schon vorliterarisch eine größere Anzahl von einsilbigen Formen aufwiesen, weit früher (und zwar schon vorliterarisch) als solche wie *valeþr*, F. *valeþ* (< **walidu*), Ntr. *valet* durchgehends ihren Pænultimavokal durch Ausgleichung beseitigt haben.

8) Etwa zu der Zeit (c. 900), wo die Synkopierung der einst unbetonten Vokale ihren Abschluß gewonnen hatte, tritt ins Leben ein neuer (jetzt nicht mehr — wie es vielleicht mit dem älteren

Umlaut der Fall war — epenthetischer Art, sondern) 'harmonischer', durch ein früher schwach nebentoniges und daher noch bewahrtes *i* bewirkter *i*-Umlaut, welcher durch zahlreiche Beispiele aus dem 10. Jahrh., wie *li*[*n*]*ki*, d. h. *længi* (got. *laggei*) 'lange' u. a. (s. § 6, 17), bezeugt wird. Erst zu dieser Zeit also ist der Umlaut entstanden in Fällen wie aisl. 3. Sg. Prät. Konj. *telþe* (aus **talidi*) 'zählte' oder Sg. Fem., Masc. Fem. Ntr. Pl. *betre* (got. *batizei*, *-eins*) 'besser', wo nur der Ultimavokal, nicht aber der nach kurzer Silbe synkopierte Pænultimavokal (s. 1 oben) den Umlaut hervorgerufen haben kann. Dieser jüngere *i*-Umlaut ist indessen seinerseits schon gegen das Ende der Vikingerzeit nicht mehr lebendig, denn kein Umlaut wird durch dasjenige *i* bewirkt, welches durch Kürzung älterer *ǣ*, *ai*, *ē* (s. § 34, § 40, c, § 47, b) entstanden ist und nach Ausweis angelsächsischer Lehnwörter (Namen) wie *Bōndi*, *Tōfi*, *Tosti* u. a. schon um 1000 als solches vorhanden war; also *fađir* 'Vater' u. dgl. ohne Umlaut, weil aus **fađēr* < *-*ǣr*. Nur wenn diesem *i* ein (durch den Vokal palatalisiertes) ʒ oder *k* vorhergeht, tritt im Wn. und einigen on. Dialekten Umlaut ein, z. B. Dat. aisl. *dege*, anorw., on. *dæghi* zu *dagr* 'Tag'. — Dagegen ist der jüngere, durch erhaltenes *u* bewirkte *u*-Umlaut so viel später, daß er ohne Zweifel im allgemeinen nicht einmal der Vikingerzeit zuzuschreiben ist, sondern (mit einigen, wie z. B. den § 27, § 29, c, § 35, a und § 37, b erwähnten Ausnahmen) als eine einzelsprachliche, dem Isländischen und einigen norwegischen und schwedischen Mundarten eigentümliche Erscheinung zu betrachten ist. Dieser harmonische *u*-Umlaut fehlt nämlich im Ostnordischen und Altostnorwegischen fast ganz. Am treuesten sind wohl die Verhältnisse, wie sie gegen das Ende der Vikingerzeit waren, in einigen altostnorwegischen Handschriften wiedergegeben, wo man regelmäßig Flexionen findet wie *sǫk*, Dat. Plur. *sakum* 'Sache'; *gafugr*, Acc. Sg. Masc. *gǫfgan* 'großartig'; *iorđ*, Dat. Sg. *iarđu* 'Erde' usw. Dagegen im Ostnordischen ist dieser Wechsel bis auf sehr wenige Spuren schon in vorliterarischer Zeit durch Ausgleichung beseitigt, fast immer zugunsten der unumgelauteten Formen, z. B. *sak* 'Sache' nach *sakum*, Plur. *saþlar* (st. **sǫþlar*) nach Sg. *saþul* 'Sattel'; bisweilen aber doch umgekehrt, z. B. aschw. Gen. *iorþar*, Dat. *iorþo* (sehr alt und selten noch *iarþar*, *iarþu*) nach Nom., Acc. *iorþ* 'Erde'. Übrigens kommen solche Ausgleichungen auch in betreff des *i*-Umlautes in großer Menge vor und zwar in allen altnordischen Sprachen, z. B. Plur. *stađir* st. **stæđir* nach Sg. *staðr* (agutn. umgekehrt *steþr*) 'Stelle'; wn. *bȳð*, *bȳðr*, on. *biūþer* aus urspr. **biūð(u)* 'biete', **bȳð(i)ʀ* 'bietest' usw.

Kock, PBB. XIV, 53. XV, 261. XVIII, 417. XXIII, 509. Sv. landsmålen XII, 7. Arkiv f. nord. fil. X, 288. XII, 128. 249. *Umlaut und Brechung im Altschwedischen* I, II, Lund 1911, 1912. Wadstein, *Fornnorska homiliebokens ljudlära*, S. 142. Sv. landsmålen XIII, 5. Söderberg in *Öfversigt af Filologiska sällskapets i Lund förhandlingar 1881—1888* (Lund 1890), S. 46. Bugge, *Bidrag til den ældste skaldedigtnings historie*, S. 11. Wimmer bei Burg, *Die älteren nordischen Runeninschriften*, S. 157. K. F. Johansson, ZfdPh. XXXI, 294 f. Note. F. de Saussure in *Mélanges Renier*, Paris 1886, S. 391. Sievers, PBB. XII, 482. Noreen, Arkiv f. nord. fil. I, 152. Pipping, *Gotländska studier* (Upps. 1901), S. 97 ff. Neuphilologische Mitteilungen 15/11—15/12 1902, S. 1 ff. Hesselman, *Västnordiska studier* II, Upps. 1913. — Eine von der landläufigen Auffassung sehr abweichende Ansicht vertritt Pipping in Mémoires de la société néophilologique à Helsingfors IV, 237 ff.

4. Übersicht des Sonantensystems am Ende der Vikingerzeit.

§ 52. Phonetische Übersicht:

	Hintere	Palatale: Mittlere		Palatale: Vordere
Vokale: Ohne Labialisierung:	*ā̆*	*ǣ̆*	*ē̆*	*ī̆*
» Labialisierte:	*ǭ̆*[1]	*ø* (offen)		
	ō̆		*ø̄̆* (geschlossen)	
	ū̆			*ȳ̆*[2]

Diphthonge: Fallende: lange *æi*, *ǫu*, *øy*, *iu* (dies bald in *iū* übergehend); kurze (bald in steigende übergehend) *ia*, *io*, *iu*.

» Steigende: lange *iū* (s. gleich oben); *wā*, *wǣ*, *wǭ*, *wē*, *wī*; kurze *wa*, *wæ*, *wǫ*, *we*, *wi*[3]; später auch *ia*, *io*, *iu* (s. gleich oben).

Triphthonge, steigend-fallend: *iǫu*; *wæi*.

Alle Vokale und Diphthonge können unter Umständen (s. § 24) nasaliert sein.[4].

[1] In der ostnordischen (und vielleicht in der westnordischen nach *i*, s. § 28, c) Literatur *o* geschrieben. — [2] Länge wird im Westnordischen (wenn überhaupt) durch Akut, im Ostnordischen gewöhnlich gar nicht (ausnahmsweise durch Doppelschreibung des Vokals oder — im Altdänischen — durch ein über den Vokal gesetztes ˘) bezeichnet. — [3] Wn. *uā*, *uǣ* usw. geschrieben. — [4] Nasalierung wird nicht bezeichnet.

§ 53. **Etymologische Übersicht** (der starktonigen Sonanten):

Altererbte: *a e i o u; ā ē ī ō ū; æi ǫu iū; wa we wi; wā wē wī; iǫu; wæi.*
A-Umlaute: — *ia e* — *o;* — — — — —; — — —; — — *we;* — — —; —; — .
I-Umlaute: *æ i* — — *y; ǣ* — — *ǿ ȳ;* — *øy ȳ; wæ wi* —; *wǣ* — —; —; — .
U-Umlaute: *ǫ io y* — —; *ǭ* — *ȳ* — —; *øy* — —; *wǫ (w)ø y; wǭ* — *ȳ;* —; *(w)øy.*
(ia, iu)

Zu den Umlautsvokalen kommen noch teils die durch *i*-Umlaut aus dem *a*-Umlaute *o* und den *u*-Umlauten *ǫ, io, ia, iu* entstandenen *ø*, resp. *ø, ø, æ, y*, teils die durch *u*-Umlaut aus den *i*-Umlauten *(w)æ, (w)ǣ* entstandenen *ø, ǿ* sowie durch nochmaligen *u*-Umlaut aus *wǫ, wǭ* nach § 27 und 35, a entwickelten *o, ō.*

§ 54. Die **Betonungsverhältnisse** waren wohl noch zu dieser Zeit über den ganzen Norden so ziemlich dieselben. Die folgende Darstellung basiert hauptsächlich auf das Altschwedische, dessen Akzentuation bis jetzt am besten eruiert ist, aber ist wohl doch im großen und ganzen auch für die übrigen altnordischen Sprachen dieser Zeit zutreffend.

I. Der **Hauptton** ruhte der Regel nach in einfachen Wörtern auf der Wurzelsilbe, in zusammengesetzten Wörtern auf der Wurzelsilbe des ersten Gliedes. Diese Regel erleidet jedoch viele Ausnahmen, indem nämlich:

1) Sehr viele zusammengesetzte Wörter mit einsilbigem ersten Gliede hatten (wenigstens alternativ) den Hauptton auf der Wurzelsilbe des letzten Kompositionsgliedes. Solche sind:

a) Die meisten Wörter, die mit den Partikeln *for-* 'ver-', *of(r)-* 'allzu', *tor-* 'schwer'-, und viele, die mit *and-* 'gegen-', *mis-* 'miß-', *ú-* (neben ursprünglich haupttonigem *ó-*) 'un-', *á* 'an', *af* 'ab', *at* 'zu', 'an', *bort (burt)* 'weg', *fram(m)* 'hervor', *inn* 'ein', *til* 'zu', *um* 'um', *upp* 'auf', *út* 'aus', *vel* 'wohl' als erstem Glied zusammengesetzt sind, besonders wenn das Kompositum ein Verb (inklusive Verbalsubstantiv und -adjektiv) ist. Z. B. aisl. *ofrgiald* 'übergroße Vergeltung', aschw. *ofstarker* 'zu stark', aisl. *forynia* (aus **forrynia*) 'Vorbote', aschw. *forvarþa* 'vergehen', *anzwara* 'erwidern', aisl. *miskunn* 'Erbarmen', anorw. *úræinn* (aisl. *óhreinn*) 'unrein', aschw. *āfinna* 'entdecken', *afskæra* 'abschneiden', *atskilia* 'trennen', *bortgā* 'weg gehen', *framføra* 'vorführen', *inlēþa* 'einleiten', *tilgā* 'geschehen', *vælsigna* 'segnen' usw.

b) Viele einzelne Wörter mit einsilbigem ersten Glied, z. B. aisl. *árhialmr* 'Bronzehelm' (zu *eir* 'Bronze'), *huimleiþr* 'jedem verhaßt' (zu *hueim* 'wem'), *Harþangr* (zu *Hǫrþar*, vgl. § 51, 4), *Þurîþr* (aus * *Þūr-[f]rīðʀ*), *Girkland* 'Griechenland' (zu *Grikker* 'Griechen'), aschw. *Swānalder* (vgl. aisl. *Sueinn*), *ranzaka* 'untersuchen', *hughswala* 'trösten', *ǿþmiūka* 'demütigen', *vinskaper* 'Freundschaft', *rætvīs* 'gerecht', *vīsdōmber* 'Weistum' usw.

Bei vielen ursprünglich hierher gehörigen Wörtern ist die Betonung in literarischer Zeit zugunsten der gewöhnlicheren aufgegeben und ist dann nur aus den lautlichen Verhältnissen des Wortes zu erschließen, z. B. aisl. *ellefo*, aschw. *ællivu* (engl. *elléven*, ags. *endleofan*; vgl. § 70) 'elf'. Außerdem ist zu merken, daß viele, wenn nicht die meisten der oben (unter a und b) angeführten Wörter und ihresgleichen schon in der Vikingerzeit schwankende Betonung hatten, so daß bald das erste, bald das letzte Glied haupttonig sein konnte. Dadurch sind in vielen Fällen lautliche Doppelformen entstanden, z. B. aisl. *fóst(r)syster : fósyster* 'Pflegeschwester'; *nekkuat* (*nǫkkuat*; aus **n[e-w]ǽt-[e]k-hwat*, s. § 41, b): *nakkuat* (**n[e-w]āt-[e]k-hwa't*, s. § 40, b, β) 'etwas'; *Óláfr*, *-lafr : Áleifr* (s. § 40, b, β und § 51, 4); *Þorlákr : Þorleikr* (s. § 40, b, β); aschw. *bryllop : brulǿp* (s. § 51, 4; vgl. anorw. *bryllaup : brilaup*) 'Hochzeit'; *Gǿtstaver : Go(t)staver*; *līkame* (später *līgheme*) *: līkami* (nschw. *leka'men*) 'Körper'; *artogh*: agutn. *ertaug* '$^1/_{24}$ Mark' (s. § 51, 4).

2) Verschiedene einfache Wörter haben den Hauptton auf der Ableitungssilbe, wenn auch die meisten alternativ haupttonige Wurzelsilbe haben können. Hierher gehören:

a) Viele mit *-ing-* und *-ung-* abgeleitete Wörter, z. B. wn. *teningr* (und *tenningr* mit haupttoniger Wurzelsilbe) 'Würfel'; *kening* (und *kenning*) 'poetische Umschreibung'; aschw. *twilinger* (und *twillinger*) 'Zwilling'; *brylunger* (und *brǫllunger*) 'Geschwisterkind männlicher Seite'; adän. *thining* (und *thinning*) 'Schläfe'; *uningæ-logh* (und *unningæ-*) 'Fundgeld'.

b) Einzelne Fälle wie aschw. *fiænde* (neben *fīande* mit haupttoniger Antepænultima) 'Feind'; *mæniskia* (neben *mænniskia*) 'Mensch'; *væþur* (vgl. aisl. *veðr*) 'Widder'; *alrēgh* (gewöhnlich *aldrīgh*) 'nie'; adän. *san(n)ænd* 'Wahrheit'.

3) Wörter, die proklitisch oder enklitisch stehen, haben höchstens schwachen Nebenton, z. B. wn. *eþa* (got. *aiþþau*) 'oder'; on., wn. *meþan* (got. *miþþanei*) 'während'; on., wn. *þikia* (neben betontem *þykkia*) 'dünken'; on., wn. *ek(k)e* 'nicht' u. a. m.

II. Starker Nebenton tritt in folgenden Fällen auf:

1) Auf der Wurzelsilbe des nicht haupttonigen Gliedes eines zusammengesetzten Wortes, z. B. aisl. *kirkiogarþr* 'Friedhof', aschw.

forfallaløs 'ohne gesetzmäßige Ursache'. Ausnahmen hiervon sind:

a) Keinen oder schwachen (je nachdem die Formen ein- oder zweisilbig sind) Nebenton hat der suffigierte Artikel, z. B. *bóken, -in* 'das Buch', *barnet, -it* 'das Kind', *konungsens, -ins* 'des Königs', *stólenom, -inum* 'dem Stuhle'.

b) Schwachen oder gar keinen Nebenton haben viele Wörter, denen das Gefühl der Zusammensetzung abhanden gekommen ist, z. B. aisl. *Alrekr* aus **Ala-rīkR*; *þanneg* aus **þann-weg* 'dorthin'; *tottogo* 'zwanzig'; *Hló(r)riþe* (aus **Hló-rǽđi*, s. § 34 Schluß) 'der Donnergott'; *Sigorþr* aus *-wǫrđr* (s. § 27); *Hamþer* aus *Hamþér*; aschw. *vær(u)ld* (vgl. aisl. *verǫld*) 'Welt'; *hwīl(i)kin* (vgl. aisl. *huilíkr*) 'welcher'; anorw. *Guđor* aus **Guđ-wǫr*; Dat. *Nór(e)ge*, aschw. *Nōr(e)ghe* 'Norwegen'. Oft kommt noch alternativ starker Nebenton vor, was zu Doppelformen Anlaß gibt, wie z. B. aisl. *Nóregr* : *Norvegr* 'Norwegen', *vesall*, aschw. *ūsal* (aus -**sāll*) : *vesǽll*, aschw. *ō-*, *ūsǣl* 'elend' (zu *sǣl*, aisl. *sǽll* 'glücklich), Mannsnamen wie *Þorbern* : *-biorn*, *Þorvaster* : *-faster* u. a. m.

2) Auf sehr vielen Ableitungssilben wie *-and-*, *-īn-*, *-ind-*, *-ing-*, *-isk-*, *-ist-*, *-und-*, *-ung-*, *-ærn-* und noch anderen, wofern sie nicht gar haupttonig sind (s. oben I, 2), z. B. aisl. *erfinge*, aschw. *ærvinge* 'Erbe'; wn. *víkingr* 'Vikinger'; wn., on. *faþærne*, *mōþærne* 'väterliche, mütterliche Seite'; aschw. *fæþrīne*, *møþrīne* dass.; anorw. *hæimull*, *-ill*, aschw. *hēmul* 'von Rechts wegen gestattet'; aisl. *réttynde* 'Recht'; aschw. *āttunde* 'achte'; *sannind* 'Wahrheit'; *gutnisker* 'gotländisch'; *þiānist* 'Dienst'; *køpunger* (aisl. *kaupangr*, wohl aus **-wangr*) 'Stadt'; aisl. *eigande*, aschw. *ēghande* 'Besitzer'; anorw. *ærfǽde*, aschw. *arvǣþe* 'Arbeit, Gebühr'; aisl. *apynia* (neben *apinia* mit schwachtoniger Pænultima) 'Äffin'. Später wird der starke Nebenton hier oft reduziert.

Der starke Nebenton ist seinem Ursprung nach ein reduzierter Hauptton. Dessen Dasein deutet demnach an, entweder daß die stark nebentonige Silbe einst haupttonig war, oder daß das Wort zusammengesetzt ist, oder daß es seine Betonung nach der Analogie eines zusammengesetzten Wortes bekommen hat.

III. Schwacher Nebenton kommt der Regel nach derjenigen Silbe zu, die in einem einfachen Wort unmittelbar auf eine haupttonige Silbe folgt, z. B. *tunga* 'Zunge', Pl. aisl. *gester*, aschw. *gæstir* 'Gäste', Prät. *kallaþe* 'rief', *fiskare* 'Fischer'. Jedoch fehlt der Nebenton:

1) In den meisten zweisilbigen Komparativen, z. B. on., wn. *stǿrre* 'größer', *yngre* 'jünger', *fǽrre* 'weniger', *bętre* 'besser' (aber mit Nebenton wn. *meire,* on. *mēre* 'größer', wn. *fleire*, on. *flēre* 'zahlreicher').

2) In einigen Wörtern, die oft proklitisch oder enklitisch stehen, gewöhnlich auch dann, wenn sie betont gebraucht werden, z. B. aschw. *undir* 'unter', *æptir* 'nach', *hwarke* 'weder'.

3) In einzelnen Wörtern — deren Anzahl mit der Zeit immer zunimmt, besonders im Wn. — wenigstens alternativ, wie on., wn. *nío* 'neun', *tío* 'zehn'.

Wenn die haupttonige Silbe kurz ist, so ist — wie besonders der aschw. Vokalbalanz ausweist — ursprünglich der Nebenton etwas stärker als sonst («halbstark») gewesen, z. B. aschw. *gatȁ* (in ältester Zeit *gatā,* dann *gată*) 'Gasse', Pl. *vinȉr* 'Freunde', Prät. *talȁþe* 'redete', *kolȁre* 'Köhler' usw. Diese Betonung ist wohl doch in den westnordischen Sprachen früh durch schwachen Nebenton ersetzt worden (jedoch noch heute nicht z. B. in dem norwegischen Dialekt von Telemark, wo sie vielmehr verstärkt worden ist), am frühesten im Altisländischen; ziemlich früh wohl auch im Altdänischen (schon vorliterarisch in den seeländischen und jütischen Dialekten) und in einigen altschwedischen Mundarten. Proklitische oder enklitische Wörter haben schon früher ganz unbetonte Ultima, z. B. on., wn. *ifir*, *-er* 'über', *firir*, *-er* 'für' neben betontem *yfir*, *fyrir* (vgl. oben III, 3).

Der schwache Nebenton ist seinem Ursprung nach im allgemeinen ein reduzierter starker Nebenton und hat daher im Grunde dieselben Voraussetzungen wie dieser. Der Zusammenhang des altnordischen Nebentones mit der ursprünglichen indoeuropäischen Ultimabetonung geht u. a. aus dem Umstande hervor, daß die altnordische Synkope lautgesetzlich unterbleibt (resp. Nebenton sich findet) in vielen Silben, die in indoeuropäischer Zeit betont waren, z. B. 3. Pl. Prät. Ind. *bundo* zu *batt* 'band' (vgl. sskr. Pl. *vidús* zu *véda* 'weiß'); vgl. auch den Gegensatz von wn. *sió*, on. *siū* (gr. ἑπτά, ved. *saptá*) 'sieben' neben wn. *ní-* (gr. ἐν-νέα, skr. *náva*) 'neun' und *té-* (gr. δέκα, sskr. *dáça*) 'zehn' (vgl. § 85, 8, § 224, § 226, § 227). Dasselbe beweist das Fehlen des Nebentones in Wörtern, die in indoeuropäischer Zeit die Wurzelsilbe haupttonig hatten, z. B. zweisilbige Komparative wie aisl. *ǿre* (got. *jūhiza*) zu *ungr* 'jung', *ellre* (got. *alþiza*) zu *aldenn* 'alt' (vgl. gr. κρέσσων zu κρατύς 'stark', θάσσων zu ταχύς 'schnell' u. a.).

IV. Unton kommt allen übrigen Silben zu.

Kock, *Språkhistoriska undersökningar om svensk akcent* II, 311—386. 394—403. 432—450. 496. *Studier öfver fornsvensk ljudlära*, S. 140. 226—232. 271. 297—310. 367—369. *Undersökningar i svensk språkhistoria*, S. 48. 55. 62. Arkiv f. nord. fil. IV, 165. V, 67. 74. VII, 370 Note. *Die alt- und neuschwedische Accentuierung*, S. 89. 208 und bes. 219 ff. Sievers, PBB. VIII, 75. IX, 561. Bugge, *Norræn fornkvæði*, Chra. 1867, S. 36 Note. Arkiv f. nord. fil. II, 226. Aarbøger 1884, S. 87 f. Falk, Arkiv f. nord. fil. IV, 358. Larsson, ib. IX, 122. Beckman, ib. XV, 74. Craigie, ib. XVI, 360, Noreen in Encyclopædia Britannica Vol. XXI, 372. Jessen, ZfdPh. II, 139. Wadstein, *Norska homiliebokens ljudlära*, S. 122. 125. N. Bure, *Rytmiska studier öfver knittelversen* (Lund 1898), S. 19 ff.

B. Die Konsonanten.

§ 55. Das Urnordische übernahm aus urgermanischer Zeit wenigstens folgende Konsonanten: Halbvokale *w ww*; *j jj*. Liquidæ *l ll*; *r rr*. Nasale *m mm*; *n nn*; *ŋ*. Stimmhafte Spiranten *ƀ*; *đ*; *z*; *ʒ*. Stimmlose Spiranten *f ff*?; *þ þþ*; *s ss*; *h hh*. Stimmhafte Explosivæ *b bb*; *d dd*; *g gg*. Stimmlose Explosivæ *p pp*; *t tt*; *k kk*. Selten waren die stimmh. Expl., indem *b*, *d*, *g* wahrscheinlich nur nach den entsprechenden Nasalen (resp. *m*, *n*, *ŋ*) vorkamen; sehr selten die langen stimmlosen Spiranten.

1. Qualitative Veränderungen.

§ 56. *w* (d. h. konsonantisches *u*) geht vor *ă*, *ĕ*, *ĭ*, *ŏ*, *ǽ* anlautend und nach Vokalen seit dem Ende der Vikingerzeit allmählich im ganzen Norden — mit Ausnahme einiger Mundarten, besonders im nördlichen Jütland — in bilabiales (*ƀ*), woraus dann später labiodentales, *v* über, wie aus runischen Schreibungen wie *faʀ* st. *uaʀ* 'war' (urnord. *was*) hervorgeht; vgl. aisl. *ǽfe* neben *ǽve* 'Leben', *snifenn* neben *snivenn* 'beschneit' und dgl. Schon um 1000 zeigt sich eine Assonanz wie *Suívor*: *life* (Þorbiorn dísarskald), welche den Übergang voraussetzt, aber vollständig durchgeführt dürfte er im Aisl. erst um 1200 sein.

Kock, Arkiv f. nord. fil. V, 87. *Studier öfver fornsv. ljudlära*, S. 4. 20. Groth, *Det AM. haandskrift 310 quarto*, S. XXXIV. Gering, PBB. XIII, 202. Kahle, *Die Sprache der Skalden*, S. 69. Sijmons, *Die lieder der Edda* I, CLXXIV. O. v. Friesen, *Till den nordiska språkhistorien*, S. 59 ff. Mogk, Indogerm. Forsch. XXVI, 209. E. Noreen, Studier i nordisk filologi III, 5, S. 1 ff.

§ 57. *ww* und *jj* werden zu resp. *ggw*, *ggj* (zunächst vielleicht aus *ʒw*, *ʒj* nach § 79 entstanden), z. B. wn. *hǫggua* 'hauen', agutn.

hagguin 'gehauen' (ahd. *houwan*); wn. *tryggr*, on. *trygger* (aus **triggwia-*) 'treu' (ahd. *triuwi*); wn., on. *twæggia* 'zweier' (ahd. *zweiio*); *æg(g)* aus **aggja-* 'Ei'. Nach dem finn. Lehnwort *kuva* 'Bild' (aisl. *skugge* 'Schatten', got. *skuggwa* 'Spiegel') und urnord. *Niuwila* (Næsbjærg) zu urteilen, wäre dieser Übergang nicht der älteren urnordischen Zeit (vor 600) zuzuschreiben; aber wenigstens in der Vikingerzeit war *gg* da, z. B. Vedelspang Acc. Sg. *Siktriku* (aisl. *Sigtrygg*).

Vgl. (abweichend) Bugge, Arkiv f. nord. fil. VIII, 22. O. v. Friesen, *Till den nord. språkhistorien* II, 5 Note.

§ 58. *m* geht vor *n* in *ƀ* über, z. B. Rök Dat. Pl. *nabnum* (got. *namnam*) 'Namen'; Inschrift von Ludgo Dat. Sg. *hifni*, aisl. selt. *hifne* (neben analogischem *himne*) zu *himinn* 'Himmel'.

§ 59. *nn* wird vor *r* (nicht vor dem aus *z* entstandenen *ʀ*) zu *đ*, z. B. aisl. *iþre* aus **innerē* 'innerer' (vgl. *minne* aus **minniʀē*, got. *minniza* 'minder'); wn., on. Pl. *aþrir* zu *annar(r)* 'ander'. Da die Gruppe *nnr* immer durch Synkope entstanden ist, fällt demnach dieser Übergang frühestens in die Vikingerzeit (Beisp. bei Einarr Skálaglamm gegen 1000). Auch wo etwas später ein aus *ʀ* entwickeltes *r* (s. § 62) zu *nn* tritt, findet dieselbe Entwickelung statt, z. B. aisl. Pl. *meþr* (aus **mænn-r* mit neu hinzugetretenem Plural-*r*) neben *menn* (aus **manniʀ*, got. *mans*) 'Männer'. Durch Ausgleichung entstehen dann häufig Nebenformen mit *nnr* (woraus dann aschw. *ndr*), z. B. aisl. *innre* (aschw. *indre*) nach *innan* 'innerhalb', *mennr* nach Gen. Pl. *manna* und dgl.

§ 60. *ƀ* wird in folgenden Fällen verändert:

a) Im Anlaut zu *b* und zwar wenigstens schon im 8. Jahrh. (s. § 6, 7), z. B. aisl. *bera* 'tragen'.

b) Im Auslaut zu *f* schon vor 700, z. B. Stentofta *ʒaf* 'gab'. Später wird *ƀ* zu *f* auch inlautend vor *k*, *s*, *t*, z. B. aisl. *rifka* (zu ndd. *rībe*) 'vermehren', aschw. *þæfka* 'kosten' zu *þæver* 'Geschmack', wn., on. Gen. Sg. *liūfs*, Nom. Sg. Ntr. *liūft* zu *liūver* 'lieb'. Dieser Übergang fällt nach der Synkope, welche erst die Gruppen *ƀk*, *ƀs*, *ƀt* schafft. Vgl. 64, b.

c) Ueber *ƀ* > *w* in urnord. Zeit s. § 85, 8.

§ 61. *đ* erleidet dreifache Veränderung:

a) Zu *d* anlautend und nach *l* sowie bei Gemination (s. § 73) wenigstens schon im Anfang des 8. Jahrhs., dann in der Vikingerzeit auch, wo nach starktonigem Vokal zwei *đ* durch Synkope zusammentreffen, und — nach Ausweis der Skaldenreime wenigstens schon um 900 — nach einer auf *l*, *n* auslautenden langen oder schwachtonigen Silbe, z. B. Helnæs *truknaþu*, d. h. *drukknađu* 'ertranken'; Sönder Vissinge *tutiʀ*, d. h. *dōttiʀ* 'Tochter' (vgl. urnord. Tune *đohtriʀ* 'Töchter'); Vatn *RhoᴀltR*, d. h. *HrōaldR* (vgl. urnord. Tjurkö *Heldaʀ*, aisl. *Hialdr*); on., wn. *gaddr* (aus **ʒađđaʀ* aus **ʒazdaz*, got. *gazds*) 'Stachel'; Tryggevælde Nom. Pl. M. *futiʀ*, d. h. *føddiʀ* (got. *fōdidai*) 'geboren'; on., wn. *guddómr* 'Gottheit' zu *guþ* 'Gott'; *felda* (aus **fallidō*) 'fällte', wn. *girnda* (**ʒernidō*) 'machte begierig', Mannsnamen wie *Hal-*, *Steindórr* (aus *-*đorʀ*, s. § 78 und § 65, a) zu *Þórr*. — Über in dieser Weise entstandenes *ld* im Auslaut s. § 67.

H. Celander, *Om övergången av đ > d i fornisländskan och fornnorskan* (Lund. 1906).

b) zu *þ* auslautend schon vor 700, z. B. Stentofta *ƀariutiþ* 'bricht'. Später auch nach *k*, *p*, *s* und aus *lþ*, *nþ* entstandenem *ll*, *nn* sowie nach *l*, *n*, wenn ihnen stimmloser Konsonant voranging, ferner vor *k* (jedoch nicht in allen Dialekten, s. § 175, b) und *s*; d. h. im allgemeinen: nach und vor stimmlosen Konsonanten. Da alle die betreffenden Konsonantengruppen erst durch Synkope entstanden sind, fällt dieser spätere Übergang demnach in die Vikingerzeit. Noch etwas später (im allgemeinen wohl um 900 oder zum Teil etwas früher) geht dies *þ* nach *s* und den genannten *(l)l*, *(n)n* sowie vor *s* in *t* über. Z. B. aisl. Prät. *merkþe* 'bezeichnete', *dreypþe* 'ließ tropfen', *reiste* (got. *raisida*; runisch noch im 11. Jahrh. oft — wohl mit archaisierender Orthographie — *raisþi* neben *raisti*, das schon in der Tjängvide-Inschrift auftritt) 'errichtete', *vilte* (aus **wilþide*) 'führte irre', *nente* (got. *nanþida*) 'wagte', *mælte* (got. *maþlida*) 'sprach', *væ̨pnte* 'bewaffnete', *víþka* 'erweitern' (zu *víþr* 'weit'), *sízt* 'zuletzt' (zu *síþr* 'weniger'). Vor *s* wird jedoch oft *đ* analogisch wieder eingeführt, z. B. Gen. Sg. *orþs* neben *orz* nach *orþ* 'Wort'.

Hoffory, Arkiv f. nord. fil. II, 32. 86. Mogk, AfdA. X, 64. Gering, *Íslenzk Æventýri*. I. Halle, 1882, S. XVIII. Celander, a. O., S. 98 ff.

c) Zu *ʒ* zwischen *ia*, *iǫ*, *io*, *iu*, *iǫu*, *au* und folgendem *u*, wenigstens schon vor 900, z. B. Rök *fiakur-*, on. *fiughur*, wn. *fiogor* (got. *fidur*, s. § 28, c) neben Masc. on. *fiūrir*, wn. *fiórer* aus **fiođriʀ* (nach § 85, 9, a) 'vier'; on., wn. *iúgr* neben wn. *iúr* durch Ausgleichung von Nom. **iúgor* (aus **iǫuʒur* § 110, a < **euđur*, afr. *iader*), Dat. *iúre* < **iúđri* (anal. statt **ióđri* aus **iǫuđrē* § 110, b) 'Euter'; der Mannsname anorw. *Augun* neben *Auđun*, aisl. *Auþon(n)*. Ebenso wo *đ* nach b oben aus *þ* entstanden ist, z. B. anorw. *laugurdagr* (aisl. *laugar-* nach dem Gen. von *laug* 'Bad' umgebildet), aschw. *løghordagher* 'Sonnabend' zu wn. *lauþr* (ags. *léador*) 'Lauge, Aschenlauge'.

Noreen, *Svenska etymologier,* S. 40 ff.

§ 62. *z* ist wahrscheinlich schon in den allerältesten urnord. Inschriften (aber sicher noch nicht in den ältesten finnisch-lappischen Lehnwörtern, z. B. finn. *armas*, aisl. *armr* 'arm', *tiuris*, aisl. *dýrr* 'teuer'; lapp. *garves*, aisl. *gǫrr* 'fertig', *haitis*, aisl. *heitr* 'heiß') durchgehends zu (einem mit besonderem Zeichen ausgedrückten palatalen *r*-Laut) *ʀ* geworden, z. B. Torsbjærg *mariʀ* (kaum noch *māriz* ausgesprochen; got. *mērs*) 'berühmt'; bei Jordanes *Fervir* 'die Einwohner von Fjäre bezirk'. Dies *ʀ* geht dann (wo es nicht durch Assimilation schwindet, s. § 77) in der Vikingerzeit nach dentalen und interdentalen Konsonanten in gewöhnliches *r* über, jedoch nicht in allen Gegenden zu ganz derselben Zeit, in Dänemark und Norwegen schon um 900, in Schweden erst etwas später. Z. B. Glavendrup, Tryggevælde *Raknhiltr*, d. h. *Raȝnhildr*, aber noch kurz vorher Nörre Nærå *Þurmu[n]tʀ*, d. h. *Þōrmundʀ*, und Valby (in Norwegen) *Auarþʀ*; Högby *Asmu[n]tr*, aber noch Rök *histʀ*, d. h. *hestʀ* 'Pferd'. In übrigen Stellungen bleibt *ʀ* weit über die Vikingerzeit hinaus.

Wimmer, *Die Runenschrift,* S. 296. 332. Bugge, *Norges Indskrifter med de ældre Runer,* S. 511.

§ 63. ȝ wird in zweifacher Weise verändert:

a) Zu *g* anlautend (im 8. Jahrh.) und bei Dehnung (wenigstens um 900), z. B. aisl. *gestr* (urnord. -*ȝastiʀ*) 'Gast'; Helnæs *kuþi*, d. h. aisl. *goþe* 'Priester'; aisl. *geirr* 'Spieß' (aber inlautend -*ȝæirr*, z. B. in aschw. *Styrgher*, *Boþgher*; vgl. mschw. *Vīdhiærver* zu *diærver* 'keck', s. § 61, a); Rök *likia*, d. h. wn., on. *liggia* 'liegen' (vgl. § 79).

b) Zu *h* (stimmlose Spirans), woraus später (am spätesten in starktonigen Silben) *k*, nach und vor *s*, *t*, z. B. Gen. Sg. aschw. *hwarske*, aisl. *hudrskes* zu *hudrge* 'keiner von beiden'; aisl. *vitke* (ags. *wít(e)ȝa*, ahd. *wīzzago*) 'Zauberer'; wn., aschw. *systkin* aus **syst(r)ȝin* 'Geschwister'; Gen. Sg. wn. *heilax*, on. *hēlax* und Nom., Acc. Sg. Ntr. wn. *heilakt*, on. *hēlakt* zu *heilagr*, *hēlagher* 'heilig'. Vor *s*, *t* tritt aber sehr oft ȝ wieder analogisch ein, z. B. *heilags* (*hēlaghs*), *heilagt* (*hēlaght*). Der Übergang setzt die Synkope voraus und fällt demnach in die Vikingerzeit oder vielleicht etwas später (zwischen starktonigem Vokal und *t* erst um 1200). — Über auslautendes ȝ > *h* in urnord. Zeit s. § 85, 10, b.

§ 64. *f* (altes oder nach § 60, b entstandenes) erleidet ebenso eine zweifache Veränderung:

a) Zu *ƀ* auslautend nach, inlautend zwischen stimmhaften Lauten, z. B. wn., on. *gaf* (d. h. *gaƀ* aus urnord. *gaf* Stentofta) 'gab', *hævia* (got. *hafjan*) 'heben', *þorva*, *þurva* 'bedürfen', der Mannsname on., anorw. *Þorvastr* zu *fastr* (wonach *Þorfastr*). Noch bis in das 10. Jahrh. sind die Laute streng geschieden und demgemäß verschieden bezeichnet, z. B. Rök *tualf* 'zwölf', Pl. *-ulfaʀ* 'Wölfe', aber *ub* (ahd. *oba*) 'ob', Pl. *ualraubaʀ* 'Beuten' (vgl. d. *rauben*); Kärnbo *-ulf* 'Wolf', aber *sialbʀ* 'selber'; noch Bække (um 950) *aft* 'nach', aber *Hribną* (d. h. *Hræbna*, vgl. d. *Raben*). Gegen das Ende des Jahrhs. tritt aber Vermischung der Laute und Zeichen ein, z. B. schon Gunderup II (c. 970) *abt*, *-ulb*. Vgl. § 6, 21.

b) Zu *p* vor *s*, *t* und nach *s*, z. B. on., wn. *repsa* (ahd. *refsan*) 'züchtigen', *opt* 'oft', Nom., Acc. Sg. Ntr. *liūpt* zu aschw. *liūver* 'lieb'; wn. *húspreyia*, aschw. *hūsprēa*, agutn. (runisch) *husbroia* 'Hausfrau'; mit unursprünglichem *f* (s. § 60, b) on., wn. *ups* (vgl. got. *ubizwa*) 'Traufdach'. Der Übergang ist erst aus dem Ende der Vikingerzeit durch Skaldenreime spärlich belegt, und viele (bes. on. und anorw.) Mundarten haben ihn wohl nie durchgeführt. Die nicht seltenen Schreibungen *pft* (so besonders im Wn.), *fpt* (besonders im On.) drücken wohl verschiedene Übergangsstadien aus, resp. bilabiales *f* (woraus später *p*) + dentilabiales *f* + *t* und bilabiales *f* + *p* + *t*; möglicherweise deutet *pft* auch einen neuen Übergang von *pt* zu *ft* (mit dentilabialem *f*) an; vgl. § 127, § 180, a. Jedenfalls ist schon in der ältesten Literatur *p* sehr oft durch analogisches *f* ersetzt worden, z. B. aisl. *liúft* nach *liúfr*, *húsfreyia* nach *freyia*.

Kahle, *Die Sprache der Skalden*, S. 68.

§ 65. *þ* (altes oder nach § 61, b entstandenes) wird in zweifacher Weise verändert:

a) Zu *đ* (aisl. und on. *þ* geschrieben) inlautend — außer in den alten Verbindungen *lþ*, *nþ* (s. § 78) — zwischen stimmhaften Lauten, anlautend in schwachtonigen Wörtern, z. B. on., aisl., anorw. *bróđer* (got. *broþar*) 'Bruder', *værđa* (got. *wairþan*) 'werden', *đu*, *đat* neben *þú* 'du', *þat* 'das', *Hamđer*, *Sigđer* u. a. zu urnord. *þewaʀ*. Der Übergang fällt wahrscheinlich bald nach 700, s. § 6, 5. Später tritt derselbe Übergang auch auslautend nach stimmhaften Lauten ein.

b) Zu *t* in urnord. Auslaut und bei Gemination, z. B. Prät. aisl.

kuat (anal. *kuaþ* nach *kueþa*; got. *qaþ*) 'sprach', aschw. *vart* (anal. *varþ*; got. *warþ*) 'ward', *bøt* (aus urnord. **baup* < **baud* § 61, b, got. *baud*; anal. *bøþ*) 'bot': aisl. *motte* (ags. *moþþe*) 'Motte'; aisl. *kuettu* 'sprich' aus *kueþ-þú*.

c) Zu *f* anlautend vor *l* (wenn wirklich, wie gewöhnlich angenommen wird, das got. *þl* primär ist), z. B. on., wn. *flýr* (got. *þliuhis*) 'fliehst', wn. *flár* 'falsch' (vgl. got. *ga-þlaihan* 'liebkosen').

Noreen, *Abriß der urgerm. Lautlehre*, S. 197 f. Zupitza, Die *germ. gutturale*, S. 131.

§ 66. *h* (stimmlose Spirans) wird verändert:

a) Anlautend zu *h* (bloßem Hauchlaut) vor sonantischen Vokalen und *l*, *n*, *r*, z. B. on.., wn. *horn* 'Horn', aisl. *hlaupa* 'laufen'. Der Übergang gehört wenigstens dem 8. Jahrh., s. § 6, 8.

b) Inlautend zu *k* zwischen kurzem Vokal oder einem Konsonanten und *s*, z. B. on., wn. *ax* (got. *ahs*) 'Ähre', wn. *fylxne* (got. *fulhsni*) 'Versteck'; aber *nýsa* (got. *niuhsjan*) 'spähen', *þísl* 'Deichsel' u. dgl. nach § 85, 12.

§ 67. *d* und *g* werden im 8. Jahrh. auslautend zu resp. *t* und *k*, z. B. Prät. Sg. wn. *batt* (aus **bant*, s. § 69), on. *bant* (analogisch st. **batt*) 'band'; wn., on. *galt* (zunächst aus **gald* und dies aus **ʒald*, s. § 61, a) 'galt'; wn. *hekk* (vgl. § 69), aschw. *hænk* (st. **hækk*) 'hing' zu resp. *binda*, *gialda*, *hanga*. Der Übergang ist zwar, nach Ausweis von Formen wie *galt*, später als derjenige von *đ* in *d* nach *l* (um 700), aber andererseits früher als die Synkope eines auslautenden nasalierten *a* nach langer Wurzelsilbe (um 800), wie aus dem erhaltenen *d*, *g* in Formen wie Acc. Sg. *band* (aus **bandą*) 'Band', *giald* 'Bezahlung' und *gang* 'Gang' erhellt. — Derselbe Übergang tritt weit später, nach der Synkope und vielleicht noch nicht während der Vikingerzeit, auch inlautend vor *k*, *s*, *t* ein, z. B. aisl. *stentk* aus *stend-(e)k* 'ich stehe', Gen. Sg. wn., on. *lanz* (in den ältesten Gedichten noch *lands*, wie aus Reimen ersichtlich ist) 'Landes', *konunx* 'Königs', Nom., Acc. Sg. Ntr. wn., on. *trykt* zu *trygg(e)r* 'treu'. Indessen sind hier sehr oft *d*, *g* wieder analogisch eingeführt worden, z. B. *lands*, *konungs*, *trygt*.

Mogk, AfdA. X, 65. Hoffory, Arkiv f. nord. fil. II, 93.

§ 68. *g*, *ʒ*, *k* werden durch einen (einst oder noch) unmittelbar folgenden palatalen Vokal palatalisiert. Wo ein solches *g*, *ʒ*, *k* durch Synkope vor einem nicht-palatalen Vokal zu stehen kommt, entfaltet es nach sich ein konsonantisches *i*, z. B. (2-silbig) Dat. Pl. on., wn. *engiom*, *lǽgiom*, *ríkiom* (aus 3-silb. **angiumʀ* usw.) zu *enge* 'Wiese', *læge* 'Lage', *ríke* 'Reich'. Dieselbe Wirkung hat (wegen seiner palatalen Natur) ein unmittelbar vorhergehendes *ʀ*, z. B. on., wn. *mergr*, Gen. *mergiar* (vgl. asl. *mozgŭ*) 'Mark'; in wgerm. Lehnwörtern auch ein vorhergehender palat. Vokal, z. B. wn. *gígia* (mhd. *gīge*) 'Geige', on., wn. *kirkia* (ags. *cirice*) 'Kirche', wn. Pl. *grikkiar* (mit *kk* nach § 79) Griechen.

Zwischen zwei schwachtonigen Vokalen scheint *k* vorliterarisch zu ʒ geworden zu sein, z. B. wn. *þore-g-a* 'ich wage nicht' (aber *sege-k* 'ich sage'), *ellegar* (ags. *ellicor*, got. *aljaleikōs*) 'anders', Adv. auf *-lega* neben *-líka* '-lich'.

2. Quantitative Veränderungen.

α) regressive assimilation.

§ 69. *mp*, *nt*, *ŋk* werden schon im 8. Jahrh., aber erst nach dem Übergang auslautender *nd*, *ŋg* in *nt*, *ŋk* (s. § 67), überall außer wo die Verbindung heterosyllabisch zwischen haupttonigem und nebentonigem Vokal (in den meisten wn. und einigen westlichen on. Dialekten später auch in dieser Stellung, s. § 131, a) zu resp. *pp*, *tt*, *kk* assimiliert, z. B. air. Lehnwort *sopp*, aisl. *soppr* (nach § 27) neben *suǫppr* (mhd. *swamp*) 'Schwamm'; on. *kryplinger* 'Krüppel' zu *krumpin* 'krüppelig'; on., wn. Imperat. *gakk* zu *ganga* 'gehen', *statt* zu *standa* 'stehen'; wn. *vetr* (aus **vettr*, s. § 134, a), aschw. *vætter*, *vitter* 'Winter' (vgl. Rök *uintur* mit nebentoniger Ultima, s. § 50, b); on., wn. *þakk* 'Dank', *drykkr* 'Trunk, Trank'. Wo in verwandten Wortformen *mp*, *nt*, *ŋk* neben *pp*, *tt*, *kk* standen, ist (im On.) später in den meisten Fällen Ausgleichung eingetreten, z. B. aschw. *krymplinger* (wn. *kryppell*) neben *kryplinger* nach *krumpin*; *vatter* und (nach dem Pl.) *vanter* 'Handschuh'; Prät. *bant* (wn. *batt*, selten *bant*) nach Pl. *bundom* 'wir banden'; statt urspr. **drinka* (vgl. aschw. *drinkare* 'Trinker'), Präs. *drekkr*, Prät. *drakk* (vgl. aschw. *drænkir*, wn. *drekker* 'ertränkt'), Pl. **drunkum*, Part. Prät. **drunkinn*, Pl. *drukknir* (vgl. aschw. *drunkna* neben *drukkna*, wn. *drukkna* 'ertrinken') steht mit durchgehender Assimilation *drikka* (wn. *drekka*), *drikker* (wn. *drekkr*), *drak(k)*, *drukkom*, *drukkin(n)* 'trinken'. — Dieselbe Assimilation tritt bei *nt* auch weit später, nach der Synkope, ein, aber dann nur in schwachtoniger Silbe, z. B. on., wn. Nom., Acc. Sg. Ntr. *bundet* (aus **bundett*, s. § 81) zu *bundenn* 'gebunden', aber *vant* zu *vanr* 'gewöhnt'; neben unbetontem *mitt* (*sitt* u. dgl.) zu *minn* 'mein' (*sinn* 'sein') stand einst betontes *mint* (*sint*), das doch nur im Adän. öfter erhalten ist.

§ 70. *nl* wird nach der Synkope bisweilen, wahrscheinlich nur nach ursprünglich schwachtonigem Vokal, zu *ll* assimiliert, z. B. aisl. *ellefo*, aschw. *ællivu* (got. *ainlif*: vgl. § 54, I, 1, b) 'elf'; aisl. *mullaug* (aschw. *mulløgh*) 'Waschbecken' neben *mun(d)laug* mit haupttoniger Pænultima; aschw. *twil(l)inger* (ahd. *zwiniling*; vgl. § 54, I, 2, a) 'Zwilling'; wn. *kristelegr*, on. *kristelīker* 'christlich' zu *kristenn*, *-in* 'christen' u. dgl. mit nach § 81 verkürztem *ll*.

Sverdrup, Arkiv f. nord. fil. XXVII, 146 f.

§ 71. *đl*, wo es durch Synkope entstanden ist, wird — wofern nicht allzu enge Assoziation hindert — gewöhnlich zu *ll*, z. B. on., wn. *frilla* 'Konkubine' zu *friþell* 'Liebhaber'; wn. *á mille* neben *á meþal* 'zwischen'; *brullaup* (aschw. *bryllop*) 'Hochzeit' zu *brúþr* (aschw. *brūþ*) 'Braut'; *Hrollaugr, -leifr* zu *hróþr* 'Ruhm'. Aber (auffallend) wn. *eyþla*, aschw. *øþla* 'Eidechse'; wn. *eþle* neben *aþal* 'Eigenart' u. a. m.

§ 72. *đt*, *dt* werden nach der Synkope zu *tt*, z. B. on., wn. Nom., Acc. Sg. Ntr. *gott* zu *góþr* gut, *føtt* zu *føddr* 'geboren'.

§ 73. *zd*, *zn* werden in urnord. Zeit, vielleicht schon vor dem Übergang des *z* in *ʀ* (s. § 62), zu resp. *đđ* (woraus *dd*, vgl. § 61, a), *nn* assimiliert, z. B. on., wn. *gaddr* (got. *gazds*) 'Stachel', *granne* (got. *garazna*) 'Nachbar'.

Noreen, Arkiv f. nord. fil. V, 394 Note. Lidén, Finn. Ugr. Forschungen XI, 136 Note 5. Setälä, Journal de la Soc. Finn. Ougr. XXIII, 34. Karsten, Neuphilol. Mitteilungen 1906, H. 1—2, S. 15 f.

§ 74. *ht* wird in der Vikingerzeit — wenigstens in Dänemark schon um 900 (s. § 6, 19) — zu *tt*, z. B. Glavendrup *trutin* = aisl. *dróttenn* (finn. Lehnwort *ruhtinas*) 'Herr'; Sönder Vissinge *tutiʀ* = aisl. *dótter* (vgl. urnord. Pl. *đohtriʀ*) 'Tochter'; on., wn. *ambótt* (Orrm. *ambohht*) 'Dienerin'. Ob dialektisch noch in literarischer Zeit Spuren des alten Gutturals zu finden sind, ist unsicher.

Kock, *Studier öfver fornsv. ljudl.*, S. 58. *Undersökningar i sv. språkhist.*, S. 81. Lidén, Arkiv f. nord. fil. III, 238 Note. Bugge, *Studier over de nordiske Gude- og Heltesagns Oprindelse*, S. 225 Note. Arkiv f. nord. fil. IV, 116. *Indskriften paa ringen i Forsa kirke*, S. 57. Brate, *Äldre Vestmannalagens ljudlära*, S. 58. Wadstein, *Fornnorska homiliebokens ljudlära*, S. 110.

§ 75. *tk* wird spät, vielleicht noch nicht in der Vikingerzeit, zu *kk* assimiliert, z. B. on., wn. *ekke* (aus **ætt-ki* und dies aus *æint-ʒi*, s. § 63, b) 'nicht', 'nichts'; wn. *nøkkuerr* (aus **ne-wæit-ek-hwærr*) 'irgend ein'.

β) PROGRESSIVE ASSIMILATION.

§ 76. *đđ*, *tđ* werden, nach der Synkope, zu resp. *dd*, *tt*, z. B. on., wn. Prät. *vende* (aus **vændde*, s. § 80, aus **wandiđe*) 'wandte', *bøtte* (got. *bōtida*) 'verbesserte'.

§ 77. *lʀ*, *nʀ*, *rʀ*, *sʀ* werden in der Vikingerzeit (s. § 6, 10 und 18) zu resp. *ll*, *nn*, *rr*, *ss*, z. B. Kallerup *stain*, aisl. *steinn* (urnord. **stainaʀ*, noch Björneby *stąi[n]ʀ*) 'Stein'; Rök *burin*, aisl. *borenn* 'geboren' (vgl. urnord. *haitinaʀ* 'verheißen'); Malstad, Frösö *sun* (noch Krageholm *sunʀ*) 'Sohn'; Högby *frukn*, aisl. *frøkn* (aus **frøknn*, s. § 80) 'tapfer'; Glavendrup *Þur*, aisl. *Þórr*; Högby *Asur*, aisl. *Ǫzorr*; Högby *karl* (finn. Lehnw. *karilas*) 'Kerl'; Högby *ai[n]taþis*, aschw. *ændaþis(s)* aus **ændađi-s(e)ʀ* 'starb'. Nach dem allgemeinen Übergang des *ʀ* in *r* (s. § 62, § 118 und § 172) ist dieses nach *ll* und *nn* gewöhnlich analogisch wieder eingeführt worden, z. B. Gen. Pl. on., wn. *illra* (neben älterem und seltenem *illa* aus **illʀa*) 'bösen' nach *góþra* 'guten' u. dgl.; Pl. aisl. *meþr* (aus *mennr*, s. § 59; vgl. schon Krageholm Sg. *mąnr*, d. h. *mannr*) neben *menn* (got. *mans*) 'Männer'. Nach aus *lþ*, *nþ* entstandenem *ll*, *nn* (s. § 78) ist vielleicht dies *r* älteren Datums, schon vor der Assimilation *lʀ*, *nʀ* > *ll*, *nn* aus dem *ʀ* entstanden (s. § 62), z. B. aisl. *ellre* aus **alþ(i)ʀe* (got. *alþiza*) 'älter', *muþr* aus **munnr* aus **munþ(a)ʀ* (got. *munþs*) 'Mund'. Unklar ist das Verhältnis der Gruppen *lʀ*, *nʀ* nach (ursprünglichem) kurzem starktonigem Vokal, indem hier *ll* nur selten und *nn* überhaupt nicht vorkommt, sondern gewöhnlich wn. *lr*, *nr*, on. *l*, *n* — die jedoch auch *ll*, *nn* vertreten können — stehen, z. B. wn. *skilr (skill)*, on. *skil(l)* 'scheidet'; wn. *vanr*, on. *van* 'gewöhnt'.

mʀ wird gleichzeitig, aber nur nach schwachtonigem Vokal zu *mm* (woraus nach § 81 später *m*), z. B. Dat. Pl. anorw. *ǫllum(m)*, *allum* 'allen' (vgl. Stentofta noch *ʒestumʀ* 'Gästen' und wn. *þrimr* 'dreien', selten *tueimr* 'zweien' und anorw. *huæimr* 'welchen', weil in starktoniger Silbe); on., wn. *fram(m)* 'hervor' (vgl. § 54, I, 1, a) = got. *framis*; wn. *erom* 'sie sind mir' gleich *ero mér*; schon Snoldelev Dat. Pl. *Salhaukum* = aisl. *-haugom*.

§ 78. *lþ*, *nþ* werden, wenigstens schon im 9. Jahrh. (s. § 6, 15), zu resp. *ll*, *nn* z. B. Rök *ąnart* (aisl. *annat*) zu *annarr* (got. *anþar*) 'ander'; on., wn. *finna* (got. *finþan*) 'finden', *gull* (got. *gulþ*) 'Gold'.

γ) sonstige konsonantendehnung.

§ 79. Vor den Halbvokalen *j, w* (d. h. konsonantischen *i, u*) werden, wenigstens vor 900, ʒ und *k* nach kurzem Vokal gedehnt; statt ʒʒ tritt dann *gg* ein (s. § 63, a). Z. B. Rök *likia* = on., wn. *liggia* (vgl. got. *ligan*) 'liegen'; on., wn. *hyggia* (got. *hugjan*) 'denken'; *lykkia* 'Schlinge' zu *lok* 'Schluß'; anorw. *knækkia* (nschw. *knäcka*) 'zerknicken' zu aschw. *knaka* 'krachen'; wn. *sløkkua*, on. *sløkkia* 'löschen' zu wn. *slokenn*, on. *slukin* 'erloschen'; aisl. *røkkua* 'finster werden' (vgl. got. *riqis* 'Finsternis'). Wo nach ʒ, *k* bald konsonantisches, bald sonantisches *i, u* stand, ist sehr oft Ausgleichung eingetreten, bei ʒ gewöhnlich zugunsten der Geminata, bei *k* oft, besonders im Aisl., zugunsten des kurzen Lautes, z. B. Präs. Sg. wn. *liggr*, on. *ligger* neben seltenem aschw. *ligher*, anorw. öfter *ligr* (aus **liʒiʀ*, got. *ligis*) nach *liggia* 'liegen'; wn., on. *sæghia* 'sagen' neben seltenem *sæggia* (**saʒian*) nach Präs. *sægher*; aisl. Dat. Sg. M. *sekiom* neben anorw. *sækkium* nach *sekr* 'schuldig'; aschw. Präs. *lykker* neben *lyker* (aisl. *lykr*) nach *lykkia* (woneben *lykia*) 'schließen'; wn. Acc. Sg. M. *kuikuan* neben seltenerem *kuikkuan* nach Dat. *kuikom* 'lebendig' usw.

δ) kürzung.

§ 80. Nach einem Konsonanten — außer konsonantischem Vokal — wird immer, wo nicht Assoziation hindert, eine Geminata verkürzt, z. B. on., wn. *karl* (aus **karll* aus **karlʀ*, s. § 77) 'Kerl'; Prät. *vende* (aus **vændde* aus **wændđe*, s. § 76) 'wandte'; aisl. *virþe*, alt und selten *virde* (aus **virdde*, aus **wirđđe*, s. § 61, a) zu *virþa* 'schätzen'; aschw. *birkarlar* (aus *birk-karlar*) 'Kaufleute'; on., wn. *hiarne* (aus **hiarnne* aus **herzn-*, s. § 73) 'Hirn'; aisl. *muntu* (aus **munttu* aus *munt-đu*, s. § 76) 'du wirst'. Aber wn. *teinn* 'Zweig', *aurr* 'Lehm', *eyss* 'schöpft'.

§ 81. Nach schwachtonigem, kurzem Vokal wird ebenfalls eine Geminata verkürzt, z. B. wn. *teningr* (mit haupttoniger Ultima neben *tenningr* mit haupttoniger Pænultima; s. § 54, I, 2, a) 'Würfel'; *Þuriþr* (aus **Þúr-[f]riþr*) ein Frauenname; aschw. *brylunger* (neben *brøllunger*) 'Geschwisterkind männlicher Seite'; on., wn. Dat. Sg. M. *blindom* (got. *blindamma*) 'blindem'; Nom., Acc. Sg. Ntr. *bundet* (aus **bundett* aus **bundint*, s. § 69) 'gebunden'. Daher auch in proklitischen und enklitischen Wörtern, wie aisl. *eþa* (got. *aiþþau*) 'oder'; on., wn. *ekė* (neben betontem *ekke*) 'nicht', *þikia* (neben *þykkia*) 'dünken'. Dagegen bleibt einstweilen die Geminata, wo sie verhältnismäßig spät entstanden ist, z. B. on., wn. *ketell* 'Kessel', aisl. Gen. Sg. *kýrennar* 'der Kuh', aschw. 3. Sg. Präs. *dømiss* (aus **dømiʀ-s[e]ʀ* 'wird gerichtet', Inf. *bēþass* (aus **bæiða-sʀ*) 'bitten' (vgl. haupttonig *fāss* 'empfangen werden'); so wie nach langem Vokal, z. B. aisl. *skǫllóttr*, aschw. *skallötter* 'kahl', auch wo die Länge schon in der ältesten Literatur verkürzt ist, z. B. Gen. Sg. aisl. *hirþess* (got. *hairdeis*) 'Hirtes' (vgl. haupttonig *þess* 'dessen') zu *hirþer*.

3. Übrige Erscheinungen.

§ 82. Sonantisierung eines konsonantischen *i* oder *u* tritt ein, wo sie durch Synkope eines folgenden Sonanten antekonsonantisch oder auslautend zu stehen kommen. Insofern diese neuen Sonanten schon vor der allgemeinen *i*- und *u*-Synkope entstanden sind, werden sie gleichzeitig mit altem *i*, *u* synkopiert, z. B. urnord. *Harja-* (finn. Lehnw. *Harjavalta*), später *Hari-* (z. B. *HAriwolAfʀ* Stentofta), on., wn. *Har-* in *Haraldr* u. dgl. Mannsnamen; urnord. **ȝarwaʀ* (ahd. *garwēr*) > Rök *karuʀ* > on., wn. *gǫrr* 'bereit'. Sonst bleiben sie, z. B. wo ein Zusammensetzungsglied zu völliger Unbetontheit niedersinkt und daher der Synkope anheimfällt wie in wn. *hinnog* 'dort' zu *vegr* 'Weg', *dǫgorþr*, aschw. *dagurþer* 'Frühstück' zu *verþr* 'Mahlzeit', die Mannsnamen wn. *Auþon* (on. *Øþin*, ags. *Éadwine*) und *Hákun* (latinisiert *Haquinus*), wn. Gen. *Ingunar* zu *Ynguin* (bei Saxo *Unguinus*), *Biorgyniar* (aus **-uniar* durch *j*-Umlaut) zu *Biorgvin* (anal. *Biorgyn*) u. a. m.

Noreen, Sv. landsm. I, 694. *Aisl. gramm.*[3] § 220. Hoffory, Arkiv f. nord. fil. II, 48 ff. Gött. gel. Anz. 1885, S. 30. O. v. Friesen, *Till den nordiska språkhistorien*, S. 3 ff. und II, 4 ff.

§ 83. Einschub eines *t* kommt in folgenden Fällen vor:

a) Zwischen *s* und *r* (nicht *ʀ*), z. B. on., wn. *Ástriþr* (noch runisch *Asriþr* aus *Ąsfriþr* Vedelspang); *hústrú* (aus **hús[f]rú*, s. § 85, 1) neben *húsfrú* 'Hausfrau'; agutn. (runisch) *hustroya* = aisl. *húsfreyia* 'Hausfrau'; aisl. *Ástráþr* (aus **Ās-rāðr*).

b) Zwischen *ll* oder *nn* und *s* (vielleicht doch erst nach der Vikingerzeit), z. B. Gen. Sg. M. on., wn. *alz* zu *allr* 'ganz'; runisch Acc. Sg. M. *þintsa* (d. h. *þentsa*) 'diesen'; on., wn. Gen. Sg. *manz* 'Mannes', Superl. *minzt* 'mindest'.

Hoffory, Arkiv f. nord. fil. II, 90.

§ 84. Metathese eines *l* tritt sporadisch (d. h. ohne daß wir noch die näheren Bedingungen angeben können) bei *đl* (schon in urnord. Zeit, vor dem Übergang *lđ* > *ld*, s. § 61, a), *fl* (*ƀl*) und *sl* auf, z. B. on., wn. *sáld* (aus **sādla*) 'Sieb'; wn. *innylfe* (neben *innyfle*), aschw. *in(n)ælve* (ahd. *innuveli*) 'Eingeweide'; on., wn. *Þorgils* u. a. Namen auf *-gils* neben ursprünglicherem *-gisl*.

Sievers, PBB. V, 528. Kluge, *Nominale Stammbildungslehre*, 2. Aufl., S. 49 f.

§ 85. Schwund eines Konsonanten tritt in folgenden Fällen ein:

1) Wo durch Synkope, Zusammensetzung oder sonst eine der Sprache nicht geläufige Gruppe aus drei Konsonanten entsteht, fällt der mittlere Konsonant fort, wofern er nicht durch Assoziation erhalten wird, z. B. on., wn. *fræn(d)kona* 'Muhme', *stir(þ)na* 'steif werden'; wn. *norrǿnn* (ahd. *nordrōni*; aschw. *nōren*) 'norwegisch', *dugan(d)legr* 'tüchtig', *Guþ(f)rǿþr* 'Gottfried', *hannyrþ* 'Geschicklichkeit in der Arbeit' zu *yrkia* 'arbeiten', *fimte* (ahd. *fimfto*) 'fünfte', *mar(g)t* 'viel'; on., wn. Pl. *mor(g)nar* 'Morgen', *enskr* (aisl. sehr selten *engskr*) 'englisch'; wn. Ntr. *beis(k)t*, on. *bēs(k)t* 'bitter'; aruss. Lehnw. *Karschev* = aisl. *Kar(l)sefne*; on., wn. *kar(l)maþr* 'Mann', Prät. *sýs(l)ta* 'war beschäftigt'; aruss. Lehnw. *Ulvorsi* = *Hol(m)fors*; on. *Hol(m)gēr* ein Mannsname; on., wn. Ntr. *iam(n)t* 'eben', Gen. Sg. *vat(n)s* 'Wassers'; wn. *fóstbróþer* (aschw. *fōsterbrōþir*) 'Pflegebruder'; on., wn. Pl. *feþgar* (aschw. noch runisch *faþrkaʀ*, d. h. *fæđrʒaʀ*) 'Vater und Sohn', Pl. *ap(t)nar* 'Abende', *kris(t)na* 'zum Christen machen'; wn. *fósyster* aus **fós(t)syster* (mit haupttoniger Pænultima) aus *fóst(r)syster* 'Pflegeschwester'; anorw. *hæl(f)ningr*, aschw. *hal(f)ninger* 'Hälfte'.

Sverdrup, Arkiv f. nord. fil. XXVII, 7. 48. 156. Hultman, *Hälsingelagen* I, 66 Note.

2) *w* schwindet in den meisten Stellungen und zwar

a) anlautend — wenigstens antevokalisch schon im 8. Jahrh. (s. § 6, 13) — vor *ō*, *ŭ*, *ǿ*, *ȳ*, *l* und vor *r*, wenn einer der genannten Vokale darauf folgt, z. B. Hammel Gen. Sg. *Ulfs* (noch Räfsal *-wulfs*) 'Wolfs'; Rök 3. Sg. Prät. Konj. *urþi*, aisl. *yrþe* 'würde'; Orrm. *epeþþ* (got. *wōpeiþ*), aisl. *ǿper* 'ruft'; on., wn. *orþ* 'Wort', *litr* (got. *wlits*) 'Farbe', *róta* (ags. *wrótan*) 'aufwühlen', *rǿgia* (as. *wrōgian*) 'Vorwürfe machen'; vgl. dagegen wn. *(w)reiþr*, on. *vrēþer* 'zornig' u. dgl.

Bugge, Ant. tidskr. f. Sv. X, 265.

b) Inlautend, spätestens während der Vikingerzeit, aber zum Teil schon im 8. Jahrh., vor *ō*, *ŭ*, *ǿ*, *ȳ* und Konsonanten sowie nach starktoniger, langer Silbe, die entweder auf *g*, *ʒ*, *k* mit (mittelbar oder unmittelbar) vorhergehendem *u*, *o* oder auf anderen Konsonanten als *g*, *ȝ*, *k* endet, endlich auch nach *ō*, z. B. on., wn. *sorg* (ahd. *sworga*) 'Kummer', wn. 1. Pl. Präs. Ind. *syngom* zu *syngua* 'singen'; on., wn. *skugge* 'Schatten' (got *skuggwa* 'Spiegel'); Part. Prät. aisl. *sokkenn* (aschw. *sunkin*) zu *sokkua* 'sinken'; on., wn. *ótta* (got. *ūhtwō*) 'frühe Morgenzeit'; aschw. *Øþin* (aus **Auđwinʀ*, ags. *Éadwine*); schon Vatn *Rhoaltʀ*, aisl. *Hróaldr* (aus **Hrōđwaldʀ*, s. unten 9, b); on., wn. *róa* (ags. *rówan*) 'rudern'. Durch Ausgleichung kann die Regel durchbrochen sein, z. B. on., wn. Prät. *s(u)ór* zu *sueria* 'schwören': aschw. *annattwæggia* (nach *twæggia*) neben *annattiggia* 'entweder'; adän. *Ōdhanswē* (bei Adam von Bremen, sonst) *Ōthensi* ein Ortsname, zu *vē* 'heilige Stätte'; vgl. umgekehrt aisl. *k(u)efia* 'niederdrücken' nach Prät. *kóf*; anorw., aschw. *swala*, *gata* aus **swalwa* (lapp. Lehnwort *spalfo*), **gatwa* (got. *gatwō*) nach Acc. *swalu* 'Schwalbe', *gatu* 'Weg, Gasse' u. dgl.

Nachdem *w* in (labiodentales) *v* übergegangen ist (s. § 56), kann dies *v* analogisch überall wieder eingeführt werden, z. B. on., wn. Prät. Pl. *vurþo* 'wurden' nach Inf. *verþa*; aschw. Nom. Sg. *spirver* (vgl. wn. *spǫrr*), Acc. *spirf* 'Sperling' nach Pl. *spirvar*; aisl. Dat. Pl. *sǽfom* nach Gen. Pl. *sǽfa* zu *sǽr* (got. *saiws*) 'See'.

Kock, Arkiv f. nord. fil. XII, 241.

3) *j* schwindet überall (wenigstens anlautend schon um 600, s. § 6, 4) außer vor *a*, *o*, *u*, *ǫ* nach kurzer Silbe (über die scheinbare Erhaltung nach auf *g*, *ȝ* oder *k* endender langen Silbe s. § 68), z. B. on., wn. *ár* 'Jahr', *ungr* 'jung', *vile* (got. *wilja*) 'Wille' neben Gen., Dat., Acc. *vilia*. In alten wn. Gedichten zeigt sich noch bisweilen *i* vor *æ*, *ø*, z. B. Nom. Pl. Part. Präs. *dyliændr* 'verneinend', *viniøy* 'Weideland am Wasser'.

Sievers, PBB. XII, 486, ZfdPh. XXI, 104 Note.

4) *r* schwindet:

a) in unbetontem Auslaut vor *n* und *t*, wohl im 10. Jahrh., z. B. on., wn. Acc. Sg. M. *annan* (schon Glavendrup *ąnąn*), Ntr. *annat* (noch Rök *ąnart*) zu *annarr* 'ander', wn. *okkan*, *okkat* neben analogischem *okkarn*, *okkart* zu *okkarr* 'uns beiden zugehörig'.

b) vor *w* (sowohl altem als aus *ƀ* vor *u* entstandenem, s. unten 8) + *o*, *u* schon vor dem Schwund des *w* vor *ō*, *ŭ* (s. oben 2), also wenigstens schon im 8. Jahrh., z. B. aschw. *Þōlver*, älter *Þōolver* (so auch bei Adam von Bremen; ags. Lehnw. *Toulf*) aus **Þōrwolfʀ* (wn. neu aufgefrischt *Þórolfr*); aisl. *naumr* wohl aus **narwumʀ* (vgl. fs. *naru*, ags. *nearu*) 'eng'; *aumr* 'unglücklich' aus

**arƀumʀ* (vgl. das gleichbedeutende *armr* aus urgerm. **arƀma-*); *haust* 'Herbst' aus **harƀusta* (ags. *hærfest*).

Noreen, Arkiv f. nord. fil. VI, 303. Björkman, *Nordische Personennamen in England*, S. 163 Note 3.

5) *ʀ* (aus *z*, s. § 62) schwindet in der Vikingerzeit vor *s* (wohl indem *ʀs* zu *ss* assimiliert und dann nach § 81 verkürzt wird), z. B. 3. Sg. Präs. Ind. wn. *kallask* aus **kallaʀ-s(i)k*, on. *kallas(s)* aus **kallaʀ-s(e)ʀ* 'wird genannt'; aschw. (runisch) Gen. Sg. *Ąskis* aus **-ȝæi(ʀ)s* zu aisl. *Ásgeirr* (wonach Gen. analogisch *Ásgeirs*).

6) *m* schwindet vor *f*, *s* (wenn die Verbindungen urnordisch sind) und im (urnordischen) Auslaut, z. B. aisl. *fifl* 'Riese' neben *fimbol-* 'riesen-'; on., wn. *tóft* neben *tomt* (mit Schwund des *f* nach 1 oben) 'Bauplatz'; on., wn. *láss* 'Riegel' zu aisl. *lǫm* 'Angel'; on., wn. *frá* (got. *fram*) 'von'.

Noreen, Arkiv f. nord. fil. III, 13. 39.

7) *n* (und *nn*) schwindet, zum Teil wenigstens schon im 8. Jahrh. (s. § 6, 11), vor einem *k* (mit dem es durch Synkope zusammentrifft), *l* (nach starktonigem Vokal, vgl. § 70), *r*, *s* (nur wenn die Verbindung *ns* urnordisch ist), *w* und im (urnord.) Auslaut, z. B. on., wn. *Áke* (adän. runisch *Ąaki*; ahd. *Anihho*), *Háke* (ahd. *Hannikho*); *Ále* (ahd. *Analo*), *Áleifr* (ags. *Anláf*) Mannsnamen; *Þórr* (schon Glavendrup *Þur*; ahd. *Donar*, ags. *Þunor*), *lérept* (zu *lín*) 'Leinwand'; *gǿs* 'Gans', *ósk* 'Wunsch'; Helnæs, Flemløse *Ąuaiʀ*, agutn. *Āvair* aus **Anu[ȝ]aiʀaʀ* (vgl. ahd. *Anagēr*), aisl. *ivipia* 'Hexe' (zu as. *inwid* 'Bosheit'); on., wn. *á* (urnord. noch Tjurkö *an*) 'an'; Acc. Pl. *daga* aus **đaȝann*, *-anʀ* (got. *dagans*) 'Tage'.

Bugge, Ant. tidskr. f. Sv. X, 42 Note. Noreen, Arkiv f. nord. fil. III, 37. Björkman, *Nordische Personennamen in England*, S. 5. Wiklund, Le monde oriental V, 235.

8) *ƀ* geht inlautend — wenn es nicht durch Assoziation erhalten wird — vor *u* (und zwar wenigstens vor der Synkopierungszeit) in *w* über, welches dann (nach 2, b oben) schwindet, z. B. wn. *haukr*, on. *høker* aus **haƀukaʀ* (ahd. *habuh*) 'Habicht'; wn. *biórr*, on. *biūr* (aus **biǫurʀ* nach § 159, b < **beaƀurʀ* nach § 28, c < **beƀuraʀ*, vgl. adän. *biævær* nach den synkopierten Kasus) 'Biber'; wn. *sió* (neben häufigerem *siau* nach *tuau* u. a.), on. *siū* (aus **siǫu*, **seaƀu*, **seƀun*) 'sieben'; wn. *niól* (ahd. *nebul*) 'Finsternis' neben *nifl* 'Nebel'; *Iór-ulfr* u. dgl. Namen neben *ioforr* (nach den synkopierten Kasus)

'Eber, Fürst'; aschw. *ūræfle* (aus **ubur-*, ahd. *ubur*) neben wn. *ofrefle* (aus **obar-*, ahd. *obar*) 'Übermacht'; wn. *ýrenn* (aus **uburinaʀ*) neben *yfrenn* 'überschüssig', 'zahlreich'; Präfix *au-* aus **abu-*, z. B. in wn. *auvirþ* (ags. *æfwyrd*) 'verächtlicher Mensch', *aukuise* 'entarteter Mensch', *auvisle* 'Schade'; *aur-* aus **abur-* (ahd. *abur-* 'zurück', 'gegen') in z. B. wn. *aurkunnask* 'entarten', *aurvase* 'einer, der wieder zum Kind geworden ist' (zu nschw. *vase* 'Bursche'); vgl. ferner *haust*, *aumr* oben 4, b und *hǫfoþ*, *tǫfr* § 43, d.

Noreen, Arkiv f. nord. fil. I, 163. VI, 310. Uppsalastudier, S. 214.

9) *d* (altes oder nach § 65 entstandenes) schwindet in mehreren Stellungen:

a) Vor *b*, *f*, *l* (vgl. § 71 und 11 unten), *m*, *n*, *r* sporadisch, zum Teil schon im 9. Jahrhundert, z. B. wn. *Hró(þ)biartr* 'Robert'; *bǿføra* neben *bǫþfara* 'Brünne'; *gó(þ)legr* 'schön'; aisl. *Hrei(þ)marr*, *Hró(þ)mundr* (aschw. *Rōmunder*) Mannsnamen, *Fáfner* (aus **Fadmniʀ* neben anorw. *Faþmer* (zu aisl. *faþmr* 'Busen, Faden'), aschw. Ortsname *Ø̄(þ)morþ*; wn. Pl. *liónar* 'Männer' zu *lýþr* 'Leute', *Heiner* (bei Ptolomæus Χαιδεινοι) 'Einwohner der *Heiþmǫrk*', agutn. Pl. *hainir* zu *haiþin* 'heidnisch', wn. *Skáney*, on. *Skāne* (lat. *Scadinavia*, ags. *Scedenīʒ*, aber *Scōnēʒ* Wulfstán vor 900, *Skąnu* Forsheda, *Sconia* Adam von Bremen) 'Schonen'; on., wn. *Þió(þ)rekr* 'Dietrich', wn. *Hrø(þ)rekr*, on. *Røriker* (schon aruss. *Rurik*, aber noch air. *Ruadrach*) 'Roderich'; wn. (schon bei Þióþolfr) *Górøþr* (*Goþrøþr*) 'Gottfried'; *iúr* (afr. *iader*) 'Euter'; *lýritr* aus **lýþ-réttr* 'gesetzliches Verbot'; Pl. *huárer* zu *huaþarr* (gewöhnlich analogisch *ḥuárr*; got. *ƕaþar*) 'wer von zweien'.

Bugge, Ant. tidskr. f. Sv. V, 41. *Ringen i Forsa kirke*, S. 56. Arkiv f. nord. fil. II, 212. 218. 246. Noreen, ib. VI, 318. Gislason, *Udvalg af oldno. skjaldekvad*, S. 64. 72.

b) Vor *w*, wahrscheinlich nur wenn darauf stark nebentoniger Vokal folgt, schon im 8. Jahrhundert, z. B. Mannsnamen wie Vatn *Rhoaltʀ*, aisl. *Hróaldr*, aschw. *Rōald* (ahd. *Hrōdowald*); Helnæs *Rhuulfʀ*, aisl. *Hrólfr* (ags. *Hróđwulf*) 'Rudolf'; Nälberga Acc. *Baulf* (aisl. neu aufgefrischt *Bǫþolfr*); wn. *Hǿlfr*, alt *Hǿolfr* (noch Stentofta *HAþuwolAfʀ*); Yttergård *Aulfr*, aisl. *Ǫ́lfr* (ags. *Æđwulf*) 'Adolf'; adän. run. *Kaulf*, aisl. *Kǿlfr*, aschw. *Kālf* (ahd. *Kathwulf*, ags. *Ceađwulf*); *Hróarr* aus **Hrōđu*[ʒ]*āʀaʀ* (ags. *Hróđʒār*, s. unten 10, a); Einhard *Aovin* neben wn. *Auþon* (s. § 82); aschw. *Þiūlf* neben *Þiūþulf*, wn. *Þióþolfr*; adän. *Gōrmær* aus **Godwormʀ* (vgl. got. *waúrms*).

Noreen, Arkiv f. nord. fil. VI, 315. Hellquist, *Om de sv. ortnamnen på -inge*, S. 83.

10) ʒ schwindet:

a) Inlautend wenigstens schon in der Vikingerzeit, aber ohne ersichtliche Regel, in den Zusammensetzungsgliedern *-ʒisl*, *-ʒæiʀʀ*, *-ʒængi*, z. B. Rök Pl. *Hąislaʀ*; on., wn. *Aþísl*, *-ils* (alt noch *Aþgils*); aschw. (run.). *Hulmaiʀ* neben *Hol(m)gēr* (wn. *Holmgeirr*) Mannsnamen; on., wn. *nafarr* (ahd. *nabagēr*; finn. Lehnw. *napakaira*) 'Bohrer'; aisl. *Hróarr*, on. *Rōar* (ags. *Hróđʒár*, s. oben 9, b); on., anorw. *unningi* (ags. *úđʒenʒe*) 'entwischter Sklave'; wn. *vǽrenge* (ags. *wǽrʒenʒa*) 'Fremdling, Söldner'; *forenge* (ags. *foreʒenʒa*, got. *faúragaggja*) 'Vorsteher'; vgl. noch agutn. *vereldi* (ags. *werʒeld*) 'Manngeld' und vielleicht die Adv. auf- *la* neben *-lega*, z. B. wn. *varl(eg)a* 'kaum'.

Bugge, Arkiv f. nord. fil. II, 224.

b) Auslautend (zunächst in *h* übergegangen, s. § 63, b) in der Vikingerzeit, z. B. on., wn. Prät. *dró* zu *draga* 'ziehen', Präs. *má* zu *mega* 'können'. Später ist ʒ oft wieder analogisch eingeführt, z. B. aschw. Prät. *drōgh* 'zog', *stǽgh* (aisl. *sté* zu *stíga*) 'stieg'.

11) *þ* schwindet (wahrscheinlich ehe es nach § 65 zu *đ* werden sollte) inlautend vor *l*, z. B. on., wn. *mál* (got. *maþl*) 'Sprache', *nǫ́l* (got. *nēþla*) 'Nadel'.

12) *h* schwindet (mit den § 66, b und § 74 erwähnten Ausnahmen) durchgehends im Inlaut, hier zum Teil vielleicht schon vor 500, dann auch im Auslaut (vgl. oben 10 b), hier wenigstens vor 1000. Z. B. Kragehul *wiju* (ahd. *wīhiu*) 'weihe'; Etelhem *w[u]rta* (vgl. Tune *worahto*) und Tjurkö *wurte* (By *orte*, Sölvesborg *urti*) 'machte'; Svarteborg *Ssiʒađuʀ* aus -**hađuʀ* (aisl. *hǫþr* 'Streit'); Björketorp *-sbᴀ* aus -**sbahu* 'Prophezeiung'; 3. Sg. Prät. Ind. Helnæs *faþi*, Flemløse *faaþi* (noch Åsum und Noleby *fahi* 'schreibe', Einang *faihiđo*) 'schrieb'; Orrm. *slan*, on., wn. *slá* (got. *slahan*) 'schlagen'; Hällestad Prät. *flu*, aisl. *fló* 'floh'; on., wn. 1. Sg. Präs. Ind. *á* (urnord. und got. *aih*) 'besitze'; *þó* (ags. Lehnw. *þoh* und noch Orrm. *þohh*; got. *þauh*) 'doch'; aisl. *brullaup* 'Hochzeit' zu *hlaup* 'Lauf'; *Níþoþr* (ags. *Nīđhad*) zu *hǫþr* 'Streit'; *Óttarr* (ags. *Óhthere*) zu *herr* 'Heer'; *Gimlé* zu *hlé* 'Obdach'. In Zusammensetzungen wird jedoch natürlich oft das *h* durch Assoziation erhalten, z. B. aisl. *lík(h)amr* 'Körper', ashw. *āt(h)æve* 'Gebärde', *Gunn(h)ilder* u. dgl.

§ 86. Übersicht des Konsonantensystems am Ende der Vikingerzeit:

		Labiale	Interdentale	Dentale	Palatale u. Velare
Halbvokale:		*u*[1]; *y*	—	—	*i*; *y*
Liquidæ:		—	—	*l*[2] *ll*; *r*[2] *rr*	ʀ
Nasale:		*m mm*	—	*n*[2] *nn*	*ŋ*[3]
Spiranten:	stimmhafte:	*ƀ*[4]	*đ*[5]	—	*ʒ*[6]
»	stimmlose:	*f*	*þ*[7]	*s*[8] *ss*	*h*
Explosivæ:	stimmhafte:	*b bb*	—	*d dd*	*g gg*
»	stimmlose:	*p pp*	—	*t*[8] *tt*	*k*[8] *kk*

Hierzu kommen laryngales *h* (Hauchlaut) und kakuminales *l* (dentales *l* kommt nur anlautend und in urnordischer Verbindung mit Dental sowie als Geminata vor; auch *n* scheint nur in denselben Stellungen dental gewesen zu sein, sonst alveolar oder gar kakuminal, s. Kock, Arkiv f. nord. fil. IX, 260).

[1] Ostnord. (außer im Agutn.) mit *w* bezeichnet. [2] Stimmlos auslautend nach stimmlosen Konsonanten. [3] Vor *g* und *k* mit *n*, vor *n* mit *g* bez. [4] Anlautend mit *v*, inlautend mit *f* (ostnord. — außer agutn. — jedoch vor Sonanten mit *v*), auslautend mit *f* bez. [5] Aisl. und on. mit *þ*, später aisl. mit *đ*, aschw. mit *dh*, adän. mit *th* (noch später *dh*) bez. [6] Wn. und agutn. mit *g*, aschw. und adän. mit *gh* bez. [7] Adän. und mschw. mit *th* bez. [8] *ts* wird mit *z*, *ks* mit *x* bez. — Länge wird im On. nur intervokalisch bezeichnet und zwar (wie im Wn. auch sonst) durch Doppelschreibung des betreffenden Konsonanten.

2. Die lautliche Entwicklung der altnordischen Literatursprachen seit dem Ende der Vikingerzeit bis zur Reformation.

AA. Westnordisch.

A. Die Sonanten.

I. Qualitative Veränderungen.

§ 87. *a* wird im allgemeinen erhalten, jedoch:

a) Zu *æ* umgelautet in starktonigen Silben (vorliterarisch und vielleicht schon in der Vikingerzeit) vor ʀ, z. B. anorw. *kær*, aisl. *ker* (vgl. got. *kas*) 'Gefäß'; *glær*, *gler* 'Glas'; außerdem oft im Anorw. (besonders ostnorw.) durch progressiven Umlaut nach 1200 in der Verbindung *ia*, z. B. *hiærta* (*hiarta*) 'Herz'. In schwachtonigen Silben steht im ostländischen Norw. seit etwas vor 1300 *æ* (woraus später *e*) st. *a* nach langer Wurzelsilbe, z. B. *sændæ* 'senden', *høyræ* 'hören' (gegenüber *gera* 'machen', *vita* 'wissen'). Hiermit ist nicht zu verwechseln, daß im Anorw. des 15. Jahrhunderts durch dänischen Einfluß auch *e* statt *a* in den Endungen (oft auch sonst danisierter Wörter) auftritt, z. B. *hōre* 'hören', *sōghe* 'suchen'.

Hægstad, Arkiv f. nord. fil. XV, 102. *Gamalt trøndermaal,* S. 77. 93.

b) Zu *ǫ* umgelautet in starktonigen Silben durch den jüngeren, nur dem Aisl. und einigen anorw. (bes. awestnorw.) Mundarten eigenen, harmonischen *u*-Umlaut (s. § 51, 8), z. B. aisl. Pl. *sǫgor* (anorw. *sagur*) zu *saga* 'Sage'. Auch in gewissen aostnorw. Dialekten kommt dieser *u*-Umlaut vor, aber in verschiedener Ausdehnung in verschiedenen Dialekten und nur unter besonderen Bedingungen, wie wenn der Vokal nasaliert ist (z. B. *mǫnnum* 'Männern') oder in unmittelbarer Nähe von Labialen steht (z. B. *bǫrnum* 'Kindern') oder nur stark nebentonig ist (z. B. *fortǫlum* 'Vorreden' neben *talum* 'Reden') u. a. m. Dagegen wird auch im Aostnorw. Umlaut durch erhaltenes *w* in allen Stellungen bewirkt, z. B. *hǫggua* 'hauen'.

Kock, Arkiv f. nord. fil. XII, 128, 166. Wadstein, *Der Umlaut von a bei nicht synkopiertem u im altnorwegischen,* Upsala 1904 (in Skrifter utg. af Hum. Vetenskapssamfundet, III, 5). Hægstad, *Gamalt trøndermaal,* S. 55 Note. Pipping, Mémoires de la Soc. néophilologique à Helsingfors IV, 247 Note.

§ 88. *á* wird ebenso:

a) Zu *ǽ* umgelautet vor *ʀ*, z. B. *i gǽr* (on. *i gār*) 'gestern'.

b) Zu *ǫ́* umgelautet vor einem *u* der folgenden Silbe (in derselben Ausdehnung wie *a* > *ǫ*, s. § 87, b), z. B. aisl. Dat. Pl. *sǫ́rom* (anorw. *sárom*) zu *sár* 'Wunde'. Spätestens um 1250 wird *á* auch in allen übrigen Stellungen zu *ǫ́*, das jedoch fortwährend *á* geschrieben wird, eine Bezeichnung, die jetzt auch für altes *ǫ́* eingeführt wird, z. B. Pl. *sǫ́r* 'Wunden', jetzt *sár* geschrieben. Im Aisl. wird *á* (d. h. *ǫ́*) um 1350 nach *v* und *w* zu *ó*, z. B. *vóði* (*váþe*) 'Gefahr', *svǫ́* (*suá*) 'so'. Noch später wird auf Island (jedoch nicht im westlichen Teile der Insel) *á* in übrigen Stellungen zu *au* diphthongiert, obwohl dies in der Schrift keinen Ausdruck findet; der Übergang ist wohl erst neuisländisch um 1650 durchgeführt.

§ 89. *æ* ist im Aisl. und wohl auch einigen anorw. Mundarten, im allgemeinen schon im Anfang des 13. Jahrhunderts, mit *e* zusammengefallen, so daß es nur wenige aisl. Handschriften gibt, welche die beiden Laute in der Bezeichnung scheiden. Im Anorw. tritt gleichzeitig *e* statt *æ* in vielen Dialekten vor *nn* und vor *n* mit folgendem heterosyllabischen Konsonanten ein, z. B. Pl. *menn* 'Männer', *lenge* 'lange' (aber *længr* 'länger'), Dat. *hende* (aber Pl.

hændr) zu *hǫnd* 'Hand' Über die weitere Entwicklung des aisl. *e* s. § 93, b. — In gewissen anorw. Handschriften des 13. Jahrhunderts wird *æ* zu *æi*, wenn die folgende Silbe *i* enthält, z. B. *sæigir* 'spricht', *sæitia* 'setzen'; vgl. § 90 und § 93, b.

Mnorw. wird — außer in gewissen wnorw. Dialekten — *æ* zu *a* zwischen *v, w* und *r* in oft schwachtonig gebrauchten Wörtern und Zusammensetzungsgliedern, z. B. *huarr* (*huærr*) 'wer, jeder', *varđa* (*værđa*, s. § 93, a) 'werden', *vara* (*væra*) 'sein'. Vgl. § 140, c.

Skulerud, Arkiv f. nord. fil. XXVIII, 219 ff.

§ 90. *ǽ* wird als solches erhalten. Erst im Neuisl. ist es um 1700 zu *ai* diphthongiert worden, wenn auch die Schrift fortwährend *ǽ* (geschr. *æ*) hat. In einigen anorw. Handschriften des 13. Jahrhunderts wird *ǽ* zu *ǽi* vor einem *i* der folgenden Silbe, z. B. *lǽigi* 'Lage'; vgl. § 89 und § 93, b.

§ 91. *ǫ* wird im Anorw. im allgemeinen erhalten. Dagegen im Aisl. wird es

a) zu *au* diphthongiert vor *ng, nk*; hiervon sind Spuren schon um 1300 bemerkbar, z. B. *staung* (*stǫng*) 'Stange', *haunk* (*hǫnk*) 'Handhabe'.

b) Zu *ø* (offenes; im Neuisl. *ö* geschrieben) in allen übrigen Stellungen und zwar im allgemeinen während des 14. Jahrhunderts, stellenweise jedoch schon vor 1250, z. B. Dat. Sg. Ntr. *ødru* st. *ǫþro* zu *annarr* 'ander'. Auch im Anorw. findet ausnahmsweise und zwar allgemein in der Gegend nördlich von Bergen, in einigen anderen Dialekten nur (wie im On.) vor *r* und kakuminalem *l*, derselbe Übergang statt, z. B. *ørn* (aus *ǫrn*) 'Adler', *øl* (*ǫl*) 'Bier'.

Kock, PBB. XX, 122. Hægstad, *Vestnorske maalføre* I, 80. 85.

Eine besondere Stellung nimmt die Verbindung *io* (d. h. *iǫ*, anorw. später *io*, s. § 28, c) ein, indem sie sowohl im Anorw. wie im Aisl. zu *iø* wird, außer wo sekundäre Dehnung (s. § 112, a) eingetreten ist, in welchem Falle sie als *ió* auftritt, z. B. zwar *giøf* (aus *giof*) 'Gabe', Pl. *biørg* (*biorg*) 'Berge' usw., aber *miólk* 'Milch', *hiólp* (neben *hiálp* nach dem Gen. *hiálpar* u. a.) 'Hilfe', anorw. *iórđ* 'Erde'.

§ 92. *ǫ́* fällt schon in der ersten Hälfte des 13. Jahrhunderts mit *á* zusammen, indem beide seit dieser Zeit den Laut *ǫ́*, aber das Zeichen *á* haben. Hierüber wie über die spätere Entwicklung dieses *ǫ́* (*á*) s. § 88, b.

§ 93. *e* wird in vierfacher Weise verändert:

a) Zu *æ* im Anorw. um 1200 zwischen *v* oder konsonantischem *u* und *r*, z. B. *værđa* 'werden', *værk* 'Werk', *huærfa* 'weg gehen', *suærđ* 'Schwert'; außerdem dialektisch in geschlossener Silbe nach *v* oder kons. *u* (bisweilen auch nach *b*, *l*, *r*), z. B. *vætr* 'Winter', *suæfn* 'Schlaf' (*bærg* 'Gebirge', *klærkr* 'clericus', *sprætta* 'springen'), aber *vegr* neben *vægr* 'Weg' nach Plur. *vegar* u. dergl.

Sievers, *Tübinger Bruchstücke der älteren Frostuthingslög*, Tübingen 1886, S. 9. Wadstein, *Fornnorska homiliebokens ljudlära*, S. 55 ff. Hægstad, *Gamalt trøndermaal*, S. 32. 57.

b) Zu *ei* in einigen anorw. Handschriften vor einem *i* der folgenden Silbe (vgl. § 89 und 90), z. B. *dreipit* 'getötet', *eingi* (aber Dat. *engom*) 'kein' Übrigens tritt im Aisl. (jedoch nicht im westlichen Teil der Insel) dieselbe Diphthongierung allmählich seit 1300 vor *ng* überall ein, z. B. *leingi* 'lange', *geingu* 'gingen'.

c) Zu *ie* im Aisl. nach *g*, *h*, *k*, dialektisch wohl schon um 1200, allgemein um 1300, z. B. *g(i)ekk* 'ging', *h(i)eþan* 'von hier'. Später wird auch das nach § 89 aus älterem *æ* entstandene aisl. *e* ebenso behandelt, dies jedoch nur nach *g* und *k*, z. B. *k(i)etill* 'Kessel'.

Sievers, PBB. XVI, 242. Hoffory, Z.f.vgl. Spr. XXVII, 602.

d) Zu *i*, wo es schwachtonig wird, z. B. *hinnig* 'dort' zu *vegr* 'Weg', der bestimmte Artikel *inn* aus älterem *enn*.

§ 94. *é* geht im Aisl. in *ié* über, im allgemeinen erst um 1300, dialektisch aber schon um 1200, z. B. *fié (fé)* 'Vieh', *miér (mér)* 'mir'. — Schwachtonig wird *é* allgemein zu *i*, z. B. *Hamdir* aus *Hamþér*, *lýritr* 'gesetzliches Verbot' zu *rét(t)r* 'Recht'.

J. Þorkelsson, *Breytingar* etc., S. 34. Dahlerup, Aarbøger f. no. Old. 1889, S. 248.

§ 95. *i* wird

a) in starktoniger Silbe zwar im allgemeinen erhalten, aber vor *f*, *p*, *m*, *l*, *r* mit folgendem Konsonanten im Aisl. selten, im Anorw. oft, besonders nach 1300, zu *y*, z. B. aisl. *fyrra (firra)* 'entfernen', *hyrđa (hirþa)* 'wachten', anorw. *gudsyfiar* 'Pathen', *klyppa* 'scheren', *gymstæinn* 'Edelstein', *sylfr* 'Silber', *hyrđir* 'Hirt'.

b) In schwachtoniger Silbe:

α) Aisl. schon in vorliterarischer Zeit zu *e* (in gewissen alten Handschriften jedoch selten nach *g*, *k* oder wenn die vorhergehende Silbe *i* oder, seltener, *y* enthält), z. B. *gester* 'Gäste', *bundenn* 'gebunden' (aber z. B. *víkingr* 'Vikinger' mit starktoniger neben *víkengr* mit schwachtoniger Ultima). Schon vor 1250 wird aber dies *e* fast durchgehends durch *i* verdrängt. Dialektisch tritt im Ende des 14. Jahrhunderts wieder *e* auf, dann aber vorzugsweise in offenen Silben.

β) Anorw. (außer im Südwestnorwegischen, s. § 14, α) durch eine gewisse Vokalharmonie zu *e*, nur wenn die vorhergehende Silbe *a, á, e, é, o, ó, ǫ́, ǽ, ø, ǿ* enthält, z. B. *marger* 'viele', Dat. *kononge* 'König', *mǽlte* 'sprach', aber z. B. *spurđi* 'fragte', *synir* 'Söhne', Dat. *hœndi* (aber dialektisch regelmäßig *hende,* vgl. § 89) 'Hand'.

γ) Aisl. und anorw. kommen außerdem dialektische Spuren vor eines Überganges in *y,* vorzugsweise wenn die vorhergehende Silbe *y* enthält, z. B. aisl. *systkyn (-ken)* 'Geschwister', *mykyll (-kell)* 'groß'; anorw. *lykyll (-ill)* 'Schlüssel', *mykyt (-it)* 'viel', *þykkyr (-ir)* 'dünkt'.

§ 96. *i* wird überall erhalten, z. B. *vísa* 'weisen'.

§ 97. *o* wird gleichfalls erhalten, nur daß es vor *ʀ* in starktoniger Silbe zu *ø* umgelautet wird, z. B. *frørenn* 'gefroren', Privativ-präfix *ør-* (got. *uz-*); vgl. unbetontes *tor-* (got. *tuz-*) 'schwer'- mit erhaltenem *o*, *korenn* (neben *kørenn*) 'gewählt' mit analogischem *o*. — Über die Entwicklung des *o* im anorw. Diphthong *io*, s. § 91.

§ 98. *ó* wird ebenfalls nur insofern verändert, daß es vor *ʀ* in starktoniger Silbe zu *ǿ* umgelautet wird, z. B. Präp. *ǿr* (neben unbetontem *ór* nach § 31, b) 'aus'. Mnorw. wird es nach kons. *i* zu *ǿ* durch progressiven Umlaut, z. B. *siǿ* aus *siór* 'See'. — Erst im Neuisländischen wird *ó* zu *ou* diphthongiert (aber fortwährend *ó* geschrieben).

§ 99. Geschlossenes (durch *i-*, *j-* oder *ʀ*-Umlaut aus *o* sowie durch *u-*, *w*-Umlaut aus *e* entstandenes) *ø* wird sporadisch zu *e*, z. B. *hnetr (hnøtr)* 'Nüsse', *sefr (søfr)* 'schläft'.

§ 100. *ǿ* geht im Altisländischen etwas vor 1250 in *ǽ* über, z. B. *dǽma* (anorw. *dǿma*) 'urteilen', *stǽrre* (anorw. *stǿrre*) 'größer'. Schwachtonig wird es sowohl aisl. wie anorw. zu *e* und ferner zu *i*, z. B. *endeme*, *-dimi* neben *eindǿme* 'etwas außerordentliches', anorw. *nórrenn* neben *nórrǿnn* (ahd. *nordrōni*) 'norwegisch'. — Außerdem kommen sowohl im Altnorwegischen wie im Altisländischen sporadische Beispiele eines Überganges von *ǿ* in *ý* vor *gi, ki* vor, z. B. *ýgishialmr (ǿges-)* 'Schreckhelm', *ýki* (zu got. *wakan, wōk)* 'Übertreibung'.

J. Þorkelsson, *Breytingar* etc., S. 30. — Bugge, Arkiv f. nord. fil. II, 350.

§ 101. *u* wird in starktoniger Silbe erhalten, nur daß es vor *ʀ* zu *y* umgelautet wird, z. B. anorw. *gialdkyri* 'Steuereinnehmer'. Dagegen in schwachtoniger Silbe wird es

a) aisl. schon in vorliterarischer Zeit zu *o*, z. B. *gǫtor* 'Gassen', *bindom* 'wir binden', *mono* (aus **munu*; später wieder *munu*) 'werden', *heyrþo* (aus *hoyr þú*) 'höre'; jedoch steht in gewissen alten Handschriften oft *u*, wenn die vorhergehende Silbe *u*, *ú*, *ǫ*, *ǿ*, *ø*, *ǿ* enthält. Schon vor 1250 tritt aber bei einigen Schriftstellern *u* in geschlossener Silbe wieder ein; vor *r* ist jedoch fortwährend *o* beliebt. Seit 1300 ist auch in offener Silbe *u* gewöhnlicher als *o*. — Spuren von einem Übergange in *ø* zeigen sich hier und da, schon vor der Mitte des 13. Jahrhunderts.

b) Altnorwegisch (außer im Südwestnorwegischen, s. § 14, α) vokalharmonisch (vgl. § 95, b, β) zu *o* nur nach *a* (jedoch nur nebentonigem), *á*, *e* (altes oder nach § 89 entstandenes), *é* (in diesen beiden Fällen jedoch dialektisch *u*), *o*, *ó*, *ø*, *ǿ* der vorhergehenden Silbe, z. B. *vegom* 'Wegen', *tóko* 'sie nahmen', *drápo* 'sie töteten' (aber z. B. *húsum* 'Häusern', *gripu* 'sie griffen'). Vor *m* bleibt hier und da gegen die Regel das *u*, z. B. *tókum* neben *tókom* 'wir nahmen'.

§ 102. *ú* bleibt unverändert, nur daß es vor *ʀ* zu *ý* umgelautet wird, z. B. *sýr* 'Sau', *kýr* (ags. *cú*) 'Kuh'.

§ 103. *y* wird in alter Zeit im allgemeinen erhalten, und erst neuisländisch um 1550 fällt es mit *i* zusammen (wiewohl die Orthographie bis in die Neuzeit unverändert geblieben ist); jedoch wird es zu *iu* (selten *io*) gebrochen vor *r* oder *l* mit folgendem Konsonanten sporadisch im Ostnorwegischen (vgl. jedoch § 14, 4) des 14. und 15. Jahrhunderts, z. B. *hiurđir* (*hyrđir* aus *hirđir*, s. § 95, a) 'Hirt', *kiorkia* (*kyrkia*) 'Kirche', *kiulna* (*kylna*) 'Darrofen', *lykiul* (*lykyll* § 95, b, γ, *lykill*) 'Schlüssel', *mykiul* 'groß', *kætiul* 'Kessel'.

Jiriczek, *Bósa Rímur*, S. XXV. Noreen, Arkiv f. nord. fil. VI, 335.

§ 104. *ý* wird in alter Zeit regelmäßig erhalten. Die besonders im Altnorwegischen vorkommenden Spuren eines Überganges in *í* vor einem *i* der folgenden Silbe erklären sich wohl nach § 32 und setzen also eine Kürzung des *ý* voraus, z. B. anorw. *imiss* (aisl. *ýmiss*, Pl. *ymser*) 'wechselnd', *híbili* (*híbýli*) 'Wohnsitz'. Im Neuisländischen fällt *ý* um 1550 durchgehends mit *í* zusammen (vgl. § 103).

§ 106. *æi* ist in vielen Mundarten, bes. im Altisländischen, zu *ei* geworden (vgl. § 89), z. B. aisl. *veit* (anorw. *væit*) 'weiß'. Dialektisch wird dies, ausnahmsweise schon vor 1250, häufiger im Mnorw., zu *é* kontrahiert (wie im On.).

Larsson, Arkiv f. nord. fil. V, 142. Hægstad, *Maalet in dei gamle norske kongebrev*, S. 20. 33.

§ 107. *ǫu* ist in gewissen Mundarten, bes. im Altnorwegischen, zu *ou*, in andern, bes. im Altisländischen, zu *au* geworden, z. B. anorw. *ouga*, aisl. *auga* 'Auge'. Dialektisch wird es, zum Teil schon vor 1250, zu *ǿ* oder *ó* (Shetländisch *ú*) kontrahiert. Allgemein ist es vor *R* zu *øy* umgelautet worden, z. B. *øyra* (vgl. got. *ausō*) 'Ohr'. Neuisländisch wird *au* in allen Stellungen wie *øy (öi)* ausgesprochen.

Larsson, Arkiv f. nord. fil. V, 146. Hægstad, *Maalet i dei g. no. kongebrev*, S. 20. 32.

§ 108. *øy* geht im Altisländischen (dialektisch auch im Altnorwegischen) schon um 1200 in *ey* oder (anorw.) *æy* über, z. B. aisl. *ey*, anorw. *øy (æy)* 'Insel'. Dialektisch kann es, zum Teil schon vor 1250, zu *ǿ* oder *ý* kontrahiert werden. Im Neuisländischen ist es seit 1600 mit *ei* zusammengefallen.

Larsson und Hægstad, a. O. Gislason, *Om navnet Ymir*, Kph. 1874, S. 8 ff.

§ 109. *iū* (s. § 45, b) ist unverändert erhalten, nur daß es vor *R* zu *ý* umgelautet wird, z. B. *dýr* (got. *dius*, Gen. *diuzis*) 'Tier'.

§ 110. Der Triphthong *iǫu* (s. § 44, b) wird:

a) Zu *iú* vor *ƀ*, *f*, *ʒ*, *k*, *p*, z. B. *liúfr* 'lieb', *fliúga* 'fliegen', *siúkr* 'krank', *kriúpa* 'kriechen'. Ganz ausnahmsweise steht auch in dieser Stellung *ió* wie sonst (s. unten b), z. B. *þiófr* 'Dieb', *iók* (got. *aiauk*) 'vermehrte', misl. selt. *stiópmóðir* 'stiefmutter'.

b) Sonst zu *ió*, z. B. *iól* (finn. Lehnw. *joulu*) 'Weihnachten', *niót* (Nörre Nærå *niqut*) 'genieß', *Suiþióþ* (Tirsted *-þiauþ-*) 'Schweden', *hliómr* 'Ton', *þiórr* 'Stier', Prät. *iós* aus **iǫus*, **eaus* zu *ausa* 'schöpfen', *hió* (runisch Læborg *hiau*) aus **he(h)au* 'hieb', *sió* (s. § 85, 8) aus **siǫu*, **sea(ƀ)u* 'sieben'.

§ 111. Die Nasalierung der Vokale war im Altisländischen, nach Angabe der grammatischen Abhandlung «um stafrófit» in Snorra Edda, wenigstens noch um 1150 erhalten in allen Fällen, wo sie urnordisch da war (s. § 24). Dann schwand sie im Altisländischen wie im Altnorwegischen allmählich, wohl zu sehr verschiedener Zeit in verschiedenen Gegenden. Über den näheren Verlauf hierbei ist noch wenig Sicheres ermittelt worden, wie z. B. betreffs der altnorwegischen Frösöer-Inschrift (um 1050) daß die Nasalierung hier schon in einem Falle verloren gegangen ist, nämlich bei kurzem Vokale, der nicht mehr in unmittelbarer Nachbarschaft eines Nasals steht.

Noreen, Arkiv f. nord. fil. III, 1. 31. 36.

2. Quantitative Veränderungen.

§ 112. Dehnung kommt häufig vor, aber nur in starktoniger Silbe:

a) Im Altisländischen und gewissen südwestlichen anorw. Mundarten werden vor 1250 *a*, *ǫ*, *o*, *u* gedehnt vor kakuminalem *l* (s. § 86), das mit folgendem Konsonanten zusammengetroffen ist, z. B. *hálfr* (Fem. *hǭlf, hálf*, s. § 92) 'halb', *úlfr* 'Wolf', *gálge* 'Galgen', *fólk* 'Volk', *hólmr* 'kleine Insel', *hiálpa* 'helfen', *ǫ́ln* 'Elle', *bólstr* 'Polster' gegenüber älterem *halfr* usw. Später, wenigstens um 1350, tritt (jedoch nicht im Westen Islands) Dehnung eines *a* vor *ng, nk* ein, z. B. *lángr* 'lang', *kránkr* 'krank'. Dialektisch kommt, zum Teil schon frühe, wenigstens im Anorw., Dehnung auch vor *rđ, rt* und (seltener) *rn* vor, z. B. *iórđ* 'Erde', Pl. Dat. *hiórtum* 'Hirschen', *bárn* 'Kind'.

Noreen, Indog. Forsch. IV, 320 ff. Kock, PBB. XX, 118. Larsen, Arkiv f. nord. fil. XXI, 125.

b) Im Altnorwegischen sowohl wie im Altisländischen wird jeder kurze Vokal in offener Silbe gedehnt, im allgemeinen wohl erst nach 1400, dialektisch aber vielleicht schon im 13. Jahrhundert.

c) S. § 115.

§ 113. Kürzung tritt häufig ein:

a) Unmittelbar vor einem andern Vokale — wenigstens fakultativ bis um 1400 (später steht in dieser Stellung wieder oft Länge (zum großen Teil auf Ausgleichung beruhend) — z. B. *buenn* 'fertig' (aber Plur. *búner)*, *groa (gróa)* 'keimen'. Über die weitere Entwicklung s. § 115.

J. Þorkelsson, *Beyging sterka sagnorđa*, S. 59. Gislason, *Njála* II, 945, Kph. 1889. Bugge, PBB. XV, 391. Sievers, ib. 401. Kock, Arkiv f. nord. fil. XIII, 175 (vgl. dagegen Hoffory, Gött. gel. Anz. 1888, S. 155. Wadstein, Arkiv f. nord. fil. VIII, 87. Beckman, ib. XV, 87).

b) In schwachtonigen Silben und Wörtern, s. z. B. § 94, § 100 und vgl. § 47, b.

Larsson, *Isländska handschriften* Nr. 645, 4°, Lund 1885, S. XXXIV ff. *Studier över den Stockholmska homilieboken*, Lund 1887, S. 54.

3. Übrige Erscheinungen.

§ 114. Svarabhakti tritt zwischen auslautendem *r* und einem vorhergehenden Konsonanten ein:

a) Im Aisl. ist der Svarabhaktivokal *u*, wovon Spuren schon vor 1300 sich zeigen, z. B. *ríkur (ríkr)* 'mächtig', *bǿkur (bǿkr)* 'Bücher'. Um 1400 ist wohl die Aussprache *-ur* allgemein üblich gewesen, obwohl die Schreibung *-ur* erst nach 1550 völlig durchdringt.

J. Þorkelsson, *Um r og ur i niðrlagi orða*, Reykj. 1863.

b) Im Anorw. ist der Svarabhaktivokal verschieden in verschiedenen Gegenden, s. § 14, b und β. Die Entwicklung tritt um 1250 auf, wird seit 1325 häufiger und ist wohl im allgem. im 14. Jahrhundert vollzogen worden.

J. Storm in Norvegia I, 35. Hægstad, *Gamalt trøndermaal*, S. 91 f., *Vestnorske maalføre* I, 145.

§ 115. Übergang von sonantischer zu konsonantischer Funktion zeigt sich im Aisl. und den meisten anorw. Mundarten bei *ē, ī, ō, ū*, wo sie nach § 113, a vor einem stark- oder nebentonigen Vokal (welcher dann gedehnt wird) gekürzt worden sind; jedoch nie nach *v, w*. Z. B. *siá (sēa)* 'sehen', *fiánde* (aschw. *fīande*) 'Feind', Gen. *biár* zu *býr* 'Dorf', anorw. *gliá* aus *glǽa* 'glimmern', Pl. *skuár* zu *skór* 'Schuh', *várr* 'unser' aus **óarr* (agutn. *ōar*) oder **úarr* (ngutn. *euar* aus **ūar*), eine Neubildung statt **ósarr* (F. **úsur*) zum Pl. *órer* aus **un(z)rēʀ* (s. § 31, b); aber nur Dat. Pl. *vēom* zu *vé* 'heilige Stätte', Pl. *suíar* 'die Schweden' und mit unbetonter ultima *nío* 'neun', *tío* 'zehn' u. a. m. — Mnorw. schwindet dann (bes. im Süden) das kons. *u* nach *l, m, r*, z. B. Pl. *m(ó)ár* 'Haiden', *Fl(ó)ár* ein Ortsname, Gen. *br(ú)ár* 'Brücke'.

Kock, Arkiv f. nord. fil. XIV, 220. Bugge, PBB. XV, 396. Noreen, Sv. landsm. I, 346. Pipping, *Guta lag*, S. CII.

§ 116. Synkope eines unbetonten Vokals tritt in historischer Zeit aisl. selten, anorw. häufiger, bes. seit c. 1300 und vorzugsweise in Orts- und Personennamen ein, z. B. *Hálgaland* statt des älteren *Hálogaland*, *má(na)matr* 'Proviant für einen Monat', *ko(no)ngr* 'König', Dat. *Nór(e)ge* 'Norwegen', *Ing(i)ríðr* ein Frauenname. Über den suffigierten Artikel s. § 267, a, 1.

B. DIE KONSONANTEN.

1. Qualitative Veränderungen.

§ 117. *w* wird auch nach Konsonanten (vgl. § 56), zunächst nach heterosyllabischen (vor 1300), dann nach tautosyllabischen (weit später und wohl zu sehr verschiedener Zeit in verschiedenen Mundarten), zu dentilabialem *v*, z. B. *stǫðfa (stǫþua)* 'hemmen', *gerfi (gerue)* 'Heilung', *svart(u)r (suartr)* 'schwarz'. Nach *h* ist *w* in gewissen Gegenden Islands noch erhalten, s. § 126.

§ 118. *ʀ* (wo es noch als solches erhalten ist, s. § 62 und § 77) geht schon vorliterarisch überall in *r* über, z. B. *laukr* (urnord. *laukaʀ*) 'Lauch' usw.

§ 119. *ll, nn* (sowohl alte wie aus resp. *rl, rn* entstandene, s. § 131, b) werden im Misl. und gewissen mnorw. Mundarten zu resp. *ddl, ddn* (neuisl. *dtl, dtn,* geschrieben *ll, nn,* resp. *rl, rn*). Spuren hiervon sind erst im 15. Jahrhundert anzutreffen, z. B. *faddla (falla)* 'fallen', *hoddn (horn)* 'Horn'. Demnach ist wohl der Übergang erst in neuisl. Zeit allgemein durchgeführt worden.

§ 120. Die Nasale werden gern (wo nicht Assoziation hindert) einem unmittelbar folgenden Konsonanten homorgan, z. B. Dat. *huǫ́ronge* zu *huárge* 'keiner von beiden', *minnonk* (gewöhnlich *minnomk*) 'ich erinnere mich'; *Handir* neben älterem *Hamđer, Hamþér*; *almboge* (gewöhnlich *ǫlboge, ǫ́lnboge,* s. § 112, a) 'Ellenbogen'; *hanpr* (ags. *hænep*) > *hampr* 'Hanf'; *muŋgát (mun[n]gát)* 'Bier'; *harđenskr* 'aus Hardanger stammend'; *iumfrú (iungfrú)* 'Jungfrau'.

§ 121. *ƀ* unterliegt vielfachen Veränderungen:

a) *lƀ, rƀ* treten im Westisländischen des 13. und 14. Jahrhunderts als resp. *lb, rb* auf, z. B. *tolb (tolf)* 'zwölf', *þǫrb (þǫrf)* 'Bedürfnis'.

b) *ƀ* vor *n* wird:

α) In vielen anorw. (und in einigen aisl.) Mundarten zunächst — wenigstens schon im 12. Jahrhundert — zu nasaliertem *ƀ* (geschrieben *mf,* seltener *fm*), woraus dann um 1200 *m,* z. B. *iafn, iamfn, iamn (iæmn)* 'eben'. Der Übergang tritt in einigen Dialekten (bes. dem Drontheimischen, s. § 14, d) überall, in anderen nur in gewissen Stellungen ein.

Wadstein, *Fornno. homiliebokens ljudl.,* S. 108 f. Kock, Arkiv f. nord. fil. VI, 37.

β) Im Aisl. (und einigen anorw. Mundarten) im allgem. zunächst erhalten, dann zu *bb* (neuisl. als *bp* gesprochen, wie auch *dd* und *gg* zu neuisl. *dt* und *gk* geworden sind), welcher Übergang doch kaum der aisl. Zeit gehört, z. B. neuisl. *hrafn* (sprich *hrabpn*) 'Rabe'. Derselbe Übergang zeigt sich im Aisl. auch vor *l* und (außer im Nordwestländischen) *đ,* z. B. *nafli* 'Nabel', *hafđi* 'hatte'.

c) In anorw. Mundarten wird *ƀ* sporadisch zu ʒ, z. B. Acc. Sg. *stugu (stofo)* 'Stube', *Algarœim* (aisl. *Alfarheimr*), *Lidskialg* (aisl. *Hliđskiálf*), *nagle* (*nafle*) 'Nabel'. Ebenso wo *ƀ* nach § 56 aus *w* entstanden ist, z. B. *siógarbúđ* (*siófar-*) 'Baude am See'.

d) Übrigens wird *ƀ* wahrscheinlich schon im Laufe des 13. Jahrhunderts in den meisten Stellungen zu dentilabialem *v*; gleichzeitig wird ebenso das (bilabiale) *f* dentilabial.

§ 122. *đ* wird ebenfalls in mehrfacher Weise verändert:

a) Zu *d* im Anorw. allgemein schon etwas vor 1200 (im Südwesten jedoch erst 1250—1300), im Aisl. aber erst etwas nach 1300 nach kurzer, starktoniger Silbe auf *l, n* sowie nach *m*, z. B. *talda* (*talþa*) 'zählte', *vanda* (*vanþa*) 'gewöhnte', *tamda* (*tamþa*) 'zähmte'. Noch später, im Anorw. jedoch zum Teil (wie im No. Hom.) schon vor 1250, allgemein um 1250, aber im Aisl. erst nach 1300 oder noch etwas später, tritt *d* auch nach *b, lf* (d. h. *lb, lv*), *lg, ng* ein, z. B. *kembda* 'kämmte', *skelfda* 'schüttelte', *fylgda* 'folgte', *hengda* 'hängte'. Mnorw. wird *đ* allgemein seit c. 1425 zu *d* in allen Stellungen, z. B. *dat* (*đat*) 'das', *gud* (*guđ*) 'Gott'.

Celander, *Om övergången av đ > d*, Lund 1906. Hægstad, *Norsk maalsoga*, 2. Aufl., S. 30.

b) Dialektisch geht, bes. im Aisl., auslautendes *đ* nach schwachtonigem Vokal in *þ*, woraus dann (wenigstens schon im 14. Jahrh.) *t*, über, z. B. Acc. Sg. *skilnat* zu *skilnađr* 'Verschiedenheit', Nom. Sg. Fem. *hreinsut* zu *hreinsađr* 'gereinigt'.

Gering, *Isl. Æventýri* I, S. XVIII. L. Larsson, *Isl. handskr. Nr. 645*, S. LXV. Kålund, *Laxdœla saga*, S. VII, XXII.

c) Dialektisch, besonders im Anorw., scheint *đ* auslautend und (besonders) vor *l, n, s* in einen *r*-Laut (*đr* geschrieben) übergegangen zu sein, z. B. *orđr* (*orđ*) 'Wort', Gen. *guđrs* zu *guđ* 'Gott', Plur. *hæiđrniř* zu *hæiđinn* 'heidnisch'. — Aus der Gruppe *rđ* entsteht im Ostnorw. wenigstens schon um 1550 kakuminales *l*, z. B. *fiōl* (*fiorđr*) 'Meerbusen'.

§ 123. *ȝ* wird im allgemeinen erhalten, geht aber dialektisch spätestens im 13. Jahrhundert vor *n* in *ŋ* (oft *ng* geschrieben) über, z. B. *skyngn* (*skygn*) 'klarsehend'. Im Neuisl. ist *ȝ* nach labialem Vokal zu *ȝw* oder (wenn labialer Vokal auch folgt) *w* geworden, z. B. *ljúga* (spr. *liuȝwa*) 'lügen', *lágur* (spr. *lauwur* oder *laur*) 'niedrig'.

§ 124. *þ* wird seit etwa 1200, früher nach langer als nach kurzer Silbe und früher im Anorw. als im Aisl., zu *t* unmittelbar nach *k, p*, z. B. *merkta* (*merkþa*) 'bezeichnete', *dreypta* (*dreypþa*) 'ließ tropfen'; später auch *vekta* 'weckte', *glapta* 'narrte'. — Mnorw. geht auch anlautendes *þ* um 1425 in *t* über.

Celander, a. O., S. 100.

§ 125. *s* vor *l* geht schon im 14. Jahrhundert südwestnorw. in *t*, nordwestnorw. und drontheimisch dagegen in *h* über, z. B. *sýtla* (*sýsla*) 'Beschäftigung', *gøymhla* (*gøymsla*) 'Verwahrung'. — In einigen ostnorw. Dialekten schmilzt es zu derselben Zeit — in gewissen

Gegenden weit früher — mit einem vorhergehenden *r* (wenn die Gruppe *rs* durch Synkope entstanden ist) oder kakuminalen *l* zu einem alveolaren, resp. kakuminalen *s*-Laut (*rs* oder *ls* oder sogar *s* geschrieben) zusammen, z. B. *kólsbróder* (*kórs-*) 'Kanonikus', Gen. Sg. Masc. (runisch, schon Flatdal) *kamas* (d. h. *gamals*) zu *gamall* 'alt'. Eine analoge Entwickelung ist bei den Gruppen *ld* und *ln* zu belegen, z. B. *Vardiúfr* (*Valdiúfr*, aisl. *Valþiófr*), *miu(l)na* 'Mühle'.

§ 126. *hw* wird zu *kv*, westnorw. schon im Anfang des 14. Jahrhunderts, ostnorw. um 1400, im Norden und Westen Islands wohl noch später, z. B. *kvat* (*huat*) 'was', *kvitur, kvitar* (*huitr*) 'weiß'. In den übrigen Gegenden Islands ist es oft erhalten, außer zum Teil im Südosten, wo es jetzt als bloße Spirans (*ch*) gesprochen wird; vgl. § 11.

§ 127. *ps* und *pt* (altes oder nach § 64, b entstandenes) werden allmählich — früher im Anorw. als im Isl. (wo der Übergang vielleicht im allgemeinen erst neuisländisch ist) — zu *fs* und *ft*, wiewohl die neuisländ. Schriftsprache noch heute die alte Orthographie aufrecht erhält und in alter Zeit Schreibungen mit *f* sehr selten sind, z. B. aisl. Gen. *Hófs* (*Hóps*) ein Ortsname, anorw. Prät. Pass. *støyftizt* zu *støypa* 'stürzen'.

§ 128. *d* wird um 1200 zu *đ* unmittelbar nach stimmhaften Lauten, z. B. *sammǿþr* aus *-mǿđ(d)r* 'von derselben Mutter geboren', Prät. *hirþa* aus *hirda* (< **hirdda* § 80 < **hirđda* § 61, a) zu *hirþa* 'hüten', *brigþa* aus *brigda* (**brigdda*, **brigđda*) zu *brigđa* 'verbrechen', *bygþa* (< **byggda* § 134, a < **byggđa*) zu *byggua* 'wohnen'.

Lidén bei Ottelin, *Studier öfver cod. Bureanus* I, 80 f. Note. Gislason, *Njála*, S. 312 ff.

§ 129. *t* und *k* gehen im unbetonten Auslaut nach Vokal ziemlich allgemein in resp. *đ* und ʒ über. Beispiele finden sich — wenigstens bei *đ* — schon einige in den allerältesten Handschriften, und sie werden immer häufiger, z. B. *ađ* (*at*) 'daß', später *viđ* (*vit*) 'wir zwei', *skylduđ* (**skyldu-at*) 'sie sollten nicht', *hiđ* (*hit*) 'jenes'; *miog* (*miok*) 'viel', *sig* (*sik*) 'sich', um 1300 *eg* (*ek*) 'ich', *og* (*ok*) 'und'. In einigen aisl. Handschriften tritt *đ* immer ein, wenn die Silbe mit *t* anlautet, z. B. Ntr. *litiđ* 'wenig' (aber *tekit* 'genommen'); in anderen ist *t* besonders gut erhalten, wenn die Silbe mit *đ* oder *d* anlautet, z. B. *heiđit* 'heidnisch', *bundit* 'gebunden' (aber *tekiđ*). — Hiermit ist nicht zu verwechseln, daß im Altnorwegischen des 15. Jahrhunderts durch dänischen Einfluß bisweilen *d*, *g* (und dann auch *b*) statt *t*, *k* (und *p*) nach betontem Vokal auftreten; vgl. § 13.

§ 130. Anlautendes *kn* wird im Misl. (jedoch nicht in den nördlichen Mundarten) — selten im Mnorw. — des 15. Jahrhunderts zu *hn*, z. B. *hnútur* (*knútr*) 'Knoten', *hnífur* (*knífr*) 'Messer'.

2. Quantitative Veränderungen.

§ 131. Regressive Assimilationen:

a) Alte (d. h. nicht durch Synkope entstandene) *mp*, *nt*, *ŋk* werden im Altisländischen und den weitaus meisten altnorwegischen Mundarten schon vorliterarisch überall (vgl. § 69) zu *pp*, *tt*, *kk*, z. B. *kroppenn* (aschw. *krumpin*) 'krüppelig', aisl. *mǫttoll* (anorw. *mattull*, *mantul*) 'Mantel', *ekkia* (aschw. *ænkia*) 'Wittwe'. Vgl. anderseits z. B. *Dampr* (got. *Danaper*; s. § 120) 'Dniepr', *blint* (got. *blindata*) 'blindes', *kanóke* (s. § 85, 7), später wieder entlehnt *kanunkr* 'canonicus'.

b) *rl*, *rn*, *rs* werden im Altisländischen und in sehr vielen altnorwegischen Mundarten zu resp. *ll* (schon im Anfang des 13. Jahrhds.), *nn* (im Altnorwegischen zum Teil schon vor 1300, im Altisländischen wohl später, aber jedenfalls vor 1400), *ss* (im Altisländischen wenigstens schon um 1300, im Altnorwegischen und vereinzelt im Aisl. schon um 1200) assimiliert, z. B. *kall* (*karl*) 'Kerl', *honn* (*horn*) 'Horn', *prestanner* (*prestarner*) 'die Priester', *foss* (*fors*) 'Wasserfall'. Wegen der Assoziation unterbleibt die Assimilation bei *rs*, wenn *s* der Flexionsendung gehört. Über *rs* im Ostnorwegischen vgl. § 125.

Gislason, *Njála* II, 435. 860. *Efterladte skrifter* II, 165. Arpi in Nordiska studier, S. 75. J. Storm in Norvegia I, 101. 124 Note. Mogk, AfdA. X, 186. Morgenstern, Indog. Forsch. Anzeiger VI, 96.

c) *ƀb* und *ƀf* werden zu resp. *bb*, *ff*, z. B. *abburdr* (*afburdr*) 'Überlegenheit', *affǫr* 'Abfahrt'.

d) *ggk* wird zu *kk*, z. B. *hykk* (aus (*hygg-ek*) 'ich denke'.

e) *ts* wird intervokalisch um 1250 (vereinzelt schon um 1150) zu *ss*, z. B. *Gissurr* (*Gizorr*).

Mogk, AfdA. X, 66. Gislason, *Njála* II, 626.

§ 132. Progressive Assimilationen:

a) *ld*, *nd* werden in ostnorwegischen Mundarten wenigstens schon im 14. Jahrhundert zu resp. *ll*, *nn*, z. B. *Vestfoll* (*Vestfold*), *bann* (*band*) 'Band'.

b) In enklitischen Wörtern assimiliert sich anlautendes *w* vorliterarisch mit einem vorhergehenden auslautenden *m*, z. B. *bǫþom megen* < *megim* (aus **weʒim*, s. § 193, 6) 'zu beiden Seiten', *gefom mit*, *mér* 'wir (zwei) geben'.

c) *mb* wird nach schwachtonigem Vokal zu *mm*, das später zu *m* (nach § 134, b) verkürzt wird, z. B. *umb* (in alten Gedichten) > *umm* (anorw. bald nach 1200) > gew. *um* 'um'.

§ 133. Sonstige Fälle von Konsonantendehnung sind:

a) Kakuminale *l*, *n* (s. § 86) werden bald nach 1200 in starktoniger Silbe vor (alten oder nach § 122, a und § 61, a und b entstandenen) *d*, *t* zu dentalen *ll*, *nn*, z. B. *huíl(l)d* 'Ruhe', anorw. *val(l)da* (aisl. *valþa*) 'wählte'; *fúl(l)t* 'häßliches', *mǽl(l)ta* 'sprach'; *grein(n)da* 'erörterte'; *van(n)t* 'gewohntes', *rǽn(n)tr* 'beraubt'. Die Schreibung mit *ll*, *nn* hat also jetzt wesentlich die Aufgabe bekommen, die qualitative Veränderung der *l*-, *n*-Laute anzugeben. Daher werden jetzt auch die altererbten Verbindungen *ld*, *lt*, *nd*, *nt*, wo *l*, *n* von alters her dental gewesen sind (s § 86), oft mit *ll*, *nn* geschrieben, ohne daß dadurch eine irgendwie veränderte Aussprache angegeben werden dürfte, z. B. *hal(l)da* 'halten', *sal(l)t* 'Salz'; *lan(n)d* 'Land', *van(n)t* 'schwieriges' zu *vandr*.

Wadstein, *Fornnorska homiliebokens ljudl.*, S. 134. Vgl. Åström, Sv. landsmålen VI, 6, S. 109. XIII, 2, S. 62. Kristensen, Arkiv f. nord. fil. XII, 313.

b) *k* wird sporadisch vor *l*, *r* gedehnt, z. B. Plur. *mi(k)kler* zu *mikell* 'groß', anorw. *bla(k)kra* 'flattern'.

c) *n* und *t* werden im Altnorwegischen sporadisch vor konsonantischem *i* gedehnt, z. B. *sy(n)nia* 'weigern', *vi(t)tia* 'besuchen', *sæ(t)tia* 'setzen'.

d) *t* wird sporadisch vor *n* und (bes. im Altnorwegischen) *r* gedehnt, z. B. *vi(t)tni* 'Zeuge', anorw. *ett(a)r (etr)* 'ißt' zu *eta* (analogisch bisweilen *etta*) 'essen'.

§ 134. Kürzung tritt in folgenden Fällen ein:

a) Vor einem andern Konsonanten sind schon vor 1200 alle Geminaten — wenigstens in der Schrift — vereinfacht worden, außer *ll*, *mm*, *nn*, *rr* vor *l*, *m*, *n*, *r* und *gg*, *kk* vor kons. *i*, *u*. Jedoch ist schon in den ältesten Handschriften diese Regel durch analogische Ausgleichung vielfach durchbrochen worden (vgl. auch die in § 133 erwähnten späteren Dehnungen). Z. B. *apr* (**appr*, aschw. *amper*) 'scharf, hart', Plur. *nǽtr* zu *nótt* 'Nacht', *vetr* (aschw. *vinter*) 'Winter', *Otkell* (aus **Odd-*), *ǽtla* (aus **ǽttla*, **ahtilōn*, mengl.

ehtlen zu as. *ahtōn*) 'die Absicht haben', *átián* 'achtzehn' (**átt-tián* zu *átta* 'acht'), *ketlengr* 'Kitze' (zu *kǫttr* 'Katze'), *ǫkla* (ahd. *anchlāo*) 'Fußknöchel', Prät. *kipta* zu *kippa* 'zucken', *kenda* zu *kenna* 'kennen', *ugla* (ahd. *ūwila* 'Eule', Prät. *skygþa* zu *skyggua* 'überschatten' u. a.

b) Nach schwachtonigem Vokal tritt im Altisländischen nicht selten, im Altnorwegischen (bes. Ostnorwegischen) fast regelmäßig schon im 13. Jahrhundert Kürzung ein und wird später immer gewöhnlicher, z. B. *engil(l)* 'Engel', *annar(r)* 'ander', *hæiđin(n)* 'heidnisch', *konungrin(n)* 'der König', Gen. Plur. *annar(r)a* 'anderer', *ýmis(s)a* 'wechselnder' usw.

Wadstein, a. O. 130. Gislason, *Njála* II, 628. Jiriczek, *Bósa Saga*, S. XXXII.

c) Nach langem starktonigen Vokal (oder Diphthong) wird auslautende Geminata im Altisländischen nur ganz ausnahmsweise, im Altnorwegischen dagegen (bes. ostnorwegisch) und in misl. Rimur ganz regelmäßig verkürzt, z. B. *brát(t)* 'hastiges', *vís(s)* 'weise' (aber nur *satt* 'wahres', *koss* 'Kuß' usw.).

Wadstein, a. O. Gislason, a. O. F. Jónsson, *Fernir fornísl. rímnaflokkar*, S. VI f.

3. Übrige Erscheinungen.

§ 135. Einschub eines Konsonanten kommt nicht selten vor:

1. *s* wird eingeschoben:

a) Dialektisch im Aisl. (schon vorliterarisch) zwischen *f* und *t*, wenn die Gruppe *ft* urnordisch (d. h. nicht durch Synkope entstanden) ist, z. B. *ofst* 'oft', *krafstr* 'Kraft'.

b) Anorw. (außer im Südwestnorw.) zwischen *t* und *l* schon um 1300; später schwindet das *t* vor *s*, z. B. *A(t)sle (Atle)*, *li(t)sli (litli)* 'der kleine'; dann wird im Drontheimischen und Nordwestnorw. dies *sl* ebenso wie das alte (s. § 125) zu *hl*. Vgl. § 14, e und ð.

2. *h* wird sporadisch vor anlautenden Vokalen zugesetzt, z. B. *(h)elska* 'lieben', *(h)af* 'von'.

3. *b* wird im Anorw. bisweilen, aber selten, zwischen *m* und *r* eingeschoben, z. B. Dat. Sg. *hambre*, *sumbre* zu *hamarr* 'Hammer', *sumar* 'Sommer'.

4. *p* tritt sporadisch zwischen *m* und *t*, sehr selten zwischen *m* und *n* ein, z. B. Ntr. *sumpt* zu *sumr* 'irgend ein', *sam(p)na* 'sammeln'.

5. *t* wird im Anorw. sporadisch in die Gruppe *sn* eingeschoben, z. B. *s(t)niór* 'Schnee', *laus(t)n* 'Erlösung'.

§ 136. Metathese kommt sporadisch vor, z. B. *fylskne* st. *fylxne* (s. § 66, b) 'Versteck', *bort* neben *brot(t)* 'weg', anorw. *ruæiði* aus *wræiði* (sonst gewöhnlich *ræiði*, s. § 137, 1) 'Zorn'.

§ 137. Schwund eines Konsonanten tritt ein:

1) *w* schwindet anlautend vor *r*, im Aisl. wohl schon im 11. Jahrhundert, im Anorw. etwas später, am spätesten im südlichen Norwegen, wo viele Mundarten bis heute *wr* als *vr* bewahrt haben. Z. B. *reka* (aschw. *vræka*) 'treiben', *ríþa* (aschw. *vrīþa*) 'drehen'.

Bugge, *Bidrag til den ældste skaldedigtnings historie*, S. 8. F. Jónsson, Arkiv f. nord. fil. VI, 150 f. B. M. Ólsen in Tímarit XV, 43 ff. Sijmons, *Die lieder der Edda* I, CLXXIV. CCLXXXIV.

2) Kakuminales *l* schwindet dialektisch im Anorw. vor labialen, seltener velaren, Konsonanten, z. B. Präs. Konj. (runisch: Årdal, Bygland, im 13. Jahrh.) *hiabi* (d. h. *hiáþe* aus *hialpi*) 'helfe', im Hoprekstader-Buche *úvaldr* (sonst *ulfalde*) 'Kamel', der Mannsname *Hó(l)mstæinn*, der Ortsname *E(l)ftaleyti*, *hǽkn* statt *hælkn* 'Steinboden'. In der Mundart der Shetland-Inseln schwindet *l* auch vor *tl* wenigstens im Anfang des 13. Jahrhunderts, z. B. *Hia(l)tland* 'Shetland'.

3) *r* schwindet bisweilen durch Dissimilation, z. B. *F(r)íðrikr* Friedrich', anorw. teils *my(r)kr* 'Finsternis', teils *frið(r)* 'Friede' u. dgl. Außerdem im Ostnorw. sporadisch nach dem Svarabhaktivokal *a*, *æ*, z. B. *Gudlæifæ* (schon 1349) = aisl. *Guþleifr*.

4) Auslautendes *sts* wird bisweilen durch Dissimilation zu *st* (so bes. anorw.) oder *ts* (bes. aisl.), z. B. Gen. Sg. *prest(s)*, *prez* 'Priesters'.

5) *h* (Hauchlaut, s. § 66, a) schwindet im Anorw. vor *l*, *n*, *r*, z. B. *lutr* (aisl. *hlutr*) 'Los', *níga* (aisl. *hníga*) 'sich neigen', *ræinn* (aisl. *hreinn*) 'rein'. Nach Ausweis der Alliteration in den Skaldengedichten ist diese Veränderung im allgemeinen kaum vor 1100 eingetreten; in dem Dialekt der Orknöer war *h* wenigstens im 13. Jahrhundert noch da, im Shetländischen sogar noch im 14. Jahrhundert. — Sporadisch fehlt außerdem *h* anlautend vor Vokalen, dies sowohl im Aisl. wie im Anorw.

6) *ð* schwindet mnorw. zwischen schwachtonigen Vokalen, z. B. *suaraðe* > *suarae* (später *svara*) 'antwortete'.

Hægstad, *Norsk maalsoga*, 2. Aufl., S. 30 f.

7) *g* schwindet anlautend vor *n* im Aisl. und einigen mnorw. Dialekten seit 1300, z. B. *(g)naga* 'nagen', *(g)neisti* 'Funke'.

8) *t* schwindet:

α) Durch Dissimilation sporadisch auslautend nach *ts* (*z*), z. B.

helz(t) 'am liebsten', *síz(t)* 'am wenigsten', 2. Sg. Prät. Ind. *lėz(t)* 'ließt', *veiz(t)* 'weißt'.

β) Inlautend um 1200 vor *sk*, *st*, z. B. *ǿztr* > *ǿstr* 'vornehmst', *þriózka* > *þrióska* 'Widerspenstigkeit', *kuazk* > *kuask* 'sagte sich'.

Morgenstern, Arkiv f. nord. fil. X, 207. Indog. Forsch. Anzeiger VI, 95. Gislason, *Udvalg af oldn. skjaldekvad*, S. 133. Wadstein *Forn. hom. ljudl.* S. 119.

γ) Mnorw. sporadisch im Auslaut nach Vokal, z. B. *bréfe(t)* 'der Brief', Part. Ntr. *lege(t)* 'gelegen'.

Hægstad, *Vestnorske maalføre* I, 24.

9) *k* schwindet durch Dissimilation sporadisch vor *sk*, z. B. *gri(k)skr* 'griechisch', *fe(k)sk* 'empfing', *háley(g)skr* 'aus Halogaland stammend'.

BB. OSTNORDISCH.

A. DIE SONANTEN.

1. Qualitative Veränderungen.

§ 138. *a* wird im allgem. erhalten, aber in folgenden Fällen verändert:

a) Zu *æ*:

α) In starktoniger Silbe durch progressiven Umlaut in dem steigenden Diphthong *ia*. Spuren hiervon zeigen sich in agutn. Runeninschriften schon vor 1100, im Altdänischen aber erst etwas vor 1300. Erst um 1350 ist der Übergang vollständig durchgeführt (am spätesten im Anlaut und vor gewissen Konsonantenverbindungen wie *ld*, *rl*, *rn*), denn die ältesten Handschriften haben noch vielfach, einige sogar vorzugsweise, *ia*. Z. B. *biærgha* (aisl. *biarga*) 'retten', *iæk* 'ich' (unbetont *iak*). Im Mittelschwedischen tritt dialektisch (z. B. bei Budde, s. § 18 Schluß) *ia* > *iæ* auch in schwachtoniger Silbe ein, z. B. *viliæ* 'wollen'. Allgemein aber wird schwachtoniges *ia* seit c. 1325 nach langer Silbe zu *e*, z. B. *Kristiarn* > *Kristern* 'Christian', *Tælghia* > *Tælghe* ein Ortsname, Gen. *bæggia* > *bægge* 'der beiden'. — Der *R*-Umlaut von *a* in *æ* kommt nur dialektisch (aber nie adän.) vor, z. B. ngutn. *kær* (aschw. *kar*, aisl. *ker*) 'Gefäß'.

β) In schwachtoniger Silbe durch Vokalharmonie in mehreren Dialekten (z. B. in Gegenden von Södermanland, Finnland und Schonen) nach einem alten *y*, *ȳ*, *æ*, *ǣ*, *ø*, *ø̄* (in Södermanland auch nach *e*, *ē*, *i*, *ī*) der vorhergehenden Silbe, z. B. *fyllæ* 'füllen', *bæræ* (s. unten γ) 'tragen', *dømæ* 'richten'.

γ) In ganz schwachtoniger Silbe ohne Rücksicht auf die Vokalqualität der vorhergehenden Silbe in mehreren altschwedischen Dialekten, z. B. *kastæ* 'werfen', *sændæ* 'senden', aber mit halbstarker Ultima *fara* 'fahren', *bæra* 'tragen', sog. Vokalbalanz. Wenn einige Mundarten (z. B. in Gegenden von Uppland, Hälsingland und Västergötland) *æ* auch in Fällen wie *faræ*, *bæræ* u. dgl. (aber z. B. *bærandi* 'tragend') aufweisen, so beruht dies wahrscheinlich darauf, daß in diesen Dialekten nach kurzer Wurzelsilbe im allgemeinen nicht mehr halbstarker, sondern nur der gewöhnliche schwache Nebenton folgte (vgl. § 54, III und § 164, b). — Über *æ* statt unbetonten *a* im Seeländischen und Jütischen s. § 161, a.

Brate, Ant. tidskr. f. Sv. X, 23. R. Larsson ib. XII, 2, S. 56 ff. Björkman, Sv. landsmålen XI, 5, S. 25 ff. Kock, Arkiv f. nord. fil. V, 371. *Stud. öfver fsv. ljudl.*, S. 116. 128. 165. 310. 356. Zetterberg, *Bjärköarättens ljud- och böjningslära*, S. 31. Hultman, *Hälsingelagen* I, 119. Olson, *Utdrag ur Magnus Erikssons landslag*, S. XX f. Boysen, *Der Vokalismus des Jydske Lov*, S. 29. Kristensen, Arkiv f. nord. fil. XXV, 121 ff.

b) Zu *o*:

α) Dialektisch in schwachtoniger Silbe vor *m*, z. B. aschw. *līkome* (gewöhnlich *līka'mi*), adän. *legomme* 'Körper'; aschw. Präfix *iom-* (starktonig *iæm-*) 'eben'-.

Brate, *Äldre Vestm. lagens ljudl.*, S. 40. Kock, *Sv. ljudhistoria* I, 306.

β) Adän. (bes. im Seeländischen) um 1300 zwischen *v* (oder *w*) und einem Velar, z. B. *voghæn* (aschw. *vagn*) 'Wagen', *vox* (aschw. *vax*) 'Wachs'; später außerdem sporadisch nach *v*, z. B. *vol* (aschw. *hual*) 'Walfisch', *vone* (älter *vanæ*) 'Gewohnheit', im Jütischen auch vor *ll*, z. B. *oll* 'all', *follær* 'fällt'.

§ 139. *ā* wird im Agutn. erhalten, sonst aber

a) zu *æ* um 1300 oder etwas später (anlautend am spätesten) in dem steigenden Diphthong *iā*, z. B. *þiǣna*, *-æ* 'dienen'; aschw. *iǣta* (aisl. *iáta*) 'zugestehen'.

b) Zu langem offenem *o* (geschrieben *a*, *aa* oder *o*, adän. und — selten — spätmschw. auch *ā̆*, neuschw. allgemein seit 1526 *å*) in allen übrigen starktonigen Stellungen, im Altdänischen schon um 1300, z. B. *bōthæ* (aisl. *báþer*) 'beide', im Altschwedischen dialektisch in der zweiten Hälfte des 14. Jahrhunderts, allgemein durchgeführt um 1400, z. B. *fō* (*fā*) 'empfangen', *mōl* (*māl*) 'Sprache', altschwedisch dialektisch (Småland) *bæro* (aus *bærā*, s. oben S. 93) 'tragen'. Dieser Übergang trifft sowohl altes *ā* wie solches, das durch die älteste ostnordische Dehnung (s. § 163, a) entstanden ist, z. B. mittelschwedisch *vōrdha* 'pflegen', altdänisch (schon um 1300) *vōrthæ* (altschwedisch unbetont, weil Hilfsverb, *varþa*) 'werden', altschwedisch dialektisch *fīōnde* (aus *fīānde* mit stark nebentoniger Pænultima) 'Feind'.

Boysen, a. O., S. 49. Kock, Arkiv f. nord. fil. IV, 89. K. H. Karlsson, ib. V, 166. Beckman, ib. IX, 92 ff.

§ 140. *æ* wird im allgem. erhalten, aber

a) zu *i* (außer im Agutn.) vor 1300:

α) In haupttoniger Silbe nur vor ʒ mit folgendem *i*, z. B. *þighia* (aisl. *þegia*) 'schweigen', *sighia* (aisl. *segia*; on. auch *sæghia* nach Präs. *sægher*) 'sagen'.

β) (Sowohl altes wie nach § 143, a entstandenes) in nicht haupttoniger Silbe vor Palatalen mit folg. *i* sowie nach *g*, *k*, jütisch außerdem vor *nn*, z. B. aschw. *āsik(k)ia* (zu aisl. *ekia* 'das Fahren') 'Donner', *annatt(w)iggia* (zu *twæggia* 'zweier') 'entweder', *gāsavinge* 'Gänseflügel' zu nschw., nnorw. dial. *veng* (vgl. aisl. *vǽngr*) 'Flügel'; adän. Dat. Sg. *døzdighi* (zu aschw. *dæghi* 'Tage') 'Todestage', *iamlingi* (zu *længi* 'lange') 'ebenso lange'; *gita* als Hilfsverb neben *gæta* 'bekommen', *giva* neben haupttonigem selt. *gæva* 'geben', *ginum* (aisl. *gegnum*; vgl. § 189, 10, a) 'durch', Mannsname *Þorkil* (vgl. § 26 Schluß) neben *Kætil*; jüt. *alminning* (aisl. *almenningr*) 'gemeinsamer Besitz'.

Kock, Arkiv f. nord. fil. IV, 171. Hultman, a. O. I, 24. Boysen, a. O., S. 35.

b) Zu *e*:

α) Im Agutn. in allen Stellungen, z. B. *veria* (aschw. *væria*) 'verteidigen', *lengr* 'länger' (aschw. *længer*); ebenso wo *æ* nach § 138, a, α entstanden ist, z. B. *stiela* (aschw. *stiæla*) 'stehlen'.

β) Im sonstigen Aschw. wie im Adän. nur wo es — von dem oben a, β genannten Falle abgesehen — schwachtonig wird, z. B. *ellar (ællar)* 'oder', Plur. *men* 'man' (starktonig *mæn* 'Männer'), *her* (vor Namen; starktonig *hær*) 'Herr', *nōren* (*nōræn*, *nōrœn*) 'norwegisch'. Dies *e* kann später in Nachsilben zu *i* werden, z. B. *frændsæmi* > *-sime* 'Verwandtschaft' (vgl. § 26 Schluß).

Brate, *Ä. Vestm. lagens ljudl.*, S. 5. Larsson, a. O. S. 12. 15. Zetterberg, a. O., S. 4. Björkman, a. O., S. 7. Kock, *Stud. öfver fsv. ljudl.*, S. 534. Olson, a. O., S. XIII. Hultman, a. O. I, 174 Note 2.

c) (Sowohl altes wie nach § 143, a entstandenes) zu *a* in oft schwachtonig gebrauchten Wörtern und Zusammensetzungsgliedern zwischen *v* oder *w* und *r*, z. B. *hwær* > *hwar* 'jeder, wer', *værþa* >

varþa 'werden', *væra* > *vara* 'sein', *natværþer* (selten) > *-varþer* 'Abendmahl'. Vgl. § 89.

§ 141. *ǣ* wird im eig. Aschw. und im Adän. erhalten, geht aber im Agutn. durchgängig in *ē* über, z. B. *mēla* (aisl. *mǽla*) 'sprechen', Plur. *nētr* (aisl. *nǽtr*) 'Nächte'. Die Verbindung *ǣ* + kons. *i* wird überall zu *ē*, z. B. *lēa* (aisl. *hlǽia*) 'lachen', *blēa* (aisl. *blǽia*) 'Bettuch'.

§ 142. *ǫ* ist selten erhalten (z. B. *hovuþ*, aisl. *hǫfoþ* 'Kopf'), indem es

a) vor *r* — außer wo der Vokal nach § 163, a gedehnt worden ist — und kakuminalem *l* um 1300 in *ø* übergeht (doch wohl nicht im Agutn., wenigstens nicht in alter Zeit), z. B. *ørn* (aisl. *ǫrn*) 'Adler', *hør* (aisl. *hǫrr*) 'Flachs', *øl* (aisl. *ǫl*, agutn. *ol*) 'Bier', *møl* (aisl. *mǫlr*) 'Motte';

Kock, *Stud. öfver fsv. ljudl.*, S. 469 ff. Arkiv f. nord. fil. V, 95, X 317. Lindgren, Sv. landsmålen XII, 1, S. 72.

b) dagegen vor Velaren mit (noch in der Vikingerzeit) folgendem *w* schon vorliterarisch in den meisten Dialekten zu *u* wird, z. B. *hugga* (aisl. *hǫggua*) 'hauen', aschw. *glugguter*, adän. *gluggaktig* (zu aisl. *glǫggr*, Acc. *-uan*) 'scharfsehend'. Durch Ausgleichung entstehen Doppelformen wie *skrok*, *skruk* (aus Nom. *skrok*, Dat. **skrukkwi*) 'Unwahrheit', *hog*, *hug* 'Hieb' u. a. m. Derselbe Übergang tritt bald nach 1300 ein, auch wenn ein *u* in der folgenden Silbe steht, z. B. *hovuþ* > *huvuþ* (aber Dat. *hofþe*) 'Kopf', Dat. *Horghum* (aisl. *hǫrgom*) > *Hurghum* als Ortsname, *hioldu* > *hiuldo* 'hielten' u. dgl.

§ 143. *e* ist nur im Agutn. erhalten; sonst wird es

a) zu *æ* durchgängig in starktoniger Silbe, und dies wenigstens hie und da schon um 900, was daraus hervorgeht, daß die Runeninschriften des 10. Jahrhunderts den betreffenden Laut durch die *a*-Rune statt der *i*-Rune zu bezeichnen anfangen, z. B. *væster* (schon Grinda *uastr*; aisl. *vestr*) 'nach Westen', *bæra* (wn. *bera*) 'tragen', *værk* (wn. *verk*) 'Werk'. Dagegen in schwachtoniger Silbe bleibt *e* (oder *æ* wird nach § 140, b, β wieder zu *e*; vgl. auch unten b und § 140, a, β), z. B. *Nōregher* (aisl. *Nóregr*) 'Norwegen', *þet* (betont *þæt*) 'das', *meþ* (betont *mæþ*) 'mit'.

b) Zu *u* in unbetonter Silbe vor *m* c. 1100, z. B. *sum* (jütisch auch bisweilen *sam*; wn. *sem*, runenschwed. alt *sim* Fjuckby, d. h. *sem*) 'gleichwie', *um* (anorw. einmal *em*, adän. noch einigemal *æm*, die urspr. starktonige Form) 'wenn', aschw. *numa* (wn. *nema*) 'wenn nicht'.

O. v. Friesen, *Vår älsta handskrift på fornsvenska*, S. 42 ff. Dahlerup, Nord. tidsskr. f. fil. 3 R. XVII, 40 f.

c) Zu *ø* dialektisch (im Aschw. des 15. Jahrhs.) in schwachtoniger Silbe:

α) Nach einem *ø̆* der vorhergehenden Silbe, z. B. Sg. Präs. Konj. *bøtø (bøte)* 'büße'.

β) Im Präfix *be-* vor einem *ø̆* der folgenden Silbe (dann analogisch auch in andern Fällen), z. B. *bødrøvelse* 'Betrübnis' (vgl. dial. *bærætta* 'berichten', *bygynna* 'beginnen').

§ 144. *ē* ist vielfach verändert worden:

I. Altes (gemeinnordisches) *ē* wird je nach verschiedener Stellung verschieden behandelt:

a) Vor Vokal im Altgutnischen und einigen aschw. Dialekten um 1200 zu *ī* geworden, sonst erhalten in starktoniger, zu (konsonantischem) *i* verkürzt in schwachtoniger Silbe, z. B. agutn. *sīa*, aschw. *sēa*, adän. *sē* 'sehen'; Dat. Pl. agutn. *knīum* (wonach analogisch Gen. Sg. *knīs*), aschw. *knēom* 'Knieen'; aschw. *forsēa* 'Umsicht' mit starktoniger, aber *forsia* (neben *forsēa*, dialektisch *forsīa*) 'Haushälterin' mit schwachtoniger Pænultima.

b) Auslautend und vor Konsonanten im Altgutnischen erhalten, sonst — außer in gewissen westlichen und nördlichen Dialekten — vor 1200 zu *æ* geworden, z. B. agutn. *fē* (wonach analogisch Gen. Sg. *fēar*), aschw., adän. *fæ* (anal. Gen. Sg. *fæar*) 'Vieh'; Prät. agutn. *rēþ*, aschw. *ræþ* 'riet'. Der Übergang in *æ* zeigt sich in gewissen Gegenden schon vor 1000 (vgl. § 143, a), z. B. Hällestad *sa̦ʀ* (d. h. *sæʀ*) = aisl. *sér* 'sich'.

Hesselman in Språk och stil V, 110 f.

c) Vor hiatusfüllendem *i* (s. § 187, 1) zu *æ* seit c. 1350, z. B. *swēar* > *swēiar* > *swæiar* 'die Schweden', *lēon* > *lēion* > *læion* 'Löwe'. Vgl. unten II, d.

II. Jüngeres (durch ostnordische Kontraktion aus *æi* entstandenes, s. § 155, b) *ē* ist zwar im allgem. erhalten, aber auch vielfach verändert worden:

a) Zu *i*, sobald es (vor Doppelkonsonanz oder bei Reduktion der Betonung, s. § 164) verkürzt wird, z. B. *gēsl* > *gisl* (aisl. *geisl*) 'Rute', *gnista* (vgl. aisl. *gneiste*) 'Funke', *hilsa* (aisl. *heilsa*) 'grüßen', *ēlder* > *ilder* (neben *ēledher*, durch Kompromiß dann *ēlder*) 'Feuer', der Ortsname *Visnim* (aus *-hēm*, aisl. *heimr*), Plur. *þir* (betont *þēr*, aisl. *þeir*) 'die', 'sie'. — Bei späterer Kürzung (nach 1400) steht *e*, z. B. aschw. *hēma* > *hemma* 'zu Hause'.

Kock, *Undersökningar i svensk språkhistoria*, S. 39.

b) Zu *ȫ* vor *v* im Adän. und in südschw. Mundarten, z. B. *Rullȫf* (aisl. *Hrolleifr*), *Sȫfren* 'Severin', *stȫvel* (mnd. *stēvel*) 'Stiefel'. Dialektisch kommt im Adän. *ȫ* auch sonst vor, z. B. *mȫræ* (aisl. *meira*) 'mehr', *hȫtæ* (aisl. *heita*) 'heißen', *grȫn* (aisl. *grein*) 'Zweig' u. a.

Kock, ib. S. 29. Arkiv f. nord. fil. X, 303.

c) Zu *ie* im Jütischen (und zum Teil im Seeländischen), wovon Spuren schon um 1300 vorkommen, z. B. *ien* (aisl. *einn*) 'ein', *hielsæ* (aisl. *heilsa*) 'grüßen', *bien* (aisl. *bein*) 'Bein'.

d) Zu *æ* im Aschw. seit 1400 vor einem (aus *ghi* entstandenen spirantischen) *j*, z. B. *dēghia* > *dæia* (aisl. *deigia*) 'Großmagd'.

§ 145. *i* wird verändert:

a) Zu *y*:

α) In starktoniger Silbe und unmittelbarer Nachbarschaft von Labialen oder *l*, *n*, *ð*, *r*, besonders wenn zwei von den betreffenden Konsonanten den Vokal umgeben, z. B. *Birghir* > *Byrghir* ein Mannsname, *kyrvil* 'Cerefolium', *finster* > *fynster* 'Fenster', *impa* > *ympa* 'impfen', *brims* > *bryms* 'Bremse', *silver* > *sylver* 'Silber'; ohne ersichtliche Regel bleibt aber häufig das *i*.

β) In schwachtoniger Silbe dialektisch, wenn die vorhergehende Silbe *y* enthält, z. B. *mykyt* 'viel', *bryggyzza* 'Brauerin', *thykkyr* 'dünkt'.

Noreen, Sv. landsm. I, 328. Kock, *Sv. ljudhistoria*, I, 64.

b) Zu *e*:

α) In starktoniger geschlossener Silbe zu sehr verschiedener Zeit (z. B. in Schweden schon um 1350, im südöstlichen Seeland erst um 1450) vor *r* und kakuminalen *ḷ*, *n* (sofern nicht schon *i* > *y* nach a, α eingetreten ist), z. B. *hirþe* > *herþe* 'Wirt', *kirna* > *kerna* 'Butterfaß', *til* > *tel* 'zu', *vin* > *ven* 'Freund'; dialektisch kann dies *e* weiter zu *æ* entwickelt werden. Dialektisch tritt *i* > *e* auch vor anderen Konsonanten auf, z. B. *velia (vilia)* 'wollen', *kerkia* 'Kirche', *beskoper* 'Bischof', agutn. *men(n)*, *met(t)* 'mein'.

β) In schwachtoniger Silbe durch Vokalharmonie dialektisch (z. B. in Gegenden von Västergötland, Seeland und Schonen) nach einem *e*, *ē*, *o*, *ō*, *ø*, *ȫ* (in Schonen und gewissen schwedischen Gegenden auch nach *a*, *ā*, in Schonen außerdem nach *æ*, wenn es gleich aisl. *ǽ* ist) der vorhergehenden Silbe, z. B. *hēter* 'heißt', *boren* (vgl. unten γ) 'geboren', *bȫte* 'büße' (*salde* 'verkaufte').

γ) In ganz schwachtoniger offener Silbe, ohne Rücksicht auf die Vokalqualität der vorhergehenden Silbe allgemein im Aschw. seit c. 1325, z. B. *rīke* 'Reich', *forste* 'der erste', Konj. *grōe* 'keime', *væliande* 'wählend', aber z. B. mit geschlossener Silbe *rīkit* 'das Reich', *undir* 'unter' und mit halbstarker Silbe *skaþi* 'Schaden', Konj. *givi* 'gebe', dies sog. unvollständige Vokalbalanz; dialektisch (z. B. in Östergötland vor und um 1350) steht *e* auch in geschlossener Silbe — «vollständige Vokalbalanz» — z. B. *mōþer* 'Mutter' (aber *faþir* 'Vater' mit halbstarker Silbe). Wenn einige Denkmäler auch nach kurzer Silbe *e* zeigen, z. B. *give* 'gebe' usw. im Västmanna-Gesetz (vgl. *boren* u. dgl. in Västgötischen Denkmälern, s. β oben), so ist dies wie *faræ* st. *fara* u. dgl. (s. § 138, a, γ) zu erklären. — Über *æ* statt unbetonten *i* im Seeländischen und Jütischen s. § 161, a.

Kock, Arkiv f. nord. fil. V, 79. *Unders. i sv. språkhist.*, S. 97 Note. *Stud. öfver fsv. ljudl.*, S. 152. 155. 171. 244. 255. 267. 297. 317. 322. Budstikke III, 47. R. Larsson, Ant. tidskr. f. Sv. XII, 2, S. 69 ff. Arkiv f. nord. fil. XIII, 59. Björkman, Sv. landsm. XI, 5, S. 31. Brate, *Ä. Vestm. lagens ljudl.*, S. 43. Zetterberg, *Bjärköarättens ljud- och böjningslära*, S. 31. Ottelin, *Stud. öfver Cod. Bureanus* II, 65 ff. Hultman, *Hälsingelagen* I, 145 ff. E. Olson, *Östgötalagens ljudlära*, S. 82 ff.

c) In *ē* (über die Dehnung s. § 163, b, c) seit 1350 in ursprünglich kurzer Silbe (in der Mälar-Gegend aber nicht vor einem *i* oder *u* der folgenden Silbe), z. B. *niþ* > *nēdh* 'nieder', *liva* > *lēva* 'leben', *skrivin*, *skrēvin* 'geschrieben', *gripu*, *grēpo* 'griffen'; dialektisch auch vor kurzem (bes. stimmhaftem) Konsonanten + *l*, *n*, *r*, z. B. *sighla*, *sēghla* 'segeln'.

Hesselman, *De korta vokalerna i och y i svenskan* (Uppsala 1909—10).

§ 146. *i* wird regelmäßig erhalten; doch tritt sporadisch ein dialektischer Übergang in *ȳ* ein, besonders in der unmittelbaren Nachbarschaft von Labialen und *l*, *n*, *r* (vgl. § 145, a, α), z. B. *swȳn* (*swīn*) 'Schwein', *klȳver* (*klīver*, aisl. *klífr*) 'klimmt', *pȳl* (*pīl*) 'Pfeil', *fȳrken* (adän. *fīrken*) 'Vierchen', *bī-* > *bȳsætia* 'einkerkern'.

§ 147. *o* wird zwar im allgem. erhalten, jedoch:

a) Zu *ɵ* in starktoniger Silbe in dem steigenden Diphthong *io* (außer vor *g*, *ʒ*, *k* und Dehnung bewirkenden Konsonantengruppen, in welchen Stellungen *iɵ*, *iɵ̄* nur dialektisch auftritt), im Altschwedischen mehr allgemein erst um 1350 und später, im Altdänischen dagegen schon um 1300, z. B. *miɵl* (*miol*) 'Mehl', *biɵrn* (*biorn*) 'Bär', aber *iōrþ* 'Erde', *hiōrter* 'Hirsch', *þiokker* 'dick' u. dgl.); im Agutn. steht statt *iɵ* (*io*) ein aus (der Vorstufe des *io*, s. § 28, c) entwickeltes *ie*, also *miel*, *biern* usw. Der *ʀ*-Umlaut von *o* in *ɵ* kommt nur selten und sporadisch vor, z. B. die Präfixe *ɵr-* (*or-*) 'ent-' und *tɵr-* (*tor-*) 'schwer-'.

Kock, *Stud. öfver fsv. ljudl.* S. 481. PBB. XX, 117. Hultman in Finländska bidrag, S. 121 Note.

b) Zu *a* in unbetonter Silbe (wo es aus *u* entstanden ist, s. § 151, γ) sporadisch (doch nicht vor *m*) im Altschwedischen seit c. 1350, z. B. *frillabarn* (*frillo-*) 'uneheliches Kind', Dat. Sg. *skipena* (*-no*) 'dem Schiffe', *læian* (*lēion*) 'Löwe', *-datter* neben *dotter* (aus *dōttir* 'Tochter'. Besonders oft zeigt sich *a*, wo die folgende oder vorhergehende Silbe *ā̆* enthält, z. B. *Hākon* > *-kan*, *Salomon* > *Salamon*, *afla'nger* (aus lat. *oblongus*) 'oval', *afla'nger* (aisl. *oflangr*) 'allzu lang'; vgl. anorw. dial. *Þorvaldr* > *Þaraldr* u. dgl.

Brate, Uppsalastudier, S. 12. Lindgren, Sv. landsm. XII, 1, S. 105. Kock, Skandinavisches Archiv I, 40. Sv. landsm. XIII, 11, S. 24 Note. ZfdA. XL, 193. Lind, Arkiv f. nord. fil. XI, 271.

§ 148. *ō* wird im allgemeinen erhalten, jedoch:

a) Zu *ø̄* in der Verbindung *iō* nur in einigen wenigen Dialekten, zum Teil schon um 1350, z. B. *hiø̄n* (*hiōn*) 'Hausgenossen', *iø̄dhe* (*iōdhe*) 'Jude'; allgemein steht *iø̄* nach 1400 in denjenigen Fällen, wo es aus *ǣw* entstanden ist (s. § 41, d), z. B. *siø̄* (*siōr*) 'See', *sniø̄* (*sniōr*) 'Schnee', *miø̄* (*miōr*) 'schmal', *sliø̄* (*sliōr*) 'stumpf'.

b) Zu *u* in der Zeit zwischen 1200—1400, wo es (vor Doppelkonsonanz oder bei Reduktion der Betonung, s. § 164) verkürzt wird, z. B. Ntr. *gut(t)* zu *gōþer* 'gut', *fulska* 'Thorheit' zu *fōle* 'Thor', *under* (adän. schon um 1300) neben *ōnder* 'bös', *hæ(g)gum(m)e* (aisl. *hégóme*) 'Nichtswürdigkeit', der Ortsname *Ārus* (aisl. *ár-óss*). — Bei späterer Kürzung (nach 1400) steht *o*, z. B. *dōmare* > *dommare* 'Ritter'. — Über *vār* 'unser' neben agutn. *ōar* s. § 115.

c) Zu *uo* im Jütischen, wovon Spuren schon um 1300 vorkommen, z. B. *guod* (aisl. *góþr*) 'gut', *huos* (aschw. *hōs*) 'bei'.

Lindgren, Sv. landsmålen XII, 1, S. 79. Kock, Arkiv f. nord. fil. IV, 176. VII, 184.

§ 149. *o* wird im allgem. erhalten, nur daß es in *y* übergeht:

α) Im Agutn. ausnahmslos schon um 1100, z. B. *yfri* (aisl. *ofre*) 'obere', *yx* (aisl. *ox*) 'Axt'.

β) Im Aschw. vor 1350 ziemlich allgemein teils vor *g*, *k*, z. B. *dyggia* (aisl. *doggua*) 'feuchten', *yx* (*ox*) 'Axt', *slykkia* (*slokkia*) 'löschen'; teils dialektisch nach *g*, *k*, wenn die folgende Silbe ein *i* oder *u* enthält, z. B. *gonum* > *gynum* 'durch', *kot* (analogisch *kyt*): Dat. *kyti* (auch *koti*) 'Fleisch'.

Kock, *Sv. ljudhistoria* II, 13.

§ 150. *ø̄* wird im Altgutnischen um 1100 durchgehends — im Aschw. nur dialektisch vor *ghi* — zu *ȳ*, z. B. Sjonhem *brȳþr* (aisl. *brøþr*) 'Brüder', Åkirkeby *fȳþa* (aisl. *føþa*) 'gebären'; aschw. *hø̄ghinde*

> *hyghinde* 'Kissen'. Sonst wird es im allgem. erhalten, aber (und zwar sowohl altes wie nach § 156, b und § 157, b entstandenes *ø̄*):

a) Zu *y* im Altschwedischen, wo es (vor Doppelkonsonanz) in starktoniger Silbe verkürzt wird, z. B. *rykt* (*rø̄kt*) 'Fürsorge', *dygn* (*dø̄ghn*) 'Tag und Nacht'; *Væstragytland* (*-gø̄tland*, aisl. *-gautland*), *iamskyt* 'sogleich' zu *skø̄t* (aisl. *-skeytt*) 'bald', *ēterydhla* zu *ø̄þla* (anorw. *øydla*) 'Eidechse', *hyfþinge* (*hø̄fþinge*) 'Häuptling', *bryllungar* (*brø̄þlungar*) 'Geschwisterkinder männlicher Seite'. — Bei späterer Kürzung steht *ø*, z. B. *gø̄ma* > *gømma* 'verbergen'.

b) Zu *e*, wo es infolge des Herabsinkens der Silbe zur Schwachtonigkeit verkürzt wird, z. B. *Skāne* (*-ø̄*, aisl. *Skáney*) 'Schonen', *Lø̄dhese* (*-ø̄se*) zu *ōs* 'Mündung', *ēzere* (*ēþ-sø̄re*) 'Eidschwur'.

§ 151. *u* wird zwar oft erhalten, aber auch in vielen Stellungen zu *o* verwandelt:

α) In starktoniger Silbe vor *r* oder kakuminalem *l* mit folg. *d*, *đ*, *l*, *n*, *s*, *t* im Altschwedischen (doch nicht in Västergötland) und Altgutnischen seit um 1350, z. B. Prät. Sg. *smorþe* (*smurþi*) 'schmierte', Pl. *vorþo* (*urþu*, agutn. *orþu*) 'wurden', *sport* (*spurt*) 'gefragt', *holde* (*hulde*) und *holt* (*hult*) 'verhüllte', -t', *īkorne* (*-urne*) 'Eichhorn', nschw. *sorla* (nnorw. *surla*) 'summen', *torsmånađ* (zu aisl. *þurþr* 'Schwund') 'Januar',; dialektisch zur selben Zeit auch vor *n*, *m*, *ŋ* + Konsonant, z. B. *sonnodagher* (*sunnu-*) 'Sonntag', Part. Prät. *vonden* (aisl. *undenn*) 'gewunden', *hongra* (*hungra*) 'hungern', *rompa* (*rumpa*) 'Schwanz'.

Sandström, *Studier över utvecklingen av fsv. ŏ ock ŭ*, S. 80.

β) In schwachtoniger Silbe durch Vokalharmonie dialektisch (z. B. in Gegenden von Västergötland und Schonen sowie zum Teil Seeland) nach einem *e*, *ē*, *o*, *ō*, *ø*, *ø̄* (in gewissen Gegenden auch *ā*, seltener *a*) der vorhergehenden Silbe, gewöhnlich doch nicht vor *m*, z. B. Dat Sg. Ntr. *ēno* 'einem', *gōþo* 'gutem', *lø̄so* 'losem', aber Pl. *ēnum* usw.

Kock, Arkiv f. nord. fil. V, 79. *Unders. i sv. språkhist.*, S. 97 Note. *Stud. öfver fsv. ljudl.*, S. 147. 171. Budstikke III, 47. Zetterberg, *Bjärköarättens ljud- och böjningslära*, S. 30.

γ) In ganz schwachtoniger Silbe ohne Rücksicht auf die Vokalqualität der vorhergehenden Silbe, allgemein im Altschwedischen seit c. 1330 (dialektisch jedoch nicht vor *m* im 14. Jahrhundert, später aber sehr oft in dieser Stellung, analogisch dann auch in einst halbstarken Silben), z. B. Acc. Sg. *tungo* 'Zunge', 3. Pl. *lovaþo* 'lobten', *værþogher* 'würdig', aber z. B. mit halbstarker Silbe *gatu* 'Gasse', *liþugher* 'ledig', sog. Vokalbalanz. Wenn einige Denkmäler auch nach kurzer Silbe *o* zeigen, z. B. Prät. Pl. *bruto* 'brachen' u. dgl. im Västmanna-Gesetz, so beruht wohl dies darauf, daß hier der halbstarke Nebenton durch ganz schwachen schon ersetzt worden ist (vgl. § 138, a, γ und § 145, b, γ). — Über *æ* statt unbetonten *u* im Seeländischen und Jütischen s. § 161, a.

Kock, *Stud. öfver fsv. ljudl.* S. 149. 161. 172. 311. 317. 322. Brate, *Ä. Vestm. lagens ljudl.*, S. 45. R. Larsson, Ant. tidskr. f. Sv. XII, 2, S. 91. Arkiv f. nord. fil. XIII, 59. Björkman, Sv. landsm. XI, 5, S. 32. Zetterberg, a. O. S. 31. Ottelin, *Stud. öfver Cod. Bureanus* II, 61 ff. Hultman, *Hälsingelagen* I, 171 f.

§ 152. *ū* bleibt im allgem. unverändert. Nur ist es dialektisch vor *ʀ* zu *ȳ* umgelautet worden, z. B. agutn. (und nschw. Dial. von Dalarna) Präp. *ȳr* (sonst *ūr*) 'aus'. Ferner scheint es unmittelbar vor *a* schon vorliterarisch in *ō* — über *vār* aus **ūarr* s. § 115 — übergegangen zu sein, z. B. *bōa* (wn. *búa*) 'wohnen', *trōa* (wn. *trúa*) 'glauben', *gnōa* (wn. *gnúa*) 'reiben' u. a. m. — Über den Diphthong *iū* s. unten § 160.

Kock, Indog. Forsch. II, 335. Hultman, Finl. bidrag, S. 121 Note. *Hälsingelagen* I, 44 ff. Vgl. aber Noreen, *Urgerm. Lautlehre*, S. 32 ff. Bremer bei Solmsen, *Studien zur lat. Lautgeschichte*, S. 156 f.

§ 153. *y* ist in vielen Stellungen verändert worden:

a) Zu *i* (schon vorliterarisch) in schwachtoniger, dialektisch (z. B. in västgötischen und altdänischen Mundarten) auch in starktoniger Silbe, dann aber nur wenn ein *i* in der nächsten folgt, z. B. *alzkyns* > *-kins* 'allerlei', *þordyn* > *-din* 'Donnerwetter', Präs. *misfirmir* zu *misfyrma* (dann oft Ausgleichung) 'mißhandeln', *køtstikki* (zu *stykki*) 'Fleischstück', *ørlighismaþer* (zu aisl. *ørlyge*) 'Krieger', Pl. *sillir* zu *syl* 'Grundstock', *thynning* > *thinning* 'Schläfe', *nikil* (*nykil*) 'Schlüssel', Pl. *stildir* zu *styld* 'Diebstahl', *þirrir* (adän. *þirræ*) zu *þyrr* 'dürr'.

Noreen, Arkiv f. nord. fil. I, 168 Note. Kock, ib. IV, 163. *Sv. ljudhistoria* I, 445. 480.

b) Zu *ø* (auch wo das *y* aus *i* entstanden ist, s. § 145, a, α) allmählich seit c. 1350 (adän. zum Teil schon c. 1300) in geschlossener Silbe vor *r* oder kakum. *l*, *n*, dialektisch auch vor anderen Konsonanten, z. B. *sporia* (*spyria*) 'fragen', *kørkia* (*kyrkia*) 'Kirche', *dølia* (*dylia*) 'verhehlen', *fønster* (*fynster*) 'Fenster', *brø(þ)løp* 'Hochzeit', *grømber* (*grymber*) 'grimm', *bøssa* 'Büchse', *døft* 'Staub', *bøggia* (*byggia*) 'bauen', *skøtta* 'Schütze'. Die Formen mit *y* kommen das ganze Mittelalter hindurch neben denen mit *ø* vor, und vor gewissen Konsonantengruppen (*mb*, *mp*, *nt*, *rk*, *st* und besonders urnord. *ld, ll, lt, nd, nn*) sind sie weit überwiegend oder gar alleinherrschend.

Hesselman, *De korta vokalerna i och y i svenskan*, bes. S. 219ff. L. Jacobsen, *Stud. til det danske Rigssprogs Historie*, S. 63. 131.

c) Zu *ø* (über die Dehnung s. § 163, b, c) seit c. 1350 in urspr. kurzer Silbe (in der Mälar-Gegend aber nicht vor einem *i* oder *u* der folgenden Silbe), z. B. *dys* > *døs* 'Haufen', *styþ* > *stødh* 'Stütze', *nyt* > *nøt* 'Nuß', *mykin*, *møkin* 'groß'; dialektisch auch vor kurzem (bes. stimmhaftem) Konsonanten + *l*, *n*, *r*, z. B. *myghla*, *møghla* 'schimmelig werden'.

Hesselman, a. O.

d) Zu *iu* (woraus dann nach § 151, α oft *io*) — außer nach *r* und im Agutn. — «gebrochen»:

α) Vorliterarisch vor *ggw*, *ngw*, *nkw*, z. B. *biug*, *biog* (nach Dat. **biuggwi*) neben *byg* (aisl. *bygg*) 'Gerste', *tiugga* (aisl. *tyggua*) 'kauen', *stiunger* neben *stynger* (urspr. **styngr*: **stiungwi*) 'Stich', *siunga*, *sionga* (aisl. *syngua*) 'singen', *siunka*, *sionka* (**synkwa*, got. *sigqan*, aisl. *søkkua*) 'sinken'; aber z. B. *trygger* (aisl. *tryggr*, got. *triggws*) 'sicher', *rynkia* (aisl. *hrøkkua*) 'falten' u. dgl. Dies *iu* ist im Mitteldänischen in fast allen Gegenden wieder zu *y* geworden, z. B. *tyggæ*, *syngæ*, *synkæ* usw.

Lindgren, Sv. landsm. XII, 1, S. 128f. Wadstein, *Fornnorska hom. ljudl.*, S. 50. Lindroth, Arkiv f. nord. fil. XXIV, 340.

β) Wenigstens um 1300 zwischen *g* oder *k* und *r* (seltener *l*) + Konsonant, im Jütischen regelmäßig (sonst sporadisch) vor *rđ*, *rn*, *rt*, z. B. *skiurta*, *skiorta* (agutn. *skyrta*) 'Hemd', *kiurtil*, *kiortil* (aisl. *kyrtell*) 'Rock', *giurþil*, *giordhil* (aisl. *gyrþell*) 'Gürtel', *kiurkia*, (*kyrkia*) 'Kirche', *miulna* (*mylna*) 'Mühle', *skiulder* (*skylder*) 'verwandt', adän. *biurth* (*byrth*) 'Geburt', Ntr. *thiurt* zu *thyr* 'dürr'; vgl. noch ndän. *hjörne* (**hiurne*, anorw. *hyrni*) 'Ecke', *tjörn* (aisl. *þyrner*) 'Dornstrauch'.

Noreen, Arkiv f. nord. fil. VI, 333. Kock, Skandinavisches Archiv I, 20. M. Kristensen, Arkiv f. nord. fil. XXV, 131 ff. L. Jacobsen, a. O., S. 138f.

§ 154. *ȳ* bleibt als solches. Fälle wie die Ortsnamen *Nȳbile* zu *bȳle* 'Wohnsitz', *Haghbi* aus *Haghabȳ* u. dgl. erklären sich wohl nach § 153, a und setzen also eine Kürzung des nicht hauptˑtonigen *ȳ* voraus.

§ 155. *æi* ist nie erhalten. Es wird

a) im Altgutnischen, spätestens im 13. Jahrhundert, zu *ai*, woraus vor Geminata *a* (wo nicht *ai* durch Assoziation erhalten wird), z. B. *braiþr* (aisl. *breiþr*), Ntr. *bratt* 'breit'; *baiþas* (aisl. *beiþask*) 'sich erbitten', 3. Pl. Prät. *baddus*; *ann*, F. *ain*, Ntr. *att* 'ein'.

b) Sonst zu *ē*, im Altdänischen — vielleicht am frühesten vor ʒ und kons. *i* — nach Ausweis der Runeninschriften schon allgemein um 1000 (in Jütland und auf den Inseln schon um 970, z. B. Store Rygbjærg und Skovlænge, aber noch nicht im Orrmulum), im Altschwedischen zu ziemlich verschiedener Zeit in verschiedenen Gegenden, zum Teil schon vor 1000 (z. B. *stin* Härene, Högby 'Stein'), im allgemeinen wohl vor 1200, obwohl Spuren des Diphthongs noch in ein paar alten Handschriften (Codd. Holm. B 53 und B 59) zu finden sind, und etwas früher in nicht haupttoniger als in haupttoniger Silbe. Z. B. *bēn* (wn. *bein*) 'Bein', *ēgha* (wn. *eiga*) 'besitzen' usw.

Wimmer, *Die Runenschrift*, S. 329. Kock, *Unders. i sv. språkhist.*, S. 37. Arkiv f. nord. fil. XI, 137 Note. Björkman in Språkvetenskapliga sällskapets i Uppsala förhandlingar 1898—1901, S. 14f. O. v. Friesen in Uppland II, 495.

§ 156. *ǫu* ist nie erhalten. Es wird

a) im Altgutnischen schon vorliterarisch zu *au*, woraus vor Geminata *a* (wo nicht *au* durch Assoziation erhalten wird), z. B. *dauþr*, Ntr. *datt* 'tot'; *auga* 'Auge'. — Schon vor dem Übergange ist *ǫu* vor *ʀ* zu *ǫy*, woraus (nach § 157, a) *oy*, umgelautet worden, z. B. *oyra* (wn. *øyra*) 'Ohr'.

b) Sonst zu offenem (dann in vielen Dialekten in geschlossenes übergegangenem) *ø̄*, im Altdänischen nach Ausweis der Runeninschriften wohl allgemein um 1050 (Spuren schon früher, z. B. Skærn, kleineres Denkmal von Jællinge und von Århus, aber noch nicht im Orrmulum), im Altschwedischen wohl im allgemeinen um 1200 (znm Teil früher, z. B. *tuþr*, d. h. *dø̄dr* 'tot' Forsheda), jedenfalls geraume Zeit vor den ältesten Handschriften, wo keine Spuren des Diphthongs zu finden sind. Z. B. *ø̄gha* 'Auge', *brø̄t* (wn. *braut*) 'brach' usw.

§ 157. *øy* ist nie erhalten. Es wird

a) im Altgutnischen schon vorliterarisch zu *oy*, z. B. *droyma* (wn. *drøyma*) 'träumen', *oy* (wn. *øy*) 'Insel'.

b) Sonst zu geschlossenem *ø̄*, im Altdänischen wenigstens vor 1200 (wahrscheinlich aber schon um 1050), im Altschwedischen um 1200 (zum Teil früher, z. B. *Skąnu* 'Schonen' Forsheda, wn. *Skánøy*) und nach Ausweis der Runeninschriften wohl früher (wenigstens um 1100) in nicht haupttoniger als in haupttoniger Silbe. Z. B. *drøma* 'träumen', *ø* 'Insel' usw.

§ 158. Über die Entwicklung der Diphthonge *ia*, *iā*, *io*, *iō* s. resp. § 138, a; 139, a; 147, a; 148, a.

§ 159. *iǫu* (s. § 44, b) wird folgendermaßen behandelt:

a) Im Altgutnischen, schon vorliterarisch, durchgehends zu *iau*, z. B. *diaupr* 'tief', *iaul* 'Weihnachten'.

b) Sonst und ebenfalls vorliterarisch zu *iū*, z. B. *diūper* 'tief', *iūl* 'Weihnachten', *niūta* 'genießen'.

§ 160. *iū* (altes — s. § 45, b — oder nach § 159, b entstandenes) bleibt zunächst im allgemeinen unverändert, wird aber

a) zu *ȳ* kontrahiert nach postkonsonantischem *r* schon vorliterarisch (im Altdänischen, wenigstens dialektisch, sehr früh, da schon in der Skærner Inschrift aus dem 10. Jahrh. Präs. Konj. *biruti*, d. h. *brȳti*, aisl. *brióti* 'breche', auftritt), nach anlautendem *r* und nach kakuminalem *l* aber erst seit 1300 (adän. schon etwas früher, aschw. zum Teil später), z. B. *rȳka* (wn. *riúka*) 'rauchen', *flȳgha* (wn. *fliúga*) 'fliegen', *klȳva* (wn. *kliúfa*) 'spalten'. Im Altdänischen wird später, jedoch im allgemeinen erst gegen das Ende des Mittelalters, *iū* in den meisten Gegenden auch in allen anderen Stellungen — außer vor *l* — zu *ȳ*, z. B. *lȳdh* 'Laut', *dȳb* 'tief', *øthmȳg* 'demütig' u. a. statt älteren *liūth*, *diūp(r)*, *øthmiūk(r)*, aber *hiūl* 'Rad', *skiūl* 'Versteck' u. a.

Kock, Sv. landsm. II, 12. *Stud. öfver fsv. ljudl.*, S. 465. Arkiv f. nord. fil. VI, 43. L. Jacobsen, *Stud. til det da. Rigssprogs Historie*, S. 136. 177.

b) Zu *iȳ* (wo es nicht schon, nach a oben, zu *ȳ* geworden ist) in gewissen südschwedisch-dänischen Mundarten um 1500, im süd-dänischen (Schleswig, Fünen und den südlichen Inseln) jedoch schon um 1300 (z. B. im Flensburgischen Stadtrecht), z. B. *diȳp* 'tief', *miȳk* 'weich' u. a.

Leffler, *Om v-omljudet af ĭ, ī och ei*, Upsala (universitets årsskrift) 1877, S. 35 Note. M. Kristensen, Arkiv f. nord. fil. XXV, 137 ff.

§ 161. Jeder unbetonte Vokal geht allmählich sowohl im Altschwedischen wie im Altdänischen in einen reduzierten Vokal von unbestimmter Klangfarbe (im Altschwedischen durch *e*, im Altdänischen ältest durch *æ* oder *e*, später durch *e* bezeichnet) über, jedoch zu sehr verschiedener Zeit in verschiedenen Mundarten und verschiedenen Stellungen, was ohne Zweifel daraus zu erklären ist, daß der betreffende Vokal zu verschiedener Zeit seinen einst vorhandenen Nebenton verliert.

a) Im Seeländischen und Jütischen sind schon um 1100 die ursprünglich (d. h. in spät urnordischer Zeit) unbetonten Vokale in *e* (*æ*) übergegangen, z. B. die Ortsnamen *Hēthebȳ* (anorw. *Hæiđabør*), *Gētæsbū* (*Gæitisbú*), *Kyrkethorp* (*Kirkiuþorp*). Schon im 12. Jahrhundert tritt derselbe Übergang auch in ursprünglich nebentonigen Silben ein, z. B. die Mannsnamen *Halden* (*Halfdan*), *Agner* (*Agnarr*), *Asser* (aisl. *Ǫzorr*). In den ältesten Handschriften (um 1300) steht *æ* in fast allen Endungen und Ableitungssilben, welche also wohl in der Regel nicht mehr nebentonig waren, z. B. *havæ* (aschw. *hava*) 'haben', *fathær* (aschw. *faþir*) 'Vater', Pl. *øræn* (aschw. *øron*) 'Ohren'. Jedoch ist bisweilen noch *i* nach *k* und *g* sowie *u* vor *m* bewahrt, z. B. Dat. Sg. *thingi* 'Gerichtsversammlung', Dat. Pl. *loghum* 'Gesetzen'. Außerdem bleibt natürlich der ursprüngliche Vokal, wo und so lange er ausnahmsweise Nebenton oder Länge behält, z. B. *thrættān* (aisl. *þrettán*) 'dreizehn'. — Ein in dieser Weise entstandenes *e* geht dann (wenigstens schon um 1300) vor *m* dialektisch (wie auch in gewissen altschwedischen — hier jedoch erst seit c. 1435 — und altnorwegischen Mundarten) in *u* über, z. B. der Ortsname *Guthum* aus **Gud-hēm* (*-hæim*); vgl. aschw. Ortsnamen wie *Visnum*, älter *Visnim* (s. § 144, II, a), noch älter *Visnēm* aus *-hæim* oder *gørsim* > *gørsum* 'Kleinod'. Vor *s* dagegen geht dies *e* dialektisch in *i* über, z. B. *enast* > *ēnest* > *ēnist* 'allein', Gen. Pl. *þera* > *there(s)* > *theris* 'ihr'.

Bredsdorff in Blandinger fra Sorøe, I, 83 ff. Nielsen, *Olddanske Personnavne*, Kph. 1883, S. V f. L. Jacobsen, a. O. S. 19. O. v. Friesen, *Vår älsta handskrift på fornsvenska*, S. 43. Kock, Sv. landsm. XV, 5, S. 12 f.

b) Im Schonischen und Altschwedischen (nicht im Altgutnischen) zeigt sich derselbe Übergang weit später, im Altschwedischen erst seit c. 1325, ist aber im 15. Jahrhundert häufig vertreten, z. B. Gen. Sg. *henne* neben betontem *hænna(r)* 'ihr', Sg. Präs. Konj. *vare* (betont *vari*) 'sei', 3. Pl. Präs. Ind. *ære* (betont *æru*) 'sind' u. dgl. Um 1500 tritt in nachtonigen Silben der Übergang auch bei schwach nebentonigem *i* ein, in vielen Dialekten vor *l, n, r*, in einigen auch vor *s, t*, z. B. *himmel* (*himil*) 'Himmel', *kristen* (*-in*) 'christen', *kænner* (*-ir*) 'kennt', Gen. Sg. *snilles* (*-is*) 'Weisheit', *lītet* (*-it*) 'kleines'. — Über *u, i* aus solchem *e* vor *m*, resp. *s* s. oben unter a.

Kock, *Stud. öfver fsv. ljudl.*, S. 264. 270. 361. 374. *Unders. i sv. språkhist.*, S. 103. Arkiv f. nord. fil. V, 72. *Sv. ljudhistoria* I, 55.

§ 162. Die Nasalvokale geben allmählich ihre Nasalierung

auf, jedoch zu sehr verschiedenen Zeiten je nach verschiedenen Stellungen und Gegenden. In Dänemark ist sie im allgemeinen — nach Ausweis der Runeninschriften — schon in der Vikingerzeit (um 950—1000) geschwunden, früher bei kurzem als bei langem Vokal, am frühesten (schon um 800) bei kurzem Vokal, der nicht mehr in der unmittelbaren Nachbarschaft eines Nasals steht. In Schweden ist die Entwicklung langsamer und sehr ungleichmäßig. Die uppländischen Inschriften Asmunds Karasun (um 1025—1060) haben außer in dem letzterwähnten Falle noch alle Nasalvokale bewahrt. Dagegen in der östgötischen Röker Inschrift (vor 900) fehlt außerdem die Nasalierung auch nach Nasalen. Die södermanländischen Ingvar-Inschriften (gegen 1050) und die helsingländische Forsaer Inschrift (vor 1100) haben nur noch langen Nasalvokal bewahrt (z. B. *ą̄* 'an'). Endlich die uppländischen Ingvar-Inschriften (gegen 1050) zeigen schon keine Nasalvokale mehr. Im 13. Jahrhundert sind sie wohl schon ziemlich allgemein in allen Stellungen verloren gegangen, aber noch jetzt sind sie in der altertümlichen Mundart von Älfdalen (in Dalarna) erhalten und zwar in allen Stellungen, wo sie sich in urnordischer Zeit vorfanden.

Wimmer, *Die Runenschrift*, S. 320. Noreen, Arkiv f. nord. fil. III, 2. 24. 33. *Altschwedische grammatik*, S. 119 ff.

2. Quantitative Veränderungen.

§ 163. Dehnung kurzer Vokale tritt in sehr vielen Fällen ein, aber nur in starktoniger Silbe:

a) Vor *ng* und *rđ* in den meisten Dialekten, in vielen (bes. südlicheren) auch vor urnord. *ld, mb, nd* und (wenigstens antesonantischem) *rt*; anlautendes *o* außerdem in sehr vielen Dialekten vor *ks, rm* und *st*; in allen diesen Stellungen im Adän. schon vor 1300, im Aschw. wenigstens schon etwas vor 1350; erst der Zeit 1350—1400 gehört die Dehnung vor *rn* an und dem 15. Jahrhundert die vor *rl* und durch Synkope entstandenen *ld, ln, lt, md, nd, nt*. Z. B. *ææng* 'Wiese', *moorþare* 'Mörder', *vaald* 'Gewalt', *laamb* 'Lamm', *haand* 'Hand', *vaarta* 'Warze'; *ōxe* 'Ochs', *ōrmber* 'Wurm', *ōster* 'Käse'; *hoorn* 'Horn'; *kārl* 'Kerl', *dōlde* 'verbarg', *mōln* 'Wolke', *dōlt* 'verborgenes', *tāmde* 'zähmte', *vānde* 'gewöhnte', *vānt* 'gewohntes'. Vgl. übrigens § 164, a.

Noreen, Sv. landsm. I, 354. Wadstein ib. XIII, 4. Kock, *Stud. öfver fsv. ljudl.*, S. 394. *Unders. i sv. språkhist.*, S. 45. Arkiv f. nord. fil.

IV, 90, V, 373. IX, 240. Boysen, *Der Vokalismus des Jydske Lov*, S. 29, Note 1. L. Jacobsen, a. O., S. 41f. Hultman, *Hälsingelagen* I, 55. Hesselman, *Sveamålen*, S. 31. Wigforss in Från filologiska föreningen i Lund III, 169ff.

b) In geschlossener haupttoniger Silbe vor einem einfachen auslautenden Konsonanten außer *m* (in der Mälar-Gegend und nördlicheren Dialekten vor *k, p, s, t* und zum Teil *r* nur bei *a* und *æ*), im Jütischen schon vor 1300, in den meisten übrigen Dialekten anlautend schon vor 1350, sonst wohl im Verlauf des 14. Jahrhunderts, z. B. *aat* (aber vor einem Infinitiv gew. *at*) 'zu', *aaf* (gew. *af*) 'von', *ook* 'Joch', *saak* 'Sache', *broot* 'Bruch', *gaaf* 'gab', *ool* 'Bier', *spoor* 'Spur'. — Im Adän. und mehreren aschw. Dialekten kommt außerdem Dehnung vor auslautendem (dann gekürztem) *rr*, in einigen adän. Dialekten auch *nn*, nach 1350 vor, z. B. *fēr* (aisl. *fyrr*) 'früher', *tān* (aisl. *tǫnn*) 'Zahn'.

c) In offener haupttoniger Silbe, außer vor *m* (in der Mälar-Gegend und nördlicheren Dialekten vor *k, p, s, t* und zum Teil *r* nur bei *a* und *æ*), zu sehr verschiedener Zeit in verschiedenen Gegenden und Stellungen: anlautend vielerorts schon vor 1350, sonst adän. zum Teil (besonders jütisch) schon um 1350, aschw. im allgemeinen wohl erst um 1450 und noch später, z. B. aschw. *aaka* 'fahren', *aaker* 'Acker', *droope* 'Tropfen', *tiuughu* 'zwanzig', *klaasi* 'Traube'.

Lyngby, Tidskr. f. Phil. II, 315. Wimmer, *Læsebog*, 4. Aufl. S. XVIII (dagegen Boberg, Arkiv f. nord. fil. XII, 315). Boberg, ib. XII, 336ff. 332. L. Jacobsen, a. O., S. 42f. Hesselman, Språk och stil I, 10ff., Nordiska studier tillegnade A. Noreen, S. 378.

§ 164. Kürzung langer Vokale (und Diphthonge) tritt häufig ein:

a) Vor tautosyllabischer Konsonantengruppe oder Geminata (wo nicht Assoziation hindert), z. B. *ilder* (*ēlder*, *ēledher*) 'Feuer', Ntr. *gut(t)* zu *gōþer* 'gut', *rykt* (*rēkt*) 'Fürsorge' u. a., s. § 144, II, a, § 148, b, § 150, a; vgl. noch § 155, a und 156, a. Die nach § 163, a entstandene sekundäre Länge wird später in vielen Fällen wieder aufgehoben: vor *mb*, *ng* und urnord. *ld*, *nd* wohl in Zusammenhang mit deren Assimilation seit 1400 zu resp. *mm*, *ŋŋ*, *ll*, *nn*, vor *ks*, *rm* und *st* aber vielleicht erst in neuerer Zeit. Die nach § 163, b entstandene Länge ist im Neudänischen in den meisten Fällen wieder aufgehoben worden.

b) Bei Reduktion einer starktonigen Silbe zur Schwachtonigkeit, z. B. aschw. *ī-* > *emællan*, neben *ī mællum* 'zwischen', *līkami* > *lekame* (wie das vorige Wort mit haupttoniger Pænultima) neben *līkame* 'Körper', *trōliker*, *-leker* aus *-līker* 'treu', *lata* (betont *lāta*) 'lassen'. Hierbei ist besonders zu beachten die durchgängige Verkürzung halblanger Endungs- und Ableitungsvokale nach kurzer Wurzelsilbe infolge der Reduktion ihres halbstarken Nebentones zur Schwachtonigkeit, z. B. *fara* statt *farą̄* 'fahren'. Diese Reduktion ist in verschiedenen Dialekten zu sehr verschiedenen Zeiten eingetreten, wie aus der Geschichte der Nasalvokale und aus den qualitativen Veränderungen der betreffenden Endungsvokale hervorgeht. Im Seeländischen und Jütischen ist der halbstarke Nebenton nicht nur zur gewöhnlichen Schwachtonigkeit, sondern wahrscheinlich gar zur Unbetontheit schon vor 1100 reduziert (vgl. § 161, a). In Uppland u. a. Gegenden ist ganz schwacher Nebenton in den meisten Fällen wenigstens schon um 1300 eingetreten (vgl. § 138, a, γ), aber in den meisten schwedischen Dialekten noch nicht vor 1350, wie der Umstand beweist, daß urspr. halbstark nebentoniges *i*, *u* nicht den Übergang zu resp. *e*, *o* mitmacht (s. § 145, b, γ und § 151, γ). In anderen Dialekten (z. B. in Gegenden von Småland und Dalarna) ist der halbstarke Nebenton und die damit in Zusammenhang stehende Halblänge noch nach 1400 bewahrt, was zur Folge hat, daß ein hierher gehöriges Endungs- und Ableitungs-*a* den Übergang in *å* (*o*) mitmacht, z. B. *bæro* (*bærā*) 'tragen' (s. § 139, b).

3. Übrige Erscheinungen.

§ 165. Svarabhakti tritt zwischen *r*, *l*, *n* und einem vorhergehenden (nur ganz ausnahmsweise — wie in einigen aschw. Runeninschriften — folgenden) Konsonanten ein:

a) Inlautend im allgemeinen nur, wenn *l*, *n*, *r* zwischen zwei anderen Konsonanten mit geringerer Sonorität stehen und daher als Sonanten fungieren müßten, z. B. *fæghersters* (aisl. *fegrstr*) 'schönst', *yverster* (agutn. *yfrstr*) 'oberst', *sighelde*, *sigholdo* (aisl. *siglþe*, *-o*) 'segelte, -en'. In sonstigen Stellungen ist das Auftreten eines Svarabhaktivokals nur sporadisch und selten. Die meisten Beispiele dieser Art zeigt Cod. Bureanus, z. B. Acc. Sg. Fem. *fagh(a)ra* 'schön', *regh(o)lo* 'Regel', *bund(a)na* 'gebunden'. Der Svarabhaktivokal ist, wie die Beispiele zeigen, entweder *e* (seltener *æ*) oder auch derselben Qualität wie der Vokal der folgenden oder der vorhergehenden Silbe.

b) Auslautend regelmäßig im Altschwedischen und Altdänischen, aber vielleicht noch nicht im ältesten Altgutnisch (wo ein Svarabhaktivokal, und zwar als *i*, vor *r* nur selten, vor *l*, *n* nie ausgeschrieben wird):

1) Vor *r* zwar schon vorliterarisch, aber doch in vielen Gegenden wahrscheinlich erst im 13. Jahrhundert. Der Hilfsvokal ist regelmäßig *æ* (besonders in einigen der ältesten Handschriften) oder noch häufiger *e* (besonders in mschw. Schriften aus späterer Zeit), dialektisch aber auch häufig *i* (z. B. im Dala-Gesetz und sehr vielen mschw. Schriften aus älterer Zeit) oder seltener *a* (z. B. in Cod. Bur.), selten und im allgemeinen nur aus vokalharmonischen Gründen *u*, *o* oder *ø*. In ein paar Handschriften aus Östergötland und Schonen herrscht vollständige Vokalharmonie in betreff des Svarabhaktivokals, also z. B. *gangar* 'geht', *dighir* 'groß', *kombor* 'kommt', *skiūtur* 'schießt', *systyr* 'Schwester' (Plur.), *nættær* 'Nächte', *bøndør* 'Bauern'.

2) Vor *l* tritt Svarabhakti ein (außer nach *r*, z. B. *karl* 'Kerl') im Altdänischen schon um 1300, im Altschwedischen dagegen im allgem. erst nach 1400 (ausnahmsweise aber schon um 1350, am spätesten nach stimmlosen Konsonanten (vgl. gleich unten). Der Vokal ist im Adän. *æ* (*e*), im Altschwedischen meist *i* oder *e*, *æ*, selten *u*, *o*, z. B. *fugh(i)l*, *-(e)l*, *-(u)l*, *fogh(o)l* 'Vogel'.

In einigen Denkmälern tritt Svarabhakti nur nach stimmhaften, nicht aber nach stimmlosen Konsonanten ein, z. B. *foghil* 'Vogel', *skavil* 'Frucht', aber *axl* 'Schulter', *hørsl* 'Gehör', dies wohl weil *l* in älterer Zeit in dieser Stellung selbst (wie im Aisl.) stimmlos war.

3) Vor *n* tritt Svarabhakti fast nur dann ein, wenn ein stimmloser Konsonant (doch im allgem. nicht *t*) vorhergeht. Die Entwicklung findet am frühesten im Adän. (schon um 1300), am spätesten im Altschwedischen (mehr allgemein erst nach 1400, vereinzelt schon um 1350) statt. Der Vokal ist im Aschw. *e* (*i*), im Adän. *æ* (*e*), z. B. aschw. *øk(e)n* 'Einöde', *vāp(e)n* 'Waffe', *løs(e)n*, *-in* 'Lösegeld' (aber gew. *vatn* 'Wasser'), adän. *sōkæn* 'Gemeinde', aber auch *vaghæn*, *voghæn* (aschw. selten *vaghin* neben gew. *vagn* nach Dat. *vagne* u. a.) 'Wagen'.

Kock, *Stud. öfver fsv. ljudl.*, S. 293. Brate, *Ä. Vestm. lagens ljudl.*, S. 83. Pipping, *Guta lag*, S. XXIII ff. Boysen, *Der Vokalismus des Jydske Lov*, S. 63. L. Jacobsen, *Studier til det da. Rigssprogs Historie*, S. 73. 141 f.

§ 166. Synkope tritt wenigstens seit 1300 (am frühesten im Altdänischen) regelmäßig in derjenigen zweier aufeinander folgenden unbetonten Silben ein, welche unmittelbar vor oder nach einer haupttonigen Silbe steht. Die Fälle werden demnach:

a) Wenn zwei unbetonte Silben vor einer haupttonigen stehen, wird die zweite synkopiert, z. B. *kap(e)lān* 'Kapellan', *Kadhrīn* aus *Kat(e)rīn* 'Katharina'.

b) Wenn zwei unbetonte Silben nach einer haupttonigen stehen, wird die erste synkopiert, z. B. *syn(no)dagher* 'Sonntag', *an(nat)-tiggia* 'entweder', *hūl(i)kin* 'welcher', *vær(u)ldin* 'die Welt', *drōz(e)te* 'Truchseß', *Swēr(i)ghe* 'Schweden' u. a. ursprünglich zusammengesetzten Wörter.

c) Zweisilbige proklitischen Wörter (wie Vornamen, Titel, Verwandtschaftswörter, Konjunktionen) synkopieren die Ultima (ursprünglich natürlich nur, wenn sie proklitisch gebraucht werden), z. B. *Er(i)k, Bæn(di)kt* (aus *Benedikt* nach dem obigen), *bis(ko)p* 'Bischof', *drozt(e)* 'Truchseß' (vgl. oben b), *bro(þi)r* 'Bruder', *hur(u)* 'wie', *mæ(þa)n* 'während'. Natürlich hat oft die betonte Form die unbetonte (und daher synkopierte) verdrängt, aber im Seeländischen und besonders im Jütischen hat oft die entgegengesetzte Entwicklung stattgefunden, so daß Formen wie *gør (gøræ)* 'tun', *tak* (*takæ*) 'nehmen', 3. Plur. *skul* (*skulæ*) 'sollen' u. dgl. sehr häufig sind, obschon sie im Aschw. nur ganz ausnahmsweise vorkommen.

Synkope eines unbetonten auslautenden Ultimavokales nach einer (wenigstens vorliterarisch) schwach nebentonigen — ausnahmsweise auch haupttonigen — Pænultima tritt im Jütischen und (wenn auch weniger konsequent) im Seeländischen etwas vor 1300 ein, z. B. *morthær* (aschw. *morþare*) 'Mörder', *kærær* (aschw. *kærare*) 'lieber', *sannæst* (aschw. *sannaste*) 'wahrest', *livænd* (aschw. *livande*) 'lebend', *arvæth* (aschw. *arvoþe*) 'Arbeitslohn', *laghlīk* (aschw. *laghlīka*) 'gesetzlich' usw. Auch in aschw. Mundarten zeigen sich Spuren derselben Erscheinung.

Synkope einer unbetonten Silbe kommt außerdem sporadisch vor, wenn der unbetonte Vokal zu beiden Seiten denselben Konsonanten hat («Haplologie»), z. B. *atskil(li)līker* 'verschieden', *attun(de)dēl* 'Achtel', *āt(ta)tighi* 'achtzig'.

Über Synkope bei dem Artikel s. § 267, a, 1. Über Vokalschwund bei Hiatus s. § 167.

Kock, *Unders. i sv. språkhist.*, S. 54. Arkiv f. nord. fil. V, 66. Boysen, a. O., S. 27. 62. L. Jacobsen, a. O., S. 72. 142. Beckman, Sv. landsm. XIII, 3, S. 2 und 21 ff.

§ 167. Schwund eines unbetonten Vokals bei Hiatus scheint lautgesetzlich einzutreten sowohl

a) wo zwei qualitativ gleiche Vokale zusammentreffen, z. B. *vildēi* aus *vilde ēi* 'wollte nicht', *nēi* aus *nē ēi* 'nein', *þōghin* aus *þōghi en* 'jedoch nicht', *hælgh(a)anda* 'des heiligen Geistes', der Ortsname *Væstr(a)ārus*, wie

b) wo zwei qualitativ verschiedene Vokale zusammentreffen, z. B. Dat. Pl. *ā(u)m* zu *ā* 'Fluß', Dat. Sg. ntr. *grā* aus **grāu* zu *grār* 'grau', 1. Plur. Prät. *fā(u)m* zu *fā* 'bekommen', *frē(a)dagher* 'Freitag', *prō(a)ster* 'Probst', *fǣ(a)rmark* 'Weideland', *landbō(e)* 'Pächter', *hūsfrø(a)* 'Hausfrau', *brō(i)n* 'die Brücke', *þȳlder* aus *þȳ hælder* 'um so mehr', *gørþena* aus *gørþe hana* 'machte sie', *møttenom* aus *møtte honom* 'begegnete ihm', *aldrēgh* aus *aldri ēgh* 'nie (im Leben)', *øxnøker* neben *yxna øker* 'ein Paar Zugviehe'. Fälle wie *blē(a)* 'Bettuch', *lō(e)* 'Dreschtenne' u. a. haben wohl nach dem Muster anderer zu demselben Flexionstypus gehörigen Wörter den geschwundenen Vokal (alternativ) wieder hergestellt.

Hultman, *Hälsingelagen* I, 175. E. Olson in Festskrift till Söderwall, S. 88 ff.

§ 168. Aphæresis tritt außer bei enklitischen Wörtern (s. § 167) vielleicht nie ein, denn Fälle wie mschw. *(up)pā* 'auf', *(up)pundir* 'unter', *tāf* aus *ūt af* (vgl. § 163, b) beruhen wohl auf unrichtiger Auflösung (*up-pā* statt *upp-ā* usw.), und in Lehnwörtern wie *(Am)brosius*, *(Gre)gorius* u. dgl. ist die Verstümmelung vielleicht schon auf ausländischem Boden durchgeführt.

B. DIE KONSONANTEN.

1. Qualitative Veränderungen.

§ 169. *w* ist im allgem. nur nach tautosyllabischem Konsonanten (über *hw* vgl. § 189, 7, b) erhalten; sonst ist es in den meisten Dialekten:

a) Anlautend vor *r* (wo es überhaupt noch erhalten ist, s. § 189, 1) in bilabiales *ƀ*, vgl. § 56), woraus dann später (dialektisch *b*, aber im allgem.) labiodentales *v* übergegangen, z. B. *vræka* 'treiben'.

b) Intervokalisch — wo es überhaupt unursprünglich oder entlehnt ist (s. § 85, 2, b und § 56) — zu ʒ geworden, z. B. *frūgha* (aus mndd. *vrūwe*) 'Frau', *nōgha* (aus mndd. *nouwe*) 'genau'; s. weiter § 174, b und § 187, 2.

§ 170. Konsonantisches *i* entwickelt sich folgendermaßen:

a) Nach tautosyllabischem Konsonanten (über *hi-* s. § 189, 7, b) wird es in den meisten Dialekten erhalten, in andern geht es jedoch (wenigstens um 1350) in dieser Stellung unmittelbar vor *ū* (in einigen Gegenden auch vor *u, o, ō*) und zwischen *m* und *ø* (*o*) in (konsonantisches) *y* über, z. B. *syū* 'sieben', *myølk* (*myolk*) 'Milch'.

b) Im Silbenanlaut wird es in den meisten Dialekten wenigstens schon um 1350 alternativ — wie gew. im Nschw. — spirantisch, wie u. a. aus zahlreichen Schreibungen wie *hylgha*, *hylga*, *hylghia*, *hylgia* statt *hylia* 'hüllen' u. dgl. hervorgeht, sowie wohl auch aus der Erhaltung in gewissen kaschw. Denkmälern von anlautendem *ia-* (d. h. *ja-*) gegenüber *-iæ-* nach tautosyllabischem Konsonanten.

§ 171. *r* und kakuminales *l* schmelzen im Mittelschwedischen dialektisch, wenigstens schon im Anfang des 14. Jahrhunderts, mit folgendem *s* und *t* zu einem alveolaren, resp. kakuminalen *s*-, resp. *t*-Laut (in der Schrift jedoch regelmäßig durch die alte Verbindung bezeichnet) zusammen, wie u. a. aus orthographischen Verwechslungen von *ls* : *rs* hervorgeht, z. B. *Malstrand* statt *Marstrand*, *himerslīkin* statt *himilslīkin* 'himmlisch', der Ortsname *Artuskogher* zu dem Dorfnamen *Alta*. Unsicher sind Spuren einer analogen Entwicklung der Verbindungen *r* (*l*) + *đ*, *l*, *n*. Dagegen ist der vielen neuschwedischen Mundarten charakteristische Übergang *rđ* > kakuminales *l* seit dem Ende des 14. Jahrhunderts sicher bezeugt, z. B. der Ortsname *Swalesiø* (älter *Swardsiø*), *vīghskardh* > *-skal* 'Schießscharte'.

§ 172. *ʀ* (wo es noch als solches erhalten ist, s. § 62 und § 77) geht allmählich in *r* über, jedoch zu verschiedener Zeit in verschiedenen Stellungen und Gegenden. Nach Konsonanten vollzieht sich der Übergang, nach Ausweis der Runeninschriften, z. B. in Uppland schon während des 11. Jahrhunderts, in Dänemark im allgemeinen gegen 1100, aber im Altgutnischen in gewissen Gegenden erst im 13. Jahrhundert. Nach einem Vokale tritt *r* am frühesten ein, wenn dieser unbetont ist; auch nach starktonigem Vokal zeigen sich z. B. in Uppland schon im 11. Jahrhundert häufig Verwechslungen von *ʀ* und *r*. In Gegenden von Västergötland ist um 1200 *ʀ* in allen Stellungen durch *r* ersetzt worden, aber in vielen Dialekten ist dies wohl erst im 13. Jahrhundert geschehen.

Wimmer, *Die Runenschrift*, S. 333. *Døbefonten* etc., S. 70 (vgl. Hildebrand, Månadsblad, 1887, S. 179 ff.). Brate, Ant. tidskr. f. Sv. X, 413. Pipping, *Om runinskrifterna på de nyfunna Ardre-stenarna*, S. 57 ff.

§ 173. Die Nasale werden gern einem unmittelbar folgenden Konsonanten homorgan gemacht, z. B. *hænta* (*hæmta*) 'holen', *sanka* (*samka*) 'sammeln', *ambudh* (*anbuþ*) 'Instrument', *Ramborgh* (*Rang-*, *Ragn-*) ein Frauenname, *yn(g)ska* 'Jugendlichkeit'.

Noreen, Arkiv f. nord. fil. VI, 336.

§ 174. *ƀ* wird vielfach verändert:

a) Vor *n* wird es in den weitaus meisten altschwedischen Dialekten, wo Assoziation nicht hindert, schon vorliterarisch zu nasaliertem *ƀ* (geschrieben *mf*, sehr selten *fm*), woraus um 1300 *m*, z. B. *næm(f)na* (aisl. *nefna*) 'nennen', Plur. *dom(f)nir* (analogisch *dofnir*) zu *dovin* 'schlaff', *ham(f)n* (aisl. *hǫfn*) 'Hafen'.

b) Intervokalisch nach, seltener vor *u*, *o* wird es im Altschwedischen dialektisch zu *w*, woraus (nach § 169, b) dann, wenigstens schon um 1300, ȝ, z. B. *stugha* (*stova*) 'Stube', *oghan* (*ovan*) 'oben', *aghund* (*afund*) 'Neid', Plur. *hāghur* (*hāvor*) 'Habe' u. dgl.

c) Übrigens werden sowohl *ƀ* (sei es altes oder nach § 56 aus *w* entstandenes) wie *f* allgemein, wohl um 1300, zu labiodentalem *v*, resp. *f*.

§ 175. *đ* ist vielfachen Veränderungen ausgesetzt worden:

a) Zu *d* vorliterarisch nach *b*, *g*, *l*, *m*, *n*, z. B. Prät. *kæmbde* 'kämmte', *hængde* 'hängte', *talde* 'zählte', *tīmde* 'geschah', *vande* 'gewöhnte'; wenigstens etwas vor 1400 auch nach ȝ und *v*, z. B. *vīghde* (*-þe*) 'weihte', *ærfde* (*-þe*) 'erbte'. Noch später — dialektisch schon um 1350, allgemein erst gegen 1500 — wird *đ* zu *d* in schwachtoniger Silbe, z. B. *kallad(h)e* 'nannte', proklitisch *d(h)in* (*thin*) 'dein', aber *mødha* 'Mühe'. Dialektisch tritt derselbe Übergang schon vor 1350 im Auslaut einer betonten Silbe ein, z. B. *blød* (Dat. *bløþe*) 'Blut'. Um 1500 wird *đ* ziemlich allgemein in allen Stellungen zu *d*.

Kock, Arkiv f. nord. fil. XI, 152. Brate, *Ä. Vestm. lagens ljudl.*, S. 47.

b) Zu *r* dialektisch vor *k* (wenn es überhaupt noch als *đ* erhalten ist, s. § 61, b), z. B. aschw. *marker* (sonst *maþker*, *matker*, § 177, β) 'Wurm', adän. *ørken* (*øthken*) 'Einöde'.

c) Zu *þ* in gewissen westlichen und südlichen Dialekten gegen 1400 im Auslaut nach schwachtonigem Vokal, z. B. *hundrath* (*-adh*) 'hundert', *hovoth* (*-odh*) 'Haupt'; ebenso wo *đ* (nach § 181, a) aus älterem *t* entstanden ist, z. B. *mykith* 'viel', *livith* 'das Leben'; jedoch bleibt *dh* besonders häufig, wenn dem schwachtonigen Vokal ein *t* vorangeht, z. B. *lītidh* (*-ith*) 'wenig'. Dieses *þ* geht

10*

seit 1400 in *t* über, z. B. aschw. Acc. *hugnat* 'Trost', Nom. F. *skrivat* 'geschrieben', adän. *hundret* 'hundert' u. a. Vgl. § 122, b.

Kock, *Unders. i sv. språkhist*, S. 1. 14. Noreen, Arkiv f. nord. fil. VI, 375.

d) Zu konsonantischem *i* nach Vokal im Jütischen und zum Teil im Seeländischen, besonders vor *r*; so in gewissen Gegenden schon um 1300, z. B. *væir* (aisl. *veþr*) 'Wetter', *beilæ* (*bedhlæ*) 'freien'.

§ 176. ʒ ist ebenso in mehrfacher Weise verändert worden:

a) Zu *g* allgemein und schon vorliterarisch nach *đ* (außer wo Assoziation hindert), in mehreren Dialekten auch vor *đ*, in einigen auch vor *l, r*, dialektisch auch nach *l*, z. B. *nøþga* 'nötigen' (*nøþgha* in Analogie mit *nøþogher* 'nötig'), Nom. Sg. Fem. *lag*(*h*)*þ* 'gelegt', *hug*(*h*)*þ* 'gedacht', *fug*(*h*)*l* 'Vogel', *høg*(*h*)*re* 'rechtseitig', Acc. Sg. *bælg*, Nom. *bælg*(*h*)*er* 'Sack'. Wenigstens um 1450 wird ʒ ziemlich allgemein zu *g* nach schwachtonigem Vokal, z. B. *nyttog*(*h*)*er* 'nützlich', aber *ægha* 'besitzen'.

Brate, a. O., S. 54. Kock, Nord. tidskr. f. fil. IX, 140. Arkiv f. nord. fil. IX, 146. R. Larsson, Ant. tidskr. f. Sv. XII, 2, S. 110. Ottelin, *Stud. öfver Cod. Bur.* I, 74 f. E. Olson, *Östgötalagens ljudlära*, S. 104 ff. *Östgötalagens 1300-talsfragment*, S. LXX ff.

b) Zu homorganem Nasal (geschrieben *g*, seltener *ng*) vorliterarisch im Aschw. vor *n* (wo nicht Assoziation hindert), z. B. *vagn* (*vangn*; adän. *vaghæn*, *voghæn* nach § 165, b, 3) 'Wagen', *sægn* 'Aussage' (*sæghn* in Analogie mit *sæghia* 'sagen').

Noreen, Arkiv f. nord. fil. III, 4 Note. Brate, a. O., S. 55. Kock, Nord. tidskr. f. fil. IX, 149.

c) Zu *j* (geschrieben *ghi*, *i*, adän. außerdem oft *y*):

α) Allgemein gegen 1350 vor konsonantischem *i* (das selbst bald auch nach § 170, b zur Spirans wird), z. B. *bøghia*, *bøia* (wn. *bøygia*) 'beugen', *bylghia*, *bølia* (wn. *bylgia*) 'Welle', *þighia*, *þiia* (wn. *þegia*) 'schweigen'.

β) Adän. vor 1350 (dialektisch sicher vor 1250, wahrscheinlich doch weit früher) nach *æ*, *œ*, *ē*, *i*, *ī*, *y*, *ȳ* (altes, nicht aus *iū* entstandenes, s. unten d), z. B. *væi* (*vægh*) 'Weg', *ēiæ* (*ēghæ*) 'besitzen', *fīreti*(*gh*) 'vierzig', *dy*(*gh*)*dh* 'Tugend', *fry*(*gh*)*dh* 'Freude'; im Schonischen und Nord-Seeländichen außerdem nach *ø*, z. B. *høi* (*høgh*) 'hoch', *øiæ* (*øghæ*) 'Auge'. Im Altdänischen verstummt dann schon früh das *j* nach *i*, *ī* und *y*, *ȳ*, z. B. *vī*(*i*)*e* (wn. *vígia*) 'weihen', *tīe* (aus *þighia*) 'schweigen', *dȳdh*, *frȳdh* (s. oben).

L. Jacobsen, a. O., S. 151 ff.

γ) Altschwedisch um 1450 in denjenigen Dialekten, welche *gh* vor *d* (*đ*) beibehalten (s. oben a und § 175, a), zwischen *æ*, *ǣ* oder *ø*, *ø̄* und *d* (*dh*), z. B. *hēlbræida* (aus *-bræghda*) 'gesund', *høid* (*høghd*) 'Anhöhe'.

d) Zu konsonantischem *u* (geschrieben *u*, *v*, *w*, *ugh*, wohl auch *gh*) im Altdänischen und einigen süd- und westschwedischen Dialekten nach *a*, *ā*, *o*, *ō*, *u*, *ū*, selten nach Konsonanten, im Jütischen und Süd-Seeländischen außerdem nach *ø̄*, z. B. adän. *mawe* (*maghæ*) 'Magen', *low* (*logh*) 'Gesetz', *skōw* (*skōgh*) 'Wald', *swælwæ* (*swælghæ*) 'schlucken', aschw. *iūwer* (*iūgher*) 'Euter', Prät. Plur. *gnōwo* (*gnōgho*) 'nagten', jüt. *høw* (aisl. *haugr*) 'Hügel', *ø̄we* (aschw. *ø̄gha*) 'Auge'. Der Übergang ist wenigstens in gewissen Gegenden sehr alt, im Aschw. zwar erst um 1350 bezeugt, aber in gewissen adän. Dialekten sicher schon vor 1200 vollzogen (vgl. z. B. bei Saxo *Svibdavus* = aisl. *Suipdagr* u. a.). Hieraus erklärt es sich, daß *w* auch nach *ȳ* steht, wo dies aus älterem *iū* entstanden ist (s. § 160, a), z. B. *flȳwe* (*flȳghæ*, wn. *fliúga*) 'fliegen'. — Im Altdänischen verstummt dann früh das *w* nach *u*, z. B. *dūe* (*dughæ*) 'taugen', *trū* (*trugh*) 'Trog'.

L. Jacobsen, a. O., S. 77. 149 ff.

e) Zu homorganem stimmlosen Spiranten (geschrieben *ch*) in schwachtonigem Auslaut dialektisch, besonders im Altdänischen, nach 1400, z. B. adän. *ēnfollich* 'einfältig', *kostelich* 'kostbar', aschw. *aldrich* (älter *aldrigh*) 'nie'; ebenso wo ʒ (nach § 182, a) aus älterem *k* entstanden ist, z. B. *och* 'und', *iach* (adän. *iech*) 'ich', *mich* 'mich', *kærlech* (älter *kærligh* aus *kærlēker*) 'Liebe'. Dies *ch* geht dann dialektisch in *k* über, z. B. adän. *honik* 'Honig', *løstik* 'lustig', *mek* 'mich', aschw. *aldrik* 'nie', *honak* 'Honig', *hitsik* (aisl. *hizeg*) 'dort'.

§ 177. *þ* wird überall zu *t* und zwar:

α) Anlautend im Altdänischen vor 1350 (im Jütischen wohl schon um 1300), im Altschwedischen seit 1400 (dialektisch schon etwas früher), z. B. *tā* (*thā*, *þā*) 'dann', *tiggia* (*þiggia*) 'betteln'.

β) Inlautend schon vorliterarisch nach *k*, *p*, z. B. *lukte* (aisl. *lukþe*) 'schloß', *støpte* (aisl. *steypþe*) 'goß'; vor *k* erst um 1400, z. B. *blitka* (*blīþka*) 'besänftigen', *matker* (*maþker*) 'Wurm'.

γ) Auslautend s. § 175, c.

§ 178. *b*, *d*, *g* werden, wo nicht Assoziation hindert, zu *p*, *t*, *k* nach *s* und (stimmlosem) *þ*, z. B. mschw. *hosponde* (*hūsbōnde*) 'Hausherr', *onstager* (*ōþinsdagher*) 'Mittwoch', *tessgelīkes* > *tesskelīkes* 'ebenfalls', dial. *brūþkome* (*-gumi*) 'Bräutigam'.

Kock, Arkiv f. nord. fil. V, 61 Note. IX, 161.

§ 179. *g* und *k* werden im Altschwedischen (wahrscheinlich auch im Altgutnischen) und in vielen altdänischen Mundarten vor palatalen Vokalen (in gewissen Dialekten jedoch nicht vor offenem, aus *ǫu* entstandenem *ø̄*) wohl im 13. Jahrhundert — jedenfalls nicht viel früher — zu resp. *gj* und *kj* (geschrieben *gi, ki* vor *æ, ǣ*, gewöhnlich auch vor *ø*, *ø̄*, dagegen gewöhnlich *g, k* vor *e, ē, i, ī, y, ȳ*, selten vor *ø, ø̄*), z. B. *g(i)æster* 'Gast', *k(i)ænna* 'kennen', *sk(i)ø̄ta* (wn. *skøyta*) 'anstücken'. Diese — im Adän. auch die alten, durch «Brechung entstandenen — *gj, kj* gehen dann in den meisten Dialekten vor schwachtonigen Vokalen (im Altgutnischen und Altdänischen auch vor starktonigen) wieder in resp. *g, k* über, vor starktonigen Vokalen werden sie aber — im allgemeinen ohne Veränderung der Orthographie — in den maßgebenden altschwedischen und einigen adän. (bes. den ostdänischen) Dialekten nach 1350 (in gewissen Gegenden schon um 1300) zu resp. *dj* (später *j*), *tj* (*stj* später zu *sj*) weiterentwickelt, wie aus orthographischen Verwechslungen wie *iæf* statt *giæf* 'Gabe', *Tiælsta* st. *Kiælsta* ein Ortsname, *siæliker* (oder *schæliker*) st. *skælīker* 'vernünftig' und umgekehrt *giordh* st. *iordh* 'Erde', *kiuver* st. *þiūver* 'Dieb', *skøld* st. *skiold* 'Schild' u. dgl. hervorgeht.

Söderberg, *Forngutnisk ljudlära*, S. 30. Pipping, *Gutalag*, S. LVI ff. Kock, *Stud. öfver fsv. ljudl.*, S. 54. 548. E. H. Lind, *Om rim och verslemningar i de svenska landskapslagarne*, Upsala (universitets årsskrift) 1881, S. 17. 29. 38. Saxén, Sv. landsm. XI, 3, S. 60. L. Jacobsen, a. O., S. 83. 161.

§ 180. *p* unterliegt verschiedenen Veränderungen:

a) Aschw. in den meisten Dialekten zu (labiodentalem) *f* vor *s* und *t* (wo Assoziation nicht hindert) gegen das Ende des Mittelalters (dialektisch jedoch schon um 1325, aber dann wohl zu bilabialem *f*), z. B. Gen. Sg. *krofs* zu *kropper* (wonach analogisch Gen. *krops*) 'Körper', Part. Prät. *skafter* (analogisch *skapter*) zu *skapa* 'schöpfen' usw.

Tamm, *Fonetiska kännetecken på lånord i nysvenska riksspråket*, Upsala (universitets årsskrift) 1887, S. 39. 41.

b) Adän. zu *b* intervokalisch schon um 1350 (zum Teil schon vor 1200), auslautend nach Vokal erst etwas später, z. B. *Svibdavus* (aisl. *Suipdagr*) schon bei Saxo, *skabe* (*skapæ*) 'schöpfen', *skib* (*skip*) 'Schiff'. Aus *b* wird dann im Seeländischen und Jütischen (zum Teil auch im Schonischen) im 15. Jahrh. *ƀ*, woraus dann dialektisch *v*, *w* oder (bes. im Auslaut) *f*, z. B. *grīwe* (*grībe*, *grīpæ*) 'greifen', *skif* 'Schiff'.

Såby, *Det arnamagnæanske håndskrift Nr. 187 i oktav*, Kph. 1886, S. XII. Jessen, Tidskr. f. Phil. V, 215. Kock, Arkiv f. nord. fil. IV, 181. Bennike und Kristensen, *Kort*, S. 95f. L. Jacobsen, a. O., S. 76. 144.

c) Dialektisch im Altschwedischen und Altdänischen zu *k* vor *s*, z. B. aschw. *Axavalder* (*Apsa-*, *Afsa-*) ein Ortsname, adän. *Axilen*, *Axlan* (woraus aschw. *Axolon*, *Axeln*, *Axel* entlehnt ist) 'Absalon'.

§ 181. *t* wird in folgenden Fällen verändert:

a) Zu *đ* (wohl zunächst aus *d* entstanden) allgemein in unbetonter Silbe, dialektisch auch auslautend nach schwach nebentonigem Vokal. Beispiele zeigen sich schon in den ältesten altschwedischen Runeninschriften und werden immer häufiger, z. B. *þaþ* (aus *þat*) 'das' und *suaþ* (aus *swā at*) 'so daß' Rök, *atertān* (agutn. *atrtān*) > *aþertān* (auch *attertān* durch Assoziation mit *ātta* 'acht') 'achtzehn', *Pædhar* (proklitisch; betont *Pætar*) 'Peter', *hwadh* (betont *hwat*) 'was', *bordh* (betont *bort*) 'hinweg', *adh* 'zu', 'daß', *brystidh* 'die Brust', Nom. Sg. Ntr. *lovadh* 'versprochen', *hiærtadh* 'das Herz'. Jedoch ist *t* oft bewahrt, wenn die Silbe mit *d* anfängt, z. B. *vædhrit* 'das Wetter'. Über die weitere Entwicklung dieses *đ* s. § 175, c. — Hiermit ist nicht zu verwechseln, daß nach 1400 sich oft in altschwedischen Schriften durch dänischen Einfluß (ein nach b unten entstandenes) *d* statt *t* in andern Stellungen zeigt.

Brate, Ant. tidskr. f. Sv. X, 313 Note. Kock, *Unders. i sv. språkhist.*, S. 3. 8. *Stud. öfver fsv. ljudl.*, S. 44. Arkiv f. nord. fil. XIX, 95.

b) Zu *d* im Altdänischen intervokalisch schon allgemein vor 1350 (dialektisch schon im 13. Jahrh., vielleicht schon vor 1100), auslautend nach Vokal um 1350 (dialektisch wohl schon vor 1100, z. B. *Cnud* statt *Knut* auf Münzen), z. B. *ædæ* (*ætæ*) 'speisen', *mad* (*mat*) 'Speise'. Aus *d* wird dann im Seeländischen und Jütischen um 1350 (dialektisch schon früher) *đ* (woraus dann im Jütischen zum Teil *r* oder kons. *i*), z. B. *kiæthæl* (*kætæl*) 'Kessel', *math* 'Speise'. Außerdem wird im Aschw. *t* (wo Assoziation nicht hindert) zu *d* vor *b*, z. B. Ortsnamen wie *Ūtbȳ* > *Ūdby* u. dgl.

Bennike und Kristensen, *Kort.*, S. 96f. L. Jacobsen, a. O., S. 75f. Note 2. Noreen in Minnesskrift till A. Erdmann, S. 3f. Vgl. übrigens die zu § 180, b angeführte Literatur.

§ 182. *k* wird in entsprechender Weise verändert:

a) Im Altschwedischen zu ʒ (wohl zunächst aus *g*) in unbetonter Silbe seit dem Anfang des 14. Jahrhunderts, z. B. *tagha* (betont *taka*) 'nehmen', *noghor* (betont *nōkor*) 'irgend ein', *Swērighe* (aus -*rīke*) 'Schweden', *fattigher* (*fātøker*) 'arm', *iagh* (betont *iæk*) 'ich', *sigh* (*sik*) 'sich' u. a. — Über die weitere Entwicklung dieses *gh* s. § 176, e.

Kock, *Stud. öfver fsv. ljudl.*, S. 35. Arkiv f. nord. fil. XIX, 95.

b) Zu *g* im Altdänischen intervokalisch schon allgemein um 1300 (dialektisch, wenigstens im Seeländischen, schon vor 1200), auslautend nach Vokal erst etwas später, z. B. *strȳgæ* (*strȳkæ*) 'streichen', *bag* (*bak*) 'Rücken'. Aus *g* wird dann im Seeländischen und Jütischen vor 1350 ʒ (woraus dann dialektisch im Seeländischen teils *w*, teils kons. *i*, im südlichen Jütisch *ch*), z. B. *læghedōm* 'Arzneimittel', *sagh* (*sag, sak*) 'Sache'. — Außerdem wird im Aschw. *k* (wo Assoziation nicht hindert) zu *g* vor *b*, z. B. Ortsnamen wie *Thykbȳle* > *Thygbile* (> *Thybbele* nach § 183, e), *Ēkbȳ* > *Ēgby*, *Bækbȳ* > *Bægby* (nschw. *Bejby*) u. dgl.

Bredsdorff in Blandinger fra Sorøe I, 81. Såby in Blandinger I (1881—87), 83. Bennike und Kristensen, a. O., S. 99f. L. Jacobsen, a. O., S. 76. 146. Noreen in Minnesskrift till A. Erdmann, S. 3 und die übrige zu § 180, b angeführte Literatur.

c) Über *k* vor palatalen Vokalen s. § 179.

2. Quantitative Veränderungen.

§ 183. Regressive Assimilationen:

a) *rl, rn, rs* werden dialektisch zu resp. *ll, nn, ss*, z. B. *kall* (*karl*) 'Kerl', *Vībiønn* (-*biørn*) ein Mannsname, *fy(r)ster* 'erster', *Lasse* (zu *Lars*, *Larens*) 'Laurentius'.

b) *lk* wird in proklitisch gebrauchten Wörtern (wenigstens dialektisch) seit um 1350 zu *kk*, z. B. aschw. *thokkin* (*tholkin*) 'solcher', aschw., adän. *hwikken* (*hwilkin*) 'welcher'.

c) *ƀb*, *ƀk*, *ƀm* werden sporadisch zu resp. *bb*, *kk*, *mm*, z. B. *Stabby* aus *Stafbȳ* ein Ortsname, *stakkar(l)* aus *stafkarl* 'Bettler', *homman* (*hofman*) 'Hofman'.

d) *đb*, *đd*, *đg*, *đl*, *đm*, *đn* werden sporadisch (vielleicht immer nach kurzem Vokal, wo Assoziation nicht hindert) zu resp. *bb*, *dd*, *gg*, *ll*, *mm*, *nn*, z. B. *Stubbiørn* (runisch *Stoþbiarn*), *Ubbe* (Kurzname zu run. *Uþbiarn*); *guddōmber* (zu *guþ* 'Gott') 'Gottheit', *mid(h)dagher* 'Mittag'; *stagga* 'befestigen' (neben *staþga*, -*gha* analogisch nach *staþugher* 'fest'), *vreggas* (neben *vrēþgas*, *vrēghas* nach *vrēþer* 'zornig') 'erzürnen'; *skrilliūs* (aisl. *skriþliós*) 'Leuchte', *Skædlinge* > *Skællinge* ein Ortsname; *Frimmunder* (*Friþmunder*), *Gummunder* (*Guþmunder*) Mannsnamen; *minnat* (*miþnat*) 'Mitternacht', *Ronni* (aisl. *Hróþný*) ein Frauenname. Ebenso wo *d* (*đ*) aus älterem *t* (nach § 181) entstanden ist, z. B. aschw. *Væstergylland* (*-gytland*, *-gøtland*), adän. *nælle* (*nætlæ*) 'Nessel'; adän. *dronning* (*drodning*, *drotning*) 'Königin', *van* (*vatn*) 'Wasser', *bun* (*bodn*, *botn*) 'Boden'.

e) *ʒb*, *gb* werden sporadisch zu *bb*, z. B. *Habbardh* (*Haghbardh*), *Sibbiorn* (*Sighbiorn*), *a(gh)borre* 'Flußbarsch'; der Ortsname *Thybbele* (s. § 182, b).

f) *pt* wird, wenigstens dialektisch, in unbetonter Silbe zu *tt*, z. B. *lærit* (*læript*) 'Leinwand', *atter* (betont *apter*) 'zurück', *ættir* (betont *æptir*) 'nach'.

g) *ts* wird sowohl vorliterarisch (runische Beispiele schon um 1050) als auch später, wo immer es entsteht (z. B. nach § 187, 3) lautgesetzlich zu *ss* assimiliert, z. B. Gen. *gus(s)* 'Gottes' (analogisch *guþs* nach *guþ*), *hærass* zu *hæraþ* 'Bezirk', Pass. *glæs(s)* zu *glæþia* 'freuen', *missumar* (*miþsumar*) 'Zeit um Johannis', *krussa* (aus mnd. *krūze*) 'Kreuz', *sist* (*sīzt*) 'spätest' usw. Natürlich sind jedoch die analogischen Neubildungen zahlreicher als die lautgesetzlich entwickelten Formen. — Spät wird das nach § 177, β entstandene *tk* zu *kk*, z. B. *makker* (*matker* aus *maþker*) 'Wurm', *ikkeligha* (*itke-*, *iþke-*) 'unaufhörlich'.

§ 184. Progressive Assimilationen:

a) Altes (d. h. nicht durch Synkope entstandenes) *ld* wird nach schwachtonigem Vokal schon vor 1300, sonst erst um 1350, zu *ll* (jedoch nicht vor *r*), z. B. *þriskulle* (*-ulde*) 'Schwelle'; *siællan* (früher *siældan*) 'selten', aber *aldrigh* 'nie', *valde* (aisl. *valþe* aus **walidē*) 'wählte' u. dgl.

b) Altes (d. h. nicht durch Synkope entstandenes) *nd* wird nach schwachtonigem Vokal wohl allgemein schon vor 1300, nach starktonigem Vokal nur im Altdänischen und vielen altschwedischen Dialekten zu verschiedener Zeit, im Altschwedischen erst um 1450, dagegen z. B. im Jütischen schon um 1300, zu *nn* (jedoch nicht vor *r*) assimiliert, z. B. *þūsan(d)* 'Tausend', *Ālænningiar* 'Einwohner von Åland'; *han(d)* 'Hand', *binna*, *-æ* (*binda*) 'binden', aber *undra* 'wundern', *vande* (aisl. *vanþe* aus **wanidē*) 'gewöhnte' u. dgl.

c) *mn* und *ʒn* werden, wenigstens dialektisch, auslautend sowie nach schwachtonigem Vokal zu *mm*, resp. *ʒʒ*; dies zum Teil schon vor 1300, z. B. *nam* (und *nampn* nach Dat. *nampne* u. a.) 'Name', *rām* (aisl. *hrafn*) 'Rabe', Dat. Pl. *swēnommon* 'den Knaben', *mannomom* 'den Männern' (vgl. § 267, c); *vang* (und *vagn* nach Dat. *vagne* u. a.) 'Wagen', *ræng* (*rægn*) 'Regen'.

d) *mb* wird nach schwachtonigem Vokal allgemein und schon vorliterarisch, sonst aber nur dialektisch und zwar auslautend um 1450, in andern Stellungen erst später, zu *mm* assimiliert, z. B. *um* (aisl. alt *umb*) 'um'; *lam*(*b*) 'Lamm', *kamma* (*kamba*) 'kämmen'.

e) *ŋg* wird auslautend um 1350, in andern Stellungen erst weit später zu *ŋŋ*, wiewohl die Schrift fortwährend *ng* (seltener *ngh*, *gn* u. a.) schreibt, z. B. Acc. Sg. *gang*, *gangh*, *gagn* 'Gang'.

f) *rƀ* (*rv*) und *lƀ* (*lv*) werden im Altdänischen, wenigstens dialektisch, um 1400 (jütisch schon um 1300) zu *rr*, *ll*, z. B. *arre* (*arve*) 'ererben', *sel*(*f*) 'selber'.

Lorenzen in Småstykker, S. 62. Boysen, *Der Vokalismus des Jydske Lov*, S. 31.

§ 185. Sonstige Fälle von Konsonantendehnung sind:

a) Vor *l*, *n*, *r* oder konsonantischem *i* werden viele Konsonanten (wenigstens *p*, *t*, *k*, vor *i* auch *l*, *r*, *m*, *n*, *s* und *þ* (*dh*), das dann zu *dd* wird, und vor *l* auch *s* und *gh*, das dann zu *gg* wird) nach kurzem (oder nach § 164, a gekürztem) Vokal gedehnt, in den meisten Dialekten (z. B. Gegenden von Västergötland, Dalarna, Schonen und Jütland) schon um 1300, z. B. *skap*(*p*)*lare* 'Skapulier', Plur. *nyk*(*k*)*lar* zu *nykil* 'Schlüssel', *has*(*s*)*lanut* 'Haselnuß', *kæg*(*g*)*la* 'Kegel', *vappn* (*vāpn*) 'Waffe', *vit*(*t*)*ne* 'Zeuge', *sokken* (*sōkn*) 'Gemeinde', *hopper* (*hōper*, aisl. *hópr*) 'Haufe', Präs. *gitter* (aisl. *getr*) 'vermag', Plur. *vit*(*t*)*rir* zu *vit*(*t*)*er* 'klug', *smik*(*k*)*ra* 'schmeicheln', *sæt*(*t*)*ia* 'setzen', *vil*(*l*)*ia* 'wollen', *byr*(*r*)*ia* 'anfangen', *fræm*(*m*)*ia* 'befördern', *syn*(*n*)*ia* 'weigern', *æs*(*s*)*ia* 'Esse', *biddia* (*biþia*) 'bitten'.

b) Nach haupttonigem (bes. langem) Vokal wird kurzer Konsonant gedehnt, wenn die folgende Silbe keinen Nebenton hat, z. B. *fære* > *færre* 'weniger zahlreich', *Nær*(*r*)*ike* ein Landschaftsname, *fātøker* > *fattigher* 'arm', *siūtān* > *siuttān* 'siebzehn', *befal*(*l*)*a* 'befehlen', *snyppeligha* (aisl. *sneypelega*) 'schimpflich', *Kæt*(*t*)*ilvaster* ein Mannsname.

Noreen, Arkiv f. nord. fil. VI, 326 ff. Kock, ib. VII, 350 ff. XX, 59 ff.

c) Nach haupttonigem kurzem Vokal — außer *a* und *æ* — werden *k*, *p*, *t*, *s* und zum Teil auch *r* gegen 1400 gedehnt, aber nur in der Mälar-Gegend und nördlich angrenzenden Dialekten, z. B.

thok(k)e 'Nebel', *drop(p)e* 'Tropfen', *vita* > *vetta* 'wissen', *mos(s)e* 'Moor', *bor(r)a* 'bohren'.

Hesselman in Språk och stil I, 10 ff. Nordiska studier, S. 378 ff.

d) Nach stark nebentonigem Vokal wird im Altschwedischen kurzer Konsonant gedehnt (und der vorhergehende Vokal gekürzt, wenn er lang ist), im allgemeinen wohl zwischen 1350—1450, z. B. *drozæt(t)e* 'Truchseß', *Brävidder* (*-viþer*) ein Ortsname, Pl. *næsabor(r)ar* 'Nasenlöcher', *brūþgum(m)e* 'Bräutigam'; mit ursprünglich langem Vokal, z. B. *barføtter* 'barfuß' (zu *fōter* 'Fuß'), *Ērik(k)er* 'Erich', *hælvit(t)e* 'Hölle', *ōtøkker* 'unangenehm' (zu *tøker* 'angenehm'), *silfstopp* 'Silberstauf' (zu *stōp* 'Stauf') usw.

Noreen, *Sv. etymologier*, S. 31 f.

e) *m* wird intervokalisch (jedoch im Altschwedischen nicht überall nach langem Vokal) gedehnt (und der vorhergehende Vokal gekürzt, wenn er lang ist), im Altdänischen schon vor 1300, im Altschwedischen (außer in dem oben unter d erwähnten Falle früherer Dehnung) erst um 1400, z. B. *hemma* (*hēma*) 'zu Hause', *komma* (aschon. *kummæ*) 'kommen'.

Boberg, Arkiv f. nord. fil. XII, 319.

f) Wenn eine urspr. schwachtonige Silbe später haupttonig gebraucht wird, tritt Dehnung des auf den jetzt haupttonigen Vokal folgenden Konsonanten ein, z. B. *at(t)* 'daß', *til(l)* 'zu', *væl(l)* 'wohl', *en(n)* 'wenn', *thor(r)a* 'dürfen', *hōnom* > *honnom* 'ihm', *ha(f)dhe* > *hadde* 'hatte', *bilǣte* > *billæte* (adän. *billede*) 'Bild', *bitī dha* > *bittidha* 'früh'.

g) Dialektisch werden *k, p, t, s* nach *l, n, ŋ, r* gedehnt, z. B. *hals(s)* 'Hals', Gen. *hans(s)* 'seiner', *hors(s)* 'Pferd', *sankka* 'sammeln', *hulppit* 'geholfen', *bilttogha* 'geächtet'.

Kock, Skandinavisches Archiv I, 54 ff.

§ 186. Kürzung tritt ein:

a) Zwischen einem langen haupttonigen und einem nebentonigen (nicht unbetonten) Vokal, im Altdänischen (z. B. im Jüt.) schon um 1300, im Altschwedischen und Altgutnischen wenigstens vor 1330, z. B. Gen. *nāt(t)ar* zu *natt* (aus *nātt* nach § 164, a) 'Nacht', Plur. M. *sātir* (aisl. *sátter*) 'trauliche', *flæta* (aisl. *flétta*) 'Flechte' (aber *hārflætta* 'Haarflechte'; vgl. § 185, d), *ōta* (aisl. *ótta*) 'Frühstunde' (aber *ōttosanger* 'Frühmette' und *iūlaotta* 'Christmette', wie auch *større* > *større* 'größer' u. dgl. ohne Konsonantenkürzung, weil der folgende Vokal unbetont ist). Ebenso später nach unursprünglicher Länge, z. B. *skǣl(l)īker* 'vernünftig', *ōtāl(l)iker* 'unzählig', *ā(f)vita* 'unsinnig'. Analogisch ist die Geminata oft wieder eingeführt worden.

Noreen, *Om behandlingen af lång vokal i förbindelse med följande lång konsonant*, Upsala (universitets årsskrift) 1880. Kock, *Stud. öfver fsv. ljudl.*, S. 418. Brate, *Ä. Vestm. lagens ljudl.*, S. 77. Wimmer, *Døbefonten*, S. 55. Ottelin, *Studier öfver Cod. Bur.* I, 129 ff. 136. E. Olson, *Östgötalagens ljudlära*, S. 145 ff.

b) Nach schwachtonigem kurzen Vokal (im 14. Jahrh. dialektisch, allgemein erst im 15. Jahrh., am spätesten bei dem suffigierten Artikel), z. B. *æmykyt* aus **æm(n)my'kit* 'ebensoviel', *al(l)ē'na* 'allein', proklitisch *ok(k)art* 'uns beiden zugehöriges', Pass. *bēþas* (vor 1300 noch *bēþass*) 'bitten', Gen. *rīkis* (ältest *rikiss*) 'Reiches', Dat. *kirkion(n)e* 'der Kirche', *kætil(l)* 'Kessel', *krōkōtter* > *krōkuter* 'krumm', *āsik(k)ia* 'Donnerwetter', *Kætil(l)øgh* ein Frauenname usw.

Kock, a. O., S. 291. Arkiv f. nord. fil. XIX, 96. Beckman, Sv. landsm. XIII, 3, S. 16.

3. Übrige Erscheinungen.

§ 187. Einschub eines Konsonanten kommt in folgenden Fällen vor:

1) Konsonantisches *i* wird dialektisch (z. B. in Gegenden von Väster- und Östergötland) vor 1300 zwischen *ē*, später auch *ī*, und einem nicht palatalen Vokal eingeschoben, z. B. *sē(i)a* 'sehen', *lē(i)on* 'Löwe', *dī(i)a* 'säugen', *ī(i)ādhans* 'neuerdings'.

2) Konsonantisches *u* wird ebenso dialektisch (z. B. in Öster- und Västergötland) vor 1300 zwischen *ō* und einem *a*, *æ*, *e*, *i* entwickelt, z. B. *bō(w)a* 'wohnen', Pl. *brō(w)a(r)* zu *brō* 'Brücke'. Hieraus wird später (nach § 169, b) 5, z. B. *brōghar* 'Brücken', *trōin* > *trōwin* > *trōghin* 'treu', *grō(gh)in* (wn. *gróenn*) 'gekeimt', *rēdhobō(gh)in* (aisl. *búenn*) 'bereit', Konj. *dō(gh)e* 'stürbe'.

3) *s* (in diesem Falle gewöhnlich *z* geschrieben) wird im Aschw. um 1400 zwischen *t* und *l* entwickelt, z. B. Dat *kiurtzle* zu *kiurtil* 'Rock', Plur. *katzlar* zu *kætil* 'Kessel', *litzle* 'der kleine', *nætzla* 'Nessel', *brutzlikin* 'verbrecherisch', *ātzløghe* 'Spott'. Analogische Formen ohne *s* kommen daneben oft vor. — Später wird dies *ts* (*tz*) nach § 183, g zu *ss* assimiliert, z. B. *næsla*, *brusligin*, *vasle* (*vatle*) 'Molken'.

4) *h* wird sporadisch (besonders in ost- und mitteluppländischen Runeninschriften) vor anlautenden Vokalen zugesetzt, gewöhnlich ohne jede Konsequenz, z. B. (*h*)*ūt* 'hinaus', (*h*)*ælska* 'lieben'.

5) *b* wird (außer im Jütischen und zum Teil im Seeländischen) vorliterarisch in die Gruppen *ml* und *mr* (nicht *mʀ*) eingeschoben, z. B. Pl. *himblar* zu *himil* 'Himmel', Pl. *hambrar* zu *hamar* 'Hammer', *hiælmber* (runisch *hialmʀ*, später *hialmr* > *hialmbr*) 'Helm'. Dies *b* schwindet vor 1600 (aus der Schrift erst im 18. Jahrh.). — Über *md* > *mbd* s. unten 7.

6) *d* wird (außer im Jütischen und zum Teil im Seeländischen) vorliterarisch (adän. und agutn. Beispiele schon aus dem 11. Jahrh.) in die Gruppen *llr*, *nnr* eingeschoben, z. B. Gen. Pl. *aldra* (wn. *allra*) 'aller', Präs. *falder* (wn. *fellr*) 'fällt', *brinder* zu *brinna* 'brennen', Pl. *tænder* zu *tan(n)* 'Zahn'.

7) *p* wird in vielen altschwedischen Denkmälern und im Schonischen mehr oder weniger konsequent in die Gruppen *mn* (besonders im Auslaut), *ms* (jedoch nur im Aschw. seit 1400 und zwar sporadisch), *mt* eingeschoben, wahrscheinlich erst um 1300, z. B. *nam(p)n* 'Name', *stæm(p)na* 'Zusammenkunft', *bēdhom(p)s* '(wir) erbitten', *ym(p)se* 'wechselnd', *sampt* 'samt', Ntr. *grym(p)t* zu *grymber* (vgl. oben 5) 'grimm'. Dies *p* schwindet um 1600 (wenn auch nicht immer aus der Schrift). — Selten wird *p* oder *b* in die Gruppe *md* eingeschoben, z. B. *kwæm(p)d* 'Ankunft', *døm(p)der* oder *døm(b)der* 'verurteilt'.

E. Olson, *Östgötalagens 1300-tals-fragment*, S. CXXXVIII f.

§ 188. Metathese kommt vor:

α) In Konsonantengruppen bisweilen — besonders auslautend und antekonsonantisch — bei *l*, *n* und *s*, z. B. aschw. *huls* (*hūsl*) 'Abendmahl', *dōpilse* (aus as. *dōpisli* entlehnt) 'Taufe', *bælz* (*bæzl*) 'Gebiß', *hørls* (*hørsl*) 'Gehör', *styrls* (*styrsl*) 'Regierung', *skærlsoēlder* (*skærslo-*) 'Fegefeuer', Prät. *ælfte* (agutn. *elpti*) zu *æfla* 'erwerben, vermögen', *galbænker* (aus **galfbænker* nach § 183, c, vgl. agutn. *galf* statt *gafl* 'Giebel'; adän. *gaflbænk*) 'Bank an der Giebelwand', *tēlnunger* (*tēnlunger* zu *tēn* 'Zweig') 'Sprößling', *kwildna* (*kwindla*) 'Feuer anzünden', Prät. *nælgdhe* zu *næghla* 'nageln', agutn. *silgdi* 'segelte'; *væmpte* (*væpnte*) oder *vænkte* (*væknte*) 'waffnete', *vant* (*vatn*) 'Wasser'; aschw. *løns* (*løsn*) und agutn. *launs* (aisl. *lausn*) 'Lösegeld', Ntr. *bext* (*bēskt*) 'bitter', *frixt* (*friskt*) 'frisch', Prät. *oxte* (*øskte*) 'wünschte', *læsper* (ags. *wlips*) 'lispelnd', *gnīzlan* (*gnīstlan*) 'Knirschen', *stēkamæz* (mnd. *stekemest*) 'Dolch'.

β) Lautgesetzlich, wenn in einer schwachtonigen Silbe postkonsonantisches *l*, *n*, *r* + Vokal + Konsonant steht, woraus dann Vokal + *l*, *n*, *r* + Konsonant wird, z. B. *Nighels* (aus *Niklis*)

'Nikolaus'; *Mogens* (*Māgnus*), dän. *Horsens* (*Horsnæs*) ein Ortsname; *Anders* (aus *Andris*) 'Andreas', *Kirstīn* (*Kristīn*) 'Christine', *Birghitta* (*Brighitta*), *bort* (betont *brot*) 'hinweg', *sakerstīa* 'Sakristei', *hinderdaxgiæf* (*hindra-*) 'Morgengabe', *Ø̄stergø̄tland* (*Ø̄stra-*), *Hāferþ* (*-frīþ*) u. a.

γ) Dialektisch (in Västmanland und Dalarna) wird *wr-* zu *rw-*, z. B. *rwæka* (*wræka*) 'treiben', *rwā* (sonst *vrā*) 'Winkel'.

δ) Adän. (selten aschw.) wird *þur-* (*þor-*) zu *þru-* (*þro-*) in Ortsnamen auf *-thrup* neben *-thorp* 'Dorf' und Personennamen wie *Thrugils* (*Thorgils*) u. dgl.

Noreen, Arkiv f. nord. fil. VI, 325.

§ 189. Schwund eines Konsonanten tritt ein in folgenden Fällen (und s. § 190):

1) *w* schwindet im Altgutnischen regelmäßig (sonst nur selten und sporadisch) anlautend vor *r*, z. B. *reka* (aschw. *vræka*) 'treiben', *raiþi* (aschw. *vrēþe*) 'Zorn'. Allgemein schwindet das aus *ƀ* (nach § 174, b) oder ʒ (nach § 176, d) entstandene *w* in schwachtoniger Stellung zwischen zwei *u* (die dann zu *ū* kontrahiert werden), z. B. Gen. *rādhstū* (aus *-stuvu*) 'Ratstube', *þrætiūnde* (aus *-tiughunde*) 'dreizehnte'.

2) Kakuminales (vielleicht auch dentales) *l* schwindet in gewissen Dialekten sporadisch vor *m*, *p*, *s*, *v*, ziemlich allgemein aber im Auslaut proklitischer Wörter, z. B. aschw. Mannsname *Ho(l)mstēn* (runisch), Konj. *hia(l)bi* (= *hialpi*) 'helfe', *ha(l)ster* 'Rost', *ha(l)fr* 'halb', adän. *alstæ* (aisl. *alz til*) 'zu (sehr)', aschw. *te* (*til*) 'zu', *ska*(*l*) 'soll'.

Noreen, Arkiv f. nord. fil. III, 5 Note. Kock, ib. VI, 32 Note. Bugge, Ant. tidskr. f. Sv. X, 36. 143. Brate, *Ä. Vestm. lagens ljudl.*, S, 82. Hesselman, *De korta vokalerna i och y i sv.*, S. 27f.

3) *r* wird dialektisch (z. B. vestgötisch) in den Verbindungen *-rþr-*, *-rþer*, *-rþir* (sonst selten) durch Dissimilation entfernt, z. B. *a*(*r*)*dhrit* 'der Pflug', *væ*(*r*)*þer* 'wird', *ba*(*r*)*þer* 'geprügelt', *my*(*r*)*þir* 'mordet' (*Magarēta* st. *Margarēta*). Vgl. noch unten 4, b, α.

Noreen, Arkiv f. nord. fil. V, 386.

4) *ʀ* schwindet nach Vokal, schon ehe es in *r* übergeht (s. § 172), in folgenden Fällen:

a) Inlautend zwischen schwachtonigem Vokal und einem Konsonanten (außer *h*) in den weitaus meisten Dialekten, wiewohl *r* (wohl nicht mehr *ʀ*) durch Analogie später wieder eingeführt werden kann, z. B. Plur. *hæstanir* (aisl. *hestarner*) 'die Pferde', *syndenar* (spät *syndirnar* nach *syndir*) 'die Sünden', *āsyna*(*r*)*vitne*

'Augenzeuge', *hælghadagher* 'Feiertag' zu *hælgh* 'Feier'; aber *særdēlis* 'besonders', *gārdagher* 'gestriger Tag' u. dgl.

b) Im Auslaut wird das *ʀ* je nach verschiedenen Dialekten sehr verschieden behandelt und zwar:

α) Wird immer (dann als *r*) erhalten im Altgutnischen, sowie in vielen västgötischen und uppländischen Denkmälern; die «Ausnahmen» beruhen sehr oft darauf, daß ein *ʀ* überhaupt nie vorhanden gewesen ist (vielmehr in andern Dialekten analogisch zugetreten), wie z. B. *þē* (aisl. *þeir*, aber got. *þai*) 'sie', *granna* (aisl. *grannar*, aber got. *garaznans*) 'Nachbarn' u. dgl.; bisweilen auch auf Dissimilation, z. B. *bøtrena(r)* 'die Geldstrafe', *ōra(r)* 'Ören', *nærmē(r)* 'näher', *rō(r)* 'Rohr'.

β) Schwindet nur im Satzzusammenhang vor anlautenden Konsonanten (vor *h* schwankend) wenigstens in gewissen Denkmälern aus Dalarna und Västmanland; die «Ausnahmen» erklären sich teils aus Überführung der antekonsonantischen Form in antevokalische Stellung (und umgekehrt), teils daraus, daß schon vor der Durchführung des betreffenden Gesetzes *r* statt *ʀ* eingetreten war, z. B. nach *u*, *o* (wie Plur. *konur* 'Weiber') und im Präs. Sg. (z. B. *dømir* 'urteilt' durch Einfluß solcher Verba, wo *ʀ* nach Konsonanten stand und daher in *r* überging, z. B. *giver* 'gibt', *glæþer* 'freut' aus *gifʀ*, *glæđʀ* nach § 172 und § 62), in welchen Fällen *r* natürlich regelmäßig da ist.

γ) Schwindet nach schwachtonigem (vor allem unbetontem) und starktonigem langen (aber nicht kurzen) Vokal in Denkmälern aus Östergötland und in den meisten altschwedischen Schriften aus der Zeit 1350—1500, z. B. *biskopa* 'Bischöfe', *synde* 'Sünden', *ālagho* 'Auflagen', *mē* (neben *mēr* nach *mēra*) 'mehr', aber *ær* 'ist', *war* 'war'.

δ) Schwindet nach schwachtonigem *a* (*æ*), *i* (*e*) — aber nicht *u* (*o*) — und starktonigem langen (nicht kurzen) Vokal in Denkmälern aus Småland, z. B. *gæva* 'Gaben', *saki* 'Sachen', *fā* 'bekommt', *dø* 'stirbt', aber *kunur* 'Weiber', *ær* 'ist'.

ε) Schwindet nach schwachtonigem *a* (*æ*) — aber nicht *i* (*e*) und *u* (*o*) — in gewissen südlichen Dialekten Schwedens, z. B. *hæsta* 'Pferde', *kalla* 'ruft', aber *vinir* 'Freunde', *dømir* 'urteilt', *kunur* 'Weiber'; ebenso der Hauptsache nach im Altdänischen, wo jedoch nach ursprünglichem *i* und *u* große Schwankungen stattfinden, z. B. Pl. *lotæ(r)* 'Lose' (aisl. *hlutir*, *-er*), *konæ(r)* 'Weiber' (aisl. *konur*, *-or*).

Kock, Nord. tidskr. f. fil. IX, 173. Sv. landsm. XI, 8, S. 19 ff. Arkiv f. nord. fil. XVIII, 143 ff. Brate, *Ä. Vestm. lagens ljudl.*, S. 83 ff. B. Beitr. XIII, 41. Tamm, Uppsalastudier, S. 29. Zetterberg, *Bjärköarättens ljud- och böjningslära*, S. 50 ff. Björkman, Sv. landsm. XI, 5, S. 55 f. Ottelin, *Studier öfver Cod. Bur.* I, 159 ff. Sjöros in Sv. litteratursällskapets i Finland Förhandlingar och uppsatser 22, S. 170 ff. E. Olson, *Östgötalagens ljudlära*, S. 168 ff. *Utdrag ur Magnus Erikssons landslag*, S. XXVIII. *Östgötalagens 1300-tals-fragment*, S. CXX. Festskrift till Söderwall, S. 92.

5) *n* schwindet mschw. in unbetonter Silbe (wo nicht Assoziation hindert) vor *s*, z. B. *i afte(n)s* 'gestern Abend', *Lare(n)s* 'Laurentius'; dialektisch und spät (seit um 1420) auch auslautend, z. B. *bǿndere(n)* 'die Bauern'.

Noreen, Arkiv f. nord. fil. VI, 336. Beckman, Sv. landsm. XIII, 3, S. 19.

6) *ŋ* schwindet sporadisch, durch eine Art von Dissimilation, in den — dann wohl schwachtonigen — Verbindungen *-ning-*, *-nung-*, *-m̥ing-*, z. B. *almænni(n)ger* 'Gemeingrund', *drotni(n)g* 'Königin', *kunu(n)ger* 'König', *Hæmi(n)ger* ein Mannsname. Die Beispiele sind besonders in öst- und westgötischen Denkmälern häufig.

7) *h* schwindet anlautend vor Konsonanten zu verschiedener Zeit:

a) Vor *l*, *n*, *r* vorliterarisch, in Dänemark schon in der Vikingerzeit, z. B. Flemløse *Ruulf*, Voldtofte *Ruulfʀ* (aisl. *Hrólfr*) 'Rudolf'; in Schweden ausnahmsweise gegen 1000, z. B. Härene *Rifni[n]kʀ* statt **Hræbningʀ*, aber im allgemeinen erst später, denn noch bis um 1050 zeigen die Runeninschriften ziemlich allgemein *hr-*. Z. B. *løpa* (in alten Gesetzformeln noch mit *hærskip* alliterierend; aisl. *hlaupa*) 'laufen', *nakke* (in alten Gesetzformeln mit *hæl* alliterierend; aisl. *hnakke*) 'Nacken', *rēn* (aisl. *hreinn*) 'rein'.

Lind, *Om rim och verslemningar* etc., S. 23. 26.

b) Vor konsonantischem *i* und *u* in Dänemark dialektisch schon um 1200 (z. B. *iorthrān* statt *hiorthrān* 'Herdenraub', *wat* statt *hwat* 'was'), allgemein — außer im nördlichen Jütland — wenigstens vor 1500; in Schweden dialektisch seit um 1350, wohl in Zusammenhang mit dem Übergange von *i*, *u* zu den Spiranten *j*, resp. *v* (z. B. *jærta* statt *hiærta* 'Herz', *var* statt *hwar* 'jeder'), allgemein jedoch kaum vor 1600, ja in gewissen Gegenden blieb *h* vor *w* bis in das 18. Jahrhundert.

c) Vor Sonanten dialektisch (bes. im östlichen Uppland) schon seit der Vikingerzeit, z. B. runisch *agua* 'hauen', *er* 'hier' u. dgl.

O. v. Friesen in Uppland II, 496 f.

8) *ƀ* (*v*, s. § 174, c) schwindet in schwachtoniger Silbe auslautend und vor Konsonanten, z. B. aschw. *Gø̄sta(f)* 'Gustav', proklit. *ā(f)* 'von', Prät. *ha(f)dhe* 'hatte'; adän. *umikil* (aisl. *ofmikell*) 'zu groß', *kastæskul* 'Wurfschaufel'.

9) *đ* kann in vielen Stellungen verloren gehen:

a) Dialektisch im Altschwedischen inlautend vor konsonantischem *i* schon um 1300, z. B. Plur. *þri(þ)io* 'die dritten'; vgl. umgekehrte Schreibungen wie *værþia* st. *væria* 'wehren'.

b) Im Altdänischen (und einigen altschwedischen Mundarten) nach *r* seit 1300, z. B. *iōr*(*th*) 'Erde', *gār*(*th*) 'Dörfchen', Prät. *giōr*(*th*)*æ* 'machte'.

c) Im Schonischen und Seeländischen vor *r* wenigstens um 1400 (in gewissen aschw. Dialekten aber erst um 1500), z. B. *vǣr* (älter *væthær*) 'Wetter', *blǣre* (*blæthræ*) 'Blase'. Vgl. § 175, d.

d) Sporadisch nach *gh*, z. B. aschw., adän. *dygh*(*dh*) 'Tugend', *frǣgh*(*dh*) 'Ehre', aschw. *hēlbrøgho* (älter *hēlbryghdha*) 'gesund'.

e) Dialektisch (z. B. im Jütischen und mehreren aschw. Dialekten) auslautend nach Vokal, aschw. seit um 1350 — zwischen schwachtonigen Vokalen schon früher — auch intervokalisch, z. B. Acc. Sg. *dø̄(þ)* 'Tod', *hove* (*hovuþ*) 'Haupt', Ortsnamen wie *Lī*(*dh*)*arydh*, *Tī*(*dh*)*ovadh*, *mæ*(*þa*)*n* 'während', *si*(*þa*)*n* 'seit'.

10) ʒ schwindet ebenso in vielen Stellungen:

a) In schwachtoniger Silbe:

α) Vor *đ*, seltener anderen Konsonanten, wenigstens um 1300 (zum Teil aber weit früher), z. B. *Madhlin* 'Magdalena', proklit. *laþe* (betont *laghþe*) 'legte', (später) *sa(gh)dhe* 'sagte', *Si(gh)riþ* (schon runisch) ein Frauenname, *kunno(gh)t* 'bekanntes', *tholu(gh)mōdh* 'Geduld', *ginum* (aisl. *gegnum*, s. § 143, a, β) 'durch', *rætti(g)hēt* 'Recht'.

β) Zwischen zwei *i* (die dann zu *ī* werden), seltener anderen Vokalen, z. B. *fæmtighi* > *fæmtī* 'fünfzig', *Brighitta* > *Brīta*, *Ni(gh)els* 'Niklas', *ē(gh)i* 'nicht', *nāghan* > *nān* 'irgend ein', *Bāghahū's* > *Bāhū's* ein Ortsname.

Östergren, Språk och stil I, 82 ff. Hesselman, *Stafvelseförlängning och vokalkvalitet*, S. 45 f. Svenning, Sv. landsm. B. 4 (1910), S. 112 f.

γ) Auslautend nach Vokal, besonders im Jütischen des 15. Jahrhunderts, z. B. *pinsda(gh)* 'Pfingsten', *lovlæ(gh)* 'zulässig', *velbyrdæ(gh)* 'wohlgeboren'.

b) Im Altschwedischen sporadisch vor *w* (*v*), z. B. *da(gh)varþer* 'Frühstück', *Ra(gh)valder*, *Si(gh)vidher* u. a. Namen.

11) *s* schwindet gewöhnlich auslautend nach *st* durch Dissimilation, z. B. Gen. *Krist*(*s*) 'Christs', *præst*(*s*) 'Priesters'.

12) *t* schwindet bisweilen auslautend nach *ts* durch Dissimilation, z. B. *hælz*(*t*) 'am liebsten', *droz*(*t*) aus älterem *drozt*(*e*), *drōz*(*e*)*te* (s. § 166, b und c) 'Truchseß'.

§ 190. Eine der Sprache nicht geläufige Verbindung von drei Konsonanten verliert den mittleren Laut (vgl. § 85, 1, wohin vielleicht einige von den folgenden Beispielen gehören), z. B. aschw. *Sambrō* (*Sandbrō*) ein Ortsname, adän. (Saxo) *Gērūtha* (*Gērthrūdh*) 'Gertrud', aschw. *iūrīke* aus *iurþrīke* 'Erdreich', *Giūrīdh* aus **Giurđrīdr* ein Frauenname, *hæl(f)t* 'Hälfte', *ōl(f)smæssa* 'Olafsmesse', *iumfrū* (*iungfrū*) 'Jungfrau', Gen. Plur. *mōþna* zu *mōþgor* 'Mutter und Tochter', Pl. *mar*(*k*)*bōar* 'Einwohner von Mark', *skær(l)sēlder* (vgl. § 188) 'Fegefeuer', *Hol*(*m*)*frīþ* ein Frauenname, *ræng*(*n*)*bughi* 'Regenbogen', Pl. *Væs*(*t*)*gøtar* 'Einwohner von Västergötland', *sil(fr)bælte* 'silberner Gürtel'.

III. GESCHICHTE DER FLEXIONSFORMEN.

I. URNORDISCHE UND GEMEINNORDISCHE ENTWICKLUNG BIS ZUM ANFANG DER ÄLTESTEN LITERATUR.

A. DEKLINATION.

1. Die Nominalflexion.

§ 191. Die *a*-Stämme (Maskulina und Neutra) zeigen folgende Endungen:

1) Sg. Nom. M. hat die urspr. Endung *-az* noch in finnischen und lappischen Lehnwörtern wie finn. *ruhtinas* (aisl. *dróttenn*) 'Fürst', *rengas*, lapp. *rikkas* 'Ring', *svainas* 'Knecht', ja eine noch ältere Endung *-oz* (ieur. *-os*) scheint im finn. *ansos* (neben *-as*) 'Balken' vorzuliegen. Hieraus *-aʀ* in urnordischen Inschriften wie Einang *Đaȝaʀ* 'Tag' (als Name), Stenstad *halaʀ* oder *Halaʀ* (aisl. *hallr* oder *Hallr*) 'Stein', Valsfjord *þewaʀ* (got. *þius*) 'Diener', Tanum *haitinaʀ* 'verheißen'; nach der Synkope (um 700) nur *-ʀ*, z. B. Istaby *-wulafʀ* '-wolf', Vatn *RhoᴀltR* (aisl. *Hróaldr*), Björketorp *-lᴀusʀ* '-los'. Später ist das *ʀ* einem vorhergehenden *l*, *n*, *r*, *s* assimiliert (s. § 77), z. B. Snoldelev *stain* 'Stein', Glavendrup *Þur* (d. h. *Þōrr*) 'Donnergott', Högby *karl* 'Kerl'; nach übrigen dentalen und interdentalen Konsonanten dagegen zu *r* geworden (s. § 62),

z. B. auf dem größeren Denkmal von Jællinge *Haraltr* 'Harald'. — Die *ja*- und *ia*-Stämme weichen insofern ab, daß sie eine (vielleicht durch Istaby -*wulafiʀ* belegte) urnordische Endung -*iʀ*, -*īʀ* (got. -*eis*) voraussetzen. Aus urnordisch z. B. **hariʀ* 'Heer', **hirđīʀ* 'Hirt' wird dann **harr* (statt dessen *hærr* aus **harjiʀ* gleich got. *harjis* statt **haris* in Analogie mit den Kas. obl. gebildet ist, vgl. ags. *secȝ* st. **seȝi*; die lautgesetzliche Form scheint in Namen wie *Ragn-arr* (ahd. *Raginhari*), *Agn-arr* u. dgl. bewahrt zu sein), resp. *hirdir*.

Setälä, Journal de la Société Finno-ougrienne XXIII, 1, S. 23. 25.

2) Sg. Nom., Acc. Ntr., Acc. M. ältest (nasaliertes) -*a* wie in finn. Lehnw. Ntr. *kauppa* 'Kauf', *kulta* 'Gold', M. *havukka* 'Habicht', *keula* (aisl. Nom. *kióll*) 'Schiff'; urnord. Ntr. Gallehus, Strøm *horna* 'Horn', Bø *hlaiwa* (got. *hlaiw*) 'Grab', M. Tune *staina* 'Stein', noch Istaby -*wulafa* '-wolf'. Nach der Synkope ist also keine Endung da, z. B. Helnæs *stain* 'Stein', Flemløse -*ulf* '-wolf'. — Die *ja*-, *ia*-Stämme zeigen dementsprechend -*ja*, -*i(j)a*, z. B. finn. Ntr. *lattia* (aisl. *flet*) 'Fußboden', M. *patja* 'Bett'; urnord. Acc. M. Vi *makia* (got. *mēki*) 'Schwert', Ntr. Tune *arbija* 'Erbe'. Aus Nom. **flatja* wird dann zunächst **flati*, dann aschw. *flat* neben aus dem Dat. **flæt(j)e* und anderen Kasus mit erhaltenem *j* entlehntem *flæt*, aisl. *flet*; in derselben Weise erklären sich wohl aschw. *vaþ* : *væþ* (aisl. *veþ*) 'Wette', on., wn. *net* 'Netz', *ber* 'Beere' u. a.

3) Sg. Gen. M., Ntr., ältest -*ass* (vgl. aisl. *þess* 'des', *huess* wess'), woneben bald -*as*, z. B. in urnord. Kragehul -*ȝisalas* (aisl. -*gísls*), Valsfjord *ȝođaȝas* Mannsnamen. Hieraus nach der Synkope -*ss* (so nur nach urspr. oder noch langem Vokal, z. B. aisl. *móss* 'Heidelands', *búss* 'Wohnsitzes') und -*s*, z. B. Räfsal -*wulfs* '-wolfs'. — Die *ia*-Stämme weichen insofern ab, daß sie eine urnord. Endung -*iss* (got. -*eis*) voraussetzen, z. B. aisl. *hirđess* 'Hirten', *knǽđess* 'Gedichtes'.

4) Sg. Dat. M., Ntr., ältest -*ē* (aus *-*ai*), z. B. urnord. Järsberg *Hite*, Opedal *Waȝe* Mannsnamen, Tjurkö -*kurne* 'Korn'. Hieraus -*i*, z. B. Högby *hulmi* (aisl. *holme*) 'kleiner Insel'. Vorwiegend bei einsilbigen Wörtern kommen auch endungslose Formen vor — z. B. aisl. *í dag* 'heute' neben *dege* 'Tage', *arm*(*e*) 'Arme' — (jedoch nicht bei Neutren) und ebenso fast immer bei maskulinen *ja*-Stämmen, was wohl darauf beruht, daß in diesem Falle teils wie im *í dag* ein anderer Kasus (ieur. Lokativ auf -*ĕ*, das schon urnord. gekürzt und daher später synkopiert worden ist), teils

11*

— und wohl wesentlich — wie in *arm* Umbildung nach den *i*-Stämmen (s. § 193, 3) vorliegt. Noch eine andere Bildung (alter Instrumentalis?) auf *-ō*, woraus literarisches *-u*, zeigt der Dat. allgemein bei den Adjektiven, z. B. *blindu*, *-o*, nur vereinzelt bei den Substantiven, z. B. aisl. *ǫþroviso* 'auf anderer Weise' und Zusammensetzungen wie *kaupo-nautr* 'einer mit dem man einen Kauf abschließt', aschwed. *køpo-iorþ* 'gekauftes Gut' u. dgl., womit as., ahd. *tagu*, *-o* zu vergleichen ist.

Walde, *Die germ. Auslautsgesetze*, S. 3 ff. 72 ff. Hesselman, *Västnordiska studier* II, 34 ff. Swenning, Arkiv f. nord. fil. XXIII, 15 ff. 24 ff.

5) Pl. Nom. M. muß ältest die (nicht belegte) Endung *-ōz* (got. *-ōs*), urnord. *-ōʀ* gehabt haben. Hieraus später *-aʀ*; z. B. Räfsal *stainaʀ* 'Steine', Rök *kunu[n]kaʀ* 'Könige'.

6) Pl. Nom. Acc. Ntr., ältest *-ō* im finn. *jukko* 'Joch', später *-u* im finn. *joulu* 'Weihnachten'. Nach der Synkope findet sich keine Endung, z. B. Glavendrup *ku[m]bl* 'Steinhaufen', aber wo möglich *u*-Umlaut oder -Brechung, z. B. wn. *bǫrn*, on. *born* 'Kinder'.

7) Pl. Gen. M. Ntr. ist urnordisch nicht sicher belegt (vielleicht durch *Taliȝo* auf dem Hobel von Vi), setzt aber nasaliertes *-ō* voraus. In der Vikingerzeit ist die Endung *-a*, z. B. Rök *Marì[n]ka* (aisl. *Mǽringa*), Glavendrup *uīa* (aisl. *véa*) 'Tempel'.

8) Pl. Dat. M., Ntr. muß ältest auf *-omiz*, urnord. *-om(i)ʀ*, später *-umʀ* geendet haben. Dies liegt — zwar auf *i*-Stämme übertragen — noch in Stentofta *ȝestumʀ* 'Gästen', *borumʀ* 'Söhnen' vor (vgl. § 193, 6 anorw. *huæimr* 'welchen', aisl. *tueimr* 'zweien', *þrimr* 'dreien'). In der Vikingerzeit ist hieraus *-um(m)* geworden, z. B. Snoldelev *haukum* (d. h. *hǫuȝum*) 'Hügeln', Rök *nabnum* 'Namen'.

9) Pl. Acc. M. ist urnordisch nicht belegt, ja nicht einmal vor dem Ende der Vikingerzeit, zu welcher Zeit die Endung schon wie in der Literatur *-a* (aus urnord. nasaliertem *-a* < **-an* < **-anz*, vgl. got. *dagans*) ist, z. B. Gårdstånga *stina* = aschw. *stēna* 'Steine'.

Die *ja*- und *ia*-Stämme weichen (außer in den schon besprochenen Nom. und Gen. Sg.) in der Weise ab, daß in literarischer Zeit jene vor einem Endungsvokal (außer *i*, *e*) ein konsonantisches *i*, diese in Dat., Acc. Sg. ein auslautendes vokalisches *i* zeigen, was aus den Synkopierungsgesetzen seine Erklärung findet; also z. B. aisl. Dat., Acc. Sg. *niþ* 'Abkömmling', *hirþe* 'Hirten', Nom. Pl. *niþiar*, *hirþar*. Wenn einige *ia*-Stämme wie *fylke* 'Schar', *kippe* 'Büschel' u. a. im Gen. Pl. *-na* neben oder statt *-a* zeigen, so beruht dies darauf, daß sie urspr. *īni*-Stämme sind.

Erdmann, Arkiv f. nord. fil. VII, 75 ff.

§ 192. Die *ō*-Stämme (Feminina) flektieren:

1) Sg. Nom., ältest auf *-ō*, z. B. finn. *runo* 'Gedicht', 'Rune', *sakko* 'Geldbuße', 'Sache' (eine noch ältere Endung *-ā* = ieur. *-ā̂* wahrscheinlich in Fällen wie finn. *multa* 'Erde', *vitja* 'Kette' u. dgl., womit lapp. *mollte*, *vid̕je* usw. stimmen); später *-u*, z. B. finn. *arkku* (aisl. *ǫrk*) 'Kasten', *panku* 'Spange', lapp. *airu* 'Ruder', *tarpu* (aisl. *þǫrf*) 'Bedürfnis'. In urnordischen Inschriften ist dieser Kasus nur bei Adjektiven ganz sicher belegt, z. B. Opedal *minu* 'mein', *liubu* 'lieb' (von Substantiven wohl *alu* 'Amulett' Lindholm, Elgesem, Årstad? und auf mehreren Brakteaten, *laþu* 'freundschaftliches Anerbieten' auf drei Brakteaten und noch ein paar andere unsichere Beispiele). Nach der Synkope findet sich keine Endung (so schon Björketorp *-sbᴀ* 'Prophezeiung'), aber wo möglich *u*-Umlaut oder -Brechung, z. B. aisl. *sǫk* 'Sache', aschw. *giorþ* 'Gurt'. — Die *iō*-Stämme weichen insofern ab, als sie neben der regelmäßigen Endung *-iō*, die z. B. durch finn. *hartio* 'Schulter' und vielleicht spärliche literarische Beispiele wie aisl. *gørve* 'Tracht', *gørseme* 'Kostbarkeit' vertreten ist, auch eine andere (urnord. nicht belegte) Endung *-i* (vgl. aind. *dēvī* neben *kanyā̂*), woraus *-i* und mit Anlehnung an den *i*-Stämmen mit *-iz*, dann *-iʀ*, nach der Synkope *-ʀ*. Dieser Typus ist in der Literatur der gewöhnliche, z. B. aisl. *ylgr* 'Wölfin' (vgl. ved. *vṛkīs*), *festr* 'Band'. Ob aschw. *fæst* u. dgl. (schon häufig in Runeninschriften) den uralten Nominativ (ohne *-z*, *-ʀ*) vertritt (vgl. das Got.) oder das *-ʀ* analogisch eingebüßt hat, bleibt unentschieden.

2) Sg. Gen. ist urnord. nicht belegt, muß aber auf *-ōz* (got. *-ōs*) > *-ōʀ* geendet haben. Hieraus dann *-aʀ*, z. B. auf dem kleineren Denkmal von Jællinge *Tanmarkaʀ* 'Dänemark'. Die im Schonischen des 12. Jahrhunderts (Necrologium Lundense), seltener im Altschwedischen und Mittelnorwegischen, in weiblichen Personennamen auftretende Endung *-u*, z. B. adän. aschw. *Gunnuru* (aisl. *Gunnvarar* zu *Gunnvǫr*), adän. *Ōlovo* (aisl. *Ólofar*) mnorw. *Anbiorgo* u. dgl. zeigen wohl einen durch die Endung *-u* des Dat. und Acc. hervorgerufenen Übergang in die Flexion der *ōn*-Stämme an. Über das — im Gegensatz zu aisl. *laugardagr*, aschw. *lōghardagher* zu *laug*, resp. *lōgh* — nicht hierhergehörige anorw. *laugurdagr*, aschw. *lōghurdagher* 'Sonnabend' s. § 61, c.

Nielsen, Blandinger I, 75. *Olddanske Personnavne*, Kph. 1883, S. XI.

3) Sg. Dat. ist urnordisch nicht belegt, muß aber die (instrumentale?, s. § 192, 4) Endung *-ō* (vgl. ahd. *gebu*, *-ō*) gehabt haben.

Hieraus *-u* (z. B. in der Vikingerzeit Rök *strąntu* 'Ufer', Skivum *Tanmarku* 'Dänemark', das aber später nur in Wörtern auf *-ing* und *-ung*, zusammengesetzten Personennamen und einigen wenigen andern, sowie als erstes Glied einiger Zusammensetzungen erhalten wird, z. B. aisl. *drotningo* 'Königin', *Ingebiorgo*, aschw. *Gudhløgho*, aisl. *laugo* (aschw. *løghu*) 'Bad', *sǫkodolgr* 'Gegenpart', *fǫronautr* 'Reisegefährte', aschw. *løghokar* 'Badewanne'. Sonst stehen endungslose, *u*-umgelaute Formen, die wohl teils aus dem Acc. (und Nom.) entlehnt sind, teils nach der Analogie der *i*-Stämme zustande gekommen sind, z. B. aisl. *fioþr* 'Feder', *nǫ́l* 'Nadel', *ylge* 'Wölfin'. Über eine dem got. Typus *gibai* entsprechende Bildung bei den Adjektiven s. § 205, 3.

4) Sg. Acc. ist ebenfalls urnord. nicht belegt, muß aber einst nasaliertes *-ō* (aus indoeur. *-ām*) als Endung gehabt haben, woraus später *-a*. Diese nicht zu synkopierende Endung zeigt sich aber in der Literatur nur — aber dann durchgehends — bei den Adjektiven, z. B. *blinda* 'blinde'. Die Substantiva dagegen zeigen eine ganz andere Endung, urnordisch unnasaliertes *-ō* (nicht belegt), das wohl teils aus Nom., teils aus Dat. Sg. entlehnt ist. Hieraus *-u*, das dann teils wie im Nom. synkopiert wird, z. B. auf dem größeren Denkmal von Jællinge *Tanmaurk* 'Dänemark', aisl. *rún* 'Rune', *giof* 'Gabe', *ylge* 'Wölfin', teils wie im Dat. erhalten ist, dies aber nur bei zusammengesetzten Personennamen und — später und seltener — Wörtern auf *-ing*, z. B. aisl. *Guþrúno*, *kerlingo* 'altes Weib', aschw., runisch *Fastlauku*.

5) Pl. Nom., Acc. *-ōz* (got. *-ōs*) > *-ōʀ*, z. B. urnord. Tune *þrijoʀ* 'drei' (Nom.), Järsberg *runoʀ* 'Runen' (Acc.), später *-aʀ*, z. B. Istaby, Björketorp (Acc.) *runaʀ*, Rök (Nom.) *runaʀ*. Eine nach dem Muster der Mask. (vgl. § 192, 9 und das Altslavische, Umbrische und Oskische) gebildete Acc.-Endung nasaliertes *ō* aus *-*ōn* > *-*ōnz* bieten urnord. Einang, Noleby *runo*, Noleby *-ku[n]do* '-herstammend', womit die in altschwedischen Inschriften häufige Form *runą*, *runa* übereinstimmt.

Brate, Bezz. Beitr. XI, 198. Arkiv f. nord. fil. XIV, 332. Walde, *Die germ. Auslautsgesetze*, S. 51 ff.

6) Pl. Gen., Dat. sind wie bei den *a*-Stämmen; urnord. Beleg für den Genitiv ist wohl Björketorp *-runo* 'Runen'. Eine Spur einer alternativen Genitiv-Endung urnord. *-ōnō* (vgl. ahd. *erdōno*, north. *sorȝona*, as. *gebono*, aind. *áçvānām* u. dgl.) ist durch Stentofta *-runono* 'Runen' belegt.

Die *jō*- und *iō*-Stämme weichen (außer in dem schon besprochenen Nom. Sg.) in ganz derselben Weise von den reinen *ō*-Stämmen ab, wie die *ja*- und *ia*-Stämme von den reinen *a*-Stämmen (s. § 191, 9, Schluß).

§ 193. Die *i*-Stämme (Maskulina und Feminina) zeigen folgende Flexion:

1) Sg. Nom. ältest -*iz*, z. B. finn. (wepsisch) *palgiš* (aisl. *belgr*) 'Erbsenschote', *tiuris* 'teuer'; urnord. -*iʀ* in Gallehus -*ȝastiʀ* '-gast', Torsbjærg -*mariʀ* (aisl. *mǽrr*) 'berühmt'. Nach der Synkope steht nur -*ʀ*. Die weitaus meisten hierher gehörigen Feminina sind aber entweder auf Anlaß der Endung -*ʀ* (-*r*), die als ein maskulines Charakteristikum gefühlt wurde, zu Maskulinen geworden (wie z. B. aisl. *burþr* 'Geburt'), oder sie sind ganz (wie aisl. *elfr* 'Fluß') oder nur im Sg. (wie aisl. *brúþr* 'Braut') in die Flexion der *iō*-Stämme übergetreten, oder endlich haben sie die Endung aufgegeben (wie aisl. *kuǽn*, schon Härene *kuin* 'Weib'). Die hierdurch entstandene Gleichheit mit den *ō*-Stämmen hat zur Folge gehabt, daß viele von diesen (z. B. aisl. *rǫdd* 'Stimme', *iorþ* 'Erde,' vgl. got. *razda*, *airþa*) in Nom., Acc. Pl. (und Dat. Sg., s. § 192, 3) die Endungen der *i*-Stämme angenommen haben. Die Wurzelsilbe hat womöglich *i*-Umlaut, wenn sie lang, nicht aber wenn sie kurz ist, z. B. aisl. *gestr* 'Gast', *staþr* 'Stätte'. Da aber andere Kasus (z. B. Gen. Sg., Pl.) bei den langsilbigen Wörtern keinen Umlaut aufweisen sollten, dagegen Nom., Acc. Pl. auch bei den kurzsilbigen umgelautet sein müßten, so ist bei allen Wörtern in literarischer Zeit Ausgleichung eingetreten, zwar im allgemeinen bei den langsilbigen zugunsten des umgelauteten, bei den kurzsilbigen zugunsten des unumgelauteten Vokals, aber bisweilen auch umgekehrt (z. B. aisl. *brúþr* 'Braut', agutn. *steþr* 'Stätte'), oder sind Doppelformen entstanden, z. B. aisl. *fundr*, *fyndr* 'Zusammenkunft', *bón*, *bǿn* 'Bitte'.

2) Sg. Gen. ist urnordisch nicht belegt. Von einer dem got. -*ais* entsprechenden Endung -*ēʀ*, später -*iʀ* dürften einzelne Spuren zu finden sein, z. B. aisl. *vetterges* (zu *vǽtr*, *vétr* 'Wicht, Ding') 'nichts', anorw. *Alfer*- (zu *elfr* 'Fluß') in Ortsnamen. Sonst haben die Maskulina die Endung entweder der *a*-Stämme oder der *u*-Stämme, die Feminina diejenige der *ō*-Stämme angenommen, z. B. aisl. M. *gests, staþar*, F. *tíþar* 'Zeit'. Diese Entlehnung ist schon ziemlich alt, z. B. Snoldelev *þulaʀ* zu *þulʀ* 'Redner'.

3) Sg. Dat. ist ebenfalls urnordisch nicht belegt. Als Spuren einer dem got. -*ai* entsprechenden Endung darf vielleicht das

seltene *-i*, *-e* in Formen wie aisl. M. *funde* 'Zusammenkunft', F. *brúþe* 'Braut', aschw. M. *rætt(i)* 'Recht angesehen werden. Sonst ist eine urnord. Endung *-ī* aus *-eie*) vorauszusetzen, welche später synkopiert werden muß (vgl. Imperat. *dǿm* aus *dōmī* < *-eie* u. dgl.), so daß zuletzt dieser Kasus endungslos geworden ist, z. B. aisl. *gest*, *staþ tíþ*.

Hesselman, a. O., S. 39 ff.

4) Sg. Acc., urnord. vielleicht durch Strøm *hali* (aschw. *hæl*) 'Stein' belegt, jedenfalls auf *-i* endend, gibt nach der Synkope endungslose Formen wie aisl. *gest*, *staþ*, *tíþ*.

5) Pl. Nom. M., Nom., Acc. F. müssen urnordisch die (nicht belegte) Endung *-īz* (got. *-eis*) > *-īʀ* gehabt haben, was das literarische *-ir*, *-er* gibt, z. B. aisl. *gester*, *tíþer*.

6) Pl. Gen., Dat. haben sehr früh die Endungen der *a*-, resp. *ō*-Stämme angenommen, z. B. schon Stentofta Dat. *ʒestumʀ* (vgl. got. *gastim*) 'Gästen', *borumʀ* 'Söhnen'. Jedoch finden sich einige Spuren der ursprünglichen Dativ-Endung *-im(i)z* > *-imʀ* > *-im(m)*, z. B. aisl. die Zahlwörter *þrimr* 'dreien' (*tueim(r)* 'zweien', anorw. *huæimr* 'welchen') und die Ausdrücke *bǫþom* (*ǫllom* u. a.) *megen* (durch Dissimilation aus dem seltenen *megim*, und dies nach § 132, b statt **wegim* zu *vegr* 'Weg') 'zu beiden (allen usw.) Seiten'. — Außerdem ist wahrscheinlich eine Spur einer alten Genitiv-Endung *-(i)na* (vgl. ags. *Seaxna*, *Miercna*) im Pron. *huat-vetna*, *-vitna* 'was auch immer' zu *vǽtr*, *vétr*, *-vitr* 'Wicht, Ding' erhalten; *vegna* zu *vegr* 'Weg' kann auch nach § 194, 7 beurteilt werden.

7) Pl. Acc. M. ist wohl urnord. durch Jordanes *hallin* (aus urspr. *-inz*, vgl. got. *gastins*) 'Einwohner von Halland' (zur Bildung vgl. anorw. *hæinir* zu *Hæiðmǫrk*, aschw. *dænir* zu *Danmark* u. dgl.) belegt. In der Vikingerzeit steht *-i*, z. B. auf dem größeren Denkmal von Jællinge *tani* (aisl. *dane*) 'Dänen'. In der Literatur ist ebenfalls die Endung *-i*, *-e*, z. B. aisl. *geste*, *staþe*.

Noreen bei Schück, *Folknamnet Geatas*, S. 5 f. Note 2.

§ 194. Die *u*-Stämme (fast nur Maskulina) flektieren:

1) Sg. Nom. M. ältest auf *-uz* (got. *-us*), z. B. finn. *vantus* (aisl. *vǫttr*) 'Handschuh'. Urnord. *-uʀ*, z. B. Tomstad *waruʀ* 'Steinkreis', Vånga *Haukoþuʀ*; nach kurzer Silbe erhalten noch um 900, z. B. wohl Kälvesten *Stikuʀ* (aisl. *Stigr* neben *Stígr*; vgl. Acc. Pl. *stigo*, *stígo* 'Steige') ein Mannsname. Nach der Synkope steht *-ʀ*, z. B. Nörre Næră *Þurmu[n]tʀ*, Sparlösa *sunʀ* 'Sohn', das dann wie bei den *a*-Stämmen (§ 191, 1) behandelt wird. Die Wurzelsilbe hat womöglich *u*-Umlaut oder -Brechung.

2) Sg. Nom., Acc. Ntr. sind erst aus der Vikingerzeit durch den Runennamen *feu* Abeced. Nordm., *fiu* Cod. Leid. (got. *faihu*) belegt. Aus der Literatur ist nur ein einziges, sicher hierher gehöriges Beispiel aufzuweisen: aisl. *fé*, aschw. *fæ* 'Vieh' mit synkopiertem *-u*.

3) Sg. Gen. ist urnordisch nicht belegt, hat aber sicher auf *-ōʀ* < *-auz* (got. *-aus*) geendet, woraus später *-aʀ*, z. B. Snoldelev *sunaʀ* 'Sohnes', Gunderup *fiaʀ* 'Viehes'.

4) Sg. Dat. endet urnordisch auf *-iu*, z. B. Tjurkö *Kunimu[n]điu*, noch Stentofta *mᴀȝiu* 'Sohne', später auf *-i* (mit *i*-Umlaut in der Wurzelsilbe), z. B. wn., on. *syni* 'Sohne', aisl. *firþe* zu *fiorþr* 'Meerbusen'. Daneben kommt aber früh eine Form ohne Endung, aber mit *u*-Umlaut (resp. -Brechung) in der Wurzelsilbe vor, z. B. aisl. *vǫnd* neben *vende* 'Zweig'; dies ist wohl die entlehnte Accusativform.

M. Olsen in Det K. Norske videnskabers selakabs skrifter 1908, No. 13, S. 16 Note 2. Walde, *Die germ. Auslautsgesetze*, S. 10.

5) Sg. Acc. M. endet urnordisch auf *-u*, z. B. finn. *vanttu* 'Handschuh', lapp. *kattu* 'Katze', *parku* (aisl. *bǫrkr*) 'Rinde', Kjølevig *maȝu* (aisl. *mǫg*) 'Sohn'; so nach kurzer Silbe noch Sölvesborg, Helnæs, Rök, Kälvesten *sunu* 'Sohn'. Nach der Synkope keine Endung, z. B. Sölvesborg *Asmu[n]t*, Tryggevælde, Rönninge, Gursten *sun*, aber womöglich *u*-Umlaut (resp. -Brechung) in der Wurzelsilbe.

6) Pl. Nom. M. ist ebensowenig wie die übrigen Kasus des Plurals aus urnordischer Zeit zu belegen. In der Vikingerzeit ist die Endung *-iʀ* (aus urnord. **-iuʀ*, s. § 45, c u. vgl. got. *sunjus*), z. B. Glavendrup, Rök *suniʀ* 'Söhne', Rök *tikiʀ* (aisl. *tiger*) 'Zehner', wo das *i* Umlaut wirkt, z. B. wn., on. *synir* 'Söhne'.

7) Pl. Nom., Acc. Ntr. und Gen., Dat. lauten ganz wie bei den *a*-Stämmen. Eine Spur einer Genitiv-Endung *-(u)na* (vgl. ags. *sunena*) ist vielleicht in *vegna* (neben *vega*) zu *vegr* 'Weg' erhalten (während der präpositionelle Ausdruck *á* oder *af* . . . *vegna* 'von . . wegen, in . . Namen' wohl wesentlich dem mndd. *van* . . . *wegene* entstammt); da aber das Wort nicht nur als *u*-Stamm (Acc. Pl. wn. *vego*) flektieren kann, sondern auch als *i*- (und *a*-) Stamm, gehört die Form *vegna* vielleicht eher zu § 193, 6.

8) Pl. Acc. M. endet regelmäßig auf *-u* (aus urnord. nasaliertem *u* < *-*un* < *-*unz*, vgl. got. *sununs*), *-o*, z. B. aisl. *vǫndo* 'Zweige', agutn. *lutu* 'Lose'; aber daneben tritt früh im Anschluß an Nom. Pl. die Endung *-i*, *-e* mit *i*-Umlaut der Wurzelsilbe auf; so schon

in der Vikingerzeit, z. B. Högby *suni* (wn., on. *syni* neben *sunu*) 'Söhne', und später werden solche Formen immer häufiger.

§ 195. Die *an*-Stämme (Maskulina und Neutra; nur ein Paar Feminina: die aisl. Eigennamen *Skaþe* und *Yre*) flektieren folgendermaßen:

1) Sg. Nom. M. zeigt in ältester Zeit die Endung *-a* (d. h. nasaliertes *æ*, s. § 34; vgl. griech. ποιμήν), z. B. finn. *kelkka* (aisl. *kialke*) 'kleiner Schlitten', *tiima* (aisl. *tíme*) 'Stunde', urnord. Overhornbæk *Auþa* (aisl. *Auþe*), Næsbjærg *Niuwila*, Veblungsnæs *Wiwila* (aisl. *Víle*) u. a. m.; hieraus später urnord. *-e*, z. B. Björketorp *-ðʌuðe* 'Tod', und in der Vikingerzeit wie in der Literatur *-i*, *-e*, z. B. Helnæs, Flemløse *kuþi* (aisl. *goþe*) 'Priester', Store Rygbjærg *bruti* (aisl. *bryte*) 'Verwalter' usw. Eine andere Endung — entweder der in gr. ἄκμων u. dgl. oder eher der in lat. *homo* u. dgl. auftretenden entsprechend — liegt vielleicht in seltenen finn. Wörtern wie *mako* (aisl. *mage*, aber ahd. *mago*) 'Magen' oder lapp. Wörtern wie *lopu* (aisl. *lófe*) 'die flache Hand' vor.

Bugge, Arkiv f. nord. fil. VIII, 17 ff., *Norges Indskrifter med de ældre Runer*, S. 66 Note. Streitberg, *Urgermanische Grammatik*, S. 253.

2) Sg. Nom., Acc. Ntr. sind urnordisch nicht belegt, müssen aber die Endung (nasaliertes) *-ō* (got. *-ō*) gehabt haben, woraus später *-a*, z. B. wn., agutn. *auga*, on. *ǿgha* 'Auge'.

3) Sg. Gen. ist urnordisch kaum sicher — am ehesten durch das defekte . . . *an* Tomstad — belegt, aber endete wohl auf *-an*, woraus dann (zunächst nasaliertes) *-a*, z. B. Kallerup *Hurnbura*, Store Rygbiærg *brutia* (aisl. *brytia*) 'Verwalters'. Über eine andere, ursprünglichere Endung s. unten 4.

4) Sg. Dat. endet urnordisch auf *-an*, z. B. Tune *wita[n]ðahalaiban* 'Brotherrn' (vgl. got. *ga-hlaiba*), woraus dann *-a*, z. B. Rök *kuta* (aisl. *gota*) 'Springer'. Aber daneben muß sowohl im Gen. wie im Dat. eine ursprünglichere — durch das *-an* des Acc. früh verdrängte — urnord. Endung *-in* (got. *-ins*, resp. *-in*) bestanden haben, die vielleicht im lat. (Plinius d. ä.) *Scadin-avia* 'Schonen' (zu aisl. *Skaþe?*) erhalten ist, und deren Vorhandensein eine notwendige Voraussetzung zu sein scheint für den Umstand, daß viele *an*-Stämme in der Wurzelsilbe *i*-Umlaut zeigen, z. B. Ntr. wn. *nýra* (on. *niūra*) 'Niere', on. *nysta* (vgl. ngutn. *niausta* und wn. *hnoda*) 'Knäuel', M. aschw. *grǿdhe*, adän. *grǿthæ* (wn. *gróðe*) 'Wuchs', *grænne (granne)* 'Nachbar', *væþe* (gewöhnlich *váþe*) 'Gefahr' u. dgl. Ebenso erklärt sich unter dieser Annahme, weshalb viele *ia*-Stämme,

besonders alle auf *-ăria-* (got. *dōmareis* u. dgl.), in die Flexion der *an*-Stämme übergegangen sind, so daß nur sehr spärliche Spuren der ursprünglichen Flexion erhalten sind. Dieser Übergang wird nämlich begreiflich, wenn die *ia*-Stämme mit den *an*-Stämmen nicht nur (wie übrige *a*-Stämme) im Plur., sondern auch im Sg. Dat. in betreff der Endung zusammenfielen, so daß z. B. aisl. Dat. **ende* zu *endir* (got. *andeis*) 'Ende' als Dat. zu einem Nom. *ende* aufgefaßt werden konnte, was die Neubildung Acc. (dann auch Dat.) *enda* hervorrief.

Noreen, Sv. landsmålen I, 696. 738. *Altschwed. gramm.* § 416, 6. K. H. Karlsson, Arkiv f. nord. fil. I, 388. Olson, *Östgötalagens ljudlära*, S. 59.

5) Sg. Acc. M. ist urnordisch nicht belegt, aber *-an* (got. *-an*) wird von den Formen der Vikingerzeit vorausgesetzt, z. B. Kirkebø *Hrų* (aisl. *Hróa*), Glavendrup *kuþa* (aisl. *goþa*) 'Priester'.

6) Pl. Nom. M. ist weder urnordisch noch aus der Vikingerzeit belegt, aber nach Maßgabe des got. *-ans* erwartet man eine Endung *-an*, woraus später *-ą* > *-a*. Von diesem *-a* treffen wir noch häufige Spuren in der ältesten aschw. Handschr. (Cod. Holm. B 59) und im Dala-Gesetze, z. B. *granna* 'Nachbarn', *ōvormagha* 'Minderjährige', sowie in vielen «indeklinablen» altnordischen Wörtern auf *-a* wie aisl. *samfeþra (-mǿþra)* 'diejenigen, welche gemeinsamen (-e) Vater (Mutter) haben', aschw. *samkolla* 'aus derselben Ehe stammende' u. a. Sonst haben hierher gehörige Wörter schon zur Zeit der ältesten Handschriften die Endung (*-ar*) der *a*-Stämme angenommen. Eine ganz anders abgestufte Endung urnord. *-niʀ* (vgl. griech. ἄρνες neben ἄκμονες) setzen *yxn* (vgl. ags. *æxen*, afr. *ixen*) 'Ochsen' und das im Sg. zur *a*-Stammesflexion übergegangene *mænn*, *menn* (got. *mans* aus **manns* < **man-niz*) 'Männer' voraus. Die Adjektive zeigen die Endung *-u* der Neutra und der femininen *ōn*-Stämme (s. § 196, 4), z. B. *gōđu* 'die Guten'.

Noreen, *Altschwed. gramm.* § 416, 4. *Urgerm. Lautlehre*, S. 159.

7) Pl. Nom., Acc. Ntr. sind aus vorliterarischer Zeit nicht zu belegen, setzen aber eine dreifache Bildung voraus. Dem got. *-ōna* (z. B. *augōna*) aus **-ōnō* entspricht urnord. **-ōnu*, woraus nach § 38, a *-un*, das die regelmäßige Endung des Ostnordischen ist, aber auch im Westnordischen durch anorw. *augun* 'Augen', *hiortun* 'Herzen', *øyrun* 'Ohren' vertreten ist. Daneben steht die dem ahd. *-un* (aus **-una*, ieur. *-ənə?*) entsprechende Endung *-u*, welche nur dem Westnordischen geläufig ist, z. B. aisl., anorw. *hiú*, *augu*, *hiortu*, *øyru*. Die dritte Bildung, wonach Nom., Acc.

Plur. die Form des Nom., Acc. Sg. entlehnt hat (vgl. ahd. *herza*, *auga*), scheint nur im Altschwedischen belegt zu sein und zwar nur durch *hiærta* 'Herzen'. — Die Adjektive zeigen sowohl im Ostnordischen wie im Westnordischen nur die zweite Bildung, diejenige auf *u*, z. B. *góðu*, *-o* 'die Guten'; nur substantivierte Adj. wie aschw. *systkon* aus **syst(r)ʒun* 'Geschwister' u. dgl. haben die den Substantiven geläufige Endung aufzuweisen.

Streitberg, *Urgerm. Gramm.*, S. 259. Hellquist, Arkiv f. nord. fil. VII, 6.

8) Pl. Gen. ist urnordisch wohl durch Tune *arƀijano* 'Erben' (vgl. gr. ἀκμόνων und, von dem auslautenden Vokal abgesehen, got. *hananē*) belegt. In der Vikingerzeit zeigt sich die Endung *-na*, z. B. Rök *flutna* (aisl. *flotna*) 'Vikinger', welche sowohl jener Bildung als dem Typus got. *aúhsnē* (gr. ἀρνῶν, aind. *rā́jnām*) entsprechen kann und wohl auch wirklich entspricht. Dies *-na* ist in der Literatur nur bei den Neutren und einigen wenigen Maskulinen erhalten worden, welche letzteren dann gewöhnlich das *n* in die übrigen Kasus des Plurals (einige auch in den Singular) eindringen lassen, z. B. aschw. *næfna* zu *nævi* 'Faust', agutn. *gutna* zu *guti* 'Einwohner von Gottland', wn., on. *uxna* (gew. nach Nom., Acc. Pl. *yxna*) 'Ochsen'; mit durchgehendem *n* z. B. aisl. Plur. *gumnar* zu *gume* 'Mann', *skatnar* zu *skate* 'Fürst'; und mit *n* auch im (dann als *a*-Stamm flektierten) Sg., z. B. aisl. *fleinn* (ags. *flā*) 'Pfeil', *hrogn* (ahd. *hrogo*) 'Roggen', *maþr* aus **mann-r* (§ 59; vgl. anorw. *æin-mane* 'vereinsamt', got. *mana-sēds*, ahd. *mana-kunni* 'Menschengeschlecht') 'Mann', aschw. *ham(p)n* (aisl. *hame*) 'Gestalt', on. *ram(p)n*, wn. *hrafn* (ahd. *hrabo*) 'Rabe' (vgl. Ntr. *vatn* 'Wasser', *nafn* 'Name' = got. *watō*, *namō*). Sonst steht allgemein nur *-a*, das von den *a*-Stämmen entlehnt ist. — Die Adjektive zeigen die ganz verschiedene, mit dem Femininum (s. § 196, 5) übereinstimmende Endung *-u*.

9) Pl. Dat. und Pl. Acc. M. sind urnordisch nicht belegt. Später und zwar schon in der Vikingerzeit sind sie den entsprechenden Kasus der *a*-Stämme ganz gleich (außer bei *uxe* 'Ochs' und dem oben besprochenen *maþr*, welche im Acc. die aus dem Nom. Pl. entlehnte Form *yxn*, resp. *mænn*, *menn* haben, sowie im Dat. Pl. die, von dem aus Nom., Acc. Pl. verschleppten Umlaut abgesehen, altererbte Form *yxnom* — ags. *oxnum*, vgl. got. *abnam* — resp. *mannum*, *mǫnnom*). Gewissermaßen ist die alte Acc.-Endung *-nu* aus **-nunz* (vgl. gr. ἄρνας) in Fällen wie wn.

ǫrnu 'Adler', *biornu* 'Bären' bewahrt; aber diese Formen, die zu der *u*-Stamms-Flexion ganz passen (ebenso wie die Gen. und Dat. Pl. auf *-na*, resp. *-num*), haben einen vollständigen Übertritt in diese Flexion veranlaßt, so daß Nom. Sg. nunmehr *ǫrn, biorn* lautet, und die alten Nominative aisl. *are* (und *Are*), aschw. *Biari* fast nur, resp. nur als Personennamen fungieren. — Die Adjektive zeigen im Acc., on. und anorw. auch im Dat. (vgl. § 196, 6), *-u* wie im Nom., z. B. *góðu, -o* 'die (den) Guten'. Die *jan*-Stämme weichen insofern ab, als sie vor dem *a* (*æ*), *u* (*o*) der Endung ein konsonantisches *i* aufweisen, z. B. zu *bryte* 'Verwalter', Pl. Nom. *brytiar*, Dat. *brytium*.

§ 196. Die *ōn*-Stämme (Feminina), von welchen keine ganz sicheren urnordischen inschriftlichen Belege vorhanden sind, flektieren folgendermaßen:

1) Sg. Nom. muß in urnordischer Zeit als Endung ein nasaliertes *-ō* (got. *-ō*) gehabt haben, das wohl in finn. *kaltio* (aisl. *kelda*) 'Quelle', *saatto* (aisl. *sáta*) 'Heuhaufen' u. a. sowie vielleicht in urnord. Himlingøje *Hariso* (zum erulischen Mannsnamen *Hariso*?), Berga *Fino* (aisl. *Finna*) u. a. Frauennamen vorliegt. Hieraus dann *-ą* > *-a*, z. B. in der Vikingerzeit auf dem kleineren Denkmal von Bække *Hribną* (aisl. *Hrefna*), Glavendrup *kuna* 'Weib'. Im Ostnordischen kommt daneben bisweilen *-u* vor, z. B. aschw. *āsikiu* (*āsikkia*) 'Donner', *kono* neben *kona* 'Weib', adän. (schonisch) *uku* (*uka*) 'Woche', *laghstæfnu* 'gesetzliche Zusammenkunft', *kunu* 'Weib', was wohl auf Entlehnung aus den Kasus obliqui beruht (vgl. finn. *katu* 'Gasse', *kaakku* 'Kuchen' u. dgl., welche Formen wohl ebenfalls Entlehnungen aus den Kasus obliqui sind).

2) Sg. Gen. ist vielleicht (vgl. aber unten 3) urnordisch durch Stenstad *Iʒijon* (zum ahd. Mannsnamen *Igo*?) mit der Endung *-ōn* (vgl. got. *-ōns*) belegt; die spätere Sprache setzt aber eine urnordische Endung *-un* oder vielleicht *-ūn* (as. *-un*, ahd. *-ūn*) voraus, die — ganz wie das mask. *-an* statt *-in*, s. § 195, 4 — aus dem Acc. verschleppt worden ist und später als *-ų*, *-u* auftritt, z. B. (in der Vikingerzeit Kolunda *Fulku* ein Frauenname?, dann) aisl. *gǫto*, anorw., aschw. *gatu* 'Gasse'. Daneben besteht aber eine andere Endung *-ur* (*-uʀ*), welche nur im Altgutnischen die regelmäßige ist (außer im ersten Glied einer Zusammensetzung, wo *-u* fast immer auftritt), sonst aber nur sporadisch vorkommt, z. B. aisl. *eisor-fála* 'Riesin' zu *eisa* 'Feuer', anorw. *kirkiu(r)* 'Kirche', *stefnu(r)* 'Zusammenkunft', aschw. *gatu(r)-* 'Gasse', run. *kunu(r)*

'Weibes', *I[n]kuʀ* zu *Inga*; hier ist wohl *-r* (*-ʀ*), wie im Nom., Acc. Pl., nach der Analogie der *ō*-Stämme hinzugetreten.

3) Sg. Dat. ist vielleicht urnord. durch Stenstad *Iȝijon* (vgl. oben 2) mit der Endung *-ōn* (got. *-ōn*) belegt, ist aber jedenfalls später mit dem Sg. Acc. zusammengefallen, welcher Kasus urnord. zwar nicht sicher belegt ist, aber auf *-un* oder *-ūn* (s. oben 2) aus älterem *-ōnu̯* (s. § 38, a), ieur. *-ōnm̥* (vgl. lat. *ratiōnem* u. dgl.), geendet haben muß. Die Endung ist vielleicht schon spät-urnordisch (wenn Björketorp *ronu* 'Reihe?' hierher — und nicht etwa zu 4 unten — gehört), aber jedenfalls in der Vikingerzeit und später, als *-u* belegt, z. B. auf dem kleineren Denkmal von Jællinge Acc. *kunu* = wn. *kuno* (*kono*), on. *kunu* (*konu*) 'Weib'.

4) Pl. Nom., Acc. setzen ganz dieselbe Endung (as. *-un*, ahd. *-ūn*) voraus. Erst in der Vikingerzeit ist sie als *-u* belegt durch Kärnbo Acc. *-muþrku* (d. h. *-mǿdrȝu*, das spätere aschw., aisl. *mǿþgor*) 'Mutter und Tochter', bei Þiódolfr (in Haustlǫng) *skófu* 'Scharren, Späne', im Stockh. Hom. *-kirkio* 'Kirchen' und wohl im Zahlwort *ellefo* 'elf'. In der ältesten Literatur steht bei den Substantiven überall *-ur* (*-or*), wo *-r* (*-ʀ*) nach der Analogie der übrigen Femininen zugetreten ist (so vielleicht schon spät-urnordisch, wenn Stentofta *-ronoʀ* 'Reihen?' hierher gehört). — Dagegen bei den Adjektiven ist die alte Endung *-u* ausnahmslos erhalten, z. B. *gōðu*, *-o* 'die Guten'.

5) Pl. Gen. ist vorliterarisch nicht belegt. Später treten viele verschiedene Bildungen auf. Dem ags. *-ena* (*-ana*, *-ona*) entspricht die im Westnordischen regelmäßige, dagegen im Altschwedischen nicht häufig und im Altdänischen sehr selten auftretende Endung *-na*, z. B. wn., aschw. *vikna* (adän. *uknæ*) 'Wochen', wn. *kuenna* 'Weiber'. Eine Endung *-na* ohne (ursprünglich) vorhergehenden Suffixvokal (vgl. got. M. *abnē*, Ntr. *watnē* u. dgl., aind. *rā́jnām*, *nā́mnām*) tritt nur in der Nebenform des letzterwähnten Wortes, on., wn. *kuinna*, auf. Eine dritte Bildung auf *-u* scheint bei den Substantiven westnordisch nicht belegt zu sein, ist dagegen im Ostnordischen häufig vertreten, z. B. aschw. *viku* (adän. *ukæ*, schonisch *uku*) 'Wochen', *kirkio* 'Kirchen', *mīlo* 'Meilen', *bōno* 'Bohnen' u. a.; diese Formation ist wohl eine Neubildung zu Nom., Acc. *-ur* nach der Analogie Gen. *-a*: Nom., Acc. *-ar* bei den *ō*-Stämmen (vgl. die Entstehung des Gen. Sg. auf *-ur* statt *-u*, s. oben 2). Bei den Adjektiven ist diese Endung sowohl im Westnordischen wie im Ostnordischen die einzig gebräuchliche, z. B.

gōđu 'der Guten', dürfte aber hier durch Entlehnung aus Nom., Acc. Pl. entstanden sein. Endlich steht im Westnordischen die Endung *-a* (wie bei den *ō*-Stämmen) bei substantivischen *jōn*- (aber nicht *iōn*-)Stämmen, z. B. *lilia* 'Lilien', *smiđia* 'Schmieden' (aber *bylgna* 'Wellen', *kirkna* 'Kirchen' usw., weil das *i* im Nom. Sg. *bylgia*, *kirkia* unursprünglich ist, s. § 68).

Noreen in Språkvetenskapliga sällskapets i Uppsala förhandlingar 1882—85, S. 117. Brugmann, Indog. Forsch. XXII, 188 f.

6) Pl. Dat. ist demjenigen der *ō*-Stämme ganz gleich, nur daß im On. und Anorw. die Adjektive aus dem Acc. Pl. die Endung *-u* übernommen haben, z. B. *góđu*, *-o* (aisl. *góþom*) 'den guten' (vgl. § 195, 9).

§ 197. Die *īn*-Stämme (teils feminine Substantive im Sg., teils das Femininum und der ganze Plural der Participia Præsentis und der Komparative) sind aus vorliterarischer Zeit nicht zu belegen. Später enden sie im Dat. Plur. auf *-um* (in jüngerer Zeit auf *-i* nach den sonstigen Pluralkasus), das von den übrigen Stämmen entlehnt ist, in allen andern Kasus aber auf *-i*, welchem eine ältere Endung nasaliertes *-ī*, resp. *-īn* (got. *-ei*, *-eins*, *-ein* usw.) zugrunde liegen muß. Z. B. aisl. *elle* 'Alter' ohne jede Flexion.

§ 198. Die *r*-Stämme (Maskulina und Feminina) zeigen folgende Flexion:

1) Sg. Nom. hat urnordisch die durch Opedal *swestar* 'Schwester' belegte Endung *-ær* (vgl. gr. πατήρ), woraus nach § 34 *-er* und in der Vikingerzeit *-ir* oder häufiger *-iʀ* (wo *-iʀ* neben *-ir* nach der Analogie sonstiger Nominative eingetreten sein muß), z. B. Rök *faþiʀ* 'Vater', Tryggevælde *sustiʀ* (aisl. *syster*) 'Schwester'. In der Literatur stimmt hiermit das im Westnordischen und Altschwedischen allgemein gebräuchliche *-ir*, *-er*, das dagegen im Altdänischen sehr selten ist. Hier steht (schonisch) regelmäßig *-ur*, *-or*, wie auch nicht selten im Altschwedischen, z. B. *faþur* 'Vater', *mōþor* 'Mutter' (vgl.? ags. *bróđor*, gr. dor. φράτωρ gegenüber resp. *fæder*, πατήρ), wo vielleicht Entlehnung aus den Kasus obliqui oder Neubildung zu dem Gen. Sg. auf *-urs* (s. unten 2) vorliegt (vgl. jedoch § 38, a). Eine dritte Bildung zeigt sich im aisl. *fǫþr* (in alter Zeit nur als späteres Glied einer Zusammensetzung wie das etymologisch entsprechende gr. -πάτυρος, vgl. auch -πατρος) 'Vater', anorw. (bisweilen) *fađr* 'Vater', *móđr* 'Mutter', altschwedisch (dann und wann) *faþ(e)r*, *mōþ(e)r* u. dgl.

Bugge, B. Beitr. III, 101.

2) Sg. Gen. zeigt zwei hauptsächliche Bildungstypen. Die allgemein übliche Endung *-ur, -or* ist schon durch Helnæs *bruþur* 'Bruder' belegt (vgl. ags. *bróðor*, aind. *pitúr* u. dgl.). Formen, die dem got. *fadrs* (lat. *patris*) usw. entsprechen, treten erst später und ziemlich selten auf und sind daher wahrscheinlich nicht uralt, sondern aus dem Dat. Sg. entlehnt, z. B. aisl. *feþr, brøþr, møþr*, aschw. *brøþer*. Außerdem kommen analogische Neubildungen (nach den *a*-Stämmen) auf *-s* vor, z. B. teils anorw. *faðurs*, aschw. *faþurs, brōþors, mōþors*, teils aisl. *fǫþrs*, aschw. *faþers* u. dgl.

3) Sg. Dat. zeigt zwar, besonders bei den Maskulinen, nicht selten eine Bildung, die dem got. *fadr* (gr. πατρί), ags. *bréðer* u. dgl. entspricht, z. B. aisl. *feþr, brøþr*, selten *møþr, døtr*, aschw. *fæþer, brøþer*, agutn. *systr*, Formen, die auch hie und da auf den Acc. (und sogar den Nom.; über den Gen. s. oben 2) übertragen werden können. Aber gewöhnlicher ist die entgegengesetzte Entlehnung, so daß *-ur* im Dat. wie im Acc. steht.

4) Sg. Acc. endet allgemein auf *-ur, -or* (aus *-*urụ* < **-orụ*, s. § 30; vgl. gr. φρᾱ́τορα); so in der Vikingerzeit Glavendrup *faþur*, Rönninge *bruþur*, größeres Denkmal von Jællinge *muþur*. Daneben kommen in der Literatur, wiewohl selten, Entlehnungen aus dem Dat. (s. oben 3), häufiger (bes. im Aschw. und zwar zum Teil schon runisch) aus dem einsilbigen Nom. (s. oben 1; im Aschw. auch bisweilen aus dem zweisilbigen) vor, z. B. aisl. *feþr, fǫþr* (das doch vielleicht dem lat. *patrem* entspricht), anorw. *faðr*, aschw. runisch *faþr, bruþr*, in der Literatur *faþ(e)r, brōþ(e)r* oder *faþir, mōþir*.

5) Pl. Nom. ist schon urnordisch durch Tune *ðohtriʀ* (vgl. gr. θύγατρες) 'Töchter' belegt. Hiermit stimmen die späteren *døt(t)r, fæðr, brøðr* usw. Pl. Acc. ist dem Nom. ganz gleich. Gen., Dat. enden auf *-a*, resp. *-um* wie bei übrigen Stämmen, zeigen aber fast immer — im aisl. immer — durch den Einfluß der Nom.-Acc.-Form *i*-Umlaut in der Wurzelsilbe.

§ 199. Die *nd*-Stämme (substantivierte Part. Präs. Mask.) flektieren wenigstens seit der Vikingerzeit (urnordische Belege fehlen) im Sg. ganz wie *an*-Stämme. Jedoch ist von einer älteren Flexion (vgl. got. *nasjands*) eine Spur erhalten in Substantivierungen wie wn. *Stígandr* (neben *-ande*) als Mannsname, *þróndr* 'geschnittener Eber' u. dgl. und in Zusammensetzungen wie wn. *siánz-vitne* 'Zeugnis eines Sehenden', aschw. *mætanz-orþ* 'Gutachten eines Taxators' u. a. m., wo der alte Genitiv (vgl. got. *nasjandis*) noch auftritt. Außerdem ist wohl der ursprüngliche Stamm bewahrt in echten Zusammensetzungen wie aisl. *dugandmaþr* (gegen aschw. *dughande maþer*) 'taugender Mann', *dugandlegr* 'tüchtig', aschw. *ætantīþ* (aus **ætandtīþ*) 'Zeit zum Essen'. — Der Plural hat wie bei den übrigen konsonantischen Stämmen im Nom. und Acc. *-r* mit *i*-Umlaut der Wurzelsilbe, im Gen. und Dat. *-a*, resp. *-um*, selten mit analogischem Umlaut in der Wurzelsilbe, oder umgekehrt ist, besonders im Altschwedischen, der Umlaut im Nom., Acc. durch Ausgleichung aufgehoben worden, z. B. *bǿndr*, Gen. *bónda* (selten *bǿnda*), Dat. *bóndom (bǿndom)* 'Bauern' oder umgekehrt *fíandr (fiandr)* 'Feinde', anorw. *bóandr* 'Bauern', aschw. *ēghander* 'Besitzer'. Jedoch kann, besonders im Altschwedischen, der Plural auch ganz wie der eines *a*-Stammes flektiert werden.

Bugge, Arkiv f. nord. fil. IV, 139. Brate, B. Beitr. XIII, 38. Falk, PBB. XIV, 41. Sverdrup, Arkiv f. nord. fil. XXVII, 156ff.

§ 200. Die übrigen konsonantischen (und einsilbigen vokalischen) Stämme (Maskulina und Feminina) haben — außer im Nom., Acc. Plur. — nur ausnahmsweise ihre alte Flexion bewahrt. Urnordisch ist keine Form belegt.

1) Sg. Nom. endet auf *-r* (aus *-ʀ*, *-z*), z. B. wn. M. *mánaðr* (got. *mēnōþs*) 'Monat', *fótr* 'Fuß', F. *sýr* (lat. *sūs*) 'sau'. Jedoch haben fast alle Feminina die Form der *ō*-Stämme angenommen.

2) Sg. Gen. setzt eine urnordische Endung *-iʀ* voraus, welche das spätere *-r* (mit *i*-Umlaut der Wurzelsilbe) gibt, z. B. F. wn. *sýr* 'Sau', on., wn. *nǽtr* (got. *nahts*) 'Nacht'; M. nur wn. *mánaðr*, indem alle übrigen Mask. die Endung entweder der *a*-Stämme oder der *u*-Stämme angenommen haben. Von den Fem. haben die meisten die Endung der *ō*-Stämme angenommen.

3) Pl. Nom., Acc. sind (wie im Gotischen und Angelsächsischen) dem Gen. Sg. ganz gleich und setzen dieselbe urnordische Form voraus. Die übrigen Kasus des Sg. und des Plur. haben keine Spur ihrer Eigentümlichkeit bewahrt.

2. Die pronominale Flexion.

§ 201. Von den ungeschlechtigen persönlichen Pronominen ist urnordisch nur die erste Person belegt.

1) Sg. Nom. der ersten Person hat in urnordischen Inschriften (z. B. Tune, Järsberg, Lindholm und öfter) gewöhnlich die urspr. wohl betonte Form *ek*, seltener (Reistad, Åsum) die urspr. wohl unbetonte Form *ik* (ags. *ic*, ahd. *ih*); jenes ist im Wn. *(ek)* sowie

im Süd- und West-Jütischen *(æk)* als die weitaus gewöhnlichste Form erhalten, dieses nur in neuschwedischen Dialekten (Dalarna, Västergötland). Daneben besteht eine enklitische Form: urnord. *-ka*, z. B. Lindholm *hateka*, Brakteat aus Seeland *haitika* 'ich heiße'. Diese tritt nach der Synkope als *-k* auf, z. B. wn. *sék* 'ich sehe', *mǽltak* 'ich sprach' usw. (häufig), aschw. *villik* 'ich wollte' u. a. (selten), runisch *raistik* 'ich ritzte'; über wn. -ȝ statt *-k*, z. B. *þorega* 'ich wage nicht', *fréttag* 'ich fragte', s. § 68 (Schluß) und § 129. Die beiden Formen *ek* und *-ka* setzen ein — vielleicht in der Inschrift von Stentofta belegtes — urnord. haupttoniges *eka* (indoeur. **egom*) voraus, das die im Ostnordischen regelmäßige, im Altnorwegischen ziemlich seltene, im Altisländischen unbelegte Form *iak* (schon in der Kärnbo-Inschrift belegt) > *iæk* gibt. Das Altisländische hat dagegen ein betontes *ék* (selten) aufzuweisen, das dem neuisl. *jeg* (wegen *g* s. § 129) zugrunde liegt. Die nord- und ostjütische Nebenform *ak* scheint schon in dem *falah-ak* 'ich verbarg' der Björketorper Inschrift belegt zu sein und dürfte möglicherweise dieselbe Bildung, die im asl. *āzŭ* (aus **jēzom*, indoeur. **ēgom*) vorliegt, vertreten.

Noreen, Arkiv f. nord. fil. I, 175. Bugge, *Norges Indskrifter med de ældre Runer*, S. 8.

Die zweite Person hat die Form *þū*, woneben besonders in enklitischer Stellung ein *-ðu (-ðo), -du (-do), -tu (-to)* — je nach der Art des vorhergehenden Lautes — vorkommt, z. B. aisl. *heyrþo* 'höre', *skaldo* (< *skall ðu*), *skalto* (< *skalt ðu*) 'du sollst', *vildo, -to* 'du willst'.

Die dritte Person fehlt in diesem Kasus.

2) Sg. Gen. (urnordisch nicht belegt) lautet allgemein *mīn*, *þīn*, *sīn* (got. *meina* usw.), alles erstarrte Formen der entsprechenden Possessivpronomina (s. § 203). Jedoch kommt in ein paar altnorwegischen Inschriften *þīna* und im Altgutnischen zweimal *sīna* vor; vgl. Pl. Gen. (unten 6).

3) Sg. Dat. ist urnordisch als Opedal *meʀ* (d. h. *mēʀ* aus **miʀ* nach § 29, b; vgl. got. *mis*) 'mir' belegt. Dementsprechend wn. *mér*, *þér*, *sér*, aschw. *mǽr* (nach § 144, I, b), agutn. *mīr* usw. aus älteren Formen auf *-ʀ* wie Hällestad *saʀ* (d. h. *sǽʀ*) 'sich'. Enklitisch können die Dativformen dem Verbum (urspr. nur einem solchen, das den Dativ regiert, später analogisch auch anderen) suffigiert werden und sind dann lautgesetzlich zu resp. *-m(m)*, *-ss* (s. § 77) entwickelt, z. B. aisl. *erom* (**eru-mʀ*) 'sie sind mir', aschw. *bēþas(s)* 'sich erbitten'; vgl. § 258, 1.

4) Sg. Acc., urnordisch wohl durch Etelhem *m[i]k* belegt, on., wn. *mik, þik, sik,* anorw. und on. auch *mek, þek, sek* (aschw. selten *mæk* usw.) 'mich, dich, sich'; jene wohl die urspr. betonte, diese die unbetonte Form. Enklitisch dem Verbum suffigiert werden *mik, sik* zu resp. *-mk, -sk,* z. B. aisl. *rǫ́komk* 'sie trieben mich', *kallask* 'sich nennen'; vgl. § 258, 2.

5) Pl. Nom. (urnord. nicht belegt), wn. ältest *vér* (später auch *vǽr* mit unklarem *ǽ*), *ér,* anorw. auch (nach § 132, b) *mér,* resp. — mit Überführung des auslautenden Konsonanten der unmittelbar vorhergehenden Verbalform — aisl., anorw. *þér.* Dem gegenüber stehen on. *vīr* (run. *uiʀ* Malstad), *īr.* Während jene Formen dem kurzvokalischen ahd. *wir, ir* entsprechen (s. § 29, b), stimmen diese mit dem langvokalischen got. *weis* überein; demnach sind urnord. **wīʀ* **jīʀ* (statt **juʀ,* got. *jus,* nach **wiʀ* umgebildet) anzusetzen.

6) Pl. Gen. (urnord. nicht belegt) allgemein *vār, yđ(u)ar* (on. *iþar*), *sīn*; daneben aber auch on. *vārra* (später *vāra*), *iþra,* wn. (hier aber nur nach *allra* und *sialfra*) *várra, yþ(u)arra,* nach anderen Gen. Pl. auf *-ra* analogisch umgebildet. S. weiter die Possessivpronomina (§ 203), von denen die betreffenden Formen ausgegangen sind.

7) Pl. Dat., Acc. (urnord. nicht belegt) sind bei der dritten Person den Sg.-Formen gleich. Bei der zweiten Person sind Dat. und Acc. miteinander zusammengefallen in der gegenüber got. *izwis* und ags. *éow* auffallenden Form wn. *yđr* (mnorw. auch *þyđr* mit demselben *þ* wie im Nom. Pl., s. oben 5), aschw. *iþer,* adän. *ithær,* die wohl ursprünglich dativisch ist. Bei der ersten Person sollte die Dativ-Form (got. *unsis*) **yss,* schwachtonig *uss,* die Accusativ-Form (got. *uns*) *ós,* schwachtonig *us* heißen; aber auch hier sind die Formen funktionell vermischt worden und Kompromißformen wie *oss* (< **ósiʀ*) statt **yss* und *oss* statt *uss* nach *ós* entstanden, so daß in der ältesten Literatur faktisch folgende gemeinsame Dat.-Acc.-Formen vorliegen: allgemein *oss,* aber daneben aisl. *oss* (alt), *ǿs, ós* (beides sehr selten), anorw. *ós* (alt, aber häufig), *óss* (sehr selten), aschw. *us(s), ōs, ūs,* adän. (mit *v* aus Nom. und Gen. entlehnt) *vos(s).*

Såby in Blandinger I, 20.

8) Dual. Nom. *vit* (urnord. wohl durch Järsberg [*wi*]*t* belegt), resp. *it,* wn. später auch anorw. *mit,* resp. aisl., anorw. *þit* mit demselben *m,* resp. *þ* wie im Pl. Nom. (s. oben 5).

9) Dual. Gen. (urnord. nicht belegt) wn. *okkar* (got. *ugkara*), *ykkar* (got. *igqara*), on. *okar* (schwachtonige Nebenform zu **okkar*), **ikkar* (nicht belegt).

10) Dual. Dat., Acc. (urnord. nicht belegt) wn. *ok(k)r* (Kontamination von **ykkr*, got. *ugkis*, und **okk*, ags. *unc*), *yk(k)r* (got. *igqis*), on. *oker*, *ikk(er)*, das letztgenannte nur im neuschwedischen Dialekt von Dalarna belegt.

§ 202. Das geschlechtige Pronomen der dritten Person *hann* 'er', *hōn* 'sie' (Ntr. und Plur. werden von dem Pron. demonstr. *sá* — s. § 204 — entlehnt) ist unter den germanischen Sprachen den nordischen eigentümlich. Es ist aller Wahrscheinlichkeit nach entstanden durch Verquickung der dem ags., as., ahd. *hē* 'er' und dem got. *jains* 'jener' entsprechenden Pronomina. Dieses ergab nach § 40, b, β *ann*, zu dem später das *h* von *hē* hinzutrat. Urnordisch ist es nicht belegt, wohl aber in der Vikingerzeit (zum Teil noch ohne *h*- wie das § 204, 3 erwähnte Ntr. *at* noch in literarischer Zeit), z. B. Skivum Nom. *hąn*, Glavendrup Gen. *hąns* (Gårdby *ans*). Die Flexion, wie sie in der ältesten Literatur vorliegt, zeigt in allem Wesentlichen die gewöhnlichen pronominalen Endungen (des Pron. demonstrativum und der Adjektive).

Kock und v. Friesen, Arkiv f. nord. fil. XXVI, 186 ff. und 190.

1) Nom., Acc. M. *hann* (aisl. sehr selten *hánn*) aus **hānʀ*, resp. **hān-n* (s. § 47, a). Im Altschwedischen und Altdänischen wird das Wort oft einem vorhergehenden suffigiert in der Form *-n* nach Vokal (z. B. *firin* 'für ihn'), *-an* (adän. *-æn*) nach Konsonanten (z. B. *bindran* 'er bindet' und 'bindet ihn'); die letztere Form kann später (nach § 161) zu *-en* (*-in*, s. § 140, b, β) werden, z. B. mschw. *frānen* 'von ihm' (*barin* 'trug ihn').

2) Nom. F. *hōn* (aus **hǭn* < **hānu*, s. § 35, a), proklitisch zu *hon* oder (nach § 35, b) *hun* verkürzt. Daneben steht agutn. (sehr selten aisl. und aschw.) *hān*, welche wohl die schon urnord. schwachtonige und daher nicht umgelautete Form (vgl. *án* neben *ón* 'ohne' u. dgl., s. § 51, 3) ist. Unklar ist die seltene aschw.-adän. Nebenform *hø̄n*.

3) Gen. M. *hans* (aisl. sehr selten *háns*) aus **hāns(s)*.

4) Gen. F. *hænnar* (wn. *hennar*, anorw. außerdem sehr selten *hannar* nach Gen. M. und Acc. F.) aus **hāniʀōʀ*. Die spät-adän. Form *hinder* (d. h. *hinner*), die auch in neunorw. Dial. *hinna* vorliegt, ist wohl in enklitischer Stellung nach § 140, b, β entstanden.

5) Dat. M. *hōnom* (§ 35, a), woneben häufiger, wenigstens im

Wn., das daraus in schwachtoniger Stellung entstandene *honom*; außerdem analogisch *hānom*, schwachtonig *hanum* (aisl. *hǫ́nom*, schwachtonig *hǫnom*, einmal *unom* mit *u* nach § 27 oder § 35, b). Im Altschwedischen kann es suffigiert als *-nom* (z. B. *møttenom* 'begegnete ihm') auftreten; im Altdänischen (am frühesten im Jütischen) wird es in unbetonter Stellung zu *ham* zusammengezogen.

6) Dat. F. *hænni* (wn. *henne*) aus **hāniʀē*. Im Altschwedischen daneben bisweilen das von dem Acc. beeinflußte *hanne*, suffigiert *-anne*, z. B. *mædhanne* 'mit ihr'.

7) Acc. F. *hāna*, gewöhnlich zu *hana* verkürzt. Altschwedisch und altnorwegisch daneben oft analogisch nach dem Nom. *hōna* (aschw. auch einmal *høna*, vgl. oben 2), *hona*, nach dem Gen. und Dat. aschw. selten, aber in nschw. Dialekten häufig *hæn(n)a* — auch als Dat. gebraucht — anorw. oft *hena*. Suffigiert im Aschw. und Adän. *-na* (*-næ*), z. B. *gørþena* 'machte sie'.

§ 203. Die Pronomina possessiva *minn*, *þinn*, *sinn*, *várr*, *yþ(u)arr* (aschw. und zum Teil anorw. *iþar*, adän. *ithær*), *okkarr* (aschw. *okkar*, F. *ukkur*, s. § 31, a, β), *ykkarr* (aschw. unbelegt, aber im nschw. Dial. von Dalarna als *ikken* auftretend) flektieren ganz wie die Adjektive (s. § 205). Besonders bemerkenswert ist das Pron. der ersten Person Plur., weil dessen Paradigma aus drei Stämmen zusammengesetzt ist: *vār-* (über dessen Entstehung s. § 115), *ōr-* (aus **un(z)ra* oder vielleicht **un(s)ra-*, s. § 31, b) und *oss-* (vielleicht nach dem pers. Pron. *oss*, s. § 201, 7; vgl. aber ags. *ússer* neben *úser*). Jedoch ist der dritte Stamm nur im ältesten Wn. (bes. in alten Gedichten) erhalten, der zweite nur im Wn. (bis um 1300) und einigen on. Dialekten (z. B. agutn. und im neuschw. Dial. von Dalarna).

§ 204. Pronomen demonstrativum «der, die, das», hat sein Paradigma aus zwei Stämmen (aind. *sa-* und *ta-*) zusammengesetzt: *sa-* (nur im Sg. Nom. M. und F.) und *þa-* (in einigen Formen durch *þai-* oder *þia-* ersetzt; vgl. aind. *tē-*, *tay-*, *tya-* neben *ta-* wie *sya-* neben *sa-*), wozu ablautend *þe-*, welche letztere Stammform jedoch verhältnismäßig spärlich vertreten ist (on. betont *þæ-*, unbetont und agutn. *þe-*). Die Flexion wird dann:

1) Sg. Nom. M. *sā* (got. *sa*) — urnord. *sa* Lindholm — im Wn. allgemein, dagegen on. nur runisch (z. B. Kälvesten, Tryggevælde, Glavendrup u. a.) und in der ältesten vollständigen aschw. Handschrift des Västgöta-Gesetzes, wechselnd mit *sāʀ* (z. B. Stentofta,

Björketorp und öfter, wenn nicht gleich *sa-eʀ* 'welcher') > *sār* (runenschwed. und in der genannten Handschr. sowie aisl. einmal im Stockh. Hom.), wo *-ʀ* (*-r*) nach anderen Nominativen analogisch zugetreten ist (oder uralt, vgl. aind. *sas*, gr. ὅς?). Aber schon in der ältesten on. Literatur ist die Nominativform allgemein durch die des Accusativs (*þæn*, aschw. auch *þan*) ersetzt worden, während dieser Austausch wn. erst im mnorw. und zum Teil misl. stattfindet.

2) Sg. Nom. F. *sū* (got. *sō*, s. § 38, a), wn. allgemein, on. nur runisch und in der genannten aschw. Handschr. Sonst hat schon die älteste on. Literatur nur Formen aufzuweisen, welche entweder (wie bei den meisten Substantiven) dem Acc. F. oder (wie bei dem Nomen überhaupt) dem Nom., Acc. Pl. Ntr. gleich (eventuell entlehnt) sind: am häufigsten *þē*, aschw. auch *þøn* (agutn. *þaun*), selten *þēn*, *þȳ* (wohl aus **þīu* nach § 37, b; vgl. ags. *ðíu*, *ðý* sowie 10 und 13 unten). Adän. (bes. jütisch) und mnorw. kommt auch (aus dem M. entlehntes) *thæn*, resp. *þann*, *þænn* vor.

3) Sg. Nom., Acc. Ntr. *þat*, schon spät-urnord. belegt (Maglemose, By, Björketorp), im Aisl. und Wnorw. allgemein, seltener im Onorw. und On. (oft runisch, z. B. Rök; sonst nur ausnahmsweise in ein paar der ältesten aschw. Handschr.), wo in der Literatur das runisch seltene *þæt* (mit *æ* teils nach § 87, a und § 138, a, γ, teils durch Entlehnung aus dem Gen. u. a. Kasus; vgl. ags. *det* neben *ðæt*) vorherrscht. Anorw. kommt auch *þætt* (zu *þænn* nach der Analogie *mitt* : *minn* u. dgl. gebildet; vgl. auch *þetta* 'dies') vor. Das on. suffigierte *-(i)t* (*-et*), selten *-at* (*-æt*), z. B. aschw. *þōttit* 'sah es an', adän. *sighæræt* 'sagt es', kann nach auf schwachtonigem Vokal (s. § 189, 9, e), zum Teil auch nach auf *d*, *t*, *l*, *n*, *ð*, *þ* (s. § 76, § 78 und § 81) auslautenden Wörtern aus *þat*, *þæt* entstanden sein, aber entspricht wohl wesentlich dem got. *ita* 'es' (vgl. § 208, 3), zum Teil wohl auch dem got. *hita* 'dieses' und vielleicht nicht am wenigsten dem als Konjunktion 'daß' erstarrten Nom., Acc. *at* des noch nicht mit *h-* versehenen Pron. *hann* (got. *jains*, s. § 202).

4) Sg. Gen. M., Ntr. *þess* (on. *þæss*) allgemein. Altdänisch (wie auch bisweilen mschw.) daneben M. *thæns* nach dem Acc. (und Nom., s. oben 1). M. aschw. sehr selten *þærs*, aber westnordisch öfter *þers*, wohl nach dem Interrog. *huers* (vgl. *þui* nach *hui*, s. unten 8). Unerklärt bleibt das seltene anorw. *þøs* (z. B. schon Flatdal).

5) Sg. Gen. F. wn. *þeir(r)ar*, on. *þēra(r)*, das **þaizōz* (ags. *ðáre*)

voraussetzt, zeigt dieselbe unursprüngliche Endung (mit aus dem Gen. Pl. entlehntem *ai*) wie got. *blindaizōs*, während die alte, aber seltene aschw. Nebenform *þærra* — wenn nicht etwa aus **þæirrar* entstanden (vgl. unten 7) — betreffs des Stammvokals dem got. *þizōs*, ags. *đere*, as. *thera*, ahd. *dera* entspricht. Daneben kommt noch altschwedisch selten (mschw. öfter) in attributiver Stellung *þē* vor, das wohl aus dem Dat., Acc. entlehnt ist.

6) Dat. Sg. M. agutn. und run. *þaim*, wn. *þeim*, aschw. *þēm* (ags. *đǽm*, asl. *tĕmĭ*). Daneben on. *þæm*, entweder urspr. schwachtonige Nebenform zu *þeim* oder gleich as. *themu*, ahd. *demu*; außerdem selten runisch *þaum*, *þum* (d. h. *þǫmm* = got. *þamma* wie *blindom* = got. *blindamma*), aschw. *þom*; öfter mit aus andern Kasus entlehntem *ø̄* (s. bes. unten 13) *þøm*. Außerdem wird im Ostnordischen früh die Acc.-Form auch als Dat. gebraucht.

7) Dat. Sg. Fem. wn. *þeir(r)e*, aschw. *þēr(r)e*, agutn. *þairi* (ags. *đáre*) aus **þaizai* (vgl. got. *þizai*). Das sehr seltene aisl. *þerre*, aschw. *þæri* kann möglicherweise dem got. *þizai*, ags. *đere* direkt entsprechen, aber auch eine schwachtonige Nebenform zu *þeir(r)e* (*þēre*) sein (vgl. oben 5). In attributiver Stellung steht oft altschwedisch und altdänisch ein substantivisch (wie got. *gibai*) gebildetes *þē* aus **þai* (gr. τῇ), das sich zu dem genannten **þaizai* wie got. *blindai* zu anord. *blindre* (aus *-*ēʀē* < **-aizai*) verhält.

8) Sg. Dat. Ntr. zeigt sehr viele verschiedene Bildungen, was darauf beruht, daß hier mehrere ursprünglich verschiedene Kasus funktionell zusammengefallen sind. Alter Lokativ steckt im verhältnismäßig seltenen wn., aschw. *þī* (got. *þei*, griech. τεῖ-δε), woneben wn. allgemein *þuí*, wohl durch den Einfluß des entsprechenden Fragewortes *huí*. Ostnordisch (nur ausnahmsweise wn., aber wenigstens mnorw.) steht statt dessen (wie im Ags.) *þȳ*, vielleicht aus **þīu* (nach § 37, b; vgl. as. *thiu*, ahd. *diu*? wie Nom. Acc. Pl. Ntr. — s. unten 13 — *þȳ* gegenüber as. *thiu*, ahd. *diu*). Daneben vom Stamme *þa-* ein alter Instrumental im seltenen aschw. *þū* (vgl. aisl. *þúat* 'denn' im Stockh. Hom.) oder *þō* (jenes die ursprünglich schwachtonige, dieses die starktonige Form; vgl. *sū* = got. *sō*, s. § 38, a) mit dem Derivatum (selten) *þū-liker* oder (oft) *þō-liker* 'solcher' und vom ablautenden Stamme *þe-* ein entsprechender Instrumental *þē* (got. *þē*), welcher dem seltenen wn. *þué* (nach *hué* gebildet wie *þuí* nach *huí*) zugrunde liegt und im Altschwedischen öfter — bes. in attributiver Stellung und dann zu *þe* verkürzt — auftritt. Ein alter Dat.-Abl. **þammō* (zu got. *þammē-h* wie das

eben besprochene *þō* zu *þē*) ist nur im Adv. *forþom* 'ehedem' (got. *faúr þamma*) erhalten. Ebenso ist der alte Sociativ (ags. *đon*, got. Adv. *þan*, lat. *tum*) nur in adverbiellen Ausdrücken wie *međan* (got. *miþ-þan-ei*) 'während' und *þá* 'dann' bewahrt. Jedoch können hier, wie wohl in *siþan* (auch *sīþan* nach *sīþr* 'ausgedehnt') = ags. *siđđan* 'seitdem', Spuren einer dem arischen Instrumental auf *-na* entsprechenden Bildung (got. *þana-seiþs* u. dgl.) bewahrt sein.

9) Sg. Acc. M. allgemein *þan* (got. *þana*, ags. *đone*, as. *thana*), woneben wenigstens wn. häufiger *þann*, das sein *-nn* wohl von *hann*, *minn* u. dgl. Acc. bezogen hat (vgl. misl. *blindann* u. dgl. nach *kristinn* u. dgl.). Ostnordisch und (ziemlich spät) ostnorwegisch steht aber gewöhnlich *þæn*(*n*) mit demselben *æ* wie in *þæt* (s. oben 3 und vgl. as. *then*, ahd. *den*, ags. *đene*).

10) Sg. Acc. F. *þā* aus (ursprünglich schwachtonigem, s. § 38, b) **þǭ* (got. *þō*), woneben altschwedisch selten *þǣ* mit demselben *æ* wie *þæn*, *þæt* (s. oben 3 und 9). Aber meistens steht on. *þē*, dessen *ē* wohl aus den vielen anderen Kasus mit *-ē-* stammt.

11) Pl. Nom. M. in einer dem got. *þai* (ags. *đá*, ahd. *dē*, as. *thē*) genau entsprechenden Form ist wohl in einigen altschwedischen Handschriften aus Västergötland als *þē* erhalten (s. § 189, 4, b, α). Sonst ist früh nach der Analogie der Substantive *-ʀ* hinzugetreten, so daß runisch *þaiʀ* (z. B. schon auf dem größeren Denkmal von Bække und dem älteren von Kolunda), agutn. *þair*, wn. *þeir*, unbetont *þer*, on. *þē*(*r*), unbetont *þer* und (s. § 144, II, a) *þi*(*r*), mit analogischem *ø* (vgl. z. B. unten 13) aschw. selten *þø*(*r*) steht. Daneben aschw. nicht selten *þær*, vielleicht ein zur Starktonigkeit erhobenes *þer* vertretend. Das in Runeninschriften nicht selten vorkommende *þāʀ* ist vielleicht aus *þaiʀ* nach § 40, b, β entstanden.

12) Pl. Nom., Acc. F. muß als Entsprechung des got. *þōs* nach § 38, b ein unbetontes *þaʀ* (urnordisch in der Einanger Inschrift belegt) ergeben. Dies hat wohl im on. *þār* (Rök *þaʀ*), mit *ʀ*-Umlaut wn. *þǽr*, sekundäre Dehnung nach § 46, d erlitten. Aber daneben ist eine alte Form *þaiaʀ* (Acc.) in der Istabyer Inschrift belegt, welche wohl entweder die alte Dualform (aind. *tē*, griech. ταί, lat. *is-tæ*) mit zugetretener Pluralendung oder eine Umbildung von *þaʀ* durch Entlehnung des *ai* aus Gen., Dat. Pl. ist. Das im Aschw. häufige *þē*(*r*), im Adän. gewöhnliche *thē* kann — über **þēa*(*ʀ*) nach § 167, b — aus dieser Form entstanden sein, kann aber auch wie wohl die seltenen wn. Formen *þeir*, *þer*, das

ziemlich seltene aschw. *þǣ(r)* und das seltene aschw. *þēr* aus dem M. (s. oben 11) entlehnt sein.

13) Pl. Nom., Acc. Ntr. zeigt ältest die Form runisch (z. B. Kälvesten) und wn. *þau,* aschw. selten *þō*, welche zu got. *þō* sich verhält wie aind. *tāu* zu *tā*, d. h. wir haben hier ohne Zweifel die alte Form des Nom. Dual. M., welche infolge ihres auslautenden *-u* als Nom., Acc. Plur. Ntr. aufgefaßt wurde. Die häufige altschwedische Form *þōn*, agutn. *þaun* scheint eine Verschmelzung von *þau* und dem 'Artikel' *en* (s. § 207) zu sein; vgl. aisl. *þau en góþo* 'die guten' u. dgl. Die häufigste on. Form ist aber *þē* (ags. *đá*), das sehr wohl der Dual des Ntr. (aind. *tē*) sein kann, aber auch aus dem M. entlehnt, was wohl bei den seltenen aschw. Formen *þēr* und *þǣ* (runisch *þa*, z. B. Slaka um 900) die einzige Möglichkeit ist; mit dem eben besprochenen Artikel gibt dies *þē* oder *þǣ* das verhältnismäßig seltene on. *þēn* oder das noch seltnere *þǣn* (oder *þæn*?). Das seltene, aber alte, aschw. *þȳ* entspricht vielleicht as. *thiu*, ahd. *diu* (vgl. oben 8).

14. Pl. Gen. run. *þaiʀa*, agutn. *þaira*, wn. *þeir(r)a*, on. *þēr(r)a* (ags. *đára*) mit der selteneren Nebenform wn. *þer(r)a*, on. *þær(r)a*, welche teils urspr. schwachtonige Nebenform zu *þeir(r)a* sein, teils auch vielleicht ags.-kentisch *deara,* got. *þizō* entsprechen kann.

15. Pl. Dat. ist dem Dat. Sg. M. ganz gleich (s. 6 oben). Nur ist zu merken, daß hier die Form *þem* auch wn. (wiewohl selten) belegt ist, sowie daß die on. Form *þom* im Pl. etwas häufiger als im Sg. vorkommt und wohl auf dem Einfluß der Nominalflexion beruht, d. h. sich zu got. *þaim* wie anord. *blindom* zu got. *blindaim* verhält.

16) Pl. Acc. M. *þą̄* (got. *þans*) allgemein; daneben aschw. *þē*, vielleicht aus dem Nom. übertragen. Außerdem können im Altschwedischen alle Formen des Dativs schon in der ältesten Literatur als Acc. gebraucht werden (so auch im Fem. und Ntr.).

Kock, Arkiv f. nord. fil. XI, 117. PBB. XV, 251. 254. Gislason, *Njála* II, 867. Bechtel, ZfdA. XXIX, 366. Noreen, Arkiv f. nord. fil. VI, 373. v. Helten, PBB. XIV, 281. Persson, Indog. Forschungen II, 233. Hultman, *Hälsingelagen* I, 98 f. O. v. Friesen, *Svenska runurkunder*, S. 4. Bugge, *Norges Indskrifter med de ældre Runer*, S. 80.

§ 205. Die Adjektiva und adjektivischen Pronomina zeigen zwar in mehr als der halben Anzahl ihrer Formen nominale Endungen, aber die übrigen Formen haben wie in andern germanischen Sprachen die Endungen des Pron. demonstr. «der, die, das» angenommen, wenn auch daneben, besonders im Ostnordischen, bisweilen nominal flektierte Formen vorkommen. Hierher gehören:

1) Sg. Nom., Acc. Ntr. auf *-t*, z. B. *spakt* 'weise', wie *þat* (vgl. got. *blindata* wie *þata*). Nominale Formen (wie got. *blind*) sind wn. ziemlich selten, z. B. aisl. *verþ* 'wert', *all* 'all', anorw. *half* 'halb', *slīk* 'solch' u. a. neben gewöhnlichem *vert* usw.; im Altschwedischen — bes. bei Partizipien — etwas häufiger. Dagegen im Altdänischen ist, besonders bei den Partizipien, die nominale Bildung keineswegs selten, z. B. *skrivæn* (aschw. *skrivit*) 'geschrieben', *fød* (aschw. *føt*) 'geboren' u. a. (vgl. § 22, 10). In adverbialem Gebrauch sind aber derartige Formen sowohl wn. wie on. zahlreich, z. B. wn. *til* 'hinzu', *á meþal* 'zwischen', *í gegn* 'entgegen', on. *nōgh* 'genug', *miok* 'viel', (*a*) *brēþ viþ* (selten *brēt viþer*) 'neben'. Außerdem kommen zahlreiche sowohl ostnordische wie westnordische Fälle vor, wo die Form substantiviert worden ist, z. B. wn. *logn* 'Stille', *kol* 'Kohle', *full* 'Becher', on. *diūp* 'Tiefe', *bundin* 'Garbe', *mulin*, *moln* 'Wolke' u. dgl.

2) Sg. Gen. Fem. auf *-rar*, z. B. *spakrar* aus **spakaizōz* (vgl. got. *blindaizōz* wie aisl. *þeirar*, nicht wie got. *þizōs* gebildet). Daneben kommt im Altnorwegischen sehr selten, im Ostnordischen aber sehr häufig — wohl durch unursprünglichen Anschluß an die Substantivflexion — nominale Bildung vor, z. B. anorw. *huæriar* (gewöhnlich *huærrar*, wie im Aisl. *huerrar*) zu *huærr* 'jeder', aschw. *tryggia*(*r*) zu *trygger* 'treu', *annøþugha*(*r*) zu *annøþugher* 'unfrei', *ætbornar* (aisl. *áttborennar*) 'edelgeborener'.

3) Sg. Dat. M., Ntr. *-um*, z. B. *blindum* (as. *blindumu*, vgl. got. *blindamma*) 'blindem', ist im Mask. durchgehend, dagegen im Ntr. sehr selten, indem hier die nominale Instrumental-Endung *-u* (s. § 191, 4) fast allein üblich ist. Jedoch kommen im Aisl. (z. B. im Stockh. Hom.) Formen auf *-om* auch im Ntr. vor, z. B. *ǫllom* 'allem', *góþom* 'gutem', *ǫþrom* 'anderem' u. a.; so auch im adän. *thōthwarem* (gegen aisl. *þóþóro* aus *þó at hóro* 'Nichts desto weniger'.

4) Sg. Dat. Fem. auf *-ri*, z. B. *blindre* aus **blindaizai* wie *þeir*(*r*)*e* gebildet (s. § 204, 7). Im Ostnordischen kommt daneben sehr häufig die dem got. *blindai* entsprechende nominale Bildung vor, z. B. aschw. *rætte* 'richtiger', *halve* 'halber', *mykle* (aisl. *mikelle*) 'großer'.

5) Sg. Acc. M. zeigt drei verschiedene pronominale Endungen:

a) Urnord. *-inō* (vgl. ags. *đene*) durch Kjølevig *minino* 'meinen' (vgl. ags. *ǽnne* 'einen' aus **aininō*) belegt, später aber nicht sicher erweisbar. b) Urnord. *-anō* (vgl. got. *þana*) nicht belegt, aber in der Literatur als die häufigste Endung *-an* auftretend, z. B. *blindan* (got. *blindana*). c) Urnord. *-nō*, durch Strøm *hino* (got. *hina*) 'diesen' belegt, tritt bei zweisilbigen Adj. (einschließlich Pron., Zahlwörter und Part.; bei jenen beiden auch wenn sie einsilbig sind, was wohl auf deren häufigerer Schwachtonigkeit beruht, welche sie mit der Ultima der zweisilbigen Wörter gleichstellt) auf *-n* und *-r* auf, indem sie im Wn. immer, im On. jene alternativ, diese immer nur *-n* als Endung aufweisen, z. B. schon Sölvesborg *sin* (aisl. *sinn*) 'seinen', aisl. *einn* (got. *ainnō-hun*; aschw. selten neu gebildet *ēnan*, wie got. *ainana*) 'einen', *bundenn* (aschw. auch *bundnan*) 'gebundenen'; wn., on. *annan* 'andern', *huern*, *hwa(r)n* 'jeden', *vārn* 'unsern'.

6) Pl. Nom. M. auf *-i* aus **-ai* (vgl. got. *blindai* nach *þai*) ist nur selten erhalten, z. B. aisl. in den Zusammensetzungeu *eine-ger* 'keine', *huere-ger*, *hudre-ger* 'welche auch immer' und aschw. einigemal in den ältesten västgötischen Urkunden (vgl. § 189, 4, b, α). Sonst ist überall nach der Analogie der nominalen Flexion ein *-ʀ* hinzugetreten, z. B. schon urnord. Tune *sijosteʀ* 'die am nächsten verwandten', aus der Vikingerzeit Tryggevælde *faiʀ* 'wenige', wn., on. *blindir* 'blinde'.

7) Pl. Gen. M., F., Ntr. auf *-ra*, z. B. *blindra* aus **blindaizō* (got. F. *blindaizō*) wie aisl. *þeira* gebildet. Daneben kommt im On. auch — aber wohl unursprünglich, s. 2 oben — nominale Bildung vor, z. B. aschw. *fātøka* neben *fātøkra* (aisl. *fátøkra*) 'armer', *hēþna* (aisl. *heiþenna*) 'heidnischer' usw.

8) Pl. Dat. M., F., Ntr. ist zwar regelmäßig nominal gebildet auf *-um* (z. B. wn., on. *blindom* 'blinden'), aber Spuren der pronominalen Endung *-ēm* aus *-aim* (got. *blindaim* gleich *þaim*, aisl. *þeim*) sind erhalten im Präpos. aisl. (*í*) *millem*, anorw. auch *mellem*, on. (mit Dissimilation) *mællin* 'zwischen' aus **miđlaim* zu dem gleichbedeutenden aisl. (*í*) *miþel*, *meþal* (vgl. ahd. *metal* 'medius'); ebenso im seltenen aisl. *gegnem* (so oft in Hauksbók) neben gewöhnl. *gegnom* 'durch' zu *gegn* 'gerade'.

Noreen, Arkiv f. nord. fil. VI, 361 f. 366 ff. *Altschwed. gramm.* § 454, 1, c (und die daselbst zitierte Literatur). Wadstein, *Fornnorska homiliebokens ljudlära*, S. 141. Kock, *Östnordiska och latinska medeltidsordspråk* I, 15.

§ 206. Pronomen demonstrativum «dieser, -e, -es» wird

durch Zusammensetzung gebildet, indem zu dem Pron. «der, die, das» (s. § 204) entweder die Partikel *-si*, selten — wie im ags. — in der Form *-s*, aus *-*sē* (got. *sai*, ahd. *sē* 'ecce'), resp. *-*sa*, oder die Partikel *-ą* aus *-*ǭh* (gleich got. *-ụh* aus *-*unh*) tritt. Diese Bildungen, die dem ahd. *dese* (ags. *đés*), resp. dem got. *săh* entsprechen, sind schon aus der ältesten Vikingerzeit oder noch früher zu belegen. Aber keine von beiden scheint alle Kasus herausgebildet zu haben, sondern sie sind — wenigstens in der Literatur — in einem Paradigma vereinigt worden, wo die Mehrzahl der Formen der *-si*-Bildung gehören. Diese Verschmelzung zweier ursprünglich verschiedenen Bildungen hat aber veranlaßt, daß viele Formen auf *-si* durch Kontamination Nebenformen auf *-sa* bekommen haben, gleichwie umgekehrt Formen auf *-ą* solche auf *-i* neben sich haben. Statt des anlautenden *þ-* steht bisweilen, besonders im agutn. und in aschw. Denkmälern aus Västmanland sowie im neuschw. Dialekt von Dalarna, *h-* (in Dalarna später geschwunden) durch Einfluß des Pron. *hinn, hann* u. dgl. Eine kurze Übersicht der mannigfachen Formen mag hier genügen:

1) Sg. Nom. M. a) Runisch *sasi* (z. B. Flemlöse), *saʀsi* und *siʀsi*, d. h. *seʀsi* (vgl. as., ags. *se* 'der' gegenüber got. *sa*), woraus (statt **sesse*) mit aus übrigen Formen entlehntem *þ* wn. *þesse* (vgl. ahd. *dese*), ferner mit analogischer Nominativendung *þesser* und (den Formen *þessarrar*, *-rre*, *-rra* nachgebildet) *þessorr*, anorw. auch selten *þessar(r)*, nach der Proportion *nǫkk(u)orr*, *-arr* : *nakkuarrar*, *-rre*, *-rra*; agutn. *þissi* mit *i* — wie im nschw. Dial. von Dalarna [*h*]*issin* — nach dem Acc. M. *þinna* und Nom., Acc. Ntr. *þitta* (vgl. as. *thit*, ahd. *diz*). Sonst steht on. allgemein die Neubildung *þænne* (selt. *hænne*), dem Acc. *þænna* nachgebildet. b) Wn. *siá* aus **se-ǭh*.

2) Sg. Nom. F. a) Run. *susi* (nur adän. belegt), Skärvum *tþis*, d. h. *des* (vgl. ags. *đes*, F. *đéos*); literarisch mit derselben Entwicklung wie im M. wn. *þesse*, *þessor*, agutn. *þissun* (aus einem dem noch unsynkopierten nominalen Nom. Sg. F. nachgebildeten **þissu* + Artikel *en*, vgl. § 204, 13), aschw. *þæsse*, mschw. *thæssin* (aus *þæssi en*) oder, aus dem Acc. entlehnt, *þæssa* (adän. *þæsæ*). b) Wn. *siá* aus **sī-ǭh* (wohl zu ags. *sīu* 'die').

3) Sg. Nom., Acc. Ntr. a) Run. *þatsi*. b) Run. *þita* (d. h. *þetta* oder *þitta*) aus **þett-* oder **þitt-ǭh*; wn. *þetta*, selten *þatta*, sehr selten *þette* (und *hitte*), agutn. *þitta* (*hitta*), aschw. *þætta* (sehr selten *þatta*), adän. *þæt(t)æ*, *þattæ* (vgl. *þæt* : *þat* § 204, 3). Das urnord.

(Overhornbæk) und einmal aschw. belegte *þit* dürfte dem as. *thit*, ahd. *diz* entsprechen.

4) Sg. Gen. M., Ntr. a) Fehlt. b) Wn. *þessa*, on. *þæssa*.

5) Sg. Gen., Dat. F., Pl. Gen. M., F., Ntr. werden aus dem sekundären Stamm *þess-* durch Hinzufügung der gewöhnlichen pronominalen Endungen gebildet, also wn. *þessar*, resp. *þesse* und *þessa*, on. *þæssa*, resp. *-e* (agutn. *þissi*) und *-a* (adän. auch *þæsæ*). Daneben kommen wn. (sehr selten on.) die nochmals in derselben Weise erweiterten Formen *þessar(r)ar*, resp. *-ar(r)e* und *-ar(r)a* vor.

6) Sg. Dat. M., Pl. Dat. M., F., Ntr. a) Run. *þaimsi* (z. B. Karlevi); dann aus dem sekundären Stamme *þess-* wn. *þessom*, agutn. *þissum*, aschw. *þæssom*. b) Wn. *þeima*, *þem(m)a* (anorw. auch selten *þøma*), on. *þæmma* (einmal *hæmma*); aschw. oft auch aus dem Acc. M. entlehntes *þænna*.

7) Sg. Dat. Ntr. a) Wn. *þuísa* (anorw. auch selten *þísa*) oder mit der gewöhnlichen Dativendung *þuísu* (nur anorw. einmal belegt), adän. *þẏsu* (einmal belegt); daneben allgemein wn. *þesso*, on. *þæssu*, agutn. *þissu*. b) Fehlt.

8) Sg. Acc. M. a) Nur runisch belegt und zwar als *þąnsi*, *þąnsa*, *þensi*, *þensa*, *þinsi*, *þinsa*, woneben selten agutn. *tis(s)an* (d. h. *dissan*), *his(s)an*. b) Run. *þana*, *þanni*, *þena*, *þina* (am häufigsten, z. B. Kärnbo), *þini* (*heni*) und mit nochmaliger Acc.-Endung selten *þinan*, ferner agutn. *hin(n)a*; entsprechende Formen in der Literatur sind wn. *þenna* (selten *þanna*), on. *þænna*, agutn. *þinna* neben wn. (selten) *þennan* mit nochmaliger Endung. c) Runisch kommen auch einigemal Formen vor, die zunächst *-a*, dann *-si*, *-sa* suffigiert haben: *þana si*, *þina si*, *þinasa*.

9) Sg. Acc. F. a) Run. *þaasi* (z. B. Tryggevælde), *þasa*, *þesi*, *þisi*, *þisa*, in der Literatur wn. *þessa* (selten *þissa*), on. *þæssa*, agutn. *þissa*. b) Fehlt.

10) Pl. Nom. M. a) Run. *þaisi*, *þaiʀ si*, *þiʀsi*, *þisiʀ*, woneben selten *þais* (ags. *ðás*); lit. wn. *þesser* (selten anorw. *þesse*), on. *þæssi(r)*, adän. auch *thissæ*, *thæse*. b) Fehlt.

11) Pl. Nom. Acc. F. a) Run. *þasi* (z. B. Glavendrup), *þesi* (Hauggrän), *þisi*, *þisa*, *þisaʀ* (z. B. Malstad), selten *þas*; lit. wn. *þessar*, on. *þæssa* (adän. auch *þæsæ*). b) Run. sehr selten *þina*, lit. mschw. (selten) *thenna*, wohl aus dem Acc. Pl. M. entlehnt.

12) Pl. Nom., Acc. Ntr. a) Run. *þausi* (z. B. Glavendrup), *þusi* (d. h. *þǭsi*), *þasi*, *þisi*, *þesi*, *þisa*, *þesa*, *þisun*, *þinsi*; literarisch wn. *þesse*, *þessor* (zur Bildung vgl. 1 und 2 oben), on. *þæsse*,

þæssin (vgl. 2 oben), *þæsson* aus einem dem noch unsynkopierten nominalen Nom. Pl. Ntr. nachgebildeten **þessu* + Artikel *en* (vgl. oben 2), ziemlich selten *þæssa*, selten *þæsso* (mit schwacher Adj.-Endung) und das unklare *þæssom*, adän. auch *þæse*. b) Run. (Sandby) *þia* aus **þē-ǭh* (vgl. *þē* § 204, 13), *þini*, lit. aschw. *þænne*.

13) Pl. Acc. M. a) Run. *þasi*, *þasa*, *þisi*, *þisa*, selten *þinsi*; lit. wn. *þessa*, on. *þæssa*, selten *þæsse*. b) Run. *þina* (z. B. Malstad), *tinǫ* (d. h. *dennǫ*), mschw. *thenna*; vgl. got. **þanzūh*.

Lidén, Arkiv f. nord. fil. IV, 97 ff. Bugge, Tidskr. f. Phil. og Pæd. IX, 111 ff. Th. v. Grienberger, Zfd. Wortforschung IX, 66 ff. Brugmann, *Kurze vgl. Gramm.* S. 400. 403. Schagerström, Sv. landsm. II, 4, S. 65. Söderberg, *Ölands runinskrifter*, S. 85. 88 Note 2.

§ 207. Dem Pronom. demonstr. «jener» entspricht *enn*, *inn* (= got. *jains* nach § 40, c, also schwachtonige Nebenform zu dem § 202 erwähnten *ānn*) mit gewöhnlicher Adjektivflexion. Es wird nur als Artikel mit der Bedeutung «der, die, das» gebraucht und zwar vor dem Adjektiv, aber nach dem Substantiv, dann allmählich suffigiert. Dieser letztere, etwa um 1100 entstandene Gebrauch ist jedoch noch in der ältesten Literatur nur wenig herausgebildet und überhaupt vor 1200 nur ausnahmsweise (am häufigsten im Anorw.) vorhanden. (Über die spätere Entwicklung s. § 267.) Durch Verquickung von *enn (inn)* und einem anderen, dem got. *hita*, *himma*, *hina* entsprechenden Pronomen (vgl. *hann* aus *he-* + *jainʀ*, s. § 202) entsteht ein ganz neues, dem Anord. spezifisches Pron. *hinn* (schon auf dem größeren Denkmal von Sönder Vissing belegt), das selbständig in der Bedeutung «jener» gebraucht wird, später (aber schon vor 1250) auch als Artikel (statt des älteren *enn*, *inn)* vor Adjektiven. Die Flexion stimmt ganz mit derjenigen von *enn*. Von dem ursprünglichen Pron. *hi-* (vielleicht zum Teil auch dem § 202 erwähnten *he-*) sind nur einige Trümmer erhalten worden: Sg. Nom., Acc. Ntr. *hit* 'das' (got. *hita*) oft; Dat. Ntr. *hī* (vgl. *þi*, *hui*) im anorw., aschw. *hīt* 'hierher' aus **hī-at* (wie *þīt* 'dorthin' aus **þī-at*); Acc. M. *hinn* (: got. *hina* wie *þann* : got. *þana)* in wn. *hinnog* (woraus dann *hingat)* 'da' ('hierher') aus *hinn veg (at)*.

§ 208. Vom Pron. demonstr. «er, es» sind nur wenige Kasus bewahrt worden, und diese fungieren meistens als Partikeln:

1) Sg. Nom. M. run. *es* (auch *is*, *ias* geschrieben), lit. nur wn. *es*, oft suffigiert *-s* (got. *is*) fungiert teils als Relativpartikel, teils als Konjunktion 'daß, da, als', wird aber bald nach 1200 nicht mehr gebraucht. Dagegen entspricht das ganz ebenso verwendete

eʀ (auch *iʀ*, *iaʀ* geschrieben), lit. wn. *er*, on. *ær* teils dem ahd. *er*, teils und wohl wesentlich der got. Relativpartikel *izei*. Unklar ist das nicht seltene run. (z. B. Ardre, Sjonhem, Skärvum) *aʀ*, das kaum überall als *æʀ* auszulesen sein dürfte.

2) Sg. Nom., Acc. Ntr. agutn. *et* (got. *ita*), aschw. *æt*, aisl. selten (wie bisweilen nisl.) *eđ* (nach § 129 aus **et*) 'daß'. Das aschw. *æt* kann aber zum Teil schwachtonige Nebenform des § 204, 3 (Schluß) erwähnten *at* sein.

3) Sg. Gen. M., Ntr. run. *es* (auch *is*, *ias* geschr.), lit. nur wn. *es* (got. *is*, ahd. *es*) steckt wohl zum Teil in der alten Konjunktion *es* 'da, als'. Unklar (wie *aʀ* oben unter 1) ist das seltene run. (z. B. Härene) *as*.

4) Sg. Dat. M., Ntr. anorw. einmal *em*, adän. bisweilen *æm* (ahd. *emo*, got. *imma*), on. allgemein (nach § 143, b) *um* 'wenn'.

5) Sg. Acc. M. run. *in (ian)*, lit. wn. *en*, seltener *enn* (vgl. *þann* statt *þan* § 204, 9), selten agutn. *en*, aschw. *æn* (got. *ina*) ist als Relativpartikel überhaupt selten außer in südnorwegischen Denkmälern, aber sowohl westnordisch wie ostnordisch häufig in den Bedeutungen 'als' (nach Komparativ) und 'wenn'. Die in diesen beiden letzteren Fällen wn. (selten on.) daneben vorkommende Form *an* dürfte aus einem dem agutn. *þan*, as. *than* entsprechenden **þan* entstanden sein wie *at* zum Teil aus *þat* (s. § 204, 3).

C. Berg, Tidskr. f. Phil. og Pæd. X, 81. Brugmann, a. O., S. 401. *Die Demonstrativpronomina*, S. 35. O. v. Friesen, *Vår älsta handskrift på fornsvenska*, S. 42 ff. Kock, Arkiv f. nord. fil. XI, 340 ff.

§ 209. Pronomen interrogativum «wer, was» flektiert in allem wesentlichen ganz wie «der, das». Alle femininen und die meisten pluralen Formen fehlen. Also:

1) Sg. Nom. M. run. *hua* (Glimminge), *huaʀ* (Rök), lit. on. *hwā*, *hwar* (got. *ƕas*), woneben (anfangs selten, aber mschw. häufig) *hā*, *har*. Westnordisch ist dieser Kasus nicht belegt.

2) Sg. Nom., Acc. Ntr. allgemein *hwat* (ags. *hwæt)*, wozu ablautend wn. *huet-vitna* (neben *huat-vetna*) 'was auch immer' und selten *nekkuet* (aus **ne-wæit-ek-hwet* — oder vielleicht *-hwært*, s. § 210, 4, wie *annat* aus run. *ąnart* — neben *nekkuat*) 'etwas', aschw. (dreimal belegt) *hwæt* (vgl. *þæt* neben *þat*). Die nominale Form *hwą̄* (got. *ƕa*), *hā* ist, wenn auch sehr selten, sowohl altschwedisch wie altnorwegisch belegt; vgl. aisl. einmal *nokkua* (**ne-wæit-ek-hwā*) neben *nøkkuat* 'etwas'.

3) Sg. Gen. M., Ntr. wn. alt und selten *huess* (vgl. got. *ƕis*, ahd. *wes)*, on. selten *hwas* (ags. *hwæs)*, *hwæs*.

4) Sg. Dat. M. wn. *hueim* (ags. *hwám*), on. *hwēm*, adän. auch *hwam* (vgl. got. *ƕammē-h?*), *hwæm*.

5) Sg. Dat. Ntr. allgemein *hwī* (ags. *hwí*); daneben auch *hū* (ags. *hú*) und *hō* (vgl. *þū*, *þō* neben *þī* § 204, 8) in anorw. *hú* 'wie' (nur in *hú ok hå* 'wie und was'), aisl. *hóvetna* 'welchem auch immer', aschw. *hūl(i)kin* (ags. *húlic*), *hōl(i)kin* 'wie beschaffen' (wn. dagegen nur *huílikr*) und dem vielleicht einmal belegten *hūsu* 'wie' (wohl als Gegenstück zu dem adän. *þȳsu*, anorw. *þuísu*, s. § 206, 7, gebildet wie wn. *þuí* zu *huí*, s. § 204, 8). Als Partikel kommt im Wn. auch *hué* (vgl. *þé*, *þué* § 204, 8) 'wie, warum' vor.

6) Sg. Acc. M. nur on. selten *hwan* (got. *ƕana*), gewöhnlich durch den Dat. ersetzt. Die ebenfalls seltene Nebenform *hwēn* oder *hwen* (auch als Dativ gebraucht) dürfte entweder einem Kompromiß zwischen dem Dativ *hwēm* und dem Acc. *hwan* sein Dasein verdanken, oder *hwen* ist als *hwæn* auszulesen und entspricht dem ahd. *wen*.

7) Pl. Nom. M. on. *hwē* (später auch *hwā*, *hā* wie im Sg.); Dat. M. anorw. *huæim* (einmal *huæimr*), on. *hwēm* (als Acc. gebraucht). Alle diese Pluralformen sind aber nur sehr spärlich belegt.

§ 210. Von den übrigen Pronominen mögen nur die folgenden in aller Kürze erwähnt werden:

1) Wn. *huaþarr* (got. *ƕaþar*) «welcher (oder «jeder») von beiden», gewöhnlich analogisch durchsynkopiert (s. § 85, 9, b) *hudrr*, on. immer *hwą̄r*, flektiert regelmäßig.

2) Wn. *huerr* (meist aisl.) oder nach § 89 *huarr* (meist anorw.), on. nach § 140, c *hwar*, seltener (meist agutn.) *hwær* (agutn. *huer*) entspricht got. *ƕarjis* und wird demnach als *ja*-Stamm flektiert; jedoch wird *huar(r)* ebenso häufig oder häufiger als reiner *a*-Stamm behandelt.

3) Über wn. *huílikr*, on. *hūl(i)kin*, *hōl(i)kin* 'wie beschaffen' (vgl. wn. *þuílikr*, on. *þȳliker*, *þīliker*, *þōliker* 'solcher') s. § 209, 5. Dagegen scheint on. *hwil(i)kin* wenigstens zum Teil dem got. *ƕileiks* zu entsprechen. Die Flexion ist im Westnordischen ganz regelmäßig, beruht aber im Ostnordischen teilweise auf Zusammensetzung mit *in*, die unbetonte Form von *ēn* 'ein' (also *hwilik-in* 'welch ein'), wobei *hwilik-* fast immer unflektiert bleibt.

Noreen, Arkiv f. nord. fil. V, 390 Note.

4) *Nekkuerr* (*nakkuarr* u. a. Formen, s. die Spezialgrammatiken) 'irgend ein' und *nekkuat* 'etwas' sind aus *ne wæit ek hwærr*, resp. *hwat* «nescio quis, quid» entstanden und dem Altnordischen

spezifisch. Später werden beide Wörter in der Flexion miteinander vermischt.

Bugge, Tidskr. f. Phil. IX, 122. Hoffory, Nord. tidskr. f. Fil. III, 296.

5) Bei wn. *(ne . . .) enge* (got. *ni ainshun*) 'kein' flektiert ursprünglich nur *en-*, aber später wird diese Silbe allmählich indeklinabel, und *-ge* nimmt die Endungen an, was eine sehr bunte Flexion hervorruft. Dieselbe Entwicklung durchläuft das on. *ængin*, wo *-n* das suffigierte *ēn* > *in* 'ein' ist (vgl. *hwilik-in* oben 3 und *hwar-in* 'ein jeder' sowie adän. *hwærinde* aus *-ēnde* zu *ēnde* 'der einzige'), nur daß der Ausgang *-in* Vermischung mit den Adjektiven auf *-in* und daher einen noch mannigfacheren Formenreichtum veranlaßt hat.

3. Komparation.

§ 211. Am häufigsten wird der Komparativ durch *-aʀi* (got. *-ōza*), der Superlativ durch *-astr* (got. *-ōsts*) gebildet, z. B. aisl. *spakr* 'weise', *spakare*, *spakastr*.

§ 212. Etwas seltener ist die Bildung durch *-(i)ʀi* (got. *-iza*), *-istr* (got. *-ists*), z. B. aisl. *langr* 'lang', *lengre, lengstr* (statt **lengistr* durch Ausgleichung nach Acc. *lengstan* u. a.).

213. Eine dritte Komparativbildung auf *-(a)ri*, *-(e)ri*, *-ri* (wie in z. B. ahd. *aftaro*, *-ero*, *-ro*, got. *aftarō*, *aftra*) ist bei wenigen Wörtern vorhanden, wie aisl. *hindre* (ahd. *hintero*) 'später', *iþre* (ahd. *innero*) 'innere' u. a. Die Superlative werden dann entweder auf *-(i)str* oder (seltener) *-astr* oder (fast nur im On.) *-arstr* ohne *i*-Umlaut oder *-rstr* mit *i*-Umlaut gebildet, z. B. wn. *øfstr*, agutn. *yfrstr*, aschw. *yverster* zu aschw. *yfre*, aisl. *øfre* (ursprünglich die Form des Fem. und Plur., wie der Umlaut zeigt) 'obere', wn. *yztr* (anorw. auch *ýtarstr*), aschw. *ūtarster* oder *yterster* (und durch Kontamination *ȳtarster* wie im anorw.).

F. de Saussure in Mélanges Renier, S. 383.

4. Die Zahlwörter.

214. Wn. *einn*, on. *ēn* (*æn*, *in*), agutn. *ann* (Fem. *ain*, Ntr. *att*) 'ein' wird ganz wie ein Adjektiv flektiert. Ebenso die Ordinalzahl *fyrstr* oder häufiger (mit schwacher Flexion) *fyrsti* (ahd. *furisto*) 'erste(r)'.

§ 215. Zwei ist ein alter Dual, was viele Unregelmäßigkeiten der Flexion erklärt.

1) Nom. M. run. *tuaiʀ* (Rök), agutn., wn. *tueir*, on. *twē(r)* ist gleich got. *twai* (wahrscheinlich urspr. Nom. Fem., Ntr. Dual., aind. *dvē*, als Nom. M. Pl. aufgefaßt) mit hinzugefügtem pluralischem *-ʀ*, *-r* (vgl. *þeir*, got. *þai* 'die'). Daneben selten aschw. *twæ(r)* (agutn. *tuer*), das sich vielleicht zu *twē(r)* verhält wie *þær* zu *þēr* (s. § 204, 10). Außerdem kommt on. oft aus dem Acc. entlehntes *twā* vor.

2) Nom., Acc. F. run. *tua* (Rök)?, on. *twā* oder mit zugesetztem *-r(-ʀ)* *twār*, wn. (mit *ʀ*-Umlaut) *tuǽr* ist wohl dem got. *twa* in '*twa þūsundja*' (wahrscheinlich alte schwachtonige Nebenform zu *twai*, s. oben 1). Die starktonige Dualform **twai* (vgl. oben 1) ist wohl im seltenen aisl. *tuei-r*, aschw. *twē-r* (ags. *twá*, as. *twē*) erhalten.

Mahlow, *Die langen Vokale*, S. 98. J. Schmidt, Z. f. vgl. Spr. XXVI, 43.

3) Nom., Acc. Ntr. wn. *tuau* ist wohl der alte Nom. M. (aind. *dvāu*; vgl. *þau* = aind. *tāu*, got. *ahtau* = aind. *aṣṭāu*), der wegen des Auslauts als Nom. Ntr. aufgefaßt wurde (vgl. got. *twai* oben 1). Dagegen geht on. *tų̄* (ags. *tú*) auf die alte Nebenform **t(w)ō* (aind. *dvā*, gr. δFώ-δεκα) zurück (vgl. *þū* neben *þō* § 204, 8, *sū* = got. *sō* § 38, a u. dgl.) oder es hat sich schon in urnord. Zeit nach dem zweisilbigen Typus *blindu* < *blindō* gerichtet. Das seltene aschw., aisl. *tuá* entspricht dem got. *twa*, über dessen Verhältnis zu dem in diesem Kasus ursprünglichen *twai* s. oben 1 und 2.

4) Gen. M., F., Ntr. on., wn. *tueggia* neben dem unklaren adän. *twigge*, wn. *annar-*, *hudr-tuegge* (= got. *twaddjē*?). Außerdem aschw. *twiggia* (nach *þriggia* § 217, 4) und agutn. *tyggia* (auch aschw. in *annat-tyggia* 'entweder'), dies wohl aus einem nach dem Ntr. *tū* (s. 3 oben) umgebildeten **tuggia*.

5) Dat. M., F., Ntr. agutn., wn. *tueim(r)*, on. *twēm* (got. *twaim*); daneben agutn. *tuem* (wohl aus **tuemr* < **twæimʀ* nach § 41, b, während *tueimr* analogisches *ei* — nach *tueir* — hat).

6) Acc. M. run. *tuą* (z. B. Forsa; got. *twans*), on., wn. *tuá*, aschw. auch (selten) *twǣ* oder *twē* mit aus anderen Kasus entlehnter Vokalqualität.

§ 216. Beide ist aus *bai* und *þai* zusammengesetzt, aber allmählich wird die Flexion auf das letzte Glied beschränkt. Also in der Literatur:

1) Nom. M. wn. *báþer*, agutn. (mit aus dem Ntr. entlehntem *ē* aus älterem *ǣ*) *bēþir*, on. *bāþi(r)*.

2) Nom., Acc. F. on., wn. *báþar*, agutn. *bēþar* (vgl. oben 1).

3) Nom., Acc. Ntr. aisl. alt und sehr selten *beiþe* (ahd. *bēdiu*), sonst *bǽþe* (aus **bā-þiu*, vgl. *þȳ* § 204, 13), anorw., aschw. *bāþe*, *bāþin* (aus **bā-þē-n*, vgl. *þēn* § 204, 13), *bǣþe, bǣþin*, agutn. *bāþi*, *bēþi*, *bēþin*, adän. *bāþe*. Selten, aber als Konjunktion 'sowohl (... als)' öfter aisl. *bǿþe* (vgl. ags. *bǽȝen*, Ntr. *bú* aus **bō*, lat. *am-bo*, gr. ἄμ-φω u. a.).

4) Gen. M., F., Ntr. on., wn. *beggia* ohne Zusammensetzung. Selten zusammengesetzt aschw. *bæggia þerra*. Öfter anorw. *báđra* nach der gewöhnlichen Adjektivflexion von dem Stamme *báđ-* gebildet.

5) Dat. M., F., Ntr. *báþom* (vgl. on. *þom* neben *þēm* 'den').

6) Acc. M. *baþa* (got. *bans þans*), agutn. *bēþa*.

Sievers, PBB. X, 495. Meringer, Z. f. vgl. Spr. XXVIII, 236.

§ 217. Drei flektiert im ganzen regelmäßig wie ein Adjektiv, ist aber (besonders im On.) vielfach von «zwei» beeinflußt worden. Daher:

1) Nom. M. wn. *þrír*, on. *þrī(r)*, *þrē(r)*; vgl. nordfries. *thrē*.

2) Nom., Acc. F. schon urnord. belegt durch *þrijoʀ* Tune, später run. *þriaʀ* (z. B. Kärnbo), wn. *þriár* (anorw. auch *þréar*), on. *þrīa(r)*, *þrēa(r)*, *þrē(r)*. Der ursprüngliche Acc. (got. *þrins*) dürfte in anorw. *þréar* und aschw. selt. *þrǣ* (nach § 29, b und § 144, I, b) vorliegen, hat aber im Anorw. die Endung *-ar* des Nominativs angenommen; vgl. unten 6.

3) Nom., Acc. Ntr. wn. *þriú* (aus **þrȳu* nach § 115, d. h. **þrȳ*, ags. *đrīu*, ahd. *driu*, got. *þrija* < **þriō* nach § 37, b, mit nochmals zugefügtem *-u* nach *tuau*, *þau* u. a.), on. *þrȳ* (auch im Agutn.), ziemlich selten *þrū* (nach *tū*), *þrī*, *þrē* (beides nach dem M.).

4) Gen. M., F., Ntr. wn. *þriggia*, on. *þriggia*, *þryggia* (nach *þrȳ*), *þræggia* (nach *tuæggia*), adän. auch *thrægge*.

5) Dat. M., F., Ntr. wn. *þrim(r)*, *þrem(r)*, on. *þrim* (selt. *þrīm* gleich ags. north. *đrīm*), *þrēm*, *þræm*, *þrym*. Wegen des kurzen *e* in *þremr* vgl. gr. τρέ-πεδδα, lat. *trĕ-centī*, asl. *tre-tĭjĭ*, litau. *tre-jì*.

6) Acc. M. aisl. *þriá*, anorw. *þriá*, *þréa*, *þré* (got. *þrins* nach § 29, b; vgl. oben 2), on. *þrīa*, *þrēa*, *þrē* (aus *þrēa* nach § 167, b) und *þrǣ* (got. *þrins*) in *þrǣtighi* 'dreißig' (s. § 232).

§ 218. Vier zeigt eine sehr bunte Flexion, bei der manches unklar ist.

1) Nom. M. wn. *fiórer* (nach § 85, 9, a aus **fiođrer* < **feđurēʀ* zu got. *fidur*), on. *fiūrir* und wie z. B. in Cod. Bur. *fiurir*, mit *iū*,

resp. _iu_ nach _fiughur_ (s. 3 unten), _fȳrir_ (vielleicht aus *_fiuđriʀ_ < *_feđurīʀ_, mit _i_-Stammesflexion wie ahd. _fiori_ und got. Dat. _fidwōrim_), selten _fiōri[r]_, _fīri[r]_ (vielleicht aus *_fiđrir_ < *_feđriʀ_ statt *_fiuđriʀ_ nach *_feđur_, s. 3 unten).

2) Nom., Acc. F. wn. _fiórar_, on. _fiūra(r)_, _fȳra(r)_, selten _fiōra(r)_, _fīra[r]_.

3) Nom., Acc. Ntr. wn. _fiogor_, anorw. auch _fiugur_ (aus *_fiođur_, resp. *_fiuđur_ nach § 61, c < *_feđur_ nach § 28, c, got. _fidur_), on. _fiughur_, selten _fioghor_ (nach _fiōrir_), _fighur_ (nach _fīrir_), später _fȳra_, _fīra_ aus dem Acc. M. entlehnt, adän. auch _fȳr_, _fiyrgh_, agutn. _fiugur_.

4) Gen. M., F., Ntr. wn. _fiogora_, anorw. auch _fiugurra_, selten _figurra_, on. _fiughurra_, _fiūra_, _fȳra_, selten _fioghora_, _fiughra_, _fīra_, agutn. _fiugura_, _fygura_, _fiugra_.

5) Dat. M., F., Ntr. run. _fiakurum_ (d. h. _fiǫʒurum_ aus *_feđurumʀ_, Rök), wn. _fiórom_, on. _fiūrum_, _fȳrum_, selten _fiōrum_, _fiug[h]rum_, _fīrom_, agutn. _fiaurum_ (aus *_feur_- nach § 44, b und § 159, a, dem unerklärten ahd. _feor_, ags. _féor_ entsprechend).

6) Acc. M. run. _fiakura_ (d. h. _fiǫʒura_ aus *_feđura_, Rök), _fiura_ (Forsa), wn. _fióra_, on. _fiūra_, _fȳra_, selten _fiōra_, _fīra_, _fīri_ (vgl. Nom. _fīrir_ und ahd. _fiori_, got. dat. _fidwōrim_).

§ 219. In der Bedeutung 'doppelt, dreifach, vierfach' werden die ursprünglichen Distributive (vorzugsweise im Pl.) gebraucht: wn. _tuennr_ (_tueþr_), _tuinnr_ (_tuiþr_), selten _tuénn_, _tuínn_, on. nur Pl. _twænne_, selten _twanne_, _twinne_ (*_twiznai_ wie lat. _bīnī_ aus *_du̯isnī_), _twēne_, _twǣne_ (got. _tweihnai_); wn. _þrennr_ (_þreþr_), selten _þrinnr_ (_þriþr_), _þrénn_, on. nur Pl. _þrænne_, selten _þranne_, _þrinne_, _þrǣne_ (adän. _thrǣnæ_), adän. auch _thrynnæ_; wn. Pl. _ferner_. Zu den Bildungen *_twizn_-, *_þrizn_- vgl. die Präfixe _twis_- (lat. _bis_) in got. _twis-standan_, wn. _tuisuar_, _tysuar_ (anorw. auch _tysuár_), aschw. _trswa(r)_, _twiswær_ (_tyswor_, _tysa_ u. a.) 'zweimal', ahd. _zwirnēn_ (aisl. _tuinna_) 'zwirnen' und _þris_- (gr. τρίς) in wn. _þrysuar_, _þrisuar_ (anorw. auch oft _þrisuár_), aschw. _þryswa(r)_, _þriswa(r)_ u. a. 'dreimal'.

Brate, PBB. X, 79. _Å. Vestm. lagens ljudlära_, S. 32.

§ 220. Als numerale Präfixe haben 2—4 ganz abweichende Formen: wn. _tuí_-, seltener _tué_-, _tuǽ_-, on. _twǣ_-, _twē_-, _twā_-, agutn. _twī_-; wn. _þrí_-, selten _þré_-, on. _þrǣ_-, seltener _þré_-, agutn. _þrī_-; wn. _fer_- (wohl aus schwachtonigem *_feđr_-, das sich zu aschw. _fiæþer_- wie aschw. _æm_- zu _iæmn_ 'eben' verhält), on. _fiæþer_- (aus *_fiađr_- mit _ia_ aus *_fiađur_, ehe dies zu *_fiaʒur_, _fioghur_, _fiughur_ wurde), selten _fioþer_- (got. _fidur_-, ags. _fyder_-, aind. _cátur_).

§ 221. Die Ordinalzahlen für 2—4 flektieren ganz regelmäßig: on., wn. *annarr* nur stark; dagegen wn. *þriþe*, on. *þriþi*, *þryþi* und wn. *fiorþe* (aus **fiodr-di*), *fiórþe* (mit *ió* nach *fiórer*), on. *fiarþe* (mit *ia* aus **fiaður*, s. § 220) > *fiærþe*, selten *fiorþe*, nur schwach (jenes als *ja-*, dieses als *a*-Stamm).

§ 222. Urnord. **fimf* (got. *fimf*) 'fünf' würde nach § 29, b und § 85, b **fēf* ergeben. Hieraus on. *fæm* (aus **fēm*) mit partieller, wn. *fim*(*m*) mit vollständiger Angleichung an die Ordinalzahl wn. *fimte* (aus urnord. **fimftē*, nach § 85, 1 gleich ahd. *fimfto*), on. in der allerältesten aschw. Handschrift *fimte*, sonst *fæmte* (wo *æ* der Kardinalzahl entlehnt ist).

§ 223. Wn. *sex*, on. *sæx* stimmt ganz mit got. *saíhs*. Die on. Nebenform *siax* > *siæx* hat den gebrochenen Vokal aus der Ordinalzahl on. *siātte* (neben *sǣtte*) übernommen, während wiederum die Ordinalzahl ihre spätere Kürze aus der Kardinalzahl hat. Wn. *sétte* (gleich seltenem ahd. *sehto*; anorw. auch *sexte* nach *sex*) 'sechste' hat den ungebrochenen Vokal durchgeführt (urspr. Nom. **sehte*, Kas. obl. **siahta*). Die aschw. Nebenform *sax* 'sechs' hat sich nach *saxtān* < **saxtiān* (vgl. aisl. *sextián*) 'sechzehn' gerichtet, das seinerseits durch Dissimilation aus einem **siaxtiān* (neben *siaxtān*, *sæxtān*; vgl. aisl. *sextián* neben *-tán*) wie aisl. *sautián* aus *siautián* entstanden ist.

Noreen, Arkiv f. nord. fil. I, 174. VI, 331.

§ 224. Urnord. **seƀun* (got. *sibun*) 'sieben' mit nebentoniger Ultima (vgl. ved. *saptá*, gr. ἑπτά) gibt nach § 85, 8 **siǫu*, woraus wn. *sió* (§ 110, b) — selten gegenüber *siau*, das von *tuau* und *þau* beeinflußt worden ist — aschw., adän. *siū* (§ 159, b), agutn. *siau* (§ 159, a). Unerklärt bleiben die seltenen Nebenformen anorw. *siaug*, aschw. *siūg(h)*, ndän. dial. *sjyw* aus *siūgh* (vgl. afr. *siugun*). Die Ordinalzahl heißt wn. *siaunde* oder *siunde* (nach *níunde* u. dgl.), *sionde*, aschw., adän. *siunde*, agutn. *siauande* (nach *þrettande* u. dgl.).

§ 225. On., wn. *átta* 'acht' gleich got. *ahtau* (aber *átt-* in wn. *át-tián* 'achtzehn' vielleicht gleich ahd. *ahtu*, ags. *eahtu*, got. *ahtu-da*). Neben wn. *átte* (aus **ǿtt-te*, got. *ahtuda*, mit aus *átta* entlehntem *á*) 'achte' stehen on., wn. *ǿttunde* (nach *níunde* wie umgekehrt ags. *nigoða* nach *eahtoða*) oder *áttande* (zu *átta* wie *níunde* zu *níu* u. dgl.).

§ 226. Urnord. zweisilbiges **niun* (got. *niun*) 'neun' mit unbetonter Ultima (vgl. aind. *náva*, gr. ἐν-νέϝα) und unerklärtem *i* statt *e* gibt *ní* in wn. *ní-tián*, on. *nī-tān* 'neunzehn', wn. *ní-rǿþr* '90 Jahr alt', adän. *nī* 'neun'. Sonst wn., aschw. *nīu* im Anschluß an *nīunde* (dagegen adän. *nīndæ*) 'neunte'.

§ 227. Urnord. **tehu* (ags. *téo*) oder **tehun* (got. *taihun*) 'zehn' mit unbetonter Ultima (vgl. aind. *dáça*, gr. δέκα) gibt aisl. *té* im seltenen *té-rǿþr* '100 Jahr alt' und, in Analogie mit *nī* umgebildet, adän. (seltener aschw.) *tī*. Daraus wn., aschw. *tīu* mit Anschluß an *tīunde* (adän. aber *tīndæ* wie auch das substantivierte on. *tīnde* 'Zehnt') 'zehnte', das seinerseits sich nach *nīunde* gerichtet hat. Dagegen geht *-tiān* (wozu Ord. *-tiāndi*) in wn. *siautián* '17' usw. bis *tuitián* '20' aus flektierten Formen (vgl. got. Dat. *fimftaihunim*) eines urnord. Stammes **tehan-* (ahd. *zehan*) hervor. Endlich setzt *-tān* (resp. *-tāndi*) in on., wn. *þrettán* '13' usw. bis *sextán* '16' ein ebenfalls flektiertes urnord. **tāhan-* (vgl. got. *-tēhund*) voraus, mit dem das run. *þritaunti* (d. h. *þrettāundi*) 'dreizehnte' (Rök; wäre got. -**tēhunda*) in betreff des *ā* übereinstimmen dürfte.

Noreen, Arkiv f. nord. fil. III, 26 mit Note 1 und 2.

§ 228. Elf zeigt eine Menge von Formen, die zum Teil ganz unerklärt sind: aisl. *ellefo* (s. § 70 und § 196, 4; vgl. got. *ainlif*) 'elf', *ellepte* 'elfte'; anorw. *ællifu*, *ællugu* (s. § 121, c; vgl. ags. *endlufan*, afries. *andlova*, ahd. *einluph*) 'elf', *ællifti*, *ælliufti*, *ollyfti*, *ollykti*, *ollepti*, *ærlipti* 'elfte'; aschw. *ællivu*, *ælliuvu* (vgl. nnorw. dial. *olliov*), *ællovo* 'elf', *ællipte*, *ælliufti*, *ællofte* 'elfte'; agutn. *allivu* (nach § 155, a) 'elf'; adän. *ællævu*, *ællovæ*, *ælluvæ* 'elf', *ællofte*, *ællufte*, *ællefte* 'elfte'.

Läffler, Nord. tidskr. f. Fil. IV, 285. Noreen, Arkiv f. nord. fil. I, 164.

§ 229. Zwölf tritt in der Vikingerzeit als *tualf* (got. *twalif*), woneben *tualfte* 'zwölfte' (beides Rök) auf. Später wn., on. *tolf* 'zwölf', *tolfte* 'zwölfte', das wohl dem ags. *twælf*, as. *twulif*, afries. *tolef* gleichzustellen ist.

§ 230. 13 bis 16 werden aus 3—6 + *-tān* (s. § 227) gebildet (ausnahmsweise wn. *þrétián* 13, *fimtián* 15, *sextián* 16 und anorw. *fiórtiánde* 'vierzehnte'). Mehrere, zum Teil auffallende Formen zeigen 13 und 14: wn. *þrettán* (nach § 131, a aus **þrintān*; vgl. got. *þrins*), selten *þrétián* (s. gleich oben; vgl. *þré* § 217, 6), anorw., aschw. je einmal *þrentánde*, resp. *þræntānde* 'dreizehnte' (wohl nach § 120 aus Dat. *þrem* + *tān-de*, wie ahd. *zweinzug*, ags. *twéntiȝ* = got. *twaim tigum*), on. *þrættan*, *þrittān*, *-de* (nach *þrīr*), *þrattān*, *-de*, Ord. auch selten (nach *nīunde* u. dgl.) *þrættunde* (über die

Form der Röker Inschrift s. § 227); on., wn. *fiog(o)r-*, *fiug(u)r-* (on. auch selten *fyghur-*), *fiór-*, *fiúrtán*. Über 16 s. § 223.

§ 231. 17 bis 20 werden im Wn. auf *-tián* (s. § 227) gebildet: *siautián* (selten *sieytián, -de* und anorw. *siótián*; durch Dissimilation auch *siaután*, selten *sautián, seytián*), *át(t)ian*, *nítian*, *tuítián*. Daß diese Formation auch im On. bestanden hat, zeigt der neuschw. Dialekt von Dalarna, wo sie noch herrscht. Aber schon in der ältesten on. Literatur sind 17—19 auf *-tān* gebildet: *siūtān*, *at(t)ertān* (später nach § 181, a *aþertān*), selten *at(t)artan* (nach *ātta*), agutn. *atrtān* (wohl mit *r* nach *fiugrtān*), *nītān*, agutn. *niutān*. Dagegen wird '20' im On. durch den alten Acc. Plur. des Subst. *tiugher* (got. Acc. Plur. *tiguns*) 'Anzahl von zehn' ausgedrückt: *tiughu* (selten *tyghu* oder als *i*-Stamm flektiert *tiughi*). Ebenso ist aus demselben Wort in der Form *togr, tugr* (vgl. ahd. *-zog*, *-zug* in *zweinzug* u. a.) wn. *tottogo* (nach § 27 und § 131, a aus **twantuʒun*; vgl. got. *twans tiguns*), *tuttugu* (neben *tuítián*), anorw. auch selten (neben ebenfalls selt. *tiogo*, *tiugu* wie im on.) *tyttugu* (nach § 29, c) aus *tuittugu* (kontaminiert aus *tottogo* und *tvítián*) gebildet worden.

Gislason, Aarb. f. nord. Oldk. 1879, S. 160. Kock, Nord. tidskr. f. Fil. VIII, 291.

§ 232. Die Zehner von 30 bis 110 werden durch Verbindungen von 3 bis 11 mit dem Plur. wn. Nom. *tiger* (got. *tigjus*), on. Acc. *tighi* (*tiughi*, *tyghi*, *tiughu*), wozu selten Dat. *tiughum*, ausgedrückt. — *Hundraþ*, on. auch *hundraþa* (ursprünglich wohl Gen. Pl.) bezeichnet '120' (so gewöhnlich im Westnordischen) oder '100' (besonders im Ostnordischen). Es ist aus *hund* (got. *hund*) und *-rad* («Zahl», vgl. *-rǿdr* «zählend», got. *raþjan* «zählen») zusammengesetzt und wird im Westnordischen wie ein neutraler *a*-Stamm flektiert, ist aber im Ostnordischen fast indeklinabel. — «Tausend» (d. d. 1200, resp. 1000 wie bei «hundert») heißt wn. *þúsund* (ahd. *dūsunt*), als fem. *i*-Stamm flektierend, on. *þūsand* oder *þūsanda* (wie *hundraþa* zu erklären, s. gleich oben), selten *þūsund*, run. auch *þusind* (andd. *thūsint*) Ntr., indeklinabel. Die westnordischen Nebenformen *þúshund* und *þúshundraþ* (auch altschwedisch in der jüngeren Runeninschrift von Saleby aus dem J. 1228) sind entweder uralt, so daß *þúsund* aus einem mit dem oben erwähnten *hund* zusammengesetzten *þūs-hund* (vgl. salfränk. *þūschunde*) entstanden wäre, oder sie beruhen — und zwar wohl eher — auf Anlehnung an *hundraþ*, in welchem Falle got. *þūsundi* das ursprüngliche vertritt und ein altes Partizip (wie *hulundi* u. dgl. s. § 255) ist.

B. KONJUGATION.

1) Tempusbildung.

α) ABLAUTENDE VERBA.

§ 233. Erste Klasse, z. B. *grīpa* — *græip* (wn. *greip*, on. *grēp*, agutn. *graip*) — *gripu* — *gripinn* 'greifen'.

1) «Aoristpräsens» mit *i* oder (*a*-umgelautet) *e* kommt nicht selten vor, z. B. on., wn. *vega* (anorw. oft, altschw. selten *vigha*; vgl. ahd. *wigan*) 'kämpfen', wn. (alt) *tega* (neben *tiá*, got. *teihan*) 'zeigen', on., wn. *vita* 'wissen' (vgl. aschw. *vīta* 'beweisen'). Jod-Präs. sind wn. *blíkia* (vgl. ags. *blícan*) 'blinken', *svíkia* (ags. *swícan*) 'betrügen', *víkia* (ags. *wícan*) 'weichen', alle sicherlich unursprünglich (vgl. § 68).

2) Im Prät. Sg. steht im Altschwedischen (und Altdänischen) selten *ǣ*, z. B. *vǣt* (wohl nach 2. Sg. *væst*; vgl. auch aisl. *vetk-a* 'ich weiß nicht') 'weiß', *blǣf* (aus mndd. *blēf* nach § 144, I, b) 'blieb', *stǣgh* (s. § 41, a und 85, 10, b) 'stieg' neben gewöhnlichem *bēt* usw.

3) Part. Prät. mit *ī* zeigt wn. *tígenn* 'ausgezeichnet'. *A*-umgelautet ist wn. *beþenn* zu *bíþa* 'warten'.

§ 234. Zweite Klasse, z. B. *kriūpa* (on. *krȳpa* nach § 160, a, agutn. **kriaupa*) — *krǫup* (agutn., wn. *kraup*, on. *krøp*) — *krupu* — wn. (und jütisch) *kropenn*, agutn., on. *krupin(n)* 'kriechen'; wn. *bióþa*, on. *biūþa*, agutn. *biauþa* usw. 'bieten'.

1) Aoristpräs. mit *ū* ist häufig, z. B. *lūka* 'schließen', *sūpa* 'saufen', aschw. *būgha* (ags. *búʒan*) 'biegen', selten *hūþ-strūka* (neben *-strȳka*; vgl. ahd. *strūhhēn*) 'streichen' u. a. Dazu Jodpräs. wie wn. *strýkia* (neben *striúka*) 'streichen', *spýia* (mndl. *spœien*, ostfries. *spüjen* 'spritzen'; Prät. wn. *spió* wohl aus *spiǫu* nach § 110, b; vgl. lit. *spiáuju* 'speie' u. a.) 'speien', *lýia* 'zerquetschen'.

2) Prät. Sg. und Pl. zeigen selten alternativ ein nicht sicher erklärtes *o*, z. B. anorw. *bođ* 'bot', *skoto* 'schossen', mschw. *krop* 'kroch', *skovo* 'schoben', *bodho* 'boten'.

3) Part. Prät. hat im Ostnordischen selten (jedoch im Jütischen regelmäßig) den *a*-umgelauteten Wurzelvokal *o*, z. B. aschw. *lokin* (gew. *lukin*) 'geschlossen', *rovin* (gew. *ruvin*) 'zerbrochen'; im Westnordischen dagegen fast nie *u*, z. B. (*h*)*lutenn* (gew. *hlotenn*)

'bekommen', *lukenn* (gew. *lokenn*) 'geschlossen'. Einigemal kommt *ū* vor, z. B. wn. *lúenn* zu *lýia*, *þrútenn* (vgl. ags. *đrútian*) 'geschwollen'.

§ 235. Dritte Klasse, z. B. *bresta* — *brast* — *brustu* — wn. *brostenn*, on. *brustin(n)* 'bersten'; *spinna* — *spann* — *spunnu* — *spunninn* 'spinnen'.

1) Aor.-Präs. ist ziemlich selten, z. B. wn. *holfa* 'gewölbt sein', *horfa* (neben *huerfa*) 'sich wenden', *molka* 'melken', *morna* (ags. *murnan*) 'trauern', *sporna* (ahd., ags. *spurnan*) 'anstoßen', die jedoch — von Prät. *sparn*, Pl. *spurno*, und Part. *holfenn* abgesehen — sämtliche schwache Flexion angenommen haben. Ebenso Jodpräs. wie wn. *þriskia* (anorw. auch *þreskia*, on. *þryskia*, *þryska*, *þriska*) neben *þryskua* 'dreschen' (nur noch im on. mit starker Flexion), *syngia*, *-ua* 'singen' u. a., alle unursprünglich. Das *e* in *brenna*, *renna* neben (bes. im On.) *brinna* 'brennen', *rinna* 'laufen' erklärt sich aus einem einstigen Wechsel *n* : *nn* innerhalb der Flexion. Perfektvokal zeigen anorw. *þrǫngua* (und *þrøngua* nach Präs. *þrøngr*; daneben häufiger *þryngua*) 'drängen', *valla* (ahd. *wallan*, ags. *weallan*; gew. aber *vella*) 'sieden', aisl. *hnǫggua* (Präs. *hnøggr*, aber auch *hnyggr*) 'stoßen'. Ein Dentalpräs. ist *bregþa* (anorw., agutn. auch *brigþa*) 'vorwerfen', wie das Prät. *brá* (aus **brah*; Pl. wn. *brugþo* mit aus dem Präs. entlehntem *đ* — wie auch im Part. Prät. — on. schwach *brāþo*) bezeugt.

Noreen, *Urgerm. Lautlehre*, S. 13. 159. Arkiv f. nord. fil. III, 30 Note. K. F. Johansson, Z. f. vgl. Spr. XXX, 447.

2) Prät. Sg. und Pl. zeigen selten alternativ ein unklares (vgl. § 234, 2) *o*, z. B. aisl. *holp* 'half', anorw. *skolf* 'zitterte', *vorđo* 'wurden', aschw. *holpo* 'halfen', mschw. *skolvo* 'zitterten' u. a. m.

3) Part. Prät. hat vor Nasal immer *u*, sonst im Westnordischen fast ausnahmslos *o* (jedoch *brugþenn* und *drukkenn* aus **drunkinn*), im Ostnordischen aber regelmäßig *u*, selten *o*, z. B. aschw. *holpin* (gew. *hulpin*) 'geholfen', mschw. *solghin* 'verschlungen'. Ganz ausnahmsweise kommen *i*-umgelautete Formen vor wie anorw. *drykkinn*, *fynninn*, aisl. *syngenn*, aschw. *byndin* (vgl. nisl. substantiviert *byndin* neben *bundin* 'Garbe), mschw. *drykkin* (häufig in *drykkinskaper* 'Trunksucht').

§ 236. Vierte Klasse, z. B. *bera* — *bar* — *bāru* (aisl. *bǫ́ro*) — *borinn* (on. auch, besonders im Mschw. und immer im Agutn., *burin*) 'tragen'.

1) Aor.-Präs. ist nicht selten, z. B. *koma* (anorw. und on. auch

kuma) 'kommen', *troða* (on. auch *trudha*) 'treten', *sofa* (agutn. *sufa*) 'schlafen', *muna* (aschw. *mona*) 'sich erinnern', anorw. (selten), aschw. (oft) *mugha* (ahd. *mugan*) 'mögen', mschw. *knodha* (mit starker Flexion nur durch Präs. *knudher* belegt) 'kneten'. Jodpräs. sind wn. *symia* neben *suimma* (Nasalpräs.) oder *suima* (aschw. *sima* nach *summo*, *summin*) 'schwimmen', *hlymia* (mit starker Flexion nur durch Prät. *hlam* bei Egell belegt; vgl. ags. *hlimman*) 'tönen'. Perfekt-Vokalisation zeigt nur anorw. (selten), aschw. (oft) *magha* (got. *magan*) 'mögen'.

2) Prät. Sg. zeigt gleichfalls nicht selten «aoristische» Bildung wie *kom* (on. auch selten *kum* und *kam*, rschw., agutn., wn. auch *kuam*) 'kam', *mon* (*mun*) 'werde' (neben *man* 'memini'), on. *troþ* (*trudh* neben selt. *tradh*) 'trat', *sof* (wn. *suaf*) 'schlief'. Adän. *bār* 'trug' u. a. (vgl. wn. sehr selten *nám* 'nahm') haben das *ā* aus dem Pl. entlehnt wie wn. *óf* 'wob' sein *ó* aus dem Pl. *ófo* (s. 3 unten).

Ljungstedt, *Anmärkningar till det starka preteritum*, S. 111 ff.

3) Prät. Pl. hat statt *ā* nicht selten den schwach ablautenden Wurzelvokal *u*, z. B. *munu* (gr. μέμαμεν) 'werden', *skulu* 'sollen', *summo* (mit *mm* aus *suimma* — s. oben 1 — wie auch im Sg. *suamm* neben *suam*) 'schwammen', on. selt. *kumo* 'kamen', *trudhu* 'traten', mnorw. und on. *mughu* (ahd. *mugun*) 'mögen'. Das *ō* in wn. *kómo*, *nómo* 'nahmen', *sófo*, *ófo*, on. *kōmo*, *mōgho* (neben *māgho*) *nōmo* (neben *nāmo*), *sōmo* (analogisch auch *trōdho*) erklärt sich nach § 35, a. Auffallend ist *a* in den anorw. häufig vorkommenden Nebenformen *manu* (selten *mǫnu*), *skalu* (aisl. ziemlich selten *skǫlo*).

4) Part. Prät. hat wn. *o* außer in *sumenn* (einmal *sommenn*; vgl. oben 3) und *numenn* (anorw. oft, aisl. sehr selten auch *nomenn*); on. aber ist in fast allen hierher gehörigen Wörtern *u* ebenso häufig als *o*.

§ 237. Fünfte Klasse, z. B. *geta* — *gat* — *gātu* (aisl. *gǿto*) — *getinn* 'bekommen'.

1) «Perfektpräsens» mit *a* ist hier nicht selten, z. B. wn. *fata* (neben *feta*) 'den Weg finden', *frata* (*freta*) 'pedere' — die jedoch beide schwache Flexion angenommen haben — on. *vraka* (*vræka*) 'treiben'. Jodpräs. sind *sitia* 'sitzen', *biþia* 'bitten', *liggia* 'liegen', *þiggia* 'empfangen'. Nasalpräs. *fregna* (Prät. *frā*, Pl. *frāgho*) 'fragen'.

2) Prät. Sg. mit altem *ā* zeigt on. *át* (got. *fr-ēt*, lat. *ēdi*) 'aß'; dagegen beruhen aisl. selt. *gáf* 'gab', *sát*, anorw. *báð* 'bat', *mát* 'maß', verhältnismäßig seltenes adän. und wn. *vár* 'war', aschw. *sāt* 'saß' u. dgl. auf Entlehnung aus dem Pl. Über *ō* s. unten 3.

3) Prät. Pl. hat hier oft (ein nach § 35, a entstandenes, dann aber bisweilen analogisch weiter verbreitetes) *ō*, z. B. wn. *kóþo* (aus *kuǫþo*, anorw. *kuđđo*) 'sagten', *óro* (*vǫro*, *váro*) 'waren', *móto* (*mǫto*, *máto*) 'maßen' u. a. Im Altschwedischen (ausnahmsweise auch im Anorw.) kommt dies *ō* bisweilen durch Entlehnung auch im Sg. vor, z. B. *kōþ* (anorw. selten *kóđ*) 'sprach', *vōgh* (statt **ōgh* nach *vægha*) 'bewegte' u. a.; vollständig nach § 238 geht alternativ *vræka* (vgl. oben 1).

§ 238. Sechste Klasse, z. B. *fara* — *fōr* — *fōru* — *farinn* 'fahren'.

1) Da die meisten der hierher gehörigen Verba ursprüngliche «Perfektpräs.» der 4. und 5. Klasse (vgl. *grafa* 'graben' mit asl. *grebą*; *fara* 'fahren' mit asl. *perą*; *kala* 'frieren' mit lat. *gelo*; *mala* 'mahlen' mit asl. *melją* u. dgl.) sind, so können vielleicht als altertümliche und zwar regelmäßige Bildungen nach den genannten Klassen solche Fälle betrachtet werden wie z. B. anorw. (selten) *grefa*, aschw. (oft) *græva* (fries. *greva*) neben *grava* 'graben'; häufig anorw. *drega*, aschw. *drægha* (fries. *drega*) neben *draga* 'ziehen'; Prät. Pl. aschw. *swāro*, Part. Prät. *sorenn*, aschw. *sorinn* (selt. *surin*) neben resp. *sōro* und wn. *suarenn*, aschw. selten *swarin* zu *sueria*, *swæria* (Prät. *sōr*) 'schwören'; aschw. *kolin* (*kulin*) neben wn. *kalenn* 'erkältet u. dgl. Vgl. ferner die § 237, 3 erwähnte vollständig doppelte Themabildung aschw. *vræka* — *vrak* — *vrāko* — *vrækin* neben *vrakā* — *vrōk* — *vrōko* — *vrakin* 'treiben'.

Brugmann, Indog. Forsch. XXXII, 179 ff.

2) Jodpräs. ist sehr häufig, z. B. wn. *skepia* (aber on. *skapa*) 'schaffen', *hefia* 'heben', on. *væxa* (got. *wahsjan*) neben *vaxa* 'wachsen', u. a. m. Nasalinfix kommt in *standa* — *stōþ* — *stōþu* — *staþinn* (on. aber fast immer *standin* mit entlehntem *n*) 'stehen' vor (wie im got. *standan*); jedoch ist im Ostnordischen das dem ahd. *stān* entsprechende, aber nur im Präs. gebräuchliche *stā* ebenso häufig.

β) URSPR. REDUPLIZIERENDE VERBA.

§ 239. Die erste Klasse bilden «perfektpräsentische» Verba der ersten ablautenden Klasse, z. B. *hæita* (wn. *heita*, on. *hēta*, agutn. *haita* = got. *haitan*) 'heißen'. Da hier schon im Präsens der sonst dem Präteritum charakteristische Diphthong *ai* sich findet, muß dies anders gebildet werden und zwar wie im Gotischen durch Reduplikation. Die Reduplikationssilbe kann teils unbetont (wie im got. *saizlēp*), teils haupttonig (wie im got. *saislēp*) sein.

a) Urnord. **hehait* (got. *haihait*) mit haupttoniger Ultima muß nach der Synkope **hhait,* wn. (selten, z. B. Olsen, Vǫlsunga saga, S. XXI zweimal; Hægstad, Maalet i d. gamle no. kongebrev, S. 38 u. a.) *heit*, aschw. *hæit* (z. B. Noreen, Aschw. lesebuch, S. 87[6], 89[23] u. a.) > *hēt* ergeben. Ebenso gebildet ist wn. *sueip* zu *sueipa* 'einhüllen'; hierzu ablautend Pl. *suipo* (wie wohl agutn. Sg. *hīt* seinen *i*-Laut einem **hitu* verdankt).

b) Urnord. **hehait* mit haupttoniger Pænultima gibt **hēæit* > **hēēt* > **hēit*, woraus wn. *hēt* (ags. *hét*, ahd. *hēz*), on. *hǣt*, Pl. *héto*, resp. *hǣto*. Nach diesem Muster ist wn. *lék*, on. *lǣk* (mschw. auch dialektisch *lēk*, s. § 144, I, b) zu *læika* 'spielen' gebildet.

§ 240. Die zweite Klasse bilden «perfektpräsentische» Verba der 2. Ablautsklasse wie *hlǫupa* (aisl. *hlaupa*, agutn., anorw. *laupa*, on. *lōpa* = got. *hlaupan*) 'laufen'. Präteritum wird auf dieselbe zweifache Weise (s. § 239) gebildet:

a) Urnord. **hehlaup* > **hhlaup* gibt on. *lōp*, ngutn. *laup*, anorw. **laup*, das durch den selt. Pl. *laupu* (mit aus dem Sg. entlehntem *au*; vgl. mschw. *lōpo* nach *lōp*) bezeugt wird. Hierzu Pl. ablautend wn. (*h*)*lupo*, on. *lupu* (mhd. *luffen*).

b) Urnord. **eaus* > **iǫus* zu *ausa* 'schöpfen' gibt nach § 110, b wn. *iós*, Pl. *ióso* (neben *iuso* durch Einfluß von dem nach a oben gebildeten **usu,* dessen einstiges Vorhandensein durch den Konjunktiv *ysa* — wie *hlypa* zu *hlupo* sich verhaltend — bezeugt wird). Ebenso *iók* (got. *aiauk*, s. § 110, a) zu *auka* 'vermehren'. Nach diesen Mustern ist zu *hlaupa* 'laufen' gebildet *hliόp*, Pl. *hliópo* (anorw. auch *liupu* durch Einfluß von *lupu,* s. oben a). Lautgesetzlich aber ist das zu *hǫggua* (aus **hauwan*, s. § 57) 'hauen' gehörige wn., adän., rschw. (geschrieben *hiu*, z. B. Ingelstad, Tjuvstigen) *hiō* aus *hiǫu* (run. *hiau* Læborg) < **hĕau* < **hehau*; dazu Pl. **hehauwun* > **hehagg(w)un* > **hĕaggu* > *hiaggu* (run. *hiaku*, z. B. Härene; hierzu Sg. oft *hiak*, ngutn. und in Dalarna *iægg*) > wn., on. *hioggo* (wonach aschw., adän. Sg. *hiogg* und durch Einfluß des *i*-losen Präs. *hogg*), *hiuggo* (wonach mschw. *hiugg* und analogisch *hugg*, Pl. *huggo*). Über anorw. *hiogge* statt *hió* s. § 243.

e) Unklar bleiben aschw. *lopp* — wo besonders *pp* auffällt — und anorw. (selten) *lép*, adän. *lǣp* (wäre aisl. **hlép*) sowie nschw. dial. (Dalarna) *liep* (wäre aisl. **hleip*) 'lief'.

§ 241. Die dritte Klasse enthält «Perfektpräsentia» der 3. Ablautsklasse wie *halda* (got. *haldan*) 'halten', *ganga* (got. *gaggan*; on. — wn. erst spät und selten — auch *gā* = ahd. *gān*) 'gehen'. Die Präteritibildung ist ebenfalls zweifacher Art:

a) Urnord. _fefall_ > _ffall_ > on. _fal(l)_ 'fiel'; ebenso aschw. _valt_ (_*wewald_) 'waltete' (vgl. ags. _ȝanȝ_ zu _ȝonȝan_ 'gehen').

b) Urnord. _*hehald_ > _*hēalt_ > anorw. _hélt_ (oft _heilt_ geschrieben; nisl. _hjelt_ nach § 94 oder 93, c) > wn. _helt_ (aschw. _hælt_); dazu Pl. _*hehaldun_ > _*hēaldu_ > _*hialdu_ (> anorw. _hiældu_, agutn. _hieldu_, wonach Sg. ngutn. und in Dalarna _iælt_) > on. (nach § 25) _hioldo_ (wonach Sg. _hiolt_ und durch Einfluß des _i_-losen Präs. später _holt_, Pl. _holdo_), dann nach § 142, b (Schluß) _hiuldo_ (wonach Sg. mschw. _hiult_ und analogisch _hult_, Pl. _huldo_), während wn. _heldo_ sich nach dem Sg. _helt_ gerichtet hat. Ebenso ist zu _hanga_ 'hangen' gebildet Prät. _*hehang_ > _*hēank_ > _*hēnk_ > _hink_ (aschw. ausnahmsweise erhalten durch Einfluß des Pl.) > nach § 69 wn. _hekk_ (aschw. _hænk_ nach dem Pl.). Lautgesetzlich dürfte auch sein wn. _gekk_, on. _gæk_ (häufiger _gik_ nach dem Pl.) < _*gink_ < _*gēnk_ < _*ge[ȝ]ank_ (vgl. § 85, 10, a) < _*ȝeȝang_ 'ging', Pl. _*ȝeȝangun_ usw., wn., on. _gingo_ (wn. aber später _gengo_ mit aus dem Sg. entlehntem _e_). Nach diesen Mustern sind dann entstanden _fèll_ (nisl. _fjell_, nschw. Dial. _fell_) > wn. _fell_, on. _fæl_ neben (nach dem Pl.) adän. und runenschwed. (z. B. Kälvesten und — _feal_ geschrieben — Högby) _fial_ (> on. _fiæl_), _fiol_ (mschw. auch _fol_), _fiul_ (mschw. auch _ful_) 'fiel'; wn. _fekk_, on. _fæk_, _fik_ 'fing' u. a. m.

§ 242. Die vierte Klasse bildet langvokalische Präsentia der (4. und) 5. Ablautsklasse wie _lāta_ (got. _lētan_) 'lassen'. Die Präteritibildung ist wiederum zweifach:

a) Urnord. _*lelōt_ (got. _lailōt_) > _*llōt_ gibt on. _lōt_, Pl. _lōto_, wozu der auch im Wn. nicht seltene Inf. _lata_ neben _láta_ neu gebildet ist nach dem Muster _fara : fór_, _-o_ u. dgl., wie auch Prät. _tōk_ aus _*t(e)tōk_ (got. _taitōk_), _-o_ zu dem Inf. _taka_ statt _*táka_ (got. _tēkan_) Anlaß gegeben hat. Wegen adän. (nicht selten) _løt_ vgl. § 144, II, b.

b) Urnord. _*lelōt_ ist entweder nach § 38, b direkt zu _*lelat_ geworden oder vielleicht eher zunächst nach dem Inf. _*lātan_ zu _*lelāt_ umgebildet (wie got. _saislēp_ statt _*saislōp_ nach _slēpan_). Hieraus, teils wohl durch dissimilatorischen Schwund des zweiten _l_, teils durch Einfluß des Typus _*hēalt_ (s. § 241, b), entstand _*lēăt_, das wohl durch runisches _liat_ (Havdhem) und und das auf entsprechende Weise gebildete agutn. _rīaþ_ (nach § 144, I, a aus _*rēaþ_) belegt ist, aber sonst, als _*hēalt_ zu _hēlt_ wurde, zu wn. _lét_, on. _lǽt_, agutn. (Hauggrän) _lēt_ neben _līt_ nach dem Pl. _litu_ (das sein _i_ wohl dem Muster _*hēt : *hitu_, s. § 239, verdankt; sonst aschw. _lǽto_, wn. _léto_) überging. Ebenso entstanden ist wn., agutn. _rēþ_, aschw. *rǣþ* 'riet', und nach diesen Mustern wn. *blés* 'blies', *grét*, on. *grǣt* 'weinte'. Seltene wn. Formen mit *ei* statt *é* dürften nur eine orthographische Variante zeigen, während die nicht seltenen on. Formen mit *ē* (von Agutn. abgesehen) aus nördlichen und westlichen Dialekten stammen (s. § 144, I, b und Hesselman, Arkiv f. nord. fil. XXVII, 351 ff.).

§ 243. Die fünfte Klasse enthält langvokalische Präsentia der 6. Ablautsklasse, ist aber nur spärlich vertreten. Zu *blōta* 'opfern' lautet das Prät. wn. *blēt* (on. aber schwach), wo *é* wohl älteres *ó* ersetzt hat, als der Typus *lōt* überhaupt von *lét* u. dgl. verdrängt wurde (s. § 242); dagegen zu wn. *búa* 'wohnen' Prät. *bió* (on. *bōa* geht schwach) mit dunklem *ió*. Die Nebenform 3. Sg. anorw. (selten aisl.) *biogge* (wonach 3. Plur. anorw. *bioggio*), anorw. auch *biuggi*, ist wohl, ebenso wie anorw. *hiogge* (wonach Plur. wn. *hioggio*, *hiuggio*) neben *hió* (s. § 240, b), zu den Plur.-Formen wn. *bioggo*, *biuggo*, resp. *hioggo*, *hiuggo*, nach dem Muster der schwachen Präterita gebildet, während das entsprechende agutn. *biggui* (durch Hauggrän *bikui* belegt), aschw. *byggi* (runisch häufig als *byki*, *buki*) seinen Vokal dem synonymen Verb **biggua*, resp. *byggia* verdankt.

§ 244. Die sechste Klasse bilden diejenigen Verba, bei denen die Reduplikationssilbe noch bis in die literarische Zeit erhalten worden ist, z. B. *sā* 'säen'. Aus urgerm. Prät. **sezō* mit haupttoniger Ultima (wie das *z* bezeugt; vgl. got. *saizlēp* zu *slēpan*) wird urnord. **seʀō* und ferner im Anschluß an die schwachen Präterita **seʀǭ*. Dann wurde, schon vor der Synkopierungszeit, um den Zusammenhang mit dem Präs. *sā* zu wahren, der Hauptton wie sonst auf die erste Silbe versetzt, wodurch wn. *sera* entstehen konnte; daneben entsteht nach Plur. *sɵro* (das seinerseits statt *sero* nach der Analogie *rerā* : *rɵro*, s. gleich unten, gebildet ist) ein *sɵra*. In derselben Weise werden im Westnordischen zu *róa* 'rudern' ein *rera* oder (nach dem Plur. *rɵro*, s. § 28, c, Schluß) *rɵra*, zu *snúa* 'wenden' *snera* (aus **snezō* < **seznō*), *snɵra*, zu *gróa* 'keimen' *grera*, *grɵra* und ferner nach dem Muster von *sá* ein *slera*, *slɵra* statt *sló* zu *slá* 'schlagen' und nach dem von *snúa* ein *gnera*, *gnɵra* zu *gnúa* 'reiben' gebildet; im Ostnordischen dagegen stehen hier überall schwache Formen.

γ) schwache Verba.

§ 245. Die Präsensbildung stimmt im allgemeinen ganz mit der des Gotischen überein, z. B. *kalla* 'rufen' aus **kallōn* (vgl.

got. *salbōn*), *vælia* (got. *waljan*) 'wählen', *dø̄ma* (got. *dōmjan*) 'richten'. Nur bei den Verben, die dem got. Typus *þulan* entsprechen, zeigen sich wesentliche Abweichungen, weil das nach § 40, c und § 50, c synkopierte Prät. (*þolđi* = got. *þulaida* u. dgl.) oft ganz oder teilweise Übertritt in die Klasse *vælia* (Prät. *valđi* = got. *walida*) — oder umgekehrt — veranlaßt. Daher stehen nebeneinander z. B. wn. *hefr* und *hefer*, agutn. *hafr* (aschw. *haver*) und aschw. *havir* 'hat'; anorw. *trýr*: aisl. und anorw. *trúer* 'glaubt'; aschw. *þor*, mschw. *thør*: wn. *þorer* 'darf'; aschw. *þol*, mschw. *thøl*: wn. *þoler* 'duldet'; aschw. *spar*: wn. *sparer* 'schont'; on. *sæghia* : *(lēþ)sagha* (und Rök 1. Pl. Präs. *sakum*, *saȝum*) 'sagen' u. a. m.

§ 246. Die Präteritalbildung ist verschiedener Art:

1) Am häufigsten steht dentale Ableitung mit vorhergehendem «Bindevokal», z. B. wn. 3. Sg. *kallaþe* 'rief' aus **kallōđē* (vgl. got. *salbōda*), *valþe* 'wählte' aus **waliđē* (got. *walida*; vgl. urnord. 1. Sg. *tawiđo* 'stellte her' Gallehus), *dø̄mþe* 'richtete' aus **dōmiđē* (got. *dōmida*; vgl. urnord. 1. Sg. *faihiđo* 'schrieb' Vetteland, Einang, *haaiwiđo* 'bestattete' Kjølevig, wozu Part. Prät. *haiwidaʀ* Amle), *vitte* (got. *witaida*, nach § 50, c) 'beobachtete, besorgte' mit Part. *vitaþr* (got. *witaiþs* nach § 40, b, γ). Da in der letzterwähnten Klasse Part. wie *hafaþr* 'gehabt', *sagaþr* 'gesagt', Ntr. *lifat* 'gelebt' u. a. Nebenformen wie *hafþr*, *sagþr*, *lifþr* usw. zeigen, so erklärt sich dieses (nach § 50, c) durch Ausgleichung einer Flexion *hafaþr*, Acc. *hafþan* usw.

2) Nicht selten fehlt der «Bindevokal» vor dem Dentale, z. B. wn. 3. Sg. *orte* (urnord. 1. Sg. *worahto* Tune, 3. Sg. *wurte* Tjurkö, got. *waúrhta*) 'machte', *þótte* (got. *þūhta*) 'dünkte', *mátte* (got. *mahta*) 'möchte', *átte* (got. *aihta*) 'hatte', *þurfte* (got. *þaúrfta* 'bedürfte', *munde* (got. *munda*) 'wurde' (aber *munþe* 'erinnerte sich' aus **munēđē*, got. *munaida* 'gedachte'), *visse* (got. *wissa*) 'wußte', *unne* (aus **unþē*, ags. *úđe*) 'liebte' u. a. m. Auffallend ist der Umlaut in wn. *ęelde* (hätte Synkope stattgefunden, stünde in der ältesten Zeit **selþe*; dagegen ohne Umlaut on. *salde* neben seltnerem *sælde*; vgl. ahd. *salta*, ags. *sealde*) 'verkaufte'. Alter Akzentwechsel wird durch den vorhandenen grammatischen Wechsel erwiesen, z. B. durch Gegensätze wie *kunne* (got. *kunþa*) 'konnte' : *munde* (got. *munda*) 'wurde' oder wn. *olle* (**wolþē*) 'waltete' : *vilde* (got. *wilda*) 'wollte'. *Lagþe* 'legte', *hugþe* 'dachte' u. dgl. können sowohl got. *lagida*, *hugida* wie ags. *leȝde*, as. *hogda* entsprechen. Ebenso können die gegen

got. *habaida*, *libaida* u. dgl. stehenden *hafþe*, *lifþe* usw. sowohl nach § 50, c synkopiert sein, als as. *habda*, *libda* u. dgl. gleichzustellen, also ohne Synkope gebildet sein. Zwar scheinen Part. wie (die oben 1 erwähnten) *hafaþr*, *sagaþr*, Ntr. *lifat* u. dgl. für jenes Alternativ zu sprechen, da man aber im On. z. B. *laghaþer* (neben *lagþer*) zu *læggia* 'legen', das unzweifelhaft nicht zu den *ē*-Verben gehört (vgl. u. a. aisl. Part. *lageþr* neben *lagþr*, got. *lagiþs*), findet, so können natürlich *hafaþr* usw. ebensowohl wie *laghaþer* auf Analogiebildung beruhen.

3) Ziemlich selten ist eine Formation ohne dentale Ableitung, welche vielleicht eine Neubildung nach den dentallosen Partizipien (s. § 256, 3) ist. Z. B. aisl. (im Stockh. Hom.) 3. Sg. *mis-gere* (*-gerþe*), runisch *kiari* 'machte' zu *gerr* 'gemacht'; wn. (im Stockh. Hom. und im anorw. Hom.) *horfe* (neben *horfþe*) 'wandte'; adän. (jütisch) *havæ* (*hafthæ*), aschw. (selten) *havi*, aisl. (Stockh. Hom.) *hafe* 'hatte'; aschw. Pl. *laghu*, adän. Sg. *laghæ* (*laghthæ*) 'legte(n)' zu *lagh(er)*, aisl. *lagr* 'gelegt'; adän. *saghæ* (*saghthæ*), aschw. oft *saghe* (*sāghe*?), selten *sæghi* (*saghþe*, agutn. *segþi*) 'sagte', aisl. 2. Pl. *sǫgoþ* (im Stockh. Hom.) 'sagtet' zu aisl. *sagr*, aschw. *sagher*, adän. *sagh* 'gesagt'; aschw. (selten) *lēghi* (*lēghþi*) 'mietete'.

Noreen, *Aisl. und anorw. gramm.*[3] § 497 Anm. *Altschwed. gramm.* § 552 Anm. 5 und § 553 Anm. 5, 6, 9, 13, 14, 18, 19, 21. Loewe, Indog. Forsch. IV, 378. Kock, Arkiv f. nord. fil. XI, 337.

2. Endungen.

§ 247. Der Infinitivus Præsentis endet auf *-a*, das teils aus *-an*, teils aus *-ōn* entstanden ist, z. B. *binda* (got. *bindan*) 'binden', *vælia* (got. *waljan*) 'wählen', *kalla* 'rufen' (vgl. got. *salbōn*). Eine abweichende Endung *-u* aus *-un* — entweder ablautend zu dem gewöhnlichen *-an* und also wohl dem seltenen ags. *-un*, *-on* entsprechend oder wohl eher nach § 248 zu erklären (also ursprünglich mit der 3. Pl. identisch) — kommt nur in wn., aschw. *skulu* (*skolo*) 'sollen', wn. *munu* (*mono*) 'werden', aisl. *megu* (einmal, sonst *mega*), adän. *mughu* (neben *mugha*) 'mögen', adän. *vitu* (einmal, sonst *vita*) 'wissen' vor.

§ 248. Infinitivus Præteriti (oft mit Präsens-Bedeutung) ist eine spezielle Eigentümlichkeit des Altwestnordischen, kommt aber auch hier nur selten vor, besonders im prosaischen Sprachgebrauch, wo überhaupt nur vier Formen (in der Poesie aber etwa 37, alle zweisilbig) belegt sind: *mundo*, *skyldo*, *vildo* und (anorw.)

urđu zu resp. *mono* 'werden', *skolo* 'sollen', *vilia* 'wollen' und *værđa* 'werden'. Die Form ist immer mit derjenigen der 3. Plur. Prät. Ind. identisch und ist wohl auch dem Ursprunge nach davon nicht verschieden. Die Verwendung der 3. Plur. als Infinitiv beruht wohl teils auf der Gleichung Präs. Inf. *fara* 'fahren' = 3. Plur. Präs. *fara* 'fahren', teils auf anakolutischen Konstruktionen wie *ek sá þá fóro* (statt *þá fara* oder *þeir fóro* wie *«hygg ek iarlar knǫtto»*) 'ich sah sie fahren' ([daß] sie fuhren); vgl. z. B. die analoge Konstruktion mit 3. Sg. (in der Niála): *hann kuaz eigi ríđa mundi* 'er sagte sich nicht reiten werden' (eigentlich: 'würde') u. a. dgl., wo wir also gewissermaßen einen Inf. Prät. auf *-i* haben.

§ 249. Indicativus Præsentis:

1. Sg. zeigt dreifache Bildung:

a) Urnord. *-*u* (aus *-*ō*, vgl. got. *baira*, ahd. *faru*, as., ags.-kent. *bindu*), vielleicht durch Kragehul *wiju* (ahd. *wīhiu*) 'weihe', Overhornbæk *tAuiu* (got. *tauja*) 'stelle her', Brakteat aus Seeland *ȝibu* (ahd. *gibu*) 'gebe' belegt, bleibt nach der Synkopierungszeit nur vor suffigiertem *-mk* (aus *mik*) und *-m* (aus **miʀ* > *mér*), z. B. aisl. *heitomk* 'nenne mich', *leynom* 'verberge mich'; schwindet sonst durch die Synkope, z. B. *heit* 'nenne', *leyne* (aus **launiu*) 'verberge'. Im Aisl. und Jütischen, gewöhnlich auch im Anorw., tritt nach Analogie der 2., 3. Sg. *i*-Umlaut ein, im On. (außer im ältesten Jütisch und ganz ausnahmsweise im allerältesten Aschw.) wird aus denselben Formen die Endung *-r* aufgenommen, z. B. wn. *býþ* (anorw. aber noch bisweilen *bióđ* wie auch *skiót, kom, fá* u. a.), on. *biūþer* statt **biūđ* 'biete'. Der zu erwartende *u*-Umlaut zeigt sich in den synkopierten Formen nie, z. B. on. *far* (nicht **fǫr*, wiewohl aus **faru*) 'fahre', was aus der Analogie der übrigen Personen zu erklären ist.

Hægstad, Arkiv f. nord. fil. XX, 358 ff., XXII, 283 ff. Larsen, ib. XXV, 74 ff. Lyngby, *Udsagnsordenes böjning*, S. 35.

b) Urnord. nasaliertes *-*ǭ* (aus *-*ōm*, vgl. got. *salbō*, north. *dró-w(iȝ)a* wie auch asl. *vesą*, lit. *sukù-s*) gibt *-a* in wn. *kalla*, on. *kalla-r* (mit aus der 2., 3. Sg. entlehntem *-r*; vgl. oben a) 'rufe' usw. bei den dem got. Typus *salbō* entsprechenden Verben. Ob wn. dichterische, aber nicht seltene Formen wie *þiónom* 'diene' u. dgl. dem ahd. Typus *dionōm* entsprechen und also eine Endung *-*ōmi* voraussetzen — in welchem Falle Formen wie *hyggiom* statt *hygg* 'denke', *bióþomk* st. *býþ ek* u. dgl. als Analogiebildungen nach *þiónom* u. a. aufzufassen sind — oder ob sie aus dem Medio-Passiv stammen, bleibt unsicher. Dichterische Formen wie *kallegak* 'ich rufe nicht' sind wohl aus **kalla-eg-a-ek* u. dgl. entstanden, indem *-a* vor *-eg* 'ich' elidiert worden ist.

Þorkelsson, Arkiv f. nord. fil. VIII, 34 ff. Wadstein, ib. 86. Kock, ib. XIV, 224 ff. Falk, AfdA. XVIII, 193.

c) Urnord. nasaliertes **-ē* (wohl aus **-aim*; vgl. **-aimi* in ahd. *bibēm* = aind. *bibhēmi* wie ahd. *kallōm* = aind. *gṛṇāmi*) gibt *-i* in wn. *bife* 'bebe', *life*, on. *lifi-r* 'lebe' usw. bei den dem got. Typus *haba* entsprechenden Verben. Selten tritt diese Endung (und dem entsprechend 2., 3. Sg. *-ir*) bei Verben von dem Typus *salbō* auf, z. B. wn. *kaupe*, on. *køpi-r* zu *kaupa*, resp. *kōpa* (ahd. *kouffōn*) 'kaufen', on. *klande-s* 'werde getadelt' (neben *klanda-r* 'tadle'); vgl. Schwankungen wie ahd. *klagēn*, *-ōn*, *wīsēn*, *-ōn*, *tholēn*, *-ōn*, *holēn*, as. *halōn* (zum Teil aber dürften alte Optativformen mit im Spiele sein). Ebenso kommen Schwankungen zwischen den beiden unter a) und c) erwähnten Bildungsweisen vor, z. B. wn. *náe* und *næ̋* (got. *nēlvja*) 'bekomme', *hefe* und *hef* (as. *hebbiu*) 'habe' u. a. m. (vgl. auch § 245).

2) Sg. zeigt dieselben drei Bildungen; urnord. Belege fehlen.

a) Urnord. **-iʀ* (aus **-iz*, vgl. got. *bairis* aus **beriz*) gibt *-r* mit *i*-Umlaut in langer, wahrscheinlich aber nicht in kurzer Wurzelsilbe (was aber in Fällen wie *gefr* 'gibt', *nemr* 'nimmt' u. dgl. statt nach § 28, a zu erwartenden **gifr*, **nimr* — vgl. *vinr* 'Freund' aus **veniʀ*, *sigr* 'Sieg' aus **seȝiʀ* u. dgl. — wohl auf Ausgleichung nach dem Inf. und Pl. beruht wie in *verþr* statt **virþr* 'wird' u. dgl., s. gleich unten); vgl. § 51, a. Bei den starken Verben tritt aber im Wn. und Jütischen (selten im sonstigen On.), außer bei dem Wurzelvokal *e* (siehe gleich unten) analogisch umgelauteter Vokal — von seltenen Fällen wie aisl. *komr*, anorw. *takr*, *hǫggr*, die von dem Inf. und Pl. beeinflußt sein können, abgesehen — auch in kurzer Silbe ein, während umgekehrt im On. (außer dem Jüt.) gewöhnlich, im Wn. dagegen nur, aber dann fast durchgehends, bei altem *e* (vgl. oben), unumgelauteter Vokal auch in langer Silbe eintritt, z. B. on. *far(r)* (wn. *ferr*) 'fährt', wn. *lǽtr* (on. *lāter*, seltener *lǽter*) 'bietet', aber wn., agutn. *brestr* (aschw. *brister*, selten *bræster*) 'birst'. Bei kurzsilbigen *ja*-Verben, die ja auch im Inf., Präs. Plur. und der 1. Sg. lautgesetzlich *i*-Umlaut haben, steht auch im On. fast immer umgelauteter Vokal, z. B. wn. *kefr*, on. *kwæver* 'drückt nieder', wn. *leggr*, on. *lægger* 'legt', was sich daraus erklärt, daß man von Formen wie **laȝjiʀ* (got. *lagjis* mit analogisch eingeführtem *j*) statt **laȝiʀ* (das wn. **lagr*, on. **lagher* ergäbe; vgl. *herr* aus **harjiʀ* neben **hariʀ* in *Ragn-arr* u. dgl., s. § 191, 1) auszugehen hat, und also *i* nach langer Silbe synkopiert worden ist. Fast konsequent steht on. *haver* (run. *hafʀ*; ausnahmsweise Härene *hifiʀ*, d. h. *hæviʀ*, s. unten bei der 3. Sg.) gegenüber wn. *hefr* (vgl. as. *hebbiu*, während on. *havir* gleich got. *habais* ist). Langsilbige *ia*-Verben zeigen natürlich *-ir* aus **-īʀ*, **-iiz* (got. *dōmeis*), z. B. wn. *dǿmer*, on. *dømir* 'richtet'.

Noreen, *Aisl. gramm.*[3] § 520 Anm. 4 und 5. *Aschwed. gramm.* § 561 Anm. 4. Söderberg, *Uppsatser i nord. språkforskning*, S. 6ff. Hægstad, *Vestno. Maalføre* I, 83. 124. Hesselman bei Noreen in Xenia Lideniana, S. 11.

b) Urnord. **-ōʀ* (aus **-ōz*, vgl. got. *salbōs*) gibt *-ar*, z. B. *kallar* 'rufst'.

c) Urnord. **-eʀ* (aus **-aiz*, vgl. got. *habais*) gibt *-ir*, z. B. *loþer*, *-ir* 'haftet an'.

3. Sg. urnord. **-iđ*, **-ōđ*, **-ēđ* (vgl. *bairiþ*, *salbōþ, habaiþ*) gäbe in derselben Weise *-đ*, *-ađ*, *-iđ*, aber diese Endungen sind (im Activum) nur spärlich belegt: run. noch unsynkopiert Stentofta *bariutiþ* (wäre aisl. **brýtt*) 'bricht', in der Literatur vereinzelt aisl. *geriþ* (und wohl das einmalige aschw. *gærid*) 'tut', *verþ* 'wird', *þykke þér* (aus **þykkiþ þér* wie *eþa* zu got. *aiþþau* u. dgl., s. § 81) 'es scheint dir'. Dagegen vor den Medio-Passiv-Endungen *-sk*, *-ss* (s. § 258) ist *-đ*, in *-t* übergegangen, sehr oft erhalten, z. B. wn. *bǿtezk*, aschw. *bøtiz* 'wird gebüßt' usw. Sonst ist aber allgemein schon im Anfang der Vikingerzeit (wenn nicht früher) die Form der 2. Sg. in die 3. Sg. eingeführt, z. B. Björketorp *barutʀ* (wn. *brýtr*) 'bricht', Rök (im Verse, noch unsynkopiert, weil mit kurzer Wurzelsilbe) *sitiʀ* (wn. *sitr*) 'sitzt', Flemløse *stą[n]tʀ* (wn. *stendr*) 'steht', Härene *hifiʀ* (wn. *hefer*) 'hat' usw.

Noreen, Arkiv f. nord. fil. V, 393f. Brate, *Ä. Vestmannalagens ljudlära*, S. 64.

1. Pl. urnord. -**om*, -**ōm* (vgl. got. *bairam*, *salbōm*) gibt *-um*, z. B. run. (Rök) *sakum*, *saȝum* 'sagen', wn., on. *bindom* 'binden', aisl. *kǫllom*, anorw., aschw. *kallom* 'rufen'. Vor den Pron. *mit, mér (vit, vér)* fehlt im Wn. (von den allerältesten aisl. Denkmälern abgesehen) oft *-m*, z. B. *bindo mér* aus *bindom mér* (s. § 81; vgl. § 132, b).

2. Pl. zeigt sehr verschiedene Bildung in den verschiedenen anord. Sprachen (urnord. ist die Form nicht belegt):

a) Aisl. steht *-eþ* aus urnord. **-iđ*, **-ēđ* (vgl. got. *bairiþ*, *habaiþ*),

z. B. *bindeþ, hafeþ*, und dies *-eþ* ist auch in den Typus *kalleþ* (statt **kallaþ*, vgl. got. *salbōþ*) hineingeführt worden (vgl. oben 1. Sg., c). Vor den Pron. *þit, þér* steht regelmäßig — wie auch bisweilen vor anderen mit *þ* anlautenden Wörtern — nur *-e*, z. B. *gefe þér* 'ihr gebet' aus *gefeþ þér* (s. § 81). Außerdem kommt neben *-eþ* häufig *-et* vor, und bald wird dies sogar häufiger als jenes. Zum Teil ist vielleicht das *t* aus dem Passivum entlehnt, wo *đ* vor *-sk, -ss* lautgesetzlich in *t* übergeht, also z. B. *gefet* nach *gefezk, gefez*; zum Teil kann es auch dem späteren dialektischen Übergange eines auslautenden schwachtonigen *đ* in *þ* > *t* (§ 122, b) zuzuschreiben sein, also *gefeđ* (*-eþ* geschrieben) > *gefiþ* > *gefit*; aber wesentlich und ältest ist das *t* wohl als Rest des suffigierten Pron. *it* 'ihr zwei' zu betrachten, also *gefet* aus **gefeđ-t* (*gefeđ it*).

Hoffory, Arkiv f. nord. fil. II, 33 Note. Larsson, *Isländska handskriften Nr. 645, 4:o*, S. LXV. Lidén bei Noreen, *Aisl. gramm.*[3] § 150 Anm. 1.

b) Altnorwegisch steht seit c. 1280 dann und wann (neben *-iđ* oder *-it*), seit c. 1350 aber gewöhnlich *-ir (-er)*, z. B. *bindir*. Zum Teil kann zwar dies *r* auf Dissimilation beruhen, z. B. *biđiđ* > *biđir* 'bittet' (wie *Suīđiōđ* > *Suīđior* 'Schweden'); aber wesentlich ist es wohl das suffigierte Pron. **iʀ* (> *ér*) 'ihr', also *bindir* aus **bindiđ-r* (*bindiđ ér*; s. § 85, 9, b und vgl. oben a).

Wadstein, *Fornno. hom. ljudlära*, S. 137. Lidén, a. O. Bugge, Arkiv f. nord. fil. XVI, 333 ff.

c) Altschwedisch (runisch nicht ganz sicher belegt) steht ausnahmslos *-in (-en)*, das vielleicht aus dem Imperativ und dorthin aus dem Konjunktiv entlehnt ist.

Bugge, Ant. tidskr. f. Sv. V, 23. Arkiv f. nord. fil. XVI, 339 f. Läffler, Nord. tidskr. f. Fil. V, 77.

d) Altdänisch ist die Form in den ältesten Denkmälern nicht belegt; später wird die Form der 3. Plur. entlehnt.

Wimmer bei Bugge, a. O., S. 332.

3. Pl. urnordisch (ohne Belege) **-an(n)*, **-ōn(n)*, entweder aus **-and*, **-ōnd* (vgl. got. *bindand*, *salbōnd*) oder aus **-anþ*, **-ōnþ* (vgl. as., ags. *bindađ*), woraus *-a*, z. B. Tryggevælde *uarþa* 'werden', Rök *likia* (wn. *liggia*) 'liegen', on., wn. *hafa* 'haben'.

§ 250. Das Verbum substantivum hat eine ganz abweichende Flexion («unthematisch»):

1. Sg. wn. *em*, on. alt und selten *æm*, gewöhnlich *ær* aus der 3. Sg. entlehnt, statt **im* (got. *im*) durch Anlehnung an die Pluralformen.

2. Sg. wn. *est* (bald *ert* nach der 3. Sg. und dem Pl.), on. *æst* statt **ist* (vgl. die 1. Sg.), ist wohl zum Teil die alte 3. Sg. (got. *ist*), die wegen der Endung *-t* (vgl. Prät. *vast* 'warst' zu *vas* 'war') als 2. Sg. aufgefaßt wurde (um so eher, weil der Plural präteritale Endungen zeigte), zum Teil aber wohl auch aus der Form *estu* (aus *esþú*) 'du bist' abstrahiert.

Die sehr seltene wn. Form *es* (*er*, on. häufiger *ær*, mit aus dem Plur. entlehntem *r*) kann entweder unmittelbar die ursprüngliche (got. *is*) sein oder auch in späterer Zeit aus der 3. Sg. entlehnt.

3. Sg. urnord. *is* (Möjebro), wn. *es* (bald *er* nach dem Pl.; selten *ér* nach § 29, b), on. runisch oft *is* (d. h. wohl *es*), sonst *ær*, seltener (mit dunklem *iæ*) *iær* (das sich zu wn. *ér* wie aschw. *hiær* zu *hǽr*, wn. *hér* 'hier' verhält), agutn. *ir*, seltener *ier* (vgl. agutn. *hiar*, *hier* 'hier'), ist wohl die alte 2. Sg. (got. *is*), welche, nachdem die 3. Sg. als 2. Sg. aufgefaßt wurde, selbst die Funktion der 3. Sg. übernahm (nach der Analogie *vast : vas* u. dgl.). Das seltene aschw. *ar* ist wohl eher als bloßer Schreibfehler als wie aus dem Pl. entlehnt aufzufassen.

Pl. wn. *ero*, on. *æru* (oder nach der gew. Präsensflexion umgebildet *æra*; selten nach dem Sg. *iæru*) agutn. *iru* (seltener nach dem Sg. *ieru*), nach § 29, a aus **eʀu*, **iʀu* < **izunþ* (vgl. gr. ἔᾱσι); die nicht eben seltene on. Nebenform (mit dunklem *a*) *aru* (*ara*) entspricht wohl dem ags. *earun*, north. *aron*. Da die Form infolge der Endung *-u* wie eine 3. Pl. Prät. aussah, wurde dazu mit Präteritalendungen neugebildet wn. 1. Pl. *erom*, 2. Pl. *eroþ*, *-ot*, *-or*, on. *ærum*, resp. *ærin*.

§ 251. Indicativus Præteriti hat im Sg. verschiedene Endungen, je nachdem das Verb stark oder schwach ist:

a) 1., 3. Sg. der starken Verba sind schon urnordisch ohne Endung, z. B. 1. Sg. Reistad *-nam* (got. *nam*) 'nahm', 3. Sg. Tanum *was* (got. *was*) 'war', Istaby *warʌit* 'schrieb' u. a.

2. Sg. der st. Verba (urnordisch nicht belegt) endet auf *-t*, z. B. on., wn. *gaft* (got. *gaft*) 'gabst'. Unmittelbar vor *þú* (sonst wenigstens in alter Zeit sehr selten) kann das *-t* fehlen, z. B. *gekk þú* 'du gingst' mit analogisch hergestelltem *þú* statt *gekktu* aus **gekkt-tu* (**gekkt-þú*); auch sonst nicht selten bei wn. *mun* (*mon*) 'wirst', *skal* 'sollst' neben *munt (mont)*, *skalt*. Wenn schon die 1., 3. Sg. auf *-t* endet, ist die älteste Endung *-st* (vgl. got. *waist* zu *wait*) wn. sehr selten, on. aber häufig belegt, z. B. wn. *veist*, on. *vēst* 'weißt'; statt dessen tritt durch Einfluß der 1., 3.

Sg. *-zt* (d. h. *-t-st*) im Wn. fast immer, im On. bisweilen ein, z. B. wn. *veizt* (oder nach § 137, 8 *veiz*).

b) 1. Sg. der schwachen Verba urnord. auf nasaliertes *-ō* (aus **-ōm*), z. B. Gallehus *tawido* 'machte', Einang, Vetteland *faihido* 'schrieb', Tune *worahto* 'machte' u. a. Hieraus später *-a*, z. B. wn. *fáþa* 'schrieb', *orta* 'machte' usw. Später kann die Form der 3. Sg. entlehnt werden, ostnordisch durchgehends schon vorliterarisch, altnorwegisch um 1200 und altisländisch um 1300 alternativ.

2. Sg. der schwachen Verba (urnord. nicht belegt) endet auf *-ir* aus urnord. **-ēʀ* (**-ǣz*, vgl. got. *walidēs*), z. B. wn. *valþer* 'wähltest'. Im Ostnordischen ist jedoch diese Endung nicht erhalten (außer vielleicht im einmaligen agutn. *skuldir* 'solltest'), sondern die der 3. Sg. entlehnt worden.

3. Sg. der schwachen Verba urnord. auf *-ē* (aus **-ǣ*, vgl. got. *walida*), z. B. Tjurkö *wurte* (By *orte*, Sölvesborg *urti*) 'machte', Gommor *sᴀte* (aschw. *satte*) 'setzte'; später *-i* (*-e*), z. B. on. *satte*, wn. *sette*. Daneben kommt einigemal im Altnorwegischen und (runisch) im Altdänischen die Endung *-a* vor, welche aus der 1. Sg. entlehnt ist.

Gislason, *Um frumparta íslenzkrar túngu*, Kph. 1846, S. 124. Rydqvist, *Svenska språkets lagar*, I, 329. Wadstein, *Fornno. hom. ljudl.*, S. 102. Noreen, Arkiv f. nord. fil. VIII, 180.

c) Der Plur. hat bei starken und schwachen Verben dieselben Endungen:

1. Pl. (urnord. nicht belegt) wn. *-om*, *-o* (nach der für das Präs. geltenden Regel, s. § 249), on. *-um*, z. B. aisl. *bundom*, *lifþom* 'lebten'.

2. Pl. (urnord. nicht belegt) aisl. *-oþ*, *-o*, *-ot* (vgl. im Präs.), anorw. *-ur*, aschw. *-in*, adän. nicht belegt (vgl. im Präs.), z. B. *bundoþ*, *-o*, *-t*, *-ur*, *-in*.

3. Pl. urnord. auf *-un* (vgl. got. *bundun*), z. B. Tune *dalidun*. Hieraus später *-u* (unsynkopiert, weil nebentonig, s. § 50, b), z. B. Flemløse *satu* (on. *satto*, wn. *setto*) 'setzen', on., wn. *bundu*, *-o*.

d) Eine besondere Dualform ist urnord. als 1. Du. *waritu* (Järsberg) 'wir zwei schrieben' noch vorhanden (vgl. got. *bundu* u. dgl.), später aber nicht von der wn. 1. Plur. auf *-o* (s. oben c) zu unterscheiden.

§ 252. Conjunctivus Præsentis:

1. Sg. wn. auf *-a* aus **-ō*, **-au* (s. § 42, c; vgl. got. *bairau*), z. B. *fara* 'fahre'; vor der Passivendung *-mk* ist aber die *o*-Qualität

erhalten, z. B. *beromk* 'werde getragen'. Ostnordisch wird die Form der 3. Sg. schon vorliterarisch entlehnt, was westnordisch erst später vorkommt wie im schwachen Präteritum (vgl. § 251, b).

2. Sg. wn. *-er*, *-ir* aus urnord. *-*ēʀ* (aus *-*aiz*, vgl. got. *bairais*), z. B. *farer* 'fahret'; auch *kaller* 'rufest' (wäre got. **salbais* st. *salbōs*). Ostnordisch findet schon vorliterarisch Entlehnung aus der 3. Sg. statt.

3. Sg. urnord. *-ē* (aus *-*ai*, vgl. got. *bairai*) durch Strøm *wate* (aus **watiē*; aisl. *vǽte*) 'nässe' belegt; hieraus später *-i* (*-e*), z. B. Glavendrup *uiki* (aisl. *vige*) 'weihe', on. *fari*, wn. *fare*, *-i* 'fahre'; auch *kalle* 'rufe' (gegen got. *salbō*).

1. Pl. wn. auf *-em*, *-im* aus urnord. *-*ēm* (aus *-*aima*, vgl. got. *bairaima*), z. B. *farem* 'fahren'; jedoch steht bei dem Typus *kalla* auch *-um* (*-om*; dem got. *-ōm* entsprechend), z. B. aisl. *kǫllom*, anorw. *kallum* (vgl. got. *salbōm*). Dann dringt diese Endung (wohl unter dem Einfluß des Indikativs) auch bei andern Verben ein, und diese Analogiebildung ist im On. (wo *-im* nur in ein paar altgutnischen Runeninschriften vorkommt) schon vorliterarisch (wn. aber erst um 1500) durchgeführt. Ausnahmsweise kommt im Aschw. *-in* (das im Stockh. Hom. einmal belegte *halldenn* st. *haldem* 'halten' ist wohl nur ein Schreibfehler) vor, das wohl aus der 3. Plur. entlehnt ist, gleichwie im Aisl. dreimal (im Stockh. Hom.) ein daher stammendes *-e* vorzukommen scheint.

2. Pl. aisl. *-eþ* (*-e*, *-et*, vgl. 2. Pl. Indik.), das mit dem got. *-aiþ* stimmt; anorw. *-ir*, *-er* (vgl. Indik.). Aschw. steht *-in*, adän. *-i* (später *-æ*) wie in der 3. Pl.

3. Pl. zeigt zwei verschiedene Bildungen. Dem got. *-aina* entspricht das im Altschwedischen gewöhnliche (im Altgutnischen ausschließlich gebräuchliche) *-in*, z. B. *farin* (got. *faraina*) 'fahren'. Dagegen im Westnordischen und Altdänischen sowie oft im Altschwedischen des Festlandes (vorzugsweise in västgötischen Denkmälern) steht *-i* aus *-*ain* (vgl. ahd. *berēn*, as., ags. *beren*, gr. φέρ-οιν), z. B. *fari* (*-æ*).

§ 253. Conjunctivus Præteriti zeigt nur im Westnordischen eine besondere Flexion. Zwar sind die Endungen anscheinend mit denen des Konj. Präs. ganz identisch, aber daß sie in der Wirklichkeit den got. *-jau*, *-eis*, [*-eiþ*], *-eima*, *-eiþ*, *-ein*[*a*] entsprechen, d. h. urnord. *ī*, nicht *ē* (gleich got. *ai*) enthalten, geht aus dem Umlaut der Wurzelsilbe hervor, z. B. *bynda*, *-er* usw. 'bände, -est'. Dagegen im On. müssen schon vor dem Eintritt des harmonischen *i*-Umlautes (s. § 51, 8) die Endungen des Konj. Präs. alternativ in den Konj. Prät. eingeführt worden sein, denn umgelautete Formen finden sich hier fast nie; also z. B. Sg. *bunde* 'bände' (ganz ausnahmsweise z. B. aschw. *þørþe* neben *þorþe* 'dürfte, wagte'), 3. Pl. *bundin* 'bänden'. Dieselbe Erscheinung zeigt sich im Westnordischen bei den Verba Præteritopræsentia im Präs. (das ja ursprünglich ein Prät. ist) fast immer, im Prät. bisweilen, bei anderen Verben fast nie.

§ 254. Imperativus (Præsentis) stimmt im Pl. (wo nur die zwei ersten Personen vorkommen) ganz mit dem Indik. Präs. Im Sg. (wo nur die zweite Person vorhanden ist) ist die Bildung (urnord. durch Opedal *birʒ* 'birg' belegt) dieselbe wie im Got., also z. B. *far* (got. *far*) 'fahre', *kalla* (vgl. got. *salbō*) 'rufe'. Bei den *ja*- und *ia*-Verben, z. B. *vel* (got. *walei*) 'wähle', *dǿm* (got. *dōmei*) 'richte', ist die Endung *-i* erhalten, wo die negierenden Suffixe *-at*, *-t* antreten, z. B. *kueliat* 'quäle nicht', *deilit* 'zanke nicht'. Wie die Verben, die dem got. Typus *haban* entsprechen, ja auch sonst vielfach Schwankungen nach der Flexion der *ja*-Verba zeigen (s. § 245, § 249), so tritt auch hier doppelte Bildung auf, z. B. wn. *þege* (vgl. got. *þahai*) 'schweige', anorw. (selten) *life* (got. *libai*) 'lebe' u. dgl., woneben (im On. ausschließlich, im Wn. je später je häufiger) z. B. on. *þigh*, on., wn. *lif*, *seg* 'sage', *haf* 'habe' u. dgl.

§ 255. Participium Præsentis ist wie in den übrigen germ. Sprachen fast immer mittels des Suffixes *-and-* gebildet, z. B. urnord. Tune *wita[n]ða-* 'besorgend', on., wn. *farande* (got. *faranda*) 'fahrend', *kallande* (vgl. got. *salbōnda*) 'rufend', *veliande* (got. *waljanda*) 'wählend' usw. Selten steht ablautend *-und-* wie in den substantivierten *bónde* (noch on. runisch Hulterstad Acc. *bounta*) 'Bauer' (neben wn. *búande*, on. *bōande*; so immer als Part. Präs. 'wohnend'), *þróndr* 'verschnittener Eber' (auch als Personenname) zu *þróa(sk)* '(sich) mästen', *hǫfundr* 'Urheber' zu *hefia* 'heben', *hógyndi* 'Bequemlichkeit' zu *hǿgia* 'bequem machen' u. a. (vgl. got. *hulundi*, ahd. *frīunt*, as. *fīund*, *friund*, ags. *fīond*, *frīond*). Die Flexion ist, wie im Got., im Sg. M. und Ntr. die eines *an*-Stammes, im Pl. und Sg. F. die eines *īn*-Stammes. Starke Flexion (vgl. got. *gibands* neben *gibanda*) kommt nur bei Wörtern vor, die völlig als Substantiva empfunden werden, wie z. B. die eben erwähnten *þróndr*, *hǫfundr* (vgl. jedoch auch § 199). Im On. ist das Part. Präs. in prädikativer (später auch in attributiver) Stellung indeklinabel und endet dann entweder auf *-i (-e)* oder (adän. jedoch nur im Schonischen) auf ein *-is,* das mehrfachen — genitivischen, reflexivischen u. a. — Ursprungs ist, z. B. *gangandi(s)* 'gehend'.

Sievers, *Zur ags. Vocalismus,* S. 51 f. Rydqvist, *Sv. språkets lagar,* I, 423. Noreen, *Aschw. gramm.* § 465, 2.

§ 256. Participium Præteriti flektiert ganz wie ein regelmäßiges Adjektiv (stark und schwach), zeigt aber sehr verschiedene Stammbildung:

1. Suffix *-in-* kommt regelmäßig den starken Verben zu, z. B. urnord. Möjebro *slaȝinaʀ* 'geschlagen', Tanum *haitinaʀ* 'verheißen', wn. *folgenn,* on. *fulghin* (got. *fulgins*) 'verborgen', *látenn,* resp. *lątin* (gegen got. *lētans*) 'gelassen' usw. Daß aber die im Got. gewöhnliche Ablautsform *-an-* auch im Altnordischen einst daneben vorgekommen ist, geht hervor, wenn auch nicht aus vereinzelten und daher etwas unsicheren Fällen wie das substantivierte aschw. *bundan* neben *bundin* 'Garbe', runisch *Oþuakan* (neben aschw. *Oþwæghin*) 'ungewaschen' (als Mannsname), *takat* (aschw. *takit*) 'genommen', so doch um so mehr aus *a*-umgelauteten Formen wie wn. *beþenn* 'erwartet' neben *gripenn* 'gegriffen' usw., *hlotenn* neben aisl. selt. *hlutenn* 'bekommen', anorw. selt. *brogđenn* neben gew. *brugđenn* 'vorgeworfen', *nomenn* neben *numenn* 'genommen', aschw. *borin* neben *burin* 'getragen' u. a. m. Wahrscheinlich gehört *-an-* ursprünglich den synkopierenden Kasus, so daß eine Flexion **biđinn:* Pl. *beđ[a]nir, gripinn : *grep[a]nir* teils zu *beþenn : beþner,* teils zu *gripenn : gripner* ausgeglichen worden ist usw. Der zu erwartende *i*-Umlaut der unsynkopierten Kasus ist nur ausnahmsweise vorhanden, wie z. B. in den § 235, 3 angeführten Fällen oder ziemlich vereinzelten Beispielen wie aschw. *lytin* 'geneigt' zu *lūta* 'sich neigen', *fællin* 'gefallen' zu *falla* u. dgl. Denn z. B. in einer durch die gleich oben erwähnte Ausgleichung entstandenen Flexion on. *brutinn : brutnir,* wn. *brotinn : brotnir* wurde bei dem Eintritt des harmonischen *i*-Umlautes der unumgelautete Vokal durch den Einfluß der synkopierten Kasus erhalten oder wieder eingeführt, wie ja dies in so vielen anderen Fällen geschehen ist (vgl. z. B. wn. *arinn* neben on. *ærin* 'Herd', *morginn* neben *myrginn,* anorw. auch *mørgenn* 'Morgen', on., wn. *opinn,* aschw. auch *upinn,* neben aschw. *ypinn* 'offen', aisl. *valeþr* 'gewählt' u. a.).

Noreen, Indog. Forsch., XIV, 399 ff.

2. *-đ-* (statt dessen unter Umständen *-t-, -þ-, -d-, -s-*) mit oder ohne vorhergehenden «Bindevokal» kommt regelmäßig den schwachen

Verben zu, z. B. urnord. Amle *haiwidaʀ* 'bestattet', on., wn. *kallaþr* (vgl. got. *salbōþs*) 'gerufen', *val(i)þr* (got. *waliþs*) 'gewählt' usw. Bei starken Verben ist diese Bildung verhältnismäßig selten (und meist zu reinem Adj. und Subst. geworden), z. B. *kaldr* 'kalt' (neben *kalenn* 'kalt geworden', on. *kolin* 'fröstelnd') zu *kala* 'frieren', *dauþr* (neben *dáenn*) 'tot' zu *døyia* 'sterben', *skarþr* 'vermindert' (neben *skorenn* 'geschnitten') zu *skera* 'schneiden', *kuþr* 'kund' zu *kann* 'kann' u. dgl.

3. Partizipien, die (wenigstens scheinbar) ohne jedwede konsonantische Ableitung gebildet sind, und welche gewöhnlich im letzten Grunde statt von denjenigen Verben, als deren Partizipien sie auftreten, abgeleitet zu sein vielmehr diesen Verben zugrunde liegen, sind — wenigstens im On. — nicht allzu selten, z. B. als *wa*-Stamm flektierend (vgl. aind. *pakvás*, lat. *arvum*, *pascuus*, *ingenuus* u. dgl., so wie anord. Substantivierungen wie *miol* aus **melwa* zu *mala* 'mahlen') wn. *gørr* (*gǫrr*), on. *gør* zu *gørua* 'tun'; als *a*-Stamm (seltener sind *i*-, *ja*- oder *ia*-Stämme, vgl. lat. *eximius* zu *emo*, *ingenium* zu *gigno* u. dgl.) aschw. *sagher*, adän. *sagh*, aisl. (sehr selten) *sagr* neben *sagþr* zu *segia* 'sagen'; aisl., anorw. *lagr* (selten, aber oft *út-lagr* neben *-lægr*), aschw. *lagher*, adän. *lagh* neben *laghþer* zu *læggia* 'legen'; aschw., wn. *sparr* (neben *sparþr*) zu *spara* 'schonen', 'sparen'; aschw. *hwīl* (*hwīlter*) zu *hwīla* 'ausruhen'; on., wn. *sárr* 'verwundet'; aisl. (selten) *vafr* (*vafþr*) 'eingehüllt', *sǿfr* (*sǿfþr*) 'getötet'. Wo solche Bildungen neben starken Verben stehen, haben sie gewöhnlich rein adjektivische Bedeutung gegenüber den ächten Partizipien mit dem *-in*-Suffix, z. B. wn. *rióþr* oder (ablautend) *rauþr* 'rot' neben *roþenn* 'gerötet' zu *rióþa*; *biúgr* 'krumm' neben *bogenn* 'gekrümmt' usw.

T. E. Karsten, *Studier öfver de nordiska språkens primära nominalbildning* I—II, Helsingfors 1895—6 (vgl. dazu H. Falk, Arkiv f. nord. fil. XIII, 196, Karsten ib. 382).

4. Spuren des einstigen Part. Præt. activi (vgl. got. *bērusjōs* 'Eltern', d. h. 'die geboren habenden') sind z. B. wn. *heize* zu *heita* 'versprechen', *full-nomse* zu *nema* 'lernen' u. dgl.

Noreen, Indog. Forsch. IV, 324 ff. Brate, ZfdWortforsch. XIII, 150.

§ 257. Das alte Medio-Passiv (vgl. got. *bairada*, *-aza* usw.) ist im Altnordischen fast ausgestorben. Die 1. Sg. Präs. Indik. ist jedoch erhalten im urnord. (z. B. Kragehul u. a.) *haite* (wäre got. **haita* aus **haitai*), wn. *heite*, on. *hēti-r* (mit jungem *r* aus der 2., 3. Sg.) 'ich werde genannt'. Wegen der Ähnlichkeit dieser

Form mit einem schwachen Präs. Activi wie *døme* 'richte' werden die übrigen Personen nach dieser Analogie gebildet.

Sievers, PBB. VI, 561. J. Schmidt, Z. f. vgl. Spr. XXVI, 43.

§ 258. Ein neues Medio-Passiv, das den nordischen Sprachen spezifisch ist, wird in der Vikingerzeit (wenn nicht früher, was aus Mangel an älteren Belegen nicht zu entscheiden ist) dadurch gebildet, daß an die aktive Form das Pron. reflexivum (in synkopierter Gestalt) tritt, entweder als Dativ (z. B. Högby *ai[n]taþis*, d. h. *ændaði-ss* 'machte sich ein Ende', d. h. 'starb') oder — ohne wesentlich verschiedene Bedeutung — als Accusativ (z. B. auf dem größeren Denkmal von Århus *barþusk* = *barðu-sk* 'schlugen sich'). Hierbei ist zu merken, daß *-ss* (aus **siʀ*), *-sk* (aus *sik*) nicht nur in der 3. Sg. und Pl., sondern als generelles Reflexivpronomen für alle Personen gebraucht wird; jedoch kommt noch in der ältesten wn. Literatur allgemein *-mk* (aus *mik*), seltener *-m* (aus **-mʀ*, **-miʀ*), in der 1. Sg. (über *-k* in der 1. Pl. s. unten 2) vor. Über die älteste Entwicklung der beiden Formationen ist ferner zu bemerken:

1. Die Flexion mit suffigiertem Dativ — also z. B. zu Präs. Ind. Akt. *dǿmi* 'richte' im Medio-Pass. Sg. 1. **dōm(i)u-m(i)ʀ* > *dǿmum* (on. schon vorliterarisch, anorw. erst seit um 1250, aisl. um 1300 durch die Form der 2. oder 3. Sg. ersetzt), 2. *-is(s)*, 3. *-iz* (< **-iþ-sʀ*, vgl. § 249, 1. Sg.), Pl. 1. *-ums*, 2. *-iz*, 3. *-as(s)* — wird schon etwas nach 1200 allmählich in der Weise ausgeglichen, daß (besonders im Wn.) *-z* oder (bes. im On.) *-s* überall als Endung durchgeführt wird; also z. B. wn. *dǿmomz* (*-oms*), *-ez* (*-es*), *-ez* (*-es*), *-omz* (*-oms*), *-ez* (*-es*), *-az* (*-as*), on. aber *dǿmis* (*-iz*), *-is* (*-iz*), *-is* (*-iz*), *-ums* (sehr selten *-umz*), *-ins*, *-as* und entsprechend in den übrigen Tempora und Modi.

2. Die Flexion mit suffigiertem Accusativ — z. B. Sg. 1. *dǿmumk* (sehr selten *-umsk*, aus der 1. Pl. entlehnt), 2. *-isk*, 3. *-izk*, Pl. 1. *-umsk* (häufig, anorw. sogar häufiger, *-umk* wie in der 1. Sg.; vielleicht aber nicht von dort entlehnt, sondern aus *-um* + **[o]kk* = ags. *unc* entstanden), 2. *-izk*, 3. *-ask* — kann ebenfalls in der ältesten wn. Literatur überall (außer nach *l* und *r*) *-zk* statt *-sk* durchführen, schwindet aber allmählich zugunsten der dativischen Formation und zwar im Ostnordischen schon in früh vorliterarischer Zeit, so daß Beispiele aus den Runeninschriften überhaupt verhältnismäßig selten sind, im Westnordischen dagegen erst seit um 1250 und zwar im Altnorwegischen ein wenig früher als im Aisl.

2. Die flexivische Entwicklung der altnordischen (besonders der ostnordischen) Literatursprachen bis zur Reformation.

A. Deklination.

1. Die Substantivflexion.

§ 259. Die starken Maskulina und Neutra zeigen folgende hauptsächlichen Veränderungen:

1. Sg. Nom. M. verliert im Ostnordischen allmählich (teils lautgesetzlich, teils durch Entlehnung der Accusativform) seine Endung. Im Altdänischen ist diese schon vor 1150 fast ausnahmslos geschwunden, und die älteste Literatur zeigt nur äußerst seltene Beispiele vom *-r* (*-ær*). Im Altschwedischen fehlt es zur selben Zeit (c. 1300) regelmäßig bei einem Subst. in attributiver Stellung vor einem andern sowie nach Vokal (z. B. *siō* 'See', *hirþe* 'Hirt'), sonst nur selten; dagegen nach 1400 öfter in gewissen Denkmälern, nach 1450 gewöhnlich überall. Im Ostnorwegischen schwindet es sporadisch, wobei jedoch (im Gegensatz zu dem Verhältnis im Ostnordischen) der Svarabhaktivokal erhalten wird, z. B. *presta* neben *-ar* (aisl., wnorw. *prestr*, *-ur*) 'Priester'. In isländischen Rímur des 15. Jahrhs. steht durchgehends *-ing*, *-ung* statt *-ingr*, *-ungr*, wozu kommt, daß in vielen Mannsnamen die Endung fehlt. — Umgekehrt können sowohl im Altschwedischen wie im Altisländischen viele *ia*-Stämme ihre Nominativendung durch das ganze Paradigma dringen lassen, z. B. aschw. Mannsname *Swærkir*, *-irs* usw., aisl. *lǽknir*, *-irs* usw. 'Arzt'.

2. Sg. Gen. bewahrt die Endung *-s*, außer oft ostnordisch in attributiver Stellung. Dagegen wird im Ostnordischen die Endung *-ar* allmählich aufgegeben (am spätesten in fremden Nomina propria, z. B. *Māgnūs-ar*, *Iōhannes-ar*) und durch *-s* ersetzt, das schon um 1400 ganz regelmäßig ist, z. B. *luts* st. *lutar* 'Looses'.

3) Sg. Dat. fällt im Ostnordischen allmählich mit dem Accusativ (dessen Form alleinherrschend wird) zusammen, am frühesten im Jütischen (um 1300), etwas später im Seeländischen, dagegen im Schonischen und Altschwedischen erst im 15. Jahrh. oder später; jedoch kommen im Altschwedischen die alten Formen infolge absichtlicher Archaisierung noch dann und wann bis in das 17. Jahrhundert vor.

4) Pl. Gen. fügt im Ostnordischen wenigstens seit um 1500 zu dem alten *-a* die Singularendung *-s*. Vereinzelt steht die im Jü-

tischen schon um 1300 regelmäßig auftretende Neubildung *mæns* (nach dem Nom. Pl. *mæn*) statt *manna* 'Männer'.

5) Pl. Dat. fällt im Ostnordischen mit dem Acc. zusammen zur selben Zeit, wo Sg. Dat. durch den Acc. ersetzt wird (s. oben 3).

6) Pl. Acc. fällt im Ostnordischen mit dem Nom. zusammen; so im Altdänischen schon vorliterarisch, im Altschwedischen erst um 1500, z. B. adän. *akræ* 'Acker', *lotæ(r)* 'Lose', aschw. *ākra(r)*, *loti(r)*. Vokalisch (selten konsonantisch) endende Neutra fügen im Altdänischen schon seit 1300, im Altschwedischen erst nach 1400 und selten, *-(e)r* (altschwedisch auch, sehr selten, *-n* nach Vokal) hinzu, z. B. adän. *bī-r* (*bī*) 'Bienen', *rīghe(r)* 'Reiche', *herredh-er* 'Bezirke', aschw. *klædhe-r* (*klædhe-n*) 'Kleider', *dyrne-r* 'Türpfosten', *stykke-r*, *-n* 'Stücke', *kæxe-n* 'Bootshaken'. Ebenso finden sich im Altdänischen schon um 1300 Beispiele von zugesetztem *-æ* bei konsonantisch endenden Neutra, z. B. *blathæ* (*blath*) 'Blätter'.

7) Die *ja*-Stämme fallen sowohl im Westnordischen wie im Ostnordischen durch Ausgleichung zugunsten der *j*-losen Formen je später je mehr mit den reinen *a*-Stämmen zusammen, z. B. aisl. Dat. Pl. *sekk(i)um* zu *sekkr* 'Sack'.

§ 260. Die starken Feminina haben im Pl. ganz dieselbe Entwickelung wie die starken Mask. durchgemacht. Zu der Singularflexion ist zu bemerken:

1) Sg. Gen. vermißt im Ostnordischen bisweilen jede Endung; so häufig im Altschwedischen seit dem Ende des 14. Jahrhunderts, besonders nach flektiertem Attribut. Wo die Endung nicht fehlen darf, wird allmählich das alte *-ar* durch das mask.-neutr. *-s* ersetzt, wovon Spuren sich finden im Altdänischen schon um 1300, im Altschwedischen erst nach 1400 (nur bei den femininen Verwandtschaftswörtern auf *-r* kommt *-s* schon um 1350 vor, z. B. *mōþors* 'Mutter').

2) Sg. Dat. ist im Ostnordischen schon bald nach 1350 mit dem Acc. zusammengefallen.

§ 261. Die schwachen Maskulina und Neutra:

1) Sg. Nom., Dat., Acc. M. fallen nach 1400 im Altschwedischen allmählich zusammen, wobei bald die Nominativform auf *-i*, *-e*, bald die Dat.-Acc.-Form auf *-a* den Sieg behält. Im letzteren Fall wird das Wort oft, wegen der übereinstimmenden Nom.-Endung, als Femininum aufgefaßt und demgemäß im Pl. flektiert.

2) Sg. Gen. nimmt im Ostnordischen nach 1400 allmählich die Endung *-s* der starken Substantiva an; im Altschwedischen kann

dies *-s* bei den Maskulinen sowohl an die alte Endung *-a*, als später (seit gegen 1500) an das nominativische *-i*, *-e* treten, z. B. *boghas*, *-is*, *-es* statt *-a* 'Bogens'.

3) Pl. Nom., Acc. Ntr. können im Altdänischen die Form des Gen. Pl. annehmen, z. B. schon um 1300 *ørnæ* 'Ohren', später *øghnæ*, *øine* 'Augen'.

§ 262. Die schwachen Feminina haben im Ostnordischen dieselbe Geschichte wie die schwachen Mask., indem im Altschwedischen seit um 1400 der Nom. auch auf *-u*, *-o* wie der Dat.-Acc. und — häufiger — dieser auch auf *-a* wie der Nom. enden kann. Im Gen. tritt (um 1500) *-s* entweder an die alte Endung *-u*, *-o* oder an das nom. *-a* an, z. B. *kyrkios*, *-as* statt *-o* 'Kirche'.

2. Die adjektivische und pronominale Flexion.

§ 263. Die starke Adjektivflexion ist in folgenden wesentlichen Punkten vereinfacht worden:

1) Die *wa-* und *ja*-Stämme verlieren durch Ausgleichung allmählich ihr charakteristisches *w*, resp. *j*, z. B. aisl. Acc. Sg. M. *þykk(u)an* 'dicken', *rík(i)an* 'mächtigen'.

2) Die Endung *-(e)r* des Nom. Sg. M. schwindet im Ostnordischen allmählich wie bei den Substantiven (s. § 259, 1), jedoch weit langsamer, so daß noch zur Zeit der Reformation die alte Endung, auch im Altdänischen, häufig erhalten ist. In Pronominaladjektiven tritt ostnordisch schon in der ersten Hälfte des 14. Jahrhunderts bisweilen Acc. Sg. M. in nominativischer Anwendung auf, z. B. aschw. *annan*, *nākon* statt resp. *annar* 'ander', *nākor* 'irgend ein'.

3) Die Endungen des Gen., Dat. und Acc. gehen im Ostnordischen bisweilen verloren, besonders wo das Adjektiv attributiv steht. In den isl. Rímur des 15. Jahrhunderts fehlt bisweilen jede Endung (also auch die des Nom.) bei einem nach einem Substantiv stehenden Adj.

§ 264. Die schwache Adjektivflexion zeigte ja von alters her im Pl. keine andere Verschiedenheit der Endungen, als daß der Dativ auf *-um* endete, während die übrigen Kasus *-u* hatten. Aber auch dieser geringfügige Unterschied wird bald aufgehoben. Schon in der ältesten ostnordischen und altnorwegischen Literatur ist der Dat. Pl. den übrigen Pluralkasus gleich geworden (s. § 195, 9 und § 196, 6), und dasselbe Verhältnis tritt im späteren Mittelisländisch ein. Im Altschwedischen seit um 1350 wird das *-u* (*-o*), je später je mehr, durch *-a* ersetzt; da nun der Nom. Sg. M. statt *-i* (*-e*) die Endung *-a* der obliquen Singularkasus bisweilen, wenn auch seltener als bei den Substantiven, annehmen kann (vgl. § 261, 1), so ist also in solchem Falle das altschwedische schwache Adj. (wie schon früher das altdänische durch den Übergang aller Endungsvokale in *-æ*) faktisch indeklinabel, auf *-a* endend, geworden; erst sehr spät (im Altdänischen jedoch schon um 1400) kann der Gen. nach Analogie der starken Flexion auf *-es*, *-as* enden, z. B. *then dødhes* (aisl. *hins dauþa*) 'des toten'. Ganz dieselbe Entwickelung durchlaufen zur selben Zeit die (immer schwach, als *īn*-Stämme, flektierenden) Participia Præsentis und Komparative (diese im Aschw. bisweilen gewöhnliche schwache Flexion — sowohl jene wie diese nicht selten im Dat. Pl. die starke Endung *-om* — aufweisend), nur daß hier die den meisten Kasus vom Anfang an zukommende Endung *-i* (*-e*) herrschend wird. Daneben tritt aber im Altschwedischen bei den Komparativen eine Endung *-in* auf, die in der ältesten Zeit sich nur — und zwar ziemlich selten — bei komparativen Adverben zeigt, dann um 1350, am frühesten im Altgutnischen, auch bei den Adjektiven in prädikativer Stellung, um endlich im 15. Jahrhundert auch — wiewohl selten — in attributiver Stellung aufzutreten, z. B. *længrin* st. *længre* 'länger'. Wahrscheinlich beruht die Form auf einer Verschmelzung des Komparativs mit dem postpositiven (im Wn. præpositiven) unbetonten Partikel *in* (betont wn. *enn*, on. *æn*) 'noch'; also aschw. *længr-in* = aisl. *in lengr* '(noch) länger'.

Kock, Arkiv f. nord. fil. VI, 56 ff.

§ 265. Die ungeschlechtigen persönlichen Pronomina haben im On. folgende hauptsächlichen Veränderungen erlitten:

1) Der Genitiv nimmt (bes. im Altdänischen) um 1400 in Analogie mit andern Wörtern die Endung *-s* an, z. B. *mins, sins, vars* (adän. auch *vāres*), *ēdhers* statt *mīn, sīn, vār* (*vāra*), *iþar*. Übrigens gerät dieser Kasus zur Zeit der Reformation überhaupt außer Gebrauch (am frühesten im Sg.) und wird durch die Possessivpronomina ersetzt.

2) Der Dativ wird in der ersten Hälfte des 14. Jahrhunderts allmählich von dem Accusativ verdrängt (am spätesten *sǣr* von *sik*), dies in scharfem Gegensatz zu dem Verhältnis bei dem geschlechtigen Personalpronomen, wo schon um 1400 die Dat. *hānum* und *hænne* die Acc. *han*(*n*) und *hana* vertreten können, wiewohl

erst nach der Reformation die Accusativformen *han*, *hana* ganz von *honom*, *henne* ersetzt werden.

3) Der Nom. Pl. aschw. *vi(r)*, *ī(r)* zeigt nach 1350 nur die *r*-losen Formen, die im Altdänischen schon früher alleinherrschend geworden sind.

4) Die Dualformen kommen gegen die Reformationszeit außer Gebrauch und werden von den Pluralformen ersetzt. Dasselbe Schicksal trifft gleichzeitig die dualen Possessivpronomina.

§ 266. Die Flexion der Pronomina demonstrativa wird im On. sehr vereinfacht. Wo sie attributiv stehen, bleibt zuletzt nur der Unterschied der Numeri und zum Teil der Genera, z. B. Sg. M., F. *then* 'der', 'die', Ntr. *thet* 'das', Pl. M., F., Ntr. *thē* 'die'; ebenso Sg. M., F. *thenne*, *-a* 'dieser, -e', Ntr. *thetta*, Pl. M., F., Ntr. *thesse*, *-a* (adän. auch *thisse*). Dagegen wo sie als Substantive gebraucht werden, kommen noch verschiedene Kasusformen vor, z. B. bei «der, die, das» Sg. Nom. F. *thē*, Gen. M. *thes* oder *thens*, F. *thē*, Ntr. *thes*, Dat. M. *thēm*, F. *thē*, Ntr. *thǫ* oder *thē*; Pl. Gen. *thēra* oder mit analogischem *-s* *thēras* (adän. *thēres*, *-is* schon um 1400), Dat. *thēm* (jetzt auch als Acc. gebraucht, wovon Beispiele schon in den allerältesten altschwedischen Handschriften anzutreffen sind, s. § 204, 16).

§ 267. Der Artikel (urspr. Pron. demonstr.) *enn* (*inn*) wird in allen altnordischen Sprachen in literarischer Zeit vor einem Adj. durch *hinn* (s. § 207) ersetzt, nach einem Subst. aber mit diesem zu einem Worte verschmolzen (dialektisch aber im Jütischen des 15. Jahrhs., wenn nicht früher, durch ein präpositives *e* — aus *the?* — ersetzt, z. B. *e diel* = *dēl-in* 'der Teil'). Hierbei treten sowohl beim Artikel wie beim Subst. durchgreifende Veränderungen (bes. Verstümmelungen) ein:

a) Über den Artikel ist hauptsächlich folgendes zu bemerken:

1) Der anlautende Vokal schwindet:

α) In geschlossener Silbe nur unmittelbar nach schwachtonigem Vokal, z. B. wn. *líkame-n* (Stockh. Hom. noch einmal *líkameenn*) 'der Körper', *trúa-n* (Stockh. Hom. noch *trúa en*) 'die Glaube', aber *sakar-ennar* 'der Sache', *fioþr-enne* 'der Feder' (Dat.), *brú-enne* (neben *brú-nne* aus **brúu-nne*) 'der Brücke', wn. *fé-et* (on. *fæ-et*, später *fæt*) 'das Vieh'.

β) In offener Silbe immer nach schwachtoniger, oft aber auch nach starktoniger Silbe, z. B. wn. *ulfar-ner* 'die Wölfe' (Nom.), *ulfa-na* (Acc.), aber *menn-ener* 'die Männer', *sól-ena* 'die Sonne' (Acc.)

neben *fǿtr-ner* 'die Füße', *sól-na*. Vgl. weiter die Spezialgrammatiken.

2. Die Endungen werden im On. bisweilen verändert:

α) Sg. Gen. F. endet seit 1400 bisweilen statt auf -(*i*)*nna*(*r*), -(*i*)*nne* entweder auf -(*e*)*nnas*, -(*e*)*nnes*, z. B. aschw. *værld-ennas* 'der Welt', *kyrkio-nnas* 'der Kirche', *mænniskio-nnes* 'des Menschen' oder (nach der Analogie Nom. *sōl*: Gen. *sōls* § 260, 1 = Nom. *sōl-en*: Gen. *x*) auf *-ens*, z. B. *sōl-ens* (oder gar wie von einem M. oder Ntr. *sōls-ens*) 'der Sonne'. Nach 1500 treten entsprechende Formen auch bei den Ntr. auf, z. B. *land-its* statt *lands-ens* 'des Landes'.

β) Sg. Acc. F. kann im Altdänischen schon um 1300, im Altschwedischen erst um 1450 die Endung des Nom. Sg. F. entlehnen, z. B. adän. *iorthen* (wn. *iorþena*) 'die Erde'.

γ) Pl. Nom. M. kann im Altschwedischen seit 1400 statt auf *-ni*(*r*) auf *-na*(*r*) enden, das aus Acc. Pl. M. und Nom., Acc. Pl. F. entlehnt ist.

δ) Pl. Nom., Acc. M. und F. können dialektisch sowohl im Altschwedischen um 1500 wie (besonders häufig) im Altdänischen seit etwa 1450 die Endung *-en* (adän. auch nur *-n*) aufweisen, welche durch eine späte dialektische Synkope aus *-ini*(*r*), resp. *-ina*(*r*) entstanden ist, z. B. aschw. *bǿ̄ndr-en* 'die Bauern', adän. *sǿner-en* 'die Söhne', *ængle-n* 'die Engel', *Iǿdher-n* 'die Juden'.

ε) Pl. Gen. kann spät mschw. statt auf -(*e*)*nna* auf -(*e*)*nnas* enden (vgl. § 259, 4). Über Dat. Pl. s. unten c.

b) Die Flexion des Substantivs erleidet folgende hauptsächlichen Veränderungen:

1) Sg. Nom. M. zeigt im Altschwedischen nach 1400 gewöhnlich (vor 1350 sehr selten) kein *-r* mehr, z. B. *præstin* statt *præstrin* 'der Priester'. So lange das *-r* erhalten ist, steht natürlich vor diesem regelmäßig kein Svarabhaktivokal, wenn auch ganz ausnahmsweise derselbe aus der unbestimmten Form auf die bestimmte übertragen wird, z. B. *udd*(*e*)*rin* 'der Ort', 'die Ecke'.

2) Sg. Gen. M., Ntr. ersetzt im On. immer die Endung *-ar* vor dem Artikel durch *-s*, z. B. *sons-ins* (neben *sonar* ohne Artikel) 'des Sohnes', *fǣs-ins* (neben *fēar*) 'des Viehes'. Außerdem kommt sowohl im Wn. wie nach 1350 im On. nicht ganz selten vor, daß die Genitivform des Artikels an die Accusativform des Substantivs tritt; z. B. aisl. (im Stockh. Hom.) *nafn-ens* 'des Namens', *suein-ens* 'des Knaben', aschw. *barn-ens* 'des Kindes', *hæst-ins* 'des

Pferdes', *konung-ins* 'des Königs'. Außerdem kann beim Maskulinum (analogisch auch beim Ntr.) im Wn. *-s* an die mit dem Artikel versehene (mask.) Accusativform treten, z. B. aisl. (im Stockh. Hom.) *dag-enn-s* 'des Tages', *heim-enn-s* 'der Welt' (*vaz-enns* 'des Wassers', ja *ker-enns* 'des Fasses' statt *vaz-ens*, resp. *kers-ens*). Aschw. ziemlich seltenes, mschw. aber häufiges *dōmari-ns* statt *dōmara-ns* 'des Richters' u. dgl. beruht auf Einfluß des Nom. (*dōmarin* u. dgl.).

3) Sg. Gen., Dat. F. zeigen im On. bei dem starken Subst. nie *-ar*, resp. *-u* vor dem Artikel, der stets an die Nominativform tritt, z. B. Gen. *sak-innar* (wn. *sakar-ennar*) 'der Sache', *siǣl-innar* (neben *siǣlar*) 'der Seele'; ebenso Dat. *sōl-inne* (wn. *sólo-nne*) 'der Sonne', *iorþ-inne* (neben *iorþo*) 'der Erde'. Ganz ausnahmsweise kommen auch wn. dergleichen Formen, wie aisl. (im Stockh. Hom.) *skirn-ennar* statt *skirnar-ennar* 'der Taufe', vor.

4) Pl. Nom. M., Nom., Acc. F. müssen in den meisten on. Dialekten (nach § 189, 4, a) das *-r* des Substantivs vor dem Artikel einbüßen, z. B. M. *hæsta-ni(r)* (wn. *hestar-ner*) 'die Pferde', F. *synde-na(r)* 'die Sünden'; im 15. Jahrhundert tritt jedoch oft nach der Analogie der unbestimmten Form (*hæstar*, *synder*) das *-r* wieder ein, also z. B. *hæstar-ne(r)*, *synder-na(r)*.

5) Über Dat. Pl. s. unten c.

c) Besondere Erwähnung verdient der Dativus Pluralis, welcher viele verschieden entwickelte Formen zeigt. Mit ganz unversehrtem sowohl Subst. als Artikel kommt selten noch *-um-enum* vor, z. B. im altnorwegischen Homilienbuch *steinom-enom* 'den Steinen'. Durch die gewöhnliche Synkope des anlautenden Vokals beim Artikel (s. oben a, 1) entstünde hieraus *-um-num*, das möglicherweise einigemal in dem altisländischen (Stockh.) und dem altnorwegischen Homilienbuch sowie auch einmal im Altschwedischen belegt ist. Hieraus entsteht durch Assimilation des *mn* zu *mm* (s. § 184, c) ein nicht belegtes *-*ummum*. Dies gibt durch Kürzung der Geminata nach schwachtonigem Vokal und Dissimilation des ersten oder zweiten *m*:

α) die im Westnordischen normale Form auf *-onom* (*-unum*) — alt vielleicht noch als *-onnom* einigemal belegt — z. B. *steinonom*, eine Formation, die im Ostnordischen fast nur in alten västgötischen Denkmälern vorkommt, z. B. *arvunum* 'den Erben', *bōndonom* 'den Bauern';

β) die ziemlich selten belegten mittelschwedischen Bildungen auf *-omom*, *-om(m)on*, z. B. *mannomom* 'den Männern', *swēnommom* 'den Junggesellen', *hūsbōndomon* 'den Hausherren'. Die gewöhnliche altschwedische Endung ist aber *-umin* (*-omen*, mittelschwedisch auch selten *-ommen*), z. B. *stēnumin*, *-omen* 'den Steinen', dessen Verhältnis zu der eben erwähnten nächstverwandten Bildung auf **-um(m)un*, *-om(m)on* zweideutig ist.

O. Nielsen, *Gamle jydske tingsvidner*, Kph. 1882, S. XXXVI. Noreen, Arkiv f. nord. fil. VIII, 140 ff., V, 367. Schagerström, Sv. landsm. II, 4, S. 59. Beckman, ib. XVIII, 3, S. 2. 21 ff. L. Larsson, *Svar på profässor Wiséns «Textkritiska Anmärkningar»*, Lund, 1888, S. 53. *Studier över den Stockholmska Homilieboken*, Lund 1887, S. 64. 89. Kock, Nord. tidskr. f. Fil. VIII, 300. Arkiv f. nord. fil. XIII, 179. A. B. Larsen ib. 253. Wadstein, *Fornno. hom. ljudl.* S. 112. 156. Lidén, Språkvetenskapliga sällskapets förhandlingar 1891—94, S. 78 Note. Bezz. Beitr. XXI, 110 Note 3.

§ 268. Von den Relativpartikeln wn. *er*, *es*, *en*, *at* usw. (s. § 208) wird bald nur *er* gebraucht. Im Ostnordischen gerät um 1350 auch diese Partikel außer Gebrauch und wird von *sum* (wn. *sem*, s. § 143, b) oder *þær* ersetzt. Außerdem kommen sowohl im Westnordischen wie im Ostnordischen nicht selten Interrogativpronomina in relativer Anwendung vor.

§ 269. Über die Komparation der Adjektiva sei nur bemerkt, daß die Bildung mittels *-ri*, *-str* immer mehr zugunsten derjenigen mittels *-ari*, *-astr* (mschw. oft in Pænultima *-est-*, dialektisch *-ist-*, nach § 161, a) zurücktritt, und daß im Altschwedischen seit um 1350 eine unklare Komparativbildung auf *-an(n)e* neben *-are* auftritt, z. B. *rættane* (*-are*) 'richtiger', *dȳrane* (*-are*) 'teurer', *hardhan(n)e* 'härter', *sannanne* 'wahrer'; selten daneben ein ebenfalls unklares *-adhe*, z. B. *sēnadhe* (*-are*) 'später' u. dgl. Über die Komparativbildung *-rin*, *-arin* s. § 264.

3. Die Zahlwörter.

§ 270. Das Zahlwort wn. *einn*, on. *ēn* wird allmählich zu unbestimmtem präpositivem Artikel herausgebildet, im Ostnordischen jedoch kaum vor 1350. Die Zahlen 2—4 werden im Ostnordischen zuletzt indeklinabel in der Form *twā* (adän. auch *tō*; Ntr. daneben noch *tū*), *thrē*, *fȳra* (adän. *fīre*), am frühesten das letzte, die andern erst nach der Reformation.

§ 271. Die Zehner 30—100 werden indeklinabel und enden dann wn. auf *-tigi*, aschw. auf *-tighi* oder (nach § 189, a, β) *-tī*, adän. auf *-tigh*, *-tiugh* oder *-tive*, *-tȳve*. Diese Bildungsweise wird aber schließlich verdrängt, westnordisch und altschwedisch durch Zusammensetzungen mit *tiu*, z. B. wn. *fimmtíu*, aschw. *fǣmtīo* 50; altdänisch dagegen für die Zahlen 50—90 durch ein neues Zählungsprinzip nach Stiegen statt nach Zehnern, z. B. *fȳræsintiugh* (*firesinnetiughe*, *firesinstive*), d. h. «vier-mal-zwanzig» 80, *half thrithiæ (sin) tiugh* oder *halfthridhisintȳve*, d. h. «halb-dritte-mal-zwanzig» statt des älteren *fæmtiugh* 50. — Die Ordinalzahlen werden von den Kardinalzahlen mittels *-nde* gebildet.

B. KONJUGATION (Endungen).

§ 272. Der Infinitiv (Präs.) hatte schon vorliterarisch seine Endung *-a* lautgesetzlich (durch Kontraktion bei Hiatus) nach *-ā* verloren, z. B. on., wn. *fá* aus — in den ältesten Gedichten noch aus metrischen Gründen erheischtem — *fáa* (got. *fąhan*) 'empfangen'. (In derselben Weise endete schon dann auch das Part. Präs. auf *-nde* statt *-ande*, z. B. *fánde* aus *fáande*). Im Ostnordischen aber schwand die Endung *-a* allmählich auch nach andern langen Vokalen (nach § 167, b). Spuren hiervon zeigen sich schon vor 1300, z. B. *bō* (wn. *búa*) 'wohnen', *sē* (wn. *siá*) 'sehen', *flȳ* (wn. *flýia*) 'fliehen'; und nach 1350 sind derartige Formen durchaus regelmäßig. Zu solchen endungslosen Infinitiven wird im Altschwedischen (selten im Altdänischen) seit 1350 das schwache Präteritum mittels *-dd-* statt *-d-* gebildet, z. B. *sǡdde* (älter *sāþe*) 'säete', *bǒdde* (*bōþe*) 'wohnte', *flȳdde* (*flȳþe*) 'floh' zu resp. *sā*, *bō*, *flȳ*. — Die unregelmäßige Endung *-u* in *munu*, *skulu* (s. § 247) wird im Aschw. um 1350 durch das gewöhnliche *-a* ersetzt.

Schagerström, Arkiv f. nord. fil. III, 330. J. Storm in Henrik Ibsen Festskrift, S. 168 Note und vgl. desselben *Norsk Retskrivning* I, 42 f.

§ 273. Bei dem Verbum finitum ist hauptsächlich folgendes zu merken:

1. Sg. beginnt bald auch im Westnordischen und zwar früher im Altnorwegischen als im Altisländischen die Form der 3. Sg. zu entlehnen, was nach 1300 besonders gewöhnlich ist.

2. Sg. Indik. des starken Präteritums endet bekanntlich (s. § 251, a) seit urgermanischer Zeit auf *-st* bei denjenigen Verben, die in der 1. und 3. Sg. Präs. auf *-t* auslauten, z. B. on. *vēst*, wn. (z. B. Stockh. Hom. zweimal) *veist* 'weißt' gleich got. *waist*. Im Westnordischen ist aber diese ursprüngliche Bildungsweise frühzeitig fast durchgehends dadurch zerstört worden, daß die 2. Sg. aus der 1. und 3. Sg. analogisch das auslautende, zum Verbal-

stamme gehörige *-t* übernahm, z. B. *veizt* (d. h. *veit-st*) 'weißt' (s. § 251, a, 2. Sg.). Hierdurch war eine neue Endung *-st* neben der alten (*-t*) für die 2. Sg. Prät. Indik. geschaffen worden, und diese wurde dann etwas später oft auf die Verba übertragen, welche in der 1. und 3. Sg. auf *-đ* endeten, z. B. *bazt* (d. h. *bat-st* aus **bađ-st* statt des älteren *batt* aus **bađ-t*) zu *bađ* 'bat'. Im Ostnordischen wird, besonders seit um 1400, dies *-st* allmählich auch auf andere Verben übertragen, z. B. *gafst* 'gabst', *fikst* 'empfingst' usw., was vielleicht zum Teil auf dem Einfluß des Deutschen beruht; jedoch kommt daneben ebenso häufig (bei den «Verba Präterito-Präsentia» sogar häufiger) die alte Endung *-t* vor, z. B. *skalt* 'sollst' u. a. Direkte Entlehnung der Form der 1. und 3. Sg. kommt im Ostnordischen nach 1350 sporadisch vor, z. B. *gaf* 'gabst'.

1. Pl. wird im Altdänischen — am frühesten im Jütischen (c. 1300), am spätesten im Schonischen — allmählich durch die Form der 3. Pl. ersetzt. Auch im Altschwedischen und Altnorwegischen zeigt sich bisweilen seit c. 1400 dieselbe Formübertragung, z. B. *kænna* neben *kænnom* 'kennen' u. a.

2. Pl. Präs. Imperat. zeigt im Altdänischen (Beisp. schon in der jütischen Inschrift von Hvidbjærg um 1250 *biþer* 'bittet') allgemein die — vielleicht mit dem anorw. *-ir* (s. § 249) identische — Endung *-ær* (*-er*), welche im 15. Jahrhundert sporadisch auch im Altschwedischen, vielleicht durch dänischen Einfluß, auftaucht, z. B. adän. *kallær*, *-er* 'rufet', aschw. *æter* 'esset'.

Rydqvist, *Sv. språkets lagar* I, 381.

2. und 3. Pl. Prät. Konj. nehmen im Westnordischen allmählich die Endungen des Indikativs an, obwohl von der alten Flexion daneben Spuren noch bis ins 17. Jahrhundert vorkommen, z. B. aisl. *værut*, *-u* neben *-it*, *-i* 'wäret, -n'. Im Ostnordischen wird der Konjunktiv überhaupt in der späteren Sprache selten gebraucht.

J. Þorkelsson, *Breytingar á myndum vidtengingarháttar*, Reykjavík, 1887, S. 63.

3. Pl. Präs. Indik. verliert im Ostnordischen seine Endung *-a* nach langem Vokal in ganz derselben Weise wie der Infinitiv (s. § 272), z. B. *bō* (wn. *búa*) 'wohnen', *flȳ* (wn. *flýia*) 'fliehen' usw. Die Verba Präterito-Präsentia ersetzen sowohl im Westnordischen wie im Ostnordischen allmählich ihre präteritale Endung *-u* (*-o*) durch die präsentische *-a*; schon vorliterarisch ist dies im Ostnordischen bei *muna* 'sich erinnern', *unna* 'lieben', *vita* 'wissen' geschehen, und schon in der ältesten Literatur steht *-a* wn. fast immer bei *muna* 'sich erinnern', gewöhnlich bei *unna* 'lieben',

selten bei *eiga* 'besitzen', *kunna* 'können', *mega* 'vermögen' und (bes. anorw.) *vita* 'wissen', on. bei *ēgha* 'besitzen' und *þorva* 'bedürfen', etwas später auch *magha (mugha)* 'vermögen' und *skula* 'sollen'. Übrigens ist zu beachten, daß im Altschwedischen seit etwas vor 1350 die Pluralformen sowohl im Präs. wie im Prät. sporadisch durch den Singular ersetzt werden (besonders wenn das plurale Subjekt nach der Verbalform steht), ein Vorgang, welcher im Altdänischen (bes. im Jütischen) sich schon um 1300 zeigt, früher im Präsens als im Präteritum, und um 1500 in der gesprochenen Sprache (außer im Schonischen) allgemein durchgeführt ist, z. B. *giver* 'gibt', 'geben', *gaf* 'gab', 'gaben'. Dies doch nur im Aktivum, denn im Medio-Passiv wird durch eine ganz entgegengesetzte Entwickelung im Altdänischen (jedoch nicht im Schonischen) die Singularform oft durch die plurale ersetzt, häufiger im Präsens (wo die Pluralform um 1500 auch im Sg. als die regelmäßige zu betrachten ist) als im Präteritum, z. B. *gives* 'wird, werden gegeben', *gaves* 'wurde, -n gegeben'.

Jessen, Tidskr. f. Phil. V, 201. A. Sörensen in Dania VII, 169ff.

§ 274. Ein Participium Futuri activi und passivi wird bisweilen im Altschwedischen seit um 1350 (bes. aber mschw.) zur Wiedergabe der lateinischen Bildungen auf *-urus* und *-ndus* geschaffen und zwar durch Zusammensetzung des Infinitivs mit dem Part. Präs. *skolande* 'werdend', 'sollend', z. B. *komaskolande* 'venturus', *dyrkaskolande* 'venerandus'. Wahrscheinlich sind diese Formen, die offenbar dem Lateinischen nachgebildet sind und bald wieder schwinden, nie in die gesprochene Sprache eingedrungen.

§ 275. Das Medio-Passiv fügt im Westnordischen früh zu den Endungen *-z* und *-s* (s. § 258, 1) ein noch nicht völlig aufgeklärtes *-t*, z. B. *kallazt*, *kallast* statt *kallaz*, *-as* 'gerufen werden'. Im Altnorwegischen sind diese neuen Endungen schon um 1250 häufig und werden (bes. *-zt*) um 1350 überwiegend; später wird aber *-s*, *-z* (*-sz*, *-zs*) wieder immer häufiger und um 1450 (wenigstens im Altostnorwegischen) allein herrschend. Im Altisländischen tritt *-zt* (auch *-zst* geschrieben) erst um 1300 auf und ist nach 1350 die gewöhnliche Endung; erst um 1450 zeigt sich das noch im Neuisländischen fortlebende, seit 1550 allein übliche *-st*, das wohl aus dem *-zt* (infolge der Assimilation des *ts* zu *ss*, s. § 131, e) entstanden ist.

Larsson, *Studier över den Stockh. Hom.*, S. 75. Wadstein, *Fornno. hom. ljudl.*, S. 115. J. Þorkelsson, *Breytingar*, S. 32. Dyrlund, Nord. tidskr. f. Fil. VI, 261. Mogk, ZfdPh. XIII, 235. F. Specht, Acta Germanica III, 1.

REGISTER

von Erik Noreen ausgearbeitet.

(Die Ziffern geben im Sachregister Seiten, im Wörterverzeichnis, wo nicht die Seite durch S. angegeben wird, Paragraphen an.)

G.

H.

I.

K.

L.

M.

N.

O.

R.

MIX
Papier aus verantwortungsvollen Quellen
Paper from responsible sources
FSC® C105338